La aventura del cine mexicano

EN LA ÉPOCA DE ORO Y DESPUÉS

La aventura del cine mexicano

EN LA ÉPOCA DE ORO Y DESPUÉS

Jorge Ayala Blanco

grijalbo

LA AVENTURA DEL CINE MEXICANO
En la época de oro y después

© 1993, Jorge Ayala Blanco

D.R. © 1993 por EDITORIAL GRIJALBO, S.A. de C.V.
    Calz. San Bartolo Naucalpan núm. 282
    Argentina Poniente 11230
    Miguel Hidalgo, México, D.F.

PRIMERA EDICIÓN

ISBN 970-05-0376-3

IMPRESO EN MÉXICO

A Rita y a Rodrigo,
mis ligaduras, mis incentivos.

Indice

Prólogo a la séptima edición 11

Primera parte: Los temas y las series

La revolución 16
    La alegoría política 17
    La antiepopeya revolucionaria 21
    Addenda 27
    La pesadilla tribal 29
La añoranza porfiriana 37
La familia 42
La comedia ranchera 54
    La comedia ranchera ingenua 59
    La comedia ranchera socarrona 64
La provincia 69
    La provincia elemental 69
    La provincia monolítica 72
    La provincia simulada 80
    La provincia teratológica 88
La ciudad 93
    El pintoresquismo delirante 97
    El pintoresquismo intimista 102
    El caos citadino 103
La prostituta 108
La violencia 128
Los adolescentes 136
Los indígenas 145
El horror 156

Segunda parte: Fuera de serie

El pícaro 168
El pelado 175
El arraigo 180
La barbarie 183
La elocuencia del odio 187
La angustia 191
El humor negro 195

La vida libre 202

Tercera parte: La nueva frontera:
transición

Orígenes 208
La subjetividad poética 212
La alienación 216
El tedio de la provincia 222
La frustración erótica 226
La consecuencia límite 230
El mundo infantil 232
El lirismo 234
La inconsciencia de la clase media 236
El ensayo filmado 240
La serenidad del destino 246
El grado cero de la escritura 252
La acción 256
La afrenta 262
El desierto del amor 270
El exceso 278
El horror sumergido 284

Conclusión 292

Apéndice: Clave teórica 295

El contenido en una ojeada 296

    a. Actores fenómeno 296
    b. Cómicos 296
    c. Directores 296
    d. Películas 297

Prólogo a la séptima edición

Libro de reconocimiento crítico a la generación de la Época de Oro, y de compromiso con la generación de mediados de los sesentas, este ensayo histórico sobre el cine mexicano tiene una estructura sencilla y clara. Con los nombres de cada una de sus partes –"Los temas y las series", "Fuera de serie" y "La nueva frontera: transición"– engloba las fases y los aspectos más importantes de su objeto de conocimiento.

La idea fundamental es hacer que las películas hablen por ellas mismas. El criterio que rige cada análisis se basa en valores de permanencia y nunca en una voluntad de revisión histórica o de repertorio consultivo. Sin embargo, en las dos primeras partes del libro se respeta el orden cronológico. Así, la ubicación sociohistórica se efectúa en el lugar que le corresponde. Se desea que cada ensayo sea autónomo y, al mismo tiempo, que se comunique con los demás por sus necesidades intrínsecas, para alcanzar un sentido único.

Aunque vaya a contracorriente de ciertos principios "estéticos" usados antes y aún hoy por la crítica nacional o foránea, se desecha el tipo de análisis cinematográfico que estudia exclusivamente obras personales de grandes cineastas, obedeciendo a la noción *cahierista* del "autor cinematográfico". El cine mexicano de la época clásica se presta muy poco a estudios de tal naturaleza. Por otra parte, se abomina del mito del artista como héroe (Adorno) y del reparto discriminatorio de credenciales creadoras, fuente de prejuicios e injusticias. Al adoptar una organización a partir de temas, series y excepciones, se evita el simplismo de dividir a los realizadores en artistas y artesanos como supremo juicio de valor eliminatorio de las películas en sí, que son lo más importante. A fin de cuentas, el barajeo constante de casi siempre los mismos nombres conduce a un rencuentro de la noción del "autor" en un nivel superior.

En la tercera parte del libro, también con su

propio orden cronológico, se reúnen capítulos muy breves sobre los entonces nuevos cineastas mexicanos. Se prescinde de todo diagnóstico circunstancial y de los dictámenes sobre la crisis permanente del cine nacional. Reconocer el asomo de talento de los directores debutantes incluidos se considera más fundamental que intervenir en problemas económicos pasajeros o de gangsterismo sindical. Se mezclan los realizadores del llamado cine experimental con los debutantes del cine industrial, porque se advierte en ambos grupos un mismo afán renovador que los asemeja y hermana.

Se han rehuido, como la peste, los ejercicios de memoria. Los juicios expuestos son producto de frescas y reiteradas visiones de todas las películas disponibles. Si alguna de ellas se ha omitido es por razones ajenas a la voluntad del autor y se deplora por ello. Cada copia positiva única o cada negativo de una película –buena, mala o pésima– que se pierde debe considerarse un atentado a la cultura y, por lo tanto, al ser humano. Los crímenes de este tipo son por fortuna cada vez menos frecuentes en México, gracias a los organismos oficiales y universitarios.

Se excluye de esta aventura la obra completa de Luis Buñuel, debido a tres causas definitivas. Primera, el cine del gran director español de ninguna manera pudo integrarse al desarrollo del cine mexicano en ninguna de sus etapas y nunca consiguió modificar su trayectoria, pues apenas influyó en muy escasas películas. Segunda, incluir la obra buñuelina hubiese alargado en exceso, o duplicado, las dimensiones del volumen, sin que ello contribuyera a esclarecer su objetivo primordial: el fenómeno del cine mexicano en la Época de Oro y después en su realidad más inmediata. Tercera, existen notables estudios monográficos sobre Buñuel en el extranjero y hasta en México, aparte de multitud de artículos y ensayos aquí y allá. Si se prefiere la hipérbole, este libro quiere responder afirmativamente a la pregunta: ¿queda algo de valioso en el cine mexicano si quitamos a Luis Buñuel?

Es evidente que nadie ha dicho, ni dirá jamás, la última palabra acerca de ninguna cinematografía nacional, siempre con propensión a la revaloración y las apreciaciones mutables, sobre todo tratándose de una cinematografía como la mexicana cuya historia general aún está por escribirse, si bien durante varios lustros ha aumentado geométricamente el número de publicaciones, repertorios, estudios particulares, recopilaciones enciclopédicas, libros-fraude hechos con irrelevantes recortes de periódicos de época, investigaciones filmográ-

ficas y acopio de testimonios individuales en torno a ella.

A pesar de eso y desde su aparición en el fatídico octubre de 1968, este libro ha funcionado como piedra de toque sobre su tema, superando la prueba del tiempo. Todas las películas que analiza in extenso se consideran hoy clásicos de nuestro cine. Los juicios valorativos que se sustentan a lo largo de sus páginas han sido multicitados, reproducidos expropiatoriamente, plagiados, batidos y rebotados por estudiosos o pretendidos especialistas, dentro y fuera del país. Aunque el volumen nunca se propuso revolucionar la cultura cinematográfica mexicana, ni hacer alarde erudito, ni mucho menos plantear peticiones de exhaustividad o exclusividad, se le alaba y deniega como si en efecto ésos hubieran sido sus objetivos.

En realidad, su campo de acción siempre fue más modesto: un homenaje, un acto de amor juvenil, el primer acercamiento a un corpus creativo que en más de 35 años ninguna aproximación analítica había suscitado, un ejercicio de escritura festiva y apasionada para incitar una lectura amena, una simple propuesta de lectura textual, un ensayo literario absolutamente personal y radicalmente subjetivo, una exposición jubilosa como el cine mismo del que se ocupa, una interpretación global del tema tanto sociológica y política como psicológica y estética, una serie de análisis en los que cada película muestra defectos generalizables y virtudes exclusivas. En una palabra, el rescate de una mínima pero significativa porción de nuestra historia cultural en un territorio revelador dentro del siglo cinematográfico.

O sea, mezcla del rigor de tres lenguajes –sociología, psicología, literatura– La aventura del cine mexicano trata problemas que, desde sus orígenes, solicitaban un planteamiento serio, inteligente. A través de temas y películas que abundan en preocupaciones de una época en México se narra una historia vigente: la de un cine empeñado en superar las más burdas convenciones y encontrar su propio sentido.

Escrito cuando el autor tenía 23 años de edad, gracias a una beca del Centro Mexicano de Escritores, este libro puede verse en la actualidad, sobre todo por sus imprevisiones y repercusiones, como un legajo culpable. Se impone una autocrítica, sin desgarramiento de vestiduras por supuesto. Queriendo abarcar un panorama extenso y detallado para alentar nuevos estudios particulares, parece haber bloqueado también, con sus apreciaciones generales, contundentes e "inamovibles", muchas posibles contribuciones al ahondamiento del tema (las brillantes excepciones son más bien recientes aunque empiezan por fortuna a formar legión). Deseando contagiar su respeto reivindicatorio a nuestras imágenes fílmicas, parece haber contribuido a entretener la creencia en una paradigmática Época de Oro del cine mexicano (cuando se escribió el libro nadie empleaba esa expresión), a la que acaso sería plausible regresar retardatariamente, tal como lo intentaron de manera tan explícita como aberrante el echeverrismo y varios abortos de neoecheverrismo. Aspirando a glorificar o desmontar los viejos mitos y representaciones de un cine nacional esencialmente mitológico, parece haber levantado figuras marmóreas sobre pedestales de eternidad, parece haber petrificado los añejos modelos "insuperables" y parece haber incitado a una repetición genérica hasta el infinito, a modo de caricatura de caricaturas y distorsiones en abismo de la realidad mexicana como única solución de continuidad, tal como sucedió con los retornos a un populismo miserabilista cada vez más degradado y el reciclaje del cine de cabareteras vuelto de ficheras en el margarato. Anhelando justificar la adhesión con las corrientes renovadoras que manifestaban apenas, parece haber promovido esos procedimientos incipientes como los supremos caminos a seguir, tales como la nefasta dependencia de los nuevos cineastas con respecto al mecenazgo del cine estatal o el desentierro de los Concursos Experimentales al capricho.

Aunque el paso del tiempo ha descubierto algunas lamentables lagunas en su contenido (obra madura de Roberto Gavaldón, melodramas sublimes proletarios de Emilio Fernández, desbordados ultrajes lúdicos de Tin-tán), este libro se ha revelado como un objeto "inactualizable" y ha engendrado una serie de libros, una colección secuencial de ensayos históricos sin paralelo en la bibliografía nacional, una historia viva que se confunde con la biografía cultural del autor. La actualización de *La aventura del cine mexicano* generó *La búsqueda del cine mexicano*, cuya actualización generó *La condición del cine mexicano*, cuya actualización generó *La disolvencia del cine mexicano*, y así sucesivamente, siguiendo en sus títulos las letras del alfabeto (" la A. B. C. D. de nuestro cine "), rumbo a *La Z del cine mexicano*.

Toda actualización implica evolución, progreso, asunción de nuevas variables y desechamiento de otras, avance y retroceso inevitables, alteración de perspectivas, cambio de lenguaje, y por estas razones resulta indeseable dentro de un tomo que ya había alcanzado su máxima expresión posible. Quede, pues, este volumen intocado, sin retoques de prosa ni de contenido, sólo con la corrección de algunos errorcillos y el añadido de una *addenda* indispensable en el capítulo de La Revolución, tal como fue concebido. Sólo así se preservarán su frescura y espontaneidad primigenias, que son las virtudes que más pronto perdemos en el tráfago existencial.

Los únicos antecedentes filmográficos que admite este volumen son la *Enciclopedia cinematográfica mexicana 1897-1955* de Rafael E. Portas (Publicaciones Cinematográficas, 1955) y el *Índice bibliográfico del cine mexicano 1930-1965* de María Isabel de la Fuente (edición de la autora, 1967). La iconografía que ilustra el volumen no hubiera podido formarse sin el concurso entusiasta de Simón Otaola y los diligentes servicios de archivo de la Cineteca Nacional.

Se omite todo índice onomástico o de películas, sustituyéndoseles con las páginas dedicadas a "El contenido en una ojeada". Allí pueden localizarse con rapidez los sitios donde se analizan *in extenso* actores-fenómeno, cómicos, directores y películas. Únicamente los que se estudian con sumo detenimiento.

Primera parte:

Los temas y las series

Dolores del Río y Pedro Armendáriz en *Flor Silvestre* de Emilio Fernández (1943).

La revolución

El cine mexicano empezó a explorar los terrenos del arte cinematográfico de manera brillante, tal-vez demasiado brillante. Favorecida por el gobierno del general Cárdenas, la etapa preindustrial es la más rica de su historia. Al lado de películas de ínfima calidad, directores como Juan Bustillo Oro, Arcady Boytler, Gabriel Soria, Chano Urueta y Emilio Gómez Muriel consideraron el cine como un campo abierto a la experiencia artística y a la aportación personal.

Las películas notables descubiertas hasta hoy desde la década de los treinta no forman una escuela. Valiosas en sí mismas, revelan tentativas aisladas, dispersas. No llegan a sentar las bases de un acento nacional. La pluralidad de tendencias oculta los senderos más firmes a seguir. *Dos monjes* del dramaturgo Juan Bustillo Oro (1934), para relatar la rivalidad amorosa que lleva al crimen a dos hombres enclaustrados, se inspiraba en un estilo plásticamente desorbitado que procedía del expresionismo alemán, pletórico de símbolos en claroscuro y que se desarrollaba en dos versiones contrapuestas a la manera de Pirandello. *La mujer del puerto* de Arcady Boytler y Raphael J. Sevilla (1933) incorporaba, en la adaptación de un cuento tremendista de Maupassant, la atmósfera sórdida y el lirismo sentimental. *Chucho el Roto* de Gabriel Soria (1934) erigía, por medio de elementos populares, el mito del bandido generoso que combate contra la injusticia y el abuso del poder en una época propicia al heroísmo. *Janitzio* de Carlos Navarro (1934) inauguraba el indigenismo a través de la fotogenia de las aguas tranquilas de los lagos interiores. *Redes* de Emilio Gómez Muriel y Fred Zinnemann (1934) concebía la unión de la lucha contra la naturaleza y la lucha cívica como una sinfonía audiovisual en la que el ritmo casi cósmico de la pesca marítima y la rebelión espontánea se respondían vigorosamente con la música de Silvestre Revueltas. No obstante los pavorosos defectos técnicos y narrativos en

16

La revolución armada de 1910 es el primer tema importante que trata con talento el cine mexicano. *Vámonos con Pancho Villa*, de Fernando de Fuentes (1935).

que se expresaban estas películas, consecuencia del estado incipiente de la cinematografía nacional, podía respirarse a través de ellas un clima de búsqueda creadora.

Por su resistencia para envejecer y nunca extinguirse en el ridículo, la obra de Fernando de Fuentes domina este periodo. Después de una entrada en falso (*El anónimo,* 1932), en el intermedio de ejercicios desafortunados (*La calandria, El tigre de Yautepec*), en 1933 el director realiza *El prisionero 13*, en la cual, ya con un lenguaje muy sobrio, retrata a un jefe militar arbitrario y venal (Alfredo del Diestro) a quien fatalmente le toca en suerte ordenar el fusilamiento de su propio hijo. A fines de ese mismo año, De Fuentes dirige *El compadre Mendoza*.

Con esta obra maestra, el cine mexicano aborda por primera vez un tema histórico con intenciones polémicas. La revolución armada de 1910 se interpreta desde la perspectiva que proporcionan dos décadas de distancia. Es el primer tema importante que trata con talento el cine mexicano. Poco tiempo después, el mismo director realiza *Vámonos con Pancho Villa*. A diferencia de películas de la época como *La sombra de Pancho Villa* de Contreras Torres y *Enemigos* de Chano Urueta (1933), que sólo alcanzan a percibir esa guerra civil como una anécdota apta para la demagogia, en las películas de Fernando de Fuentes se consigue un tratamiento serio del tema de la revolución. Ninguna película posterior logrará aproximárseles.

La alegoría política

Se basaba *El compadre Mendoza* en un relato homónimo del novelista Mauricio Magdaleno, quien en la década siguiente será el argumentista de cabecera de Emilio Fernández. En la adaptación intervienen Juan Bustillo Oro y el propio De Fuentes. Han conservado la estructura del cuento; la cinta discurre de una manera clara y sencilla.

Al sur de la República, en la hacienda de Santa Rosa, Huichila, estado de Guerrero, habita Rosalío Mendoza (Alfredo del Diestro), terrateniente de edad madura, grueso y astuto. La guerra civil se extiende por todo el país y llega hasta sus dominios. Su hacienda es invadida alternativamente por las huestes revolucionarias de Emiliano Zapata y por las tropas federales contrarrevolucionarias de Victoriano Huerta.

Mendoza ha preferido no tomar parte en la contienda. Se ha hecho amigo de los líderes regionales de ambos bandos, y los recibe con agasajos y gran cordialidad, indistintamente, cada vez que aciertan a pasar por la hacienda. Así, mantiene inafectadas sus propiedades y aprovecha su doble juego para enriquecerse comerciando con los contendientes. Vende a los zapatistas armas viejas que desechan los huertistas, ganándose a un tiempo el aprecio del general revolucionario Felipe Nieto (Antonio R. Frausto) y del deshonesto coronel federal Martínez (Abraham Galán).

Cuando atiende sus negocios en la ciudad de México, Mendoza conoce a Dolores (Carmen Guerrero), la hija de un hacendado a quien la revolución ha reducido a la pobreza. El próspero comerciante en semillas corteja a Dolores y obtiene fácilmente el permiso para desposarla. Ella, sumisa a la opinión paterna, acepta. Pero el día de las nupcias, los zapatistas asaltan la hacienda en pleno festín. A punto de ser fusilado con el coronel Martínez, el obeso novio se salva de perecer gracias a la oportuna intervención del general Nieto.

El trato entre Mendoza y Nieto se vuelve más estrecho. Nace un verdadero afecto y la amistad se consolida al cabo de reiteradas visitas. Nieto ama en secreto a Dolores, pero es demasiado fiel a la amistad de Mendoza. Se esfuerza por alegrarse cuando los esposos le comunican que la joven va a ser madre. Mendoza bautiza al bebé con el nombre de pila de su mejor amigo y pide al general que acepte apadrinarlo.

El niño crece. La situación nacional es cada día más confusa. Los zapatistas combaten ahora contra el gobierno constitucionalista de Venustiano Carranza, un enemigo desproporcionadamente poderoso. Sin embargo, entre derrota y derrota, Nieto encuentra la paz y el descanso en la armonía del hogar de su amigo hacendado: en el gozo de la amistad, en la nobleza del amor inconfesable y en los juegos infantiles de su ahijado.

Pero Nieto será traicionado por su amigo. Urgido por la ruina económica que le ha provocado la voladura de un ferrocarril en que transportaba su cosecha a la ciudad, Mendoza escucha la proposición de un oficial carrancista para acabar con Nieto, difícil de capturar. Bajo el pretexto de que el coronel desea cambiar de bando de lucha, Nieto cae en la trampa y muere asesinado. Con el oro que ha obtenido y el intolerable remordimiento de la traición, Mendoza abandona la hacienda, en compañía de su mujer y de su pequeño hijo, a bordo de una carreta, en medio de una noche de tormenta.

No hay en la película un solo plano de combate. De Fuentes no ha querido describir la guerra civil en sus dimensiones plásticas, heroicas, legendarias o folclóricas. Si la historia es un resultado de la actividad del hombre, la revolución le interesa fundamentalmente como fenómeno político y social.

La unidad de lugar tiene, así, un significado dramático. De hecho, la cinta está construida sobre la visión de *dos testigos mudos*. El primero es la hacienda, que asiste imperturbable al devenir de la historia. El segundo es una vieja sirvienta sordomuda (Ema Roldán), que asiste

con mirada acusadora a los acontecimientos que ocurren en esa propiedad privada.

¿Qué es lo que ve la hacienda, mientras su orden interno permanece incólume ante la revuelta exterior? Observa cómo cruzan y se suceden las facciones en pugna. Llegan los oficiales huertistas sintiéndose los amos del mundo, a la cabeza de endurecidos soldados de leva que dejan correr el sudor bajo sus quepis mal puestos. Arriban los jinetes carrancistas desfilando marcialmente, orgullosos de su estatura, su gallardía y sus sombreros texanos. Seguidos por perros que les ladran, pasan los zapatistas con sus humildes vestidos de manta blanca cubiertos de polvo, algunos con el rifle a rastras abriendo surcos sobre el camino, otros, con él a cuestas en calidad de horca de yunta, o bien, en retirada, caminan con dificultad apoyándose sobre varas, vendados o en parihuela.

Una simple sustitución de efigies de los líderes presentes y la hacienda cambia de partido. El dueño, según convenga, es fiel a Zapata, a Huerta, a Carranza o a Quiensea. El secretario Atenógenes (Luis G. Barreiro) y su sonrisa de momia servicial son los encargados de colgar contra la pared el cuadro conveniente para que presida la mansión. Así, Mendoza puede ser "el mejor amigo de la revolución" o "el patriota que todo lo sacrifica por el bien de la nación"; puede rendir pleitesía a "la causa" o al "Supremo Gobierno". Y, mientras los oficiales comparten en su mesa la barbacoa, las tortillas, el coñac importado y el puro habanero, y brindan por el triunfo del agasajado, la tropa se embria-

En el mundo cerrado de *El compadre Mendoza*, el tiempo se tensa y se distiende con gran elasticidad.

ga tristemente con pulque, duerme hacinada en los chiqueros, entre barriles y ruedas de carretas, o entona canciones melancólicas alrededor del fuego.

De la revolución sólo conocemos a los hombres que la hicieron cuando están en reposo. Así, De Fuentes revela su intimidad; exhibe la actitud moral como el aspecto predominante de la persona. Denuncia los intereses bastardos del coronel huertista. Anatematiza el oportunismo del coronel seguidor de Carranza. Respeta los ideales de Tierra y Libertad del general Nieto. Conocemos los principios de elección de cada uno de los principales dirigentes. Para lograrlo, De Fuentes se deja tentar por la sátira y la emplea como vía de acceso a la realidad cinematográfica objetiva.

El miedo de los invitados al banquete de bodas ante el simple grito de "Viva Zapata"; el "confórmate con uno, vale", con que Nieto convence a su compañero, para que deje en libertad a un Mendoza reducido a guiñapo aterrorizado; el "cómo serás bruto" con que el general zapatista rechaza la insinuación de un amigo de raptar a la mujer que ama, se valen del elemento cómico para definir una conducta y un trasfondo eminentemente críticos.

En el mundo cerrado de *El compadre Mendo-* za, el tiempo se tensa y se distiende con gran elasticidad. El tiempo narrativo va del tiempo histórico a la duración interior. El deterioro del suceder íntimo bajo la acción del hecho externo, y el lazo esencial entre ambos, norman el estilo del realizador.

El tiempo de los acontecimientos que amenazan a la hacienda traiciona su peligro inminente por medio del montaje. Desarrollado en tres escenas simultáneas, el asalto a la hacienda adquiere una elevada tensión dramática. En panorámicas y *full-shots*, los invitados se divierten, bailan y algunos caen vencidos por el alcohol; en planos americanos fijos, los peones ingieren pulque en abundancia y la tropa federal bebe aguardiente con indolencia, a la luz de exiguas hogueras; los pies enhuarachados de los zapatistas entran al campo en *close-up*, avanzando con sigilo y premura. La angustiosa referencia espacial se expresa a través de una irreductible compresión de los tiempos.

En el interior de la hacienda, el tiempo congela la elegancia del encuadre. La visión del velo de la novia, emergiendo entre destellos, dura apenas el tiempo suficiente para que el rostro de Carmen Guerrero se convierta en incorpórea impresión luminosa. Un interminable *travelling* describe el cansancio colectivo

En *El compadre Mendoza*, no hay un solo plano de combate, el tiempo narrativo va del tiempo histórico a la duración interior.

El compadre Mendoza analiza el sentido sociohistórico de la Revolución Mexicana.

de los revolucionarios guarecidos del frío y de la noche en el corral. A la luz de una vela que chorrea cera sobre una botella, el líder zapatista fuma reflexivamente entre los lamentos ahogados de sus compañeros heridos que yacen a sus pies. Ningún acento formalista conturba la belleza de estas imágenes.

La hora inmóvil de la hacienda es, sobre todo, un tiempo muerto. La suma de instantes cinematográficos en que nada sucede tiene un modernísimo rosseliniano carácter introspectivo. El tiempo muerto se dilata para que, mediante el encuentro de sus miradas, el amor imposible nazca entre el general Nieto y Dolores en la funesta noche del baile. El tiempo muerto se vuelve un bloque impenetrable cuando, en su desvelo nocturno, Mendoza de-

cide la traición expulsando colilla tras colilla. El tiempo muerto cae como un fardo aplastante si el amigo confiado muere a cuchilladas en el cuarto contiguo y Mendoza corre a refugiarse contra un sillón, tapándose los oídos para no escuchar los postreros gritos de dolor. El tiempo muerto empieza a convertirse en una cadena perpetua de la conciencia mientras Mendoza azota furiosamente con su látigo los caballos de la carreta y el deslumbramiento de un rayo fija en su memoria la figura de Nieto que pende de una cuerda a la entrada de la hacienda, oscilando bajo la tormenta.

¿Qué es lo que ve la vieja sirvienta, el otro testigo mudo? Omnipresente como el coro de una tragedia antigua, en todos los momentos de oprobio, el germen del patetismo se incuba en la mirada de la anciana sordomuda. Lee en los labios las palabras falaces y las palabras certeras, atisbando tras la puerta o a través de los cristales de la ventana. Sin embargo, su presencia no es el símbolo viviente de la culpa como el ciego de *El delator* de John Ford. La figura huidiza de Ema Roldán asiste simplemente al movimiento de la felonía, para dar testimonio de la naturaleza de un acto moral de enormes resonancias existenciales.

Con los ojos severos de la sirvienta, De Fuentes bosqueja el retrato moral de sus personajes. El del general Felipe Nieto es el de la probidad y el sacrificio estéril de un héroe abatido. Es una imagen diáfana; corresponde a una limpidez fluvial. El de Mendoza no es, pese a todo, completamente negativo. Rinde cuenta de una inestabilidad desesperada que retrocede ante la urgencia ética. La fábula nos conduce hacia los dominios del concepto.

Mendoza es un hombre serio y formal. Es un buen burgués preocupado por el bienestar de

A través de la sátira trágica el director pasa al pensamiento ético y de ahí a la metáfora.

su familia y su tranquilidad. Para asegurar esos valores adopta la farsa, el doble juego. Simula cuando es afable; interpreta cuando se presenta efusivo. Debajo de su máscara social, que lo especializa como un terrateniente astuto, se descubre un ser débil y despreciable. En su dependencia de los objetos, se aferra al engaño servil y a las ventajas de clase. La traición victoriosa del hacendado prefigura el ascenso de la burguesía nacional al poder.

Mendoza es traidor por partida doble. Acoge en su morada al revolucionario y al amigo para utilizarlos conjuntamente en la preservación de sus intereses. Permanecer entre dos aguas es una forma de elegir. Conservar una situación económica entraña un partidismo político. La pasividad aparente es ya en sí misma una opción. El juego de la prudencia lo convierte en cómplice, acepta la componenda. La abulia burguesa genera la traición de Mendoza.

Lo que importa, pues, a De Fuentes es el clima de crisis que crea la guerra civil. La decisión es algo que se arranca a los hombres y los compromete vitalmente. A través de la sátira trágica, el director pasa al pensamiento ético y de ahí a la metáfora amplia. El ahorcado, la imagen del nuevo Cristo vendido, pende sobre el silencio. Lo ha sabido el traidor desde el momento en que, con la cara descompuesta, paseaba nervioso, entraba y salía de cuadro, tratando de escapar de la mirada acusadora de un sirvienta sordomuda.

La dialéctica de la traición y el heroísmo sirve como basamento concreto de un significado trascendente. *El compadre Mendoza* es una alegoría política. Sin proponerse desentrañar el sentido de la historia por medio de símbolos o como un fin en sí mismo, De Fuentes alcanza el carácter de alegoría como un resultado. En contra de lo que piensa Lukács,* la alegoría puede tener un alcance profundamente revolucionario. La alegoría como forma de representación no sirve aquí para aniquilar la historicidad sino para interpretarla, a la manera de Bertolt Brecht.

Gracias a la contundencia de las imágenes cinematográficas y al arte del detalle de Fernando de Fuentes, la "particularidad abstracta" no sustituye lo "típico concreto" sino que establece una relación armónica entre ambos. El proceso de decadencia ininterrumpida que sirve como base a la alegoría de *El compadre Mendoza*, instaura, sobre las ruinas de las cosas y de los actos humanos, el reino conceptual de una belleza cinematográfica depurada.

* Georg Lukács, *Significación actual del realismo crítico*, ERA, México, 1963.

La antiepopeya revolucionaria

Hemos dicho que, en *El compadre Mendoza*, Fernando de Fuentes analizaba *a posteriori* el sentido sociohistórico de la revolución mexicana. Dos años después, en 1935, adapta, en compañía del poeta Xavier Villaurrutia, una novela del escritor chihuahuense Rafael F. Muñoz, *Vámonos con Pancho Villa*. Es la oportunidad que esperaba De Fuentes para enfocar la revolución como hecho de armas.

La película, que conserva el título de la obra literaria, constituye la mejor adaptación de una novela mexicana que haya realizado el cine nacional. Lo es, con ventaja, pese a que los guionistas sólo tomaron la primera parte del libro para redactar su argumento. Si bien *Vámonos con Pancho Villa* no es la película más perfecta del director, es la más rica de sus cintas. Aunque *El compadre Mendoza* tenga un significado más profundo, *Vámonos con Pancho Villa* es formalmente más dinámica, más sucinta en la exposición de sus múltiples temas.

La trama sigue la pista de un grupo de agricultores del norte de la República que deciden unirse a las huestes de Pancho Villa. El clima social opresor, los desmanes militares, el deseo de participar activamente en el movimiento armado que sacude al país, y la admiración que sienten por el caudillo engrandecido por la leyenda, impulsan a esos seis lugareños sencillos, prófugos o no de la justicia, a "meterse a la bola", a enrolarse en la División del Norte.

Al capturar con su reata una ametralladora del enemigo, recibe un balazo y sólo tiene fuerzas suficientes para cuadrarse y morir orgulloso de su hazaña.

El propio general Francisco Villa los recibe con cordialidad y los bautiza oficialmente como los Leones de San Pablo. En medio de los combates y en momentos de reposo, empezamos a percibir los rasgos personales de los nuevos insurrectos. El ejército se dirige al sur; captura la ciudad de Torreón. Los Leones de San Pablo comienzan a extinguirse. De una u otra forma, los diezma la muerte violenta.

Poco importa que los supervivientes sean ascendidos a miembros del Estado Mayor, a "Dorados de Villa". Al final, sólo quedará con vida Tiburcio Maya (Antonio R. Frausto), el más ecuánime de ellos, la conciencia del grupo. Pero, obligado por una epidemia de viruela, incluso él dejará las fuerzas militares en la víspera del triunfo.

Esta sinopsis muy deformada del filme nos permite, cuando menos, advertir su cualidad principal. A diferencia de docenas de películas subsecuentes, *Vámonos con Pancho Villa* no tiene pretensiones murales ni se solaza en mezquinos problemas personales. No quiere elaborar un amplio fresco de la gesta revolucionaria, explicitar sus orígenes, abarcar su desarrollo, exaltar su "mística", erigir estatuas o glorificar "las hazañas de un pueblo en lucha por su libertad". Todo lo contrario: a De Fuentes no le interesa lo individual y lo colectivo tomados por separado; le interesa la relación entre ambos, sus interacciones.

El realizador ve a la revolución desde adentro. Como la vería alguien que, movido por el impulso, se hubiese dejado arrastrar por ella y quisiera conservar su lucidez a la altura de las circunstancias. Reservado y cauto, De Fuentes tampoco pretende hacer la crítica total del fenómeno histórico, como en la alegoría de *El compadre Mendoza*. Describe simplemente, con un estilo grave y divertido a la vez, hechos dramáticos que pudieron ocurrir en una etapa histórica significativa.

Se sabe que *Vámonos con Pancho Villa** es la primera superproducción mexicana: tuvo el costo (exorbitante en la época) de un millón de pesos, lo cual provocó la quiebra de la productora CLASA; incorporó a la industria nacional procedimientos técnicos hollywoodenses como la sonorización sincrónica, el empleo de cámaras Mitchell y el revelado con base en la curva gamma; además, el gobierno de la República facilitó trenes, comparsas del ejército y pertrechos militares.

Todo lo anterior no sería más que un dato estadístico si no fuera por la eficacia con que De Fuentes pudo coordinar tan extraordinarios materiales. La película, en efecto, no tiene características ni ritmo de mamut para gran orquesta. Progresa, en cambio, con un corte seguro, elíptico y fluido que la hace completamente actual. Por otra parte, el director exhibe cualidades de estratega. La toma de ciudades y plazoletas, los combates a campo abierto o los ataques nocturnos iluminados por reflectores, aprovechan al máximo, sintéticamente, los factores en juego. El manejo de las masas en las acciones bélicas se plantea –primera y única vez en el cine mexicano– por encima de lo ridículo y la desorganización. Acorde con las composiciones de esas imágenes, la música nacionalista y melancólica de Silvestre Revueltas concede a las batallas una profundidad suplementaria: las resuelve en una epopeya humilde y digna, cruentamente fraternal.

De Fuentes, sin embargo, no renuncia a lo típico. La revolución mexicana tiene curiosos atributos figurativos inevitables. Pero todas las descripciones de la vida diaria de la tropa se presentan a buen nivel. El ámbito es, en todo momento, verídico. La guarnición apiñada junto a las estaciones de ferrocarril; los revolucionarios trepados en el frente de una máquina

Vámonos con Pancho Villa es formalmente más dinámica y sucinta en la exposición de sus múltiples temas.

* Artículo de Salvador Elizondo en *Nuevo Cine*, núm. 2, México, 1961.

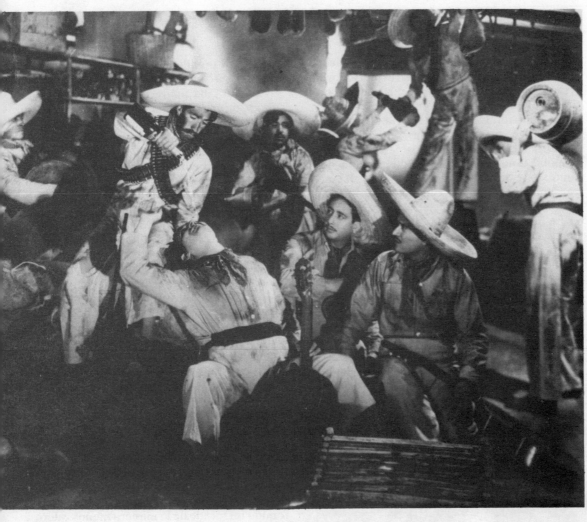

o sobre el techo y escalerillas de los trenes en marcha; la entrada de las tropas victoriosas en las ciudades sometidas se muestran en rigurosos planos de conjunto con gran movilidad interna. De Fuentes parece reproducir y animar con la cámara de Jack Draper las viejas, anónimas, inocentes fotografías de algún archivo periodístico testimonial.

Amorosamente, el director cuida sus detalles humanos y ambientales. Al pie de los vagones se escriben a máquina cartas para el mundo exterior. Las soldaderas gordas y sudadas se mesan con negligencia los cabellos. A veces equivoca el efecto contrapuntístico pero siempre guía al relato la intención de capturar el auténtico transcurrir cotidiano de los revolucionarios. En otras contadas ocasiones se desparraman *gags* y digresiones cómicas. Así, el director resalta, por contraste, en súbitos cambios de tono, la gravedad de la película.

El lenguaje narrativo es simple, lo cual no impide la brillantez de algunos pasajes. La toma subjetiva que muestra la captura de una ametralladora, el plano secuencia que describe barrocamente las actitudes groseras de los revolucionarios en la cantina o el *dolly* lateral que

finaliza un combate con el reguero de cuerpos reventados dentro de una zanja, rinden testimonio de un lenguaje moderno, a prueba de los gustos del momento. El uso de cortinillas para sugerir el paso de secuencias no deja de ser, sin embargo, una curiosidad prehistórica.

La madurez del filme es inobjetable. *Vámonos con Pancho Villa* nada tiene que ver con películas como *La cucaracha* de Ismael Rodríguez: a De Fuentes no le preocupa destacar, en los intermedios de la refriega, alguna cursilería colorida y fortuita de amores entre generales alcohólicos y machorras soldaderas indómitas. *Vámonos con Pancho Villa* nada tiene que ver con películas como *Los de abajo* de Chano Urueta o *Flor Silvestre* de Emilio Fernández: a De Fuentes no lo desvela la idea de dar crédito a los nopales, los rebozos, los nubarrones y los magueyes descubiertos para nuestro engaño por Eisenstein. El abuso de lo plástico y las "sublimes anécdotas ejemplares", que seducirán fatalmente a los posteriores tratamientos del tema de la revolución mexicana, nunca tuvieron cabida en las grandes obras del maestro.

De Fuentes tampoco sucumbe ante los plañideros sollozos apolíticos del tipo *Vino el remo-*

lino y nos alevantó de Juan Bustillo Oro. Incluso la tradicional canción folclórica revolucionaria ("La Valentina") se integra al relato como un detalle ambiental más; está muy lejos de ser el tema a ilustrar. En suma, a De Fuentes sólo le interesa lo esencial: cómo la revolución va a trastornar la vida de sus personajes sencillos. Si pone tanto énfasis en la descripción del contexto se debe a que para De Fuentes, como para todo gran cineasta, cada lugar representa el universo de la perplejidad.

En medio de esa profusión de detalles, que llega a desembocar no obstante en la cotidianidad desdramatizada, el director erige sus figuras. Le bastan pocos parlamentos y actitudes para definir a sus personajes principales. Por supuesto, le ha sido indispensable la ayuda de actores como Antonio R. Frausto, Manuel Tamés, Domingo Soler, Ramón Vallarino y Carlos López, Chaflán, actores de una sobriedad como nunca volvería a encontrar el cine mexicano en lo sucesivo.

De Fuentes no juzga a sus personajes, pero tampoco los justifica.

Hasta las figuras de los próceres históricos son sometidas por De Fuentes a una compleja elaboración. El personaje de Pancho Villa, interpretado por Domingo Soler, resulta ejemplar. Con todo en su contra, con antecedentes como el guiñolesco aventurero bigotón (Wallace Beery) del *Viva Villa* terminado por Jack Conway y todas las idealizaciones (tan fervorosas como improbables) que ha elaborado la imaginería popular, De Fuentes fue capaz de crear un personaje firme y ambivalente.

Pancho Villa aparece, primero, rindiendo culto a su propia fama de jefe revolucionario patriarcal. En una escena de paternalismo alambicado lo vemos repartiendo, desde un vagón de carga, puñados de maíz en abundancia a una muchedumbre de hambrientos desarrapados que recibe el alimento con alborozo, en sombreros, bacinicas o donde sea. Ya tenemos su imagen pública, la que permanece en la memoria de las masas. Luego se elogia su trato personal. El norteño grandote, rudo y afectuoso, prodiga bromas y fuertes palmadas en el hombro de los nuevos subordinados. Hasta aquí todo es convencional.

A lo largo del filme descubriremos, por fortuna, otros aspectos que el director observa en *su* "Centauro del Norte". Lo veremos en la victoria, con una sonrisa abierta y rebosante como la de un glotón satisfecho. Lo veremos furioso durante el combate, hiriendo el amor propio de sus soldados para enardecerlos. Conoceremos la forma en que, con crueldad divertida, ordena la ejecución de una banda de músicos porque la tropa ya tiene una. Todos esos rasgos heterogéneos confluyen hacia la secuencia final del filme, en que veremos al héroe mandar asesinar sin miramientos a sus "muchachitos" aquejados de viruela. El caudillo, incapaz de arredrarse ante el enemigo más temido retrocede de la manera menos valerosa ante la posibilidad de contagiarse. Aun sin llegar a la crítica o al odio, De Fuentes concibe a Pancho Villa de modo humorístico y admirativo, pero breve e implacable.

Vámonos con Pancho Villa, ha escrito José de la Colina, empieza con la sencillez de un corrido y termina con la grandeza de una tragedia antigua. El horizonte sin límites del camino sustituye al mundo cerrado. La revolución representa para los Leones de San Pablo un desafío a la muerte. La película responde, de hecho, a una prolongada meditación fúnebre. La muerte acecha y clausura cada secuencia.

Después del combate y el reparto del botín, sobreviene la noche. Reunido con sus compañeros alrededor de una hoguera mortecina, Tiburcio reflexiona con la cabeza apoyada en su silla de montar y mirando hacia lo alto. Piensa y habla de la muerte. En su rudimentario filosofar, compara el perpetuo hacer y deshacer de los hombres con la eterna inmovilidad de las estrellas. Todos los presentes protestan y se burlan: definen su posición ante la muerte. Unos quieren demostrar al morir "lo que vale un León de San Pablo" porque "hay que morir peleando, haciendo algo bueno". Otros se engríen con letra de canción: "Si me han de matar mañana que me maten de una vez". Pero todos están de acuerdo, en el fondo, que "morir de un modo o de otro, da lo mismo".

Vámonos con Pancho Villa describe el encuentro de los Leones de San Pablo con su muerte. Uno de ellos, al capturar con su reata una ametralladora del enemigo, recibe un balazo y sólo tiene fuerzas suficientes para morir cuadrándose ante su general, orgulloso por la hazaña. Otro muere sobre unas pencas de

heroísmo permanece inalcanzable. En *Vámonos con Pancho Villa*, ofrendar la vida no contribuye a modificar las circunstancias sociales.

La muerte nunca deja indiferente al director. Cada vez que muere uno de sus personajes, aunque sea el barbilindo teniente federal, se produce una reacción de recogimiento. El relato tiembla. La corriente sanguínea del filme se detiene, suspensa; luego, fatigada, tarda en reemprender sus curso normal.

Si alguien acepta servir de blanco al lanza-

Los Leones de San Pablo son seres mitad primitivos, mitad trágicos.

maguey, en el transcurso del ataque nocturno a un fuerte, después de lanzar sus granadas bajo las puertas del enemigo. Otro muere acribillado por sus propios compañeros cuando trataban de salvarlo de ser ahorcado por sus captores. El cuarto muere en una cantina: herido en el juego de la "ruleta rusa", él mismo se encarga de disparar el tiro de gracia. El más joven del grupo, apodado el *Becerrillo*, enferma de viruela y es su amigo Tiburcio quien se encarga de aplicar la eutanasia y, después, de incinerar el cadáver.

La muerte que aniquila a los Leones de San Pablo es una muerte vituperable. Como en el famoso discurso a los muertos de Jean Giraudoux, la elegía es imposible. La muerte es gratuita, banal, estúpidamente heroica. Los soldados revolucionarios tienen, según De Fuentes y Muñoz, la muerte que se merecen, la que se han ganado. Se perece en el alarde, en el accidente y en la enfermedad. El verdadero

miento de un revólver al aire, para que el arma misma escoja al más cobarde cuando son trece comensales en la mesa tabernaria, se obtiene como comentario el respeto irónico del director. La "oración fúnebre" de Tiburcio: "Ahora sí se murió el más valiente, y si alguien se ofende que me lo reclame ahora mismo", es tan estéril en su sincera indignación como la sonrisa grasienta con que acaba de infligir la muerte al obeso Melitón Botello (Manuel Tamés).

Si se debe morir como medida profiláctica para evitar la propagación de una epidemia entre la tropa, se instiga la rabia del director. Dentro de un vagón de ferrocarril, Tiburcio Maya dispara elípticamente sobre su amigo. Lanza hacia afuera sus cobijas y adminículos militares, baja arrastrando el cuerpo inanimado, lo cubre de zarza, lo rocía de combustible y le prende fuego en la noche. Pero cuando ha terminado de cumplir las órdenes criminales, el insumiso revolucionario no es el mismo.

25

Algo fundamental ha estallado dentro de él y dentro de la película en su totalidad. Para De Fuentes, la muerte es la situación límite que le permite llegar al centro de su objeto de conocimiento. Si el héroe desaparece y la condición humana permanece inalterada, *algo* importante falla entonces, y ese algo va más allá de lo puramente individual.

De Fuentes analiza el fenómeno revolucionario cuando ya sus contradicciones internas lo desvirtúan, cuando lo hacen dudosamente positivo. En el momento en que se sitúa la acción de la película, la pugna entre facciones rivales, el caudillismo, hace nebulosos los ideales de la lucha. (El complemento necesario de *Vámonos con Pancho Villa* debería ser *La sombra del caudillo* de Julio Bracho, basada en la novela homónima de Martín Luis Guzmán, si la cinta no fuera un involuntario sainete desglandulado y si no hubiese sido prohibida su explotación comercial por las autoridades del país.)

Más que creer en la justicia o en el establecimiento de un nuevo régimen social, los Leones de San Pablo –torpes e ignorantes campesinos exaltados por el belicismo– creen ante todo en el general Villa. Mueren por él. Sólo el caudillo debe saber la razón de la lucha. Los mueve su fidelidad al líder y su concepto del heroísmo. Los móviles iniciales se olvidan en el fragor de la batalla. El sentido de la acción bélica se advierte desdibujado. Existen únicamente el enemigo y las órdenes superiores, los desplazamientos masivos y la toma de ciudades fortificadas. Arrasar, asestar un nuevo y nunca definitivo golpe, es lo que cuenta. Avanzar, incrementar el poder del caudillo; avanzar, mermar las fuerzas del enemigo; avanzar y nunca "rajarse" ante el peligro.

Sin embargo, a pesar de carecer de ideales precisos, los revolucionarios de la cinta no son fantoches movidos por el azar. El peso de una incomprensible empresa, adversa y arriesgada como es, no anula la libertad de albedrío. A esos hombres rústicos a quienes les parecen suficientes sus leyendas, el perpetuo avance los humaniza, los va desenajenando. Están comprometidos hasta la médula de sus huesos. Pertenecen a un ejército victorioso; pero eso no basta. De Fuentes no juzga a sus personajes, pero tampoco los justifica. El culto militar sigue siendo el más absorbente y nefasto de los mitos laicos. El director lo afirma valerosamente.

Aunque nadie pueda creer en la importancia de los actos de tales personajes, De Fuentes nos obliga a respetar su *decisión* de entregarse apasionadamente a una tarea colectiva que ellos creen heroica. Eso no implica que el director se solidarice con esa voluntad de acción. Los actos de los Leones de San Pablo le parecen despreciables por destructores; sus actitudes, reprobables por inconscientes. No obstante merecen simpatía, y no solamente por la generosidad que de ellos emana. Los Leones de San Pablo son seres mitad primitivos, mitad trágicos.

El director nunca insiste en la negatividad de sus creaturas. Antes bien, llega a esa idea al final del camino. Lo negativo se desprende como un significado póstumo, hasta entonces irreconocible, que luchaba por ser formulado. Por eso la película termina con una toma de conciencia. Tiburcio Maya, el último sobreviviente de los Leones, se da cuenta de la inutilidad de sus afanes. Revalora en forma retrospectiva todo lo que ha ocurrido desde su entusiasta salida del rancho. Las muertes de sus compañeros no han servido para nada. Camina por la vía del tren sobre los paralelos durmientes siempre idénticos. Camina y se pierde en la oscuridad de la noche. Camina devotamente como si pisara los cadáveres inermes y rígidos de sus amigos, ultrajados al cabo de una lucha sin sentido. Solitario, con sus cananas cruzadas sobre el pecho y su fusil al hombro, decepcionado se sostiene con las energías que le prestan la acidez y el asco. La imagen digna y disidente de Antonio R. Frausto tiene dimensión y resonancias nacionales. *Vámonos con Pancho Villa* es lo contrario de una epopeya. Es una histórica ronda macabra que ha querido trascenderse mediante el aborrecible salto mortal del heroísmo a la mexicana.

A Pancho Villa (Domingo Soler) lo vemos repartiendo puñados de maíz a una muchedumbre que recibe el alimento en sombreros, bacinicas o donde sea.

Addenda

A mediados de 1982, gracias al paso de una de sus copias por televisión, se descubrió que *Vámonos con Pancho Villa* había sido una película censurada. Con respecto a la versión conocida, el relato continuaba milagrosamente por espacio de diez minutos más. Parecía seguir los lineamientos del guión original. Pero no; en determinado momento lo desbordaba, continuaba por su propio camino impredecible, fuera de cualquier determinación de la novela de Muñoz y de todo lo sospechable. El misterioso caso de los finales mutilados del clásico de los clásicos del cine revolucionario mexicano huele a censuras y autocensuras, negociaciones, sumisiones oportunas y tardías, claudicaciones y ocultamientos, irresponsabilidades, que se expanden por casi medio siglo. Es posible que, sin voluntad de estridencia ni escándalo alguno, bajo presión gubernamental, la productora CLASA haya elaborado hasta tres versiones distintas del final del filme, quizás a consecuencia de que algún burócrata censor se aterró con la imagen brutal hasta la inhumanidad que se ofrecía del controvertido héroe Pancho Villa.

El atribulado Tiburcio Maya ve alejarse para siempre al admirado general que lo ha repudiado por miedo al contagio de viruela; algo mascula entre dientes hacia la noche cerrada ("Está bien, aquí se acabó"); pero en vez de tomar su fusil e irse caminando melancólicamente por la vía del tren, hasta perderse poco a poco en la negrura, su imagen es borrada por un *fade out* y aparece un letrero. Han pasado los años; tras varias derrotas guerreras, Pancho Villa va en retirada, intentando rehacer sus antiguas huestes invencibles para restaurar su poder. Tiburcio vive ahora apaciblemente en su ranchito, cultiva la tierra y sueña en voz alta, añora al Caudillo del Norte e invoca su figura legendaria para inculcarles su culto a su mujer (Dolores Camarillo) y a sus dos hijos, niño y niña. El entusiasmo de su hijo de 10 años parece aún mayor que el suyo.

De repente, Tiburcio ve llegar a un grupo de villistas a caballo, con su antiguo correligionario Encarnación Pérez (David Valle González) al frente. Pronto el antiguo dorado es conducido ante Villa, al que invita a yantar a su choza, sintiéndose muy honrado por la visita, aunque con el secreto propósito de mostrarle por qué no puede volver a unírsele a ese Jefe de los Hombres Leales, ahora que tanto lo necesita. Atendido hogareñamente y engullendo de manera pantagruélica un pernil de pollo, el sonriente Villa reconoce que Tiburcio tiene la razón, así, devoto de sus seres queridos, no puede regresar a la lucha armada. Lo envía afuera, a buscar a Encarnación; Tiburcio obedece. Mientras conversan Tiburcio y Encarnación, suenan dos tiros fuera de campo. Villa ha eliminado a la mujer y la hija menor del hombre; ahora ya nada lo retiene. Al ver a su antiguo jefe salir triunfante, Tiburcio lo encañona con su rifle, pero Villa lo mira fijamente y le dicta órdenes ("Ándale, ándale, vámonos").

El dolor y la rabia rencorosa por la pérdida de lo más amado luchan en el interior del revolucionario leal con la veneración a lo más sagrado. Antes de que el conflicto que denotaba pueda resolverse, su mirada se apaga. El feroz general Fierro (Alfonso Sánchez Tello) lo ha fulminado de un plomazo por la espalda. Tiburcio cae muerto a los pies de Villa, quien se indigna por la precipitación de su guardaespaldas ("Imbécil, él nunca me hubiera disparado"). Gimoteando al lado del cadáver, Pedrito, su hijo, está desolado y apenas acierta a quejarse con el prepotente Caudillo ("Ahora ya no podremos irnos con Pancho Villa"). El General se enardece, hace destellar el carisma bonachón de su mirada e inquiere al pequeño sobre la permanencia de sus deseos de unirse a la diezmada División del Norte. Como el chicuelo asiente, Villa clama exultante ("Pues vente con nosotros, vámonos con Pancho Villa"), al tiempo que lo trepa a la grupa de su cabalgadura. El regimiento villista, renovado, se aleja épicamente, con inmenso entusiasmo.

Ahora resulta que *Vámonos con Pancho Villa* puede ser objeto de una triple lectura, cada una correspondiente a los tres finales ya conocidos del filme. La primera lectura, correspondiente al final de Tiburcio caminando sobre los durmientes de la vía del tren hacia las tinieblas, ya ha sido hecha; De Fuentes haría de su relato crucial lo contrario de una epopeya, pero jamás redondeaba la tragedia colectiva. La antiepopeya como primera lectura: ronda macabra, aborrecible salto mortal del heroísmo a la mexicana, prolongada meditación fúnebre de seres mitad primitivos mitad trágicos.

La segunda lectura corresponde al final previsto en el libreto original, rescatado y publicado por el investigador Federico Serrano en la sección "Archivo del cine nacional" de la revista *Cine*, núm. 8 (septiembre de 1978). Según este final, tras encañonar rabioso a Villa que lo trata de calmar, Tiburcio baja el arma, abraza al hijo sobreviviente y los dos, vehementes y todoaceptantes pero entusiastas, con lágrimas en los ojos, echan a andar detrás del grupo de villistas. El crítico-teórico Andrés de Luna, en su libro *La batalla y su sombra (La Revolución en el cine mexicano)* publicado por la UAM-Xochimilco en 1984, ha acometido una exégesis del filme así rematado, utilizando conceptos de Abraham Haber. Dentro del reflejo sin espejo que es la tragedia cinematográfica *Vámonos con Pancho Villa*, la conciencia de Tiburcio Maya "es en un principio como un saber trágico a medias: no distingue todavía los diversos modos de la calamidad y la insondabilidad última de la destrucción trágica. Lo nuevo es que en el saber trágico ya no impera la tranquilidad, sino que su interrogante es impulsado siempre más adelante. Las preguntas y las respuestas alcanzan su culminación en las transfiguraciones de los mitos". El saber trágico como segunda lectura. Y Pancho Villa es señalado por ese saber "como hombre nada común, capaz de las más grandes hazañas", a quien hay que seguir *in extremis*, perdonándole sus vilezas, porque él tiene una doble identidad: el que otorga el maíz y el dios cruel, conciliación de lo superior y lo inferior, cielo y tierra desde un solo horizonte vivido.

La tercera lectura corresponde a la estremecedora versión integral y restaura la epopeya mediante una aceptación iluminada del principio legendario, más allá de la tragedia. La epopeya aberrante como tercera lectura. En virtud de su dualidad entre lo divino y lo humano, y pese a su desmembramiento entre lo mezquino y lo brutal, el heroísmo retoma sus fuerzas de esa muerte que acechaba y clausuraba cada episodio, incluyendo al del final límite. El padre sacrificado y su pequeño hijo movilizado rinden testimonio, culto y cortejo al eterno retorno del mito, el mito épico y restañado hasta en su insensibilidad absurda, por encima de la alevosía y la ética. En la aceptación iluminada, la salvación épica alumbra la barbarie desbordándose a sí misma y a su ignominia.

Vámonos con Pancho Villa, escena suprimida.

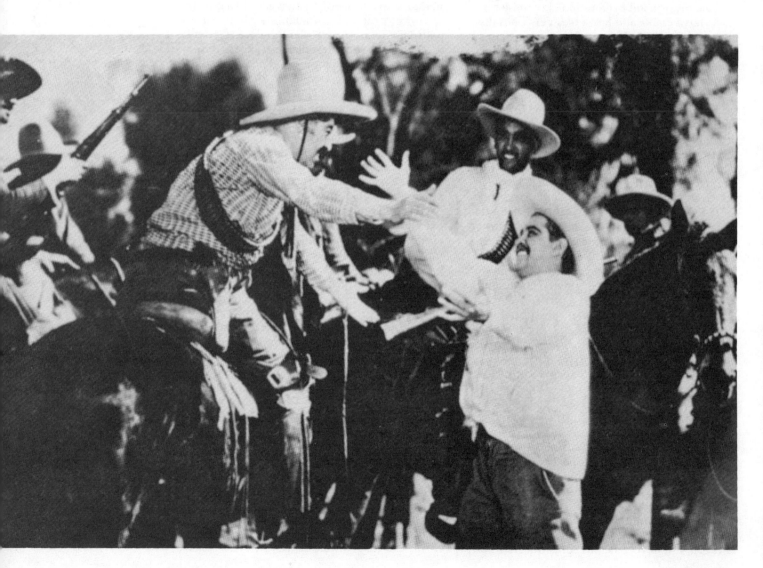

28

La pesadilla tribal

Esa decepción revolucionaria que conmueve la serena mirada de Fernando de Fuentes no tendrá un eco, una secuela explícita sino treinta años después, cuando surja el nuevo cine mexicano, un cine consciente, cuando se filme en 1966 *La soldadera* de José Bolaños, obra en que la Revolución se hace polvo y el caos impera sobre la razón. Pero en el entreacto, ¿qué actitud adopta el cine nacional ante la revuelta colectiva más sangrienta y traicionada del continente americano? Pregunta de fácil e hipócrita respuesta: la vuelve folclor, mariposeo de machos empistolados y hembras bravías, semillero de virtudes campiranas enfurecidas, demagogia de los tránsfugas de clase en el poder. El recurso de la máscara coloreada ambiciona absorber la amenaza del gesto.

Pero la Revolución es también una herida, un recuerdo doloroso que ninguna amnesia balsámica o determinada oficialmente podría apaciguar. Si se proclama la fe en el futuro aludiendo a los prestigios instintivos de la sangre derramada, se incurre en contradicciones de base: los acontecimientos sociales desvirtúan la confianza ciega. Una contradicción de este tipo es la que envenena la imagen ideal más evidente y célebre del periodo: *Flor Silvestre* de Emilio Fernández (1943).

En principio la primera obra maestra del equipo Indio Fernández-Gabriel Figueroa, y quizá la única aproximada a esa designación, debía ser una película eminentemente didáctica, escolarmente aleccionadora. La conflagración armada se evocaría cuidando que nunca se saliera de un marco estrecho, puerilmente patriótico, calculado de antemano. Todo lo que será dado ver es ya pasado remoto. Un prólogo y un epílogo explicativos, verbosos y altisonantes, en los que aparecen Dolores del Río con canas pintadas y su presunto hijo, un joven teniente del Colegio Militar, abarcando desde una loma las llanuras fértiles del Bajío, nos informan que el relato es fidedigno, representativo de una época turbulenta que es imposible olvidar, pero que "sacrificios y sufrimientos no fueron estériles: en el México de hoy palpita una vida nueva". Estos añadidos que abren y cierran la acción, muy característicos del cine discursivo de su década, cine de arenga cívica e interés nacional, se esfuerzan por convertir a la película en una vacuna. Se inocula al paciente con leves dosis de microbios nocivos para que sirvan como anticuerpos contra un mal mayor.

Injusticia, desigualdad, infamia y confusión son las raíces pantanosas de un árbol frondoso:

el México moderno. Dos rostros unidos por el vértice de la tragedia y la violencia, dos generaciones transidas de emoción nacionalista, no pueden dejar lugar a dudas. Sin embargo, la estructura de la película es más fuerte que el parloteo. No desmiente el estado de ánimo que le ha dado origen. Al contrario, agudiza la contradicción entre el llamado a la mística revolucionaria y el sentido irreductible de los hechos. Aunque su episodio esté prometido a la exaltación, *Flor Silvestre* no logra ocultar la amargura primitiva, animal, que domina en cada una de sus intuiciones.

La película comienza con una larga exposición de principios. Estamos exactamente en 1910, en la inminencia del movimiento armado, al filo del agua como otras tantas obras que eligen y buscan la claridad de los motivos insurreccionales para mejor situar los conflictos de sus creaturas. Una descripción detallada y muy nítida del cuadro social, ambiguo ataque a la férula feudal, demostrará la necesidad de tomar las armas en contra del mal gobierno, del opresivo poder dictatorial del general Díaz. Los conflictos de los personajes, sin preocuparse por dejar de ser individuales, tendrán validez histórica, estarán auroleados por la justa indignación.

José Luis Castro (Pedro Armendáriz), el hijo del amo, se ha casado en una ermita con la Niña Esperanza (Dolores del Río), perteneciente a una familia de campesinos medieros, sin contar con la venia de sus intransigentes y poderosos padres, sin consultarlos siquiera. Ingenuo, sano y fornido, el muchacho cree que

Injusticia y desigualdad son las raíces pantanosas del México moderno.

La Revolución es también una herida, un recuerdo doloroso.

todo se arreglará de la mejor manera y que su dulce esposa será bien recibida en la casa paterna. Se equivoca; el sistema de castas prerrevolucionario es severo y no perdona.

En el curso de una fiesta doméstica —el herradero del ganado de la hacienda— don Francisco (Miguel Ángel Ferriz) insulta públicamente a su hijo e, indignado al conocer la noticia matrimonial, ordena a Esperanza que se siente con la gente de su clase. La muchacha, humillada y enloquecida, huye precipitadamente en un guayín que se vuelca. Queda malherida. Sólo así obtiene la compasión de Doña Clara (Mimí Derba) que llega a escondidas por la noche a proponerle la anulación de los esponsales, mediante cuantiosa suma de dinero. Mientras tanto, su hijo José Luis se presenta en estado de embriaguez ante su padre acompañado por el suegro (Eduardo Arozamena): la ruptura con la familia será definitiva.

Al llegar aquí, el melodrama sociofamiliar permite libre paso al verdadero tema de la película. Tal como un general amigo (Salvador Quiroz) había advertido al señor feudal, y tal como lo demostraba el trato que daba a sus sirvientes, José Luis simpatiza con la causa revolucionaria que acaba de estallar. Al perder los derechos autocráticos de su heredad, empieza a colaborar activamente en la lucha, desde la retaguardia. La pequeña cabaña aislada en donde se ha instalado con Esperanza para procrear un hijo, a varios kilómetros de la casa natal, sirve de enlace a los diversos grupos de alzados y es un depósito de armas y municiones al que acuden regularmente Pánfilo (José Elías Moreno), caudillo y pariente, y otros jefes revolucionarios. Para admiración de Esperanza, José Luis no lamenta haber renunciado a su familia, a su posición social, a su dinero y a su tranquilidad.

Entran a escena nuevos personajes. Una gavilla de bandoleros que pelean por su gusto y para su beneficio al amparo de la revolución, comandados por los hermanos Torres, Úrsulo (Manuel Dondé) y Rogelio (Emilio Fernández, en persona), se acercan entre disturbios y matanzas. El general porfirista rinde visita al hacendado en su finca para conminarlo a abandonarla. Don Francisco se rehúsa *in extremis* y se dispone a morir tras la deserción de sus peones y la devastación de sus propiedades. Cuando, avisado de la tragedia, José Luis llega al casco de la hacienda sólo encuentra escombros y despojos humanos aquejados por el tifo. Sobre la tumba de su padre ahorca a un Úrsulo enfermo y cobarde que se arrastra a sus pies implorándole perdón.

Flor Silvestre se divide en dos tiempos bien marcados. En el primero, para efectuar la crítica a los excesos de los grandes propietarios rurales, la película enfatiza las características morales de sus héroes, los motiva y los enfrenta, incurriendo inescrupulosamente en ciertos lugares comunes del melodrama provinciano y la comedia ranchera. En el segundo tiempo, para evocar la revolución, una revolución desnuda hasta los huesos, se baja el tono de la película y las imágenes rompen en oleadas cada vez más amplias y densas; una extrema sequedad, que a Georges Sadoul* (equivocado como de costumbre) le parecía "fastidiosa y fría", concede una grandeza sórdida y hueca al patetismo de los acontecimientos: los protagonistas han quedado solos e inermes entre una

En un principio la primera obra maestra del equipo Indio Fernández-Gabriel Figueroa, debía ser una película eminentemente didáctica y aleccionadora.

Se suscitan los intercambios criminales de la *vendetta*. Rogelio, embravecido, secuestra a la mujer del asesino de su hermano. Como respuesta, su enemigo se hace aprehender, poniendo la condición de que se deje en libertad a una Esperanza que lleva en brazos a su recién nacido. A temprana hora, el hombre muere fusilado, sin que puedan nada los ruegos de la mujer para obtener su gracia.

manada de bestias.

El enorme contraste que parece existir entre las dos partes del filme no es tal. Es débil, periférico. Afecta únicamente al concepto de la dramaturgia tradicional del cine mexicano. De

* Georges Sadoul, *Histoire Génerale du Cinéma*, tomo VI, "Le Cinéma Pendant la Guerre (1939-1945)". Editions Denoël, París, 1954.

31

hecho, un solo estilo unifica ambas partes. Un descenso en la gravedad del tono provoca el cambio. Lo verdaderamente importante es comprobar hasta qué punto el estilo de Fernández-Figueroa no se encuentra, como se creía, completamente desligado del cine nacional de su tiempo. De muchas maneras representa una especie de síntesis inspirada de sus tendencias más notables, una suerte de transposición errática donde el esfuerzo por estilizar los elementos populares, y no el populismo, es lo que distingue y destaca la visión.

Sí, respetamos el binomio. Estamos ante el caso excepcional de un camarógrafo tan responsable de la creación, de la forma cinematográfica, como el propio realizador. *Flor Silvestre* vale para demostrar –era indispensable la prueba del origen– que Gabriel Figueroa tuvo talento. Su posterior vedetismo autodestructivo lo explica la enfermedad endémica del talento mexicano: el anquilosamiento, favorecido por un medio artístico raquítico y antropófago, apto para el predominio rápido, exitoso y sin estímulos.

El cine cuando se quiere grande será recio, melancólico y desesperado, o no será.

Un cine al que salva un puñado de héroes como Pedro Armendáriz.

Soñamos entonces a *Flor Silvestre* como el producto de una memoria impersonal que se desea heroica. Puede creerse en la imaginación templada, devota y elemental de Fernández-Figueroa como en un sencilla verdad secreta de la tierra vieja, como en un padecimiento nativo cuyos alcances resultaran incomprensibles. Es que la preocupación plástica de los cineastas aun no se ha convertido en una larga penitencia eisensteniana. La belleza visual, económica y devoradora todavía no es rígida; se encuentra en la cuerda floja, se acerca al punto de ruptura; insiste, pero no demasiado; permite que un *medium shot* persiga a un *full shot* y éste a un *long shot* sin que pretendan competir entre sí.

La película es libre de avanzar a campo traviesa, en planos de conjunto, mientras José Luis y su anciano suegro apenas se sostienen sobre sus cabalgaduras, seguidos por cancioneros de cantina que transforman en balada mansa, flotante, su deambular nocturno. La

32

película puede darse el lujo de desperdiciar la aparatosa vulgaridad de la cantante ranchera Lucha Reyes o de entretenerse con las morcillas de dos peones pícaros, interpretados por El Chicote y Agustín Isunza. Cuando José Luis, después del saqueo, recorre las cámaras devastadas de la hacienda, mezclándose con el sonido de sus espuelas que repiquetean en contraluz, se oyen a distancia, esparcidas entre vituallas, granos, mantas y bandoleros apestados que yacen tendidos sobre petates, las coplas lamentosas de "El hijo desobediente", semejantes a las voces prolongadas de un intemporal reproche. *Flor Silvestre* o la sublimación del folclor.

La primera asociación Fernández-Figueroa lograba crear un clima de tensión poética haciendo curiosa mixtura de digresión sentimental, necesidad dramática, incontinencia reprimida de los actores y fortaleza plástica. Es la huida de Esperanza en el guayín, como una heroína de *western* walshiano, y volcándose de pronto, espectacularmente, entre huizaches y nopaleras. Es la instantánea turbación de José Luis al empujar la puerta y escuchar proveniente del interior un inesperado llanto infantil que le anuncia la paternidad. Es el ahorcamiento del asesino bajo un inclemente cielo opaco, en que Úrsulo, desencajado por el pavor y la fiebre, descubre su bajeza al abrazarse a las piernas de un José Luis decidido, impávido, preparando la reata. Es la marcha de José Luis camino al paredón por las calles del pueblo, cautivo de un piquete de fusilamiento, donde el reo ordena reiteradas veces a su mujer que se largue, como si se dirigiera a una profana que estuviese violando la disciplina sagrada de la muerte; secuencia tratada con vastos *full-shots* que retroceden, categóricos, en el alba. Es la escena misma de la ejecución, de una intensidad dramática equiparable a la de *Senso* de Luchino Visconti, en la que el héroe, asediado por los gritos de su esposa y los berridos de su hijo, muere de rodillas, con los ojos vendados,

Seguidos por cancioneros de cantina que transforman en balada mansa, flotante, su deambular nocturno.

33

Flor Silvestre o el más poderoso soplo épico del cine mexicano.

ante una multitud paciente de caras cobrizas. Si la película por sus ideas generales podría remitirnos a la moderada visión de *El resplandor*, la principal novela revolucionaria del argumentista Mauricio Magdaleno, su anarquía mortuoria nos recuerda más bien *Se llevaron el cañón para Bachimba* de Rafael F. Muñoz. Iríamos aún más lejos ¿cómo no evocar en los mejores momentos de la película algunas páginas de *El luto humano* de José Revueltas y su imaginación encresponada? *Flor Silvestre* o el sentimentalismo bárbaro. *Flor Silvestre* o el jadeo de la tragedia.

Pero, históricamente, la película debía cumplir otras muchas funciones. Impone arquetipos indesmontables. Así, en 1943 quedan establecidos los contornos de un cine viril, un cine "de fuerte y a veces brutal dramatismo", * a la

* Artículo "Emilio Fernández" de la *Nueva Enciclopedia Sopena*, Editorial Sopena, Barcelona, 1952.

mexicana. El cine nacional cuando se quiera grande será recio, melancólico y desesperado, o no será. Un cine poblado por personajes episódicos muy tipificados, sin rencor, en su pertenencia social: patrones altivos como Miguel Ángel Ferriz, orgullosos de su implícito pasado peninsular, incapaces de amedrentarse ante la inminencia de la derrota; o, en las antípodas, ancianos peones quejumbrosos que llevan a cuestas varios siglos de sometimiento como el Nanche Arozamena, fieles y maltrechos seres que se saben insignificantes, que aguardan al hijo del amo hechos un ovillo en el dintel de la puerta, esperando el disgusto del hacendado para escurrirse prestamente de su vista. Un cine infestado por "malditos" incomparables, emboscadas fieras, recelosas, de mirada sarcástica y esputos de fuego como Manuel Dondé o el propio Emilio Fernández, piltrafas morales capaces de consumar todas las felonías imaginables. Un cine de paisajes

Un cine iluminado oblicuamente por la presencia de hembras frágiles y excluidas, por flores silvestres y campesinas como Dolores del Río.

extensos como inhóspitos océanos de arcilla, páramos resecos y nubarrones en los que nadie se inclina a socorrer al caído. Un cine iluminado oblicuamente por la presencia de hembras frágiles y excluidas, por flores silvestres y campesinas como Dolores del Río, aves de misérrima agonía, invocadoras de una sensualidad morena, áspera al tacto e inmediatamente dulce. Un cine al que salva un puñado de héroes como Pedro Armendáriz, mestizos de caras adustas y pelambreras indóciles, voces que resuenan como golpes de fuete sobre botas federicas, hombrones de ternura infantil cuyos gestos de dolor jamás descomponen sus facciones. *Flor Silvestre* o el más poderoso soplo épico del cine mexicano.

Pero en la maleza de este juego de arquetipos ¿en dónde ha quedado el tema revolucionario? ¿También se ha vuelto un arquetipo? De tan presente la revolución se ha vuelto borrosa, indiscernible, difusa. A través de *Flor Silvestre* y de sus corrompidas secuelas conoceremos la fatalidad incierta. Sabremos solamente que la lucha armada tuvo un buen principio –quería

prescribir reformas agrarias–, que los peones la sostenían sin dejar de creer en la ley de Dios, entregándose a una orgía luctuosa y salvaje que fácilmente confundía a los beligerantes con bandoleros organizados. A ciencia cierta sabremos, sí, que engendraba bandoleros y destrucción porque la violencia iguala a los contrarios: la voluntad de una mejor vida y el deseo de ser diezmado; que provocaba desórdenes y víctimas inocentes.

El principio es claro; el final será ambiguo, vago, dará vueltas interminables sobre su propio eje. La herida cierra mal; se volverá una llaga, la llaga del sueño fracasado. En el centro de la llanura, gigantones con cananas se desplazan al lado de individuos tramposos, viles, borrachos y cobardes. La faz del planeta está cambiando. Los alzados se acercan. La acción guerrera retumba en el monte. El mundo subjetivo se desvanece. Un montón de sangre queda hacinada. El estremecimiento revolucionario de *Flor Silvestre*, pausado y severo, es el testimonio de una ceremonia tribal que se ha vuelto pesadilla.

La añoranza porfiriana

Pregones, viejas enlutadas que cruzan a primera hora la calle provinciana, un portero de Casino que apaga los faroles valiéndose de un chuzo con caperuza, beatas con chal que se persignan al pasar enfrente del antro de perdición y, dentro del salón de juego, entre opacos lienzos y barrocas molduras, un plutócrata bohemio (Fernando Soler), escuchando arrobado el vals que interpreta una desvelada orquesta, y un zafio arribista metido a señor (Joaquín Pardavé), se disputan cuantiosa fortuna en los naipes. Estamos en el mundo de la fantasiosa, decidida, intensa, envidiable, enternecidamente reaccionaria, lánguida y porfiriana añoranza. Una evocación, plena de amabilidad y gentileza, del 1900, de los mejores tiempos idos, pero no demasiado remotos, rescatables. *En tiempos de Don Porfirio* de Juan Bustillo Oro (1939) ha dado un merecido puntapié al incierto culto revolucionario, ha impuesto el sueño letárgico de la añoranza por encima de los sobresaltos de la pesadilla.

México se prepara a atravesar la década de los cuarenta. El teatro frívolo, entregado a la remembranza de la picardía sabrosa e ingenua, marca la pauta. El espíritu nacional, apenas salido de la demagogia cardenista y la sustitución del caudillo por un partido monolítico y voraz, sorteando los avatares de la contienda mundial, se abre paso hacia el atropello de los países de crecimiento acelerado. Cuando Norteamérica requirió la exaltación de un pasado legendario y combativo, inventó el Oeste dorado de hazañas conquistadoras, fiebres de oro, pacificaciones a mano armada y sacrificios galonados de un general Custer románticamente heroico; cuando el inminente avilacamachismo requirió la exaltación de un pasado legendario y combativo que apoyara moralmente el principio del apogeo de la paz y la felicidad de la revolución institucionalizada, se dio a la reminiscencia granburguesa, hizo recircular por la sangre hemofílica de la dictadura la efigie idealizada del general Díaz, revivió a los ejemplares polvosos de la época, exhumó pintores-quismos en los que la distancia histórica era un simulacro de placidez.

El celo con que se prodiga el escape no tiene precedentes. La marea puede subir y bajar con somnolienta tranquilidad. La inoculación en masa tiene como fin propagar el ensueño, perpetuar el duermevela. La fuga de la insoportable realidad clasista, amenazada sin remedio por la expansión de los imperialismos occidentales, se consigue con calma, cómodamente instalados en la perspectiva histórica. En un autoelogio sombríamente narcisista con que se agasajó el infortunado Julio Bracho aludiendo su primer película *Ay qué tiempos señor Don Simón*, Andrea Palma, víctima de la grisura, el tedio y la frustración antiheroica de *Distinto amanecer*, pudo refugiarse en el interior de un cine de barrio y hacer brotar de la oscuridad aislante un mundo a imagen de sus deseos, un mundo de crinolinas y levitas, de coches de banderita y lagartijos de Plateros, de lujosos carruajes tirados por troncos de caballos pura sangre y señoriales festines de etiqueta, de joyas exhibidas en céntricos cafés y reuniones en el exclusivo Jockey Club, de operetas vienesas y enjundiosos brindis de bohemios bien nacidos, de las tandas del Principal y los maderos de San Juan, de ramilletes a las primeras tiples y lances amorosos tímidamente libertarios, de zarzuelas y Pabellones Moriscos, de sombreros de pluma y pianos de cola obsequiados por el primer magistrado, de bandejas plateadas y flores en el ojal de la reducida solapa, de cuellos de pajarita y polizones, de cenadores enmedio de floridos jardines y reglas de urbanidad ferozmente obedecidas.

Ninguna época cinematográfica ha sido en su conjunto tan desesperada y deleitosamente evasiva como la que precedió a la segunda guerra mundial. Con sus pilares firmemente enclavados en las asociaciones de Louise M. Alcott, Charles Dickens, Alexandre Dumas, hijo y George Cukor (*Mujercitas, David Copperfield, La dama de las camelias*); de Edna Ferber y Frank Lloyd (*Cabalgata*), y prolongadas hasta Franz Lehar y Ernst Lubitsch (*La viuda alegre*), Jane Austen y Robert Z. Leonard (*Orgullo y prejuicio*), y Johann Strauss y Julien Duvivier (*El gran vals*), el filme *désuet* norteamericano fue la vía alfombrada del estilo. Juan Bustillo Oro, artista anacronizante de lento entusiasmo, Sacha Guitry mexicano siempre teatral, enfático y verboso, realizándose ampliamente a través de la imaginación y del recuerdo, creó para el cine nacional un Shangri-la del que sus protagonistas no necesitaban salir huyendo con una amada en brazos que se convertiría en

polvo, antes bien, quedarían residiendo a perpetuidad en el mundo perdido, bañados delicadamente por los vapores de una bella época eterna, indestructible.

Todo lo que muestra Bustillo Oro en sus apacibles delirios se cubre con una página que resguarda, sean muebles, cuadros, indumentarias y objetos o rancias costumbres. Modales afrancesados, suspiros, exagerada indignación ante la osadía cortesana, presunción, mojigatería ambivalente, lucimiento de la apostura masculina, femenil recato, localidades agotadas en el debut de la revista escénica (ya que va a cantar provocativamente Sofía Álvarez, la Reina de la Opereta, por supuesto), ceños fruncidos, risillas nerviosas, miradas de soslayo, saludos reverenciales con el sombrero en la mano, sacrificios morales, bromas, chistes pre-

Una evocación plena de amabilidad, y gentileza del 1900, de los mejores tiempos idos.

visibles de la momiza, réplicas humorística-
mente retorcidas, pirotecnia de palabras, aventuras galantes, cosquilleo de las corvas, veladas
poético-musicales, *art nouveau* disuelto en cursilería incauta, dedicatorias meditadas con *non-
chalance*. En el centro de estos placeres
convencionales reina la donosura, la exquisitez
obsequiosa, el ingenio verbal, el desplazamiento sobre fieltros, la pulcritud atmosférica, el
cuento de hadas en pospretérito, el folletín que
no llega a ofender a las señoritas decentes.
Todo induciría a pensar que el paraíso perdido,
a una sola generación de distancia, sería el
horizonte inalcanzable, la erección de una elevada teoría del juego.

Es preciso permanecer en el umbral de la
serie para poder gustar de ella. Antes de caer
en el profuso y somnífero desfile mural de
adefesios añorantes, antes de filmar *México de
mis recuerdos* y sus secuelas, películas que sólo
podrían explotar la sátira fácil o un libelo trivial que impugnara la chabacanería pintoresca
y colorida, Bustillo Oro había logrado en la
obra que abrió la nueva brecha, *En tiempos de
Don Porfirio*, reiteremos, su éxito más memorable en la expurgación de la memoria. Tenía
razón Xavier Villaurrutia, en la revista *Hoy*, del
10 de febrero de 1940, cuando declaraba que
el filme disgustaría por sus excesos y sorpren-
dería gratamente por las cualidades que se
intuirían en el realizador. Será el exceso lo que
aniquilará al género, un género implorante
como ninguno de depuración. Destaquemos en

En el centro de estos placeres
convencionales reina la donosura, la exquisitez obsequiosa,
el folletín que no llega a ofender a las señoritas decentes.

La música con movimientos
giratorios y de traslación, al
compás de tres por cuatro o de
tres por ocho se vuelve textura
y sustancia.

la película más larga de su tiempo (dos horas y
veinte minutos), en esta película morosa, de
planos siempre medios y estirados que la cámara contempla con paciencia benedictina, todos
aquellos aciertos de atmósfera y detalle que la
preservaban de la chocarrería en que debía
incurrir sin remedio su descendencia.

El hilo argumental corre de la siguiente
manera. Por la pasión que siente hacia el juego,
don Francisco de la Torre (Fernando Soler)
deja de asistir a la iglesia donde iba a contraer
matrimonio con la aristocrática y deshonrada
Carlota (Aurora Walker) y se ve privado de la
paternidad de su hija natural, a quien veinte
años después veremos convertida en Carmelita
(Marina Tamayo), una modosa jovencita destinada a casarse en contra de su voluntad con
don Rodrigo Rodríguez Eje (Joaquín Pardavé),
viejo rabo verde y por añadidura culpable de
la ruina económica y social de Don Panchito, el
cual, respondiendo oportunamente a sus irre-
nunciables deberes de padre, luchará porque
su hija tome por legítimo esposo a su ahijado
Fernando (Emilio Tuero), un impulsivo estudiante sin nombre ni fortuna que la pretende

39

y es correspondido. Para lograr sus propósitos, el envejecido bohemio hará uso de triquiñuelas, engaños y benéficas malas artes. Como resultado, don Rodrigo, burlado a la vez en sus aspiraciones matrimoniales y en su honor, huirá cobardemente en su coche, ante la necesidad de enfrentarse en un inmotivado duelo con Fernando, renunciando así a Carmelita para que el envalentonado muchacho tome inmediatamente su lugar. El *happy-end* se refuerza con la reconciliación de don Francisco y la autoritaria madre, condescendiente al fin y doblegándose a la añoranza de su viejo amor.

Nada de lo aquí sintetizado denota las verdaderas características de *En tiempos de Don Porfirio*. Apenas podríamos percibir el vago matiz nostálgico de un injerto de comedia decimonónica española de José de Echegaray y de folletín displicente a lo Xavier de Montepin. Hemos mencionado los sobados temas de la hija a quien se ocultó su origen, del padre calavera que, arrepentido y viejo, quiere sentir el cariño filial, y de la madre vulgar que busca el mejor postor para su hija. También ha quedado injustificado el rimbombante título de la película. Es preciso ser más explícito a nivel de exégesis.

Sobre todo debemos señalar que la película lleva un subtítulo, "Melodías de antaño", y que la acción está surcada por una gran cantidad de canciones populares antiguas como si se tratara de una reseña o recopilación musical. "Vals poético" y "Amor" de Felipe Villanueva, "Club verde" de Campodónico, "Serenata mexicana" de Manuel M. Ponce, "Tristes jardines" de Chucho Martínez, "Adiós" de Carrasco, "Recuerdo" de Alvarado, "Altiva" de Roca, "Secreto eterno" de Perches Enríquez, rondas de niños y otras melodías ilustrativas intencionalmente engarzadas. Curiosamente, *En tiempos de Don Porfirio* hace de su vicio musical su mayor virtud. Si bien los corrillos infantiles en la Alameda resultan grotescos por su almidonada armonía y su exacta coordinación, las demás selecciones se integran al desarrollo argumental, medran en su interior y se apoderan de su sustancia hasta volverla blanda y amortiguada. Sea la voz de barítono de Emilio Tuero conduciendo una serenata que reúne un numeroso grupo de estudiantes vestidos a la vieja usanza de Salamanca, provistos de instrumentos de cuerda, y un piano trasladado en una carreta ataviada con flores, escoltado por otros estudiantes con antorchas; sea la trasplantadora música que deja de tocar para que los jóvenes enamorados sigan bailando, mientras las parejas se retiran a los lados del salón; sean las coplas del "Varón incógnito" que interpreta un Pardavé desata-

En tiempos de Don Porfirio, muestra un personaje idealizado en Don Panchito, que se desentiende del reconocimiento social.

do, llevando el ritmo con la cabeza y con la diestra, antes que desde la calle una reconocible voz varonil suplante los versos comunes por otros que rezan "Rival incógnito de voz escuálida / viejo ridículo que canta ahí / coge tu música y pronto lárgate / que Carmencita no es para ti"; sea la triste detumecencia que procuran los valses o su vertiginosa exaltación apolillada, una corriente de simpatía transfigura el desdeñable espectáculo en una verdadera evocación, así su lirismo corresponda a las doncellas tuberculosas o a los ancianos prematuros. El despliegue se impone. La sensibilidad es sorprendida en su flaqueza y decide comprometerse. Detrás de este espeso tejido de mistificaciones se descubre el impulso de una voluntad en fuga que pesa más sobre la pantalla que la fuerza de la realidad. La música, con movimientos giratorios y de traslación, al compás de tres por cuatro o de tres por ocho, se vuelve textura y sustancia de esta película lenta, ligera, porfiada y reiterativa. El irrealismo no elige sus caminos, impera a mansalva, incluso sublimando acercamientos desatinados. El prejuicio multiplicará el goce de la entrega. La melodía acariciadora, sin mediatizaciones, encandilada, privará sobre la resistencia, más allá de los límites de toda ponderación.

Porque todo lo explica y avala la figura tutelar de don Porfirio Díaz, en calidad de paternalismo irreductible y no como luchador liberal, invocado con ardor y compareciendo bajo los rasgos de Antonio R. Frausto en una escena breve pero contundente, fechada en 1877, en la que el futuro dictador hará la protesta de Ley para tomar posesión de su cargo. Nadie se atreverá a desertar del paraíso recobrado. Apaciguados los ánimos, dispuestos a disfrutar hipócrita y confiadamente de la paz ficticia, el cuadro de costumbres podrá presidir el renacimiento de la dulzura del corazón y de la orgía sentimental.

Empezaremos a vivir entonces dentro de los límites ideales nada opresivos, iluminados por la luz del recuerdo, de un cuadro barroco que salmodia la buena maña y la grande sutileza. Transitaremos por un momento entre licenciados untuosos de enérgica servidumbre (Agustín Isunza), hidalgos de cabellos blancos y bigotes entrecanos, novias que presas de ansiedad charlan desde el balcón por medio de un teléfono confeccionado con un trozo de cordel y dos botes vacíos, niñas que ofrecen flores ante el altar de la Virgen, mirones callejeros que confunden la apuesta de un caballero con la llegada del globo de Cantolla o la reaparición del cometa Halley. Don Rodrigo Rodríguez Eje (o don Susanito Peñafiel y Somellera) que acepta romper su efigie en una piñata, se empapa en la fuente sin que la simpatía pardavesiana llegue a deslucir en lo mínimo o desmerezca su figura central de héroe de farsa.

Conoceremos las claves de la trama cuando reflexionemos sobre las higueras que crecen en el atrio de una capilla simbolizando la usura del tiempo vivido, los cortejos amorosos vigilados por madres aquejadas de apoplejía moral, las misivas apasionadas que deslizan con audacia los forasteros altos y delgados como culminación del paseo, los odres de un licor que debe escanciarse en rituales dosis cotidianas, el santuario interdicto que guarda las fotografías de hermosas mujeres fugazmente amadas, las cenas de despedida de soltero que concluyen con el caballero durmiendo en un sillón y el fantoche olímpico en el suelo con una botella en la mano.

Será nuestra la única filosofía consecuente del cine mexicano, la feliz filosofía explícitamente formulada y dificultosamente vivida por los bohemios de principios de siglo, culteranos y ensoberbecidos. "El juego sin música es como el amor sin celos." "Todo el que confía en las mujeres merece perder." "¡Eso sí que no! Yo bebo y usted toma: dos cosas absolutamente diferentes." "Hasta hoy no fui uno sino tres: el jugador empedernido, el bebedor infatigable y el enamorado impenitente." "Para distraerme, voy a caer en el único vicio que nunca me ha seducido: el trabajo." Pero, ¿quién es este bohemio, principio y fin de *En tiempos de Don Porfirio*, idealizado en un don Panchito que se desentiende del reconocimiento social y encarnado por un Fernando Soler de sombrero, bastón, guantes y reloj de repetición, que sabe a pie juntillas segregar la atracción irresistible que, para las muchachas jóvenes de hace tres décadas, rodea a los hombres maduros con fama de galantes? Es un jugador de empuje y un bebedor con aguante capaz de embriagar de vanidad, con su sola compañía a un oportunista estrafalario que nunca conseguirá equipárársele, demostrándole al cabo el ridículo de su condición plebeya. Es el disidente que altera parcialmente el orden y sólo piensa en el recurso claudicante del matrimonio a la hora de la muerte. Es un hombre de temple, el único personaje con ostensible orgullo de casta. Es un mujeriego y un holgazán que aborda con gravedad los "asuntos delicados". Es el regodeo de la convención ambiental íntimamente admitida pero exteriormente defraudada. Es el poseedor de la ironía, la herencia caballeresca, la botella de cognac, la savia amargura, la venganza justa y la nobleza de una burguesía que no se asigna otros fines que los puramente individuales o, a lo sumo, domésticos.

El bohemio es el reflejo de una época merecedora de añoranza y *En tiempos de Don Porfirio* es el único *estilo de época* que ha creado el cine mexicano. *¡Hélas!*

Es el regodeo de la convención ambiental íntimamente admitida pero exteriormente defraudada.

La familia

En la década de los treinta, el cine mexicano esboza múltiples e insospechados géneros cinematográficos. La década siguiente se encargará de consolidar casi todos ellos. Algunos serán de vida efímera. Las aventuras de capa y espada en tiempos del virreinato (desde *Cruz Diablo* de Fernando de Fuentes hasta *El Capitán Centellas* y demás filmes de Ramón Pereda y Ramón Peón), las biografías de personajes famosos (como *Simón Bolívar* y *El rayo del sur* de Miguel Contreras Torres) y los melodramas extraídos de folletones del siglo XIX (tan diversos como *Las dos huérfanas* de José Benavides, *El camino de los gatos* de Chano Urueta y *Naná* de Celestino Gorostiza, basados respectivamente en D'Ennery, Sudermann y Zola), por sólo mencionar estos tres géneros, son series híbridas y postizas. Aunque con muy buena voluntad podrían encontrarse lejanas raíces en alguna subliteratura mexicana del pasado, esas cintas no tienen otra función que la de sustituir apresuradamente los éxitos de Hollywood. Mediante la pobreza económica y expresiva, el cine mexicano logra suplir las deficiencias de la industria norteamericana entregada casi por completo, en el periodo de la segunda Guerra Mundial, a la propaganda bélica.

Son otros los géneros que encuentran el apoyo popular; son otros los que responden a una necesidad verdaderamente nacional y pueden ser considerados como una expresión colectiva así sea en segunda instancia. Las comedias rancheras, las películas cómicas y las epopeyas del barrio son las más significativas, desde esta perspectiva. Por lo menos en número, arraigo y comercialidad esos son los géneros que podrían considerarse mayores.

Pero al lado de ellos coexisten otros géneros que a luz de un análisis resultan también reveladores. Son las películas de añoranza porfiriana, las películas que narran folclóricamente la gesta revolucionaria y, cosa curiosa, los dramas de familia. Por su importancia en la configuración del rostro tradicional del cine mexicano, caractericemos este último subgénero, situándolo primero históricamente.

El final de los años treinta y el comienzo de los cuarenta corresponde en México al paso de la inoperante y fugaz euforia proletaria del régimen del general Cárdenas, al equilibrio moderador del régimen del general Ávila Camacho. En esa época se consolida un nuevo tipo de clase media. Ella empieza a imponer sus gustos, a exigir alimentos, espejos en los cuales reflejarse, apoyos morales, paliativos que oculten su carencia de pasado aristocrático. A pesar de que dos terceras partes de la población mexicana son todavía rurales, la clase media idealiza y deforma tanto el campo como su propio ambiente. El origen de esa clase influye en tal fenómeno. La clase media mexicana se integra con los viejos hacendados cuyos privilegios han sido reducidos por la revolución armada de 1910, con los propios revolucionarios que han podido medrar gracias a la institucionalidad y burocratización de los movimientos sociales, con los pequeños propietarios y especuladores de provincia, con los profesionistas apenas egresados de universidades y escuelas tecnológicas, con los empleados gubernamentales y oficinistas en general, con los hombres de empresa y los administradores de la industria naciente, con los comerciantes de todo tipo, procedencia y campo de acción. Además de ser heterogénea, es una clase sin ideología, ferozmente individualista, aquejada de un nacionalismo vociferante, favorecedor de la penetración de capital extranjero, cómodamente instalada en la competencia y el arribismo gracias a las armas de la astucia y la simulación.

Esta clase media es en un principio ingenua. Cree en su propio juego de respetabilidad y esfuerzo laboral. Ya tendrá tiempo de volverse cada vez más escéptica y tortuosa. Las películas mexicanas que tratan el tema de la familia son el mejor reflejo del primero de esos estadios. La familia como sagrada institución está ahí salvaguardada de todos los embates del mundo exterior. Es el universo limpio y honesto: aparte. La familia mexicana, monogámica, católica y numerosa, se mueve en situaciones tiernamente anacrónicas. Poco importa que todo

cambie alrededor y esa evolución descalifique al pasado. La familia en el cine mexicano tiene un tiempo exclusivo, al margen histórico.

El masoquismo glorioso de Sara García (*La gallina clueca* de Fernando de Fuentes, *Mi madrecita* de Francisco Elías, *Madre adorada* de René Cardona, *Mamá Inés* de Fernando Soler, etcétera), emblema de las "cabecitas blancas" y del 10 de mayo, día del complejo de Edipo nacional, no es una culminación genérica. A pesar de sus cualidades de melodrama común y típico, inofensivo y psicoanalizable, es sólo un elemento. Sirve para marcar una pauta.

Otros antecedentes del género de la familia, ahora estéticamente ponderables, son *La familia Dressel* (1935) y *Las mujeres mandan* (1936) ambos filmes de Fernando de Fuentes. El primero de ellos, y quizá el mejor, describe la prosperidad de una familia extranjera emigrada a México, sus amoríos y su orgullo de clase media. En el segundo veíamos cómo un humilde, rutinario y pusilánime empleado de banco (Alfredo del Diestro) llega a ganarse por fin el respeto sumiso de su mujer (Sara García en papel de esposa abusiva, excepcionalmente) y de sus hijos, después de haber intentado inútilmente sostener una aventura amorosa duradera con una bailarina (Marina Tamayo) que actúa en el pueblo. Con malicia satírica y bo-

nachona, De Fuentes otorgaba tal recompensa a su padre de familia siempre y cuando éste hubiese decidido ya abandonar su hogar y desfalcar la dependencia bancaria. Incluso, tras haber estado a punto de que se le inculpara de un crimen. Sin embargo, la ironía y la desenvoltura de tal planteamiento no llegaría a propagarse en sus deformantes secuelas posteriores.

El arquetipo del género de la familia es *Cuando los hijos se van* de Juan Bustillo Oro (1941). La familia se concibe en ese filme como aquello que sobrevive y permanece en el tiempo de manera privilegiada, lo que salva los fueros de la tradición. Su drama no tiene características de epopeya o de tragedia, ni continúa los lineamientos de Dostoievski o Thomas Mann. Todo conflicto y sufrimiento deriva de la necesidad de alejarse de los "seres queridos" o de que ellos se alejen, de estar obligados a experimentar pasiones y sentimientos casi siempre funestos, de romper la ligazón preservadora con el vientre omnipotente. Ninguna casa debe embargarse en 10 de mayo.

El drama se engendra sin la ayuda de presiones y contingencias exteriores. Todo procede de lo inmediato, de lo personal afectivo y mezquino. La familia se disgrega sin perder su armonía, sin dejar de depender del núcleo fun-

La familia como sagrada institución está ahí salvaguardada de todos los embates del mundo exterior (*Cuando los hijos se van*).

damental y seguir teniendo el epicentro sobre los progenitores. Aun transgredidas, nunca demasiado, las leyes de la familia conservan perennemente su vigencia. Apenas interviene la vida individual, es una desviación insípida y condenable.

Los que se han ido regresarán, con toda seguridad, algún día, puesto que los sentimientos, afecciones y amistades resultan de una forma de relación en grupo. Nadie se atreva a proclamar una preferencia (social, política o religiosa) que viole los incontrovertibles dictados familiares o melle la consistencia de sus hábitos. En esa familia todo es dulce y sensible, marginal e incontaminado por la rebeldía. El sexo merece unánimemente el veto más rotundo. A veces, cuando se dirige hacia un objeto erótico de nivel social ínfimo (como el adolescente que manosea a la sirvienta en *Azahares para tu boda*), acredita la complicidad del padre. Pero por regla general las tímidas apariciones de lo sexual resultan nefastas. El hetairismo se castiga duramente, el adulterio femenino es inimaginable.

Para mantener unida a la familia se requieren dos fuerzas centrípetas tan indispensables como bienvenidas: la obediencia y la resignación. La supervisada enseñanza y las buenas costumbres no tienen otro objeto que fomentar esas virtudes. Pero si sobreviene la desobediencia, amerita la expulsión, la espalda de los suyos, el silencio reprobatorio, el suicidio moral. Si la hija –siempre es una hija– que se atreve a desertar elige al canalla que ama, está maldita: inmisericordemente se transformará en la madre soltera, en la esposa golpeada por el marido, en la mujer abandonada, en la "víc-

Una familia de tantas.

tima del divorcio" o en la futura prostituta que asedia al cine mexicano al concluir los años cuarenta. El nombre de tal hija debe ser excluido de la memoria y su sola mención estará prohibida. Ha muerto en vida, hasta que regrese, arrepentida, andrajosa y gimiente, implorando el perdón patriarcal y familiar en la próxima Nochebuena.

Autónoma, victoriosa, omnívora y filtrante, la familia que aplaude el cine mexicano consumaría gustosamente el fracaso de todos sus miembros como un sacrificio legítimo a su carácter de pilar firme e inmune de la sociedad.

En *El dolor de los hijos* de Miguel Zacarías (1948), apología del autoritarismo como norma pedagógica, la anécdota se sitúa en el pasado y el género avanza en sus ansias de totalidad. Es uno de sus póstumos sobresaltos. Las variantes argumentales del género son escasas. Acecha, por cualquier lado, la monotonía y la repetición. Se adaptan piezas de teatro extranjeras (Malfati y Llanderas, José de Lucio) intentando ensanchar los límites del sufrimiento familiar. Uno de los excesos es *Cuando los padres se quedan solos* de Juan Bustillo Oro (1948). Campeón insuperable del cine de añoranza porfiriana (de *En tiempos de Don Porfirio* a *Los valses venían de Viena y los niños de París*) y hacedor de Jorge Negrete (*Cuando quiere un mexicano, No basta ser charro* o *Canaima*), Juan Bustillo Oro llevó el tema de la familia hasta extremos de fanatismo. Incluso su única película sobre la revolución mexicana, *Vino el remolino y nos alevantó* (1949), fue sólo un pretexto para tratarlo

La familia monogámica, católica y numerosa se mueve en situaciones tiernamente anacrónicas (*Una familia de tantas*).

Autónoma, victoriosa, omnívora y filtrante, la familia que aplaude el cine mexicano consumaría gustosamente el fracaso de todos sus miembros como un sacrificio legítimo a su carácter de pilar firme (*Una familia de tantas*).

en forma seudoépica e histórica. Pese a la magnífica secuencia del asalto nocturno a la casa de los impresores clandestinos maderistas, la parte medular del asunto lo constituyen los padecimientos de los lazos familiares: un hijo, su esposa y la madre mueren acribillados al descubrirse la conjura; el padre (Miguel Ángel Ferriz) sufre la cárcel y muere en el abandono; un hermano obregonista (Armando Sáenz) se hace fusilar al permitir que su hermano villista (Luis Beristáin) se escape; y la hermana mártir (Carmen Molina) acepta el concubinato con un licenciado oportunista (Manuel Arvide) que muere de *delirium tremens*; otra vez desvalida se prostituye, pero finalmente, es rescatada por un oficial obregonista (Gilberto González), quien, arrepentido, después de matar en una juerga al último de los hermanos, decide dignificarla para poder asistir en su compañía, treinta años después, a la inauguración del monumento a la Revolución. Sin menoscabo de patrioterismo, Bustillo Oro se atreve a lanzar sobre la revolución el hiriente cargo de inhumana dispersadora de familias honradas. Al tiempo que se fuerza la imaginación, se suman penalidades supuestamente incruentas. Por su parte, *Cuando los padres se quedan solos* es soberanamente tedioso, mal concertado, plano y verborreico, pero es triste y lacrimógeno cual debe ser. Plantea un problema que agrava la disgregación familiar; gira alrededor de la ingratitud. Los padres ancianos (Fernando Soler y Matilde Palau), que deben mantener al hijo fracasado con todo y prole, se ven obligados a

ceder tardíamente sus ahorros y a contraer deudas, para salvar el honor de sus demás hijos. El dinero pasa a las manos de un botarate extorsionado por su mujer y a las de una jugadora compulsiva que teme que su usurero marido se entere de sus derrotas en la baraja. Los pobres viejecitos pierden también –la insensatez de la generosidad– la casa hipotecada. Tras un humillante consejo de familia, en que se propone separarlos, ellos prefieren escapar, de noche, del lugar "donde han nacido y han visto

La familia en el cine mexicano tiene un tiempo exclusivo, al margen histórico. El drama se engendra sin ayuda de presiones y contingencias externas (*Una familia de tantas*).

crecer a sus hijos". Se refugian en la iglesia, para que una sotana presurosa corra en su auxilio. Ya debidamente confortados, deciden trabajar heroicamente (él vendiendo cepillos, ella cosiendo ajeno) para subsistir.

Pero, por fortuna, han dejado en la cabecera de su lecho un crucifijo que preside la santidad del hogar. La magia de dicho objeto, considerado como un infalible amuleto, y la habilidad para el engaño de una antipática hija soltera, harán que todo vuelva a ser como antes. Un castigo absurdamente urdido contra la ingratitud de los hermanos y la providencia, se alían en el último momento para devolver a los viejos su casa. La penuria de trabajar en la edad senil ha sido abatida por la propiedad privada.

Formulemos lo anterior temáticamente: para defender la justicia, el orden colectivo y la unidad familiar, películas como *Cuando los padres se quedan solos*, aparte del sentimentalismo y la sumisión, el autoritarismo, el fingimiento, el engaño, el "honor", el cubrir las apariencias, la seguridad inactiva, el poder monetario, el chantaje moral, el peor oscurantismo con pretexto religioso y la propiedad privada. Las películas sobre la familia constituyen el género más retrógrado que ha creado el cine mexicano.

Poco importa que sus representantes sean escasos. Su influencia es enorme. Viene a ser un tronco original. Es la base de las relaciones humanas y la actitud moral del cine mexicano. Las ramificaciones y bastardías que favorece abarcan la mayor parte de la producción subsiguiente. A él se acogen los demás géneros cuando incurren en sus dominios. De él proceden personajes y temas que se desarrollarán después con semejante éxito comercial. De *Azahares para tu boda* derivan, por ejemplo, el tema de la espera del ser amado durante toda la vida, de la terca intolerancia para con los movimientos sociales; los personajes de la solterona, de los simpáticos tíos simuladores, de

las hijas casaderas reservadas al mejor postor. Incontables son sus confluencias.

De manera insólita, en medio de tanta mediocridad e hipocresía, surge en 1949 *Una familia de tantas* de Alejandro Galindo, el único intento de dignificación del grupo a que pertenece. Analicémosla en detalle.

La cinta comienza describiendo el despertar, los arreglos personales, el desayuno y los afanes matutinos de una familia de clase media,

De manera insólita, en medio de tanta mediocridad e hipocresía, surge en 1949 *Una familia de tantas* de Alejandro Galindo.

en el día cualquiera de una ciudad indiferenciada. Luego, don Rodrigo Cataño (Fernando Soler), el padre, Estela (Isabel del Puerto) y Héctor (Felipe de Alva), los hijos mayores, parten cada uno a su respectiva oficina burocrática o empleo. Lupita (Alma Delia Fuentes), la hija menor, todavía niña, se dirige a la escuela. Y la madre (Eugenia Galindo) sale al mercado llevando de la mano al hijo más pequeño. En la casona sólo quedan la sirvienta y Maru (Martha Roth), la hija mediana, haciendo la comida y el aseo general.

Esa mañana, la rutina cotidiana de Maru se ve interrumpida con la presencia de un vendedor de barredoras eléctricas, Roberto del Hierro (David Silva), quien se ha empeñado en colocar en esa casa una de sus máquinas. Ayudando a la limpieza de la sala, hace una esmerada demostración. Turbada y ansiosa, Maru deja al joven proceder con la máquina a su antojo hasta que regresa la madre y el vendedor se marcha.

La máquina quedó como muestra y Roberto amenaza con volver en la noche para entrevistarse con el jefe de la familia. El suceso ha conmocionado la armonía del hogar. Indignado al enterarse de que un extraño ha entrado a la casa en su ausencia, el padre espera furioso, en compañía de Héctor, la llegada del agente. Atisbando la escena, ocultas tras el barandal superior de la escalera, las hijas presencian cómo Roberto, con una labia y un oficio excepcionales, consigue vender la barredora al cabo de una agria discusión. Aparentemente nada ha sucedido, pero la sensibilidad de Maru ha sido excitada de manera permanente.

La morosidad inamovible de la familia continúa. El señor Cataño sigue dictando diariamente reiteradas lecciones de moral. Estela recibe a su novio formal a horas fijas y bajo la mirada vigilante de la madre. Héctor se enreda torpemente con una chica a la que sólo desea. Maru cumple quince años: fiesta convencional con amigos y parientes, el primer vals, el discurso a la hija que ha dejado de ser niña, el primer regaño causado por las renuncias que provoca esa nueva situación y el llanto reflexivo y decepcionado de Maru la noche de su cumpleaños.

Un incidente casero imprevisto vuelve a reunir a Roberto y a Maru. Esta vez la amistad se inicia con firmeza. Los jóvenes empiezan a verse furtivamente cuando Maru sale a comprar el pan para la cena. Se comprenden. Maru conoce un nivel superior de las relaciones humanas. Surgen las dificultades.

La unidad familiar es más tensa. Héctor ha debido casarse con la muchacha deshonrada y Estela escapa de la casa tras una brutal golpiza que le ha dado su padre por haberla visto besarse con su novio en la puerta. Y, con la anuencia de sus padres, un rico primo provinciano medio idiota (Carlos Riquelme) pretende a Maru.

La chica, aterrada por la idea de contradecir la voluntad familiar, deja de verse con Roberto. Entonces el vendedor, auspiciado por la sirvienta, insiste y penetra de nuevo a la casa, ahora con el pretexto (y el éxito) de la venta de unos refrigeradores.

Maru se reconcilia con Roberto. Acepta que el joven pida su mano a don Rodrigo, quien, por supuesto, rechaza la solicitud considerando un agravio personal el que los dos jóvenes hayan tenido relaciones amistosas a sus espal-

das. Rechazada por sus allegados, pero recibiendo la admiración pasiva de cada uno de ellos, la chica abandona el hogar paterno, sola y vestida de novia, el día de su boda.

Una familia de tantas, no obstante la índole de su argumento, nunca incurre en el franco melodrama. El estilo de Alejandro Galindo es ahí directo, llano, sin adherencias, minucioso. La elipsis se encuentra abolida por completo. Todas las escenas son generalmente largas, serpeantes. Ninguna ruptura o juego de tiempos perturba la fluidez del montaje. Así como *La soga* de Hitchcock fue el borrador técnico de su obra maestra *Bajo el signo de capricornio*, así el *ten minutes shot*, la experiencia de filmar cada secuencia sin un solo corte de modo que cada toma dure un rollo de película, también le sirvió a Galindo para pasar del alarde tecnicista de *Tribunal de justicia*, a la modernidad del lenguaje cinematográfico de *Una familia de tantas* y otras de sus obras.

Sin miedo de teatralizar la acción o de rellenar el filme con detalles que puedan resultar banales, ya sin renunciar al corte cuando convenga, el director sistematiza la toma larga en plano fijo y *full-shot* constante. Panorámicas de gran lentitud son los únicos movimientos de cámara permitidos. Al lado de la ineptitud o la pedantería técnica de sus compatriotas, Galindo filma con sencillez firme. Compone sus encuadres preocupándose por la libertad de los

Para mantener unida a la familia se requieren dos fuerzas centrípetas, tan indispensables como bienvenidas: la obediencia y la resignación.

desplazamientos interiores. Respeta al máximo al tiempo cinematográfico, para darle al transcurrir una densidad vital. Siempre a distancia, observa, escribe como un cronista de sucesos cotidianos. Se entusiasma viendo a sus personajes realizar actos triviales. Se interesa más por la espontaneidad de la escena que por alguna dramática tensión; más por la justeza de los hechos narrados que por la fotogenia o el impacto visual. Nunca esteta, nunca precipitado, nunca sorpresivo, el ritmo de su película segrega sus acontecimientos con naturalidad persiguiendo el sentido humano de lo nimio.

Por todas las características de estilo señaladas, podríamos establecer un símil aclarador, de acuerdo con una famosa distinción estética de André Bazin. Identifiquemos a Galindo como un cineasta que "cree en la realidad" y opongámoslo a otros directores mexicanos que "creen en la imagen", encabezados por Emilio Fernández.

Pero si gramaticalmente Galindo se asemeja, guardando las distancias, a directores como William Wyler u Otto Preminger, y gracias a eso varias de sus películas perduran y alcanzan válido clasicismo, el espíritu del realizador-ar-

Una familia de tantas, no obstante la índole de su argumento, nunca incurre en el franco melodrama.

49

La actitud crítica que por primera vez se adopta en el género, lo dinamita desde su interior.

gumentista mexicano poco tiene que ver con aquellos directores hollywoodenses. Ante todo, Galindo busca la mejor expresión de la verba popular. Pero, a diferencia de cineastas como Ismael Rodríguez, no se complace con lo folclórico; se dedica a elaborar acuciosos cuadros de costumbres. Así, en su límite inferior, Galindo rechaza la mistificación fácil y acoge la exactitud; en su límite superior, Galindo desconoce lo espectacular, la elegancia, la psicología profunda y el tono mayor.

Está en todo momento asimilado a lo elemental de sus personajes y sus pequeños problemas. En otra de sus obras, *Hay lugar para... dos*, le preocupa enormemente que un boletero de camión se quede sin trabajo porque han instalado cajas colectoras, por ejemplo; o en la misma *Una familia de tantas* se conmueve sinceramente cuando se va a mandar a una niña sin desayuno a la escuela. En consecuencia, si bien no tanto por sus premisas como por sus resultados, es imperioso aproximar a Alejandro Galindo a la corriente neorrealista italiana muy en boga en la época de sus mejores filmes.

Por el reconocimiento de las fronteras de lo verdaderamente popular, por la autenticidad del drama cotidiano, por la reproducción fiel del lenguaje vernáculo, por el gusto del mundo

social estrecho, por el llamado a la generosidad del espectador, por todas estas cualidades y por cierto tono lánguido, en sus obras, al único director mexicano que puede dársele crédito de neorrealista es al director de *Campeón sin corona*, *Una familia de tantas* y *Confidencias de un ruletero*. Aunque difiera en grado, temperamento y sensibilidad claramente, Galindo se asemeja en gran medida al Vittorio de Sica; vivaz, tierno, grave, bonachón y sentimental pequeño burgués de *Humberto D.* Y no es precisamente el delirante pintoresquismo citadino del Ismael Rodríguez de *Nosotros los pobres*, o la ñoñez esteta del Julio Bracho de *Distinto amanecer* lo que nos impulse a proponer acompañantes a Galindo en los terrenos neorrealistas.

Por otra parte, *Una familia de tantas* no elude ninguno de los clichés del género a que pertenece. La familia de clase media se va a desintegrar y va a perder su armonía; los miembros de ella son exactamente los acostumbrados. Pero Galindo no se conduele con esos acontecimientos, antes bien los fundamenta. La actitud crítica que por primera vez se adopta en el género lo dinamita desde su interior. Esa familia no merece continuar integrada y su armonía no es sino la resultante de vectores que apuntan hacia la injusticia y el atraso; los miembros de la familia empiezan a sufrir las presiones del momento histórico en que viven. Los convencionalismos del género quedan invertidos; se emplean de manera diferente a la acostumbrada. Dicen lo contrario de lo que deberían expresar. Atacan lo que antes protegían. Así, la tipología genérica produce, tan escasos en el cine mexicano, verdaderos caracteres; es decir, personajes con mentalidad colectiva pero que presentan variantes individuales.

Dejemos que al personaje don Rodrigo Cataño lo definan sus actos y sus palabras. Reprende a sus hijas porque han entrado al cuarto de baño mientras su hermano se peinaba. Alecciona diestramente, durante el desayuno, a su hijo, para que ajuste sus balances de contabilidad. Pone su reloj de cadena en hora antes de salir al trabajo. Coloca su vino bajo llave y lo ingiere sólo como aperitivo. Se opone verbalmente a cualquier cambio social o a cualquier adelanto técnico ("a ver qué nuevo infundio han creado para que la mujer se aleje de su hogar"). Se admira como un hombre recto. A todo, charlas y esfuerzos, lo relaciona con esa idea. En el solemne discurso con que agasaja a Maru el día de sus quince años intercala frases como "hija mía, esta pequeña y humilde reunión", evocando "esos días felices de candor e inocencia", satisfechos de haberla "llevado hasta los umbrales de la pubertad buena y pura, pudorosa y cristiana, obediente y respetuosa". Dictamina que "a los padres se les debe amor, lealtad y obediencia, nada de ser sus amigos; primero es Dios, después los padres". Ése es el lado "positivo" del señor Cataño, indispensable para que los actos que ya fueron enumerados en el resumen del argumento tengan un trastorno efectivo.

Este personaje lo interpreta Fernando Soler, lo cual le concede una dimensión suplementaria. Con bastante más dignidad cinematográfica que Sara García al simbolizar a la madre mexicana, ese actor asume todas las prerrogativas y deformaciones de la paternidad abusiva. La trayectoria del personaje quizá haya comenzado en *La casa del ogro* (1938) de Fernando de Fuentes, donde Fernando Soler hacía el papel de un español propietario de vecindad que vapuleaba a sus hijas y a sus inquilinos. Lo cierto es que Fernando Soler atraviesa casi treinta años de cine mexicano enriqueciendo, diversificando o contradiciendo ese personaje.

(Lo vemos ya sufrir la compasión en *Papacito lindo* de Fernando de Fuentes. En 1940 será el plutócrata bohemio de principios de siglo de *En tiempos de don Porfirio*, el padre ya analizado de *Cuando los hijos se van*, el hombrecillo vacilante de *El verdugo de Sevilla* y el embaucador de *¡Qué hombre tan simpático!* Pretenderá sin malicia a María Félix en *La mujer sin alma*, se convertirá en maquillada víctima senil de la ingratitud de *Cuando los padres se quedan solos*, romperá las cartas de amor del novio ateo esperadas por su hija solterona en *Azahares para tu boda*, abofeteará a Pedro Infante en *La oveja negra*, arruinará su hogar por culpa de Ninón Sevilla en *Sensualidad*, lo devorarán sus aptitudes de viejo "rabo verde" en *El gran calavera* y *Educando a papá*, para resucitar en los refritos de melodramas porfirianos como *Los valses venían de Viena y los niños de París*, después de autoparodiarse en *Los tales por cuales*.)

Podría seguirse la evolución de los temas del cine mexicano, hasta la decadencia del mismo, observando las transformaciones del personaje de Fernando Soler. Pero es en *Una familia de tantas* donde el actor encuentra su mejor papel. Toda la película está sujeta a sus determinaciones. La hegemonía del padre es ahí definitiva, bárbara. Subrayado por su voz ronca, sus espesos bigotes, sus temblorosas mejillas colgantes y sus ademanes rotundos, el principio de autoridad del padre se ejerce mediante órdenes rápidas y fórmulas lapidarias. Cualquier intento de contradicción a ellas, y a las reglas tácitas del hogar, provoca de inmediato la ira desencajada. El jefe de una horda no aplicaría con tanta rigidez y crueldad la ley del más fuerte.

Por eso, ante la tiranía paterna, las voluntades de sus hijos se castran, la madre se eclipsa, las sirvientas se amedrentan y el vendedor ingenia justificaciones. Su moral se impone categóricamente como si se tratara de una lógica inflexible. Su figura no puede merecer el odio de los hijos porque la existencia de ese sentimiento implicaría una libertad de albedrío que lo precediera.

En oposición a esa respetabilidad vuelta hacia el pasado, se coloca a Roberto del Hierro, agente de ventas, dueño de un oficio que domina (¿será, curiosamente, el primer personaje hawksiano del cine nacional?) y gran masticador de chiclosos, interpretado cabal-

Los restantes personajes apenas manifestarán otro movimiento que la sumisión.

mente por David Silva. As del boxeo aquejado por el "sentimiento de inferioridad del mexicano" en *Campeón sin corona* (1945) o chofer de camiones de línea en *Esquina bajan* (1948), David Silva continúa elaborando fielmente para Alejandro Galindo su repertorio de personajes urbanos. El elemento de disolución de *Una familia de tantas* no es un individuo perverso o un anarquista. Emprendedor, optimista y lleno de entusiasmo, es un muchacho modesto, capaz, eso sí, de venderle cualquier cosa a no importa quien. Lo que ofrece a Maru no son ideas radicales o la perdición. Su pensamiento está imbuido de admiración por las costumbres y las relaciones interpersonales norteamericanas. El producto que vende al invadir la casa, el modelo M-10 de la Bright O'Home, tiene un valor explícitamente simbólico. Cree que los padres no deben obstaculizar a sus hijos sino convertirse en sus amigos; considera el matrimonio como una colaboración mutua; exige la calma para estudiar sus proyectos de progreso económico; se apoya en la firmeza de carácter, etcétera. Su dinamismo pragmático lleva como contrapeso un afrontamiento tranquilo de sus problemas íntimos. Perfectamente adaptado a su época, tiene plena confianza en el porvenir. De manera que, al consumarse su triunfo, en el plano de las concepciones del mundo de los personajes, el filme adquiere un fausto y sencillo significado histórico de salto cualitativo del feudalismo a la democracia burguesa o algo así.

El personaje central de la película es Maru, la hija destinada a confirmar la autonomía de sus decisiones. Pero para alcanzar esa libertad, la joven deberá erguirse contra la autoridad familiar y contra sus propias deficiencias de adolescente a un tiempo. El argumentista y director ha otorgado a Martha Roth una interioridad translúcida y sensitiva. En todo momento, Maru debe combatir las mutilaciones de que ha sido víctima desde niña; ganar terreno entre treguas y defecciones. No es trivial la angustia que siente por no poder regalarle a su novio una campechana del pan contado o emitir acertadamente el consejo que le solicita. Dentro de su reducidísimo campo de acción, Maru es un personaje heroico y emotivo. Acecha una vida diferente. Sufre porque le empieza a importar muy poco que "la virtud es hija del sacrificio". Quiere asegurar su felicidad en algo indefinible que no tenga nada qué ver con la abdicación humana de su madre o con el ostracismo confortable a que la destinaría el matrimonio con su primo. Maru es en la película el único personaje que evoluciona y toma conciencia de su individualidad. Prefigura, aun cuando Galindo no haya hecho intervenir la iniciación sexual o el embarazo, a las jóvenes trágicamente libres de *Desliz de una noche* de Mulligan (Nathalie Wood) y de *La vida caliente* de Vancini (Catherine Spaak). En un principio, para expresar la atracción que experimenta hacia un desconocido, se siente obligada a decir: "¿Verdad que se ve muy decente mamá?";

La figura más patética de *Una familia de tantas* no es ni la hija rebelde ni la madre-cero-a la izquierda. La figura más lamentable del filme es el propio señor Cataño.

al final, aceptará casarse con ese mismo desconocido aunque gane el desprecio de sus padres. Es un personaje frágil e indefenso explorando otro mundo, que se vale del engaño para poder dialogar con aquél con quien puede hablar sinceramente. Y, con todo y que la frase con que la despide su madre, en sus pretensiones de "mensaje", sea cursi y risible ("Contigo van las esperanzas de muchas muchachas como tú"), Martha Roth representa algo más que la salvación o el matrimonio por amor que rebasa los convencionalismos sociales. Es el desquite orgulloso que se procura el cine mexicano consciente contra la atroz institución familiar que elogia en sus demás productos.

Los restantes personajes de *Una familia de tantas* apenas manifiestan otro movimiento que la sumisión. Petulante hasta lo ridículo cuando secunda una actitud de su padre, humillado incluso por la sirvienta cuando trata de exteriorizar sus urgencias sexuales con una burguesita ("antes límpiese la boca; no vayan a decir que le cayó el payaso encima"), torpe y sin deseos de "progreso", el destino del personaje de Héctor será convertirse en ese contadorcete desmedrado y con el saco sin planchar que se irrita violentamente si sus hermanos le arrebatan el pasquín en que concentra todas sus atenciones. De Estela sólo llegamos a conocer algo cuando, después de la golpiza que le da su padre comunica a Maru "ya no aguanto más"; no definitivamente condenatorio, Galindo ve en ella más bien un caso límite y victimado que un personaje ejemplar. La madre es, por supuesto, una figura melodramática que, al contrario del histrionismo caprichoso de Sara García, apenas existe como una sombra evasiva y mustia: prefiere terminar las croquetas en la cocina, ya vestida de gala, a participar en la satírica fiesta con que se agasaja a su hija. Observamos aquí una limitación. Galindo ha tomado el estereotipo de la abnegación materna respetándolo tal cual, sin cuestionarlo, sin intentar desdoblarlo o sin poder hacerlo. ¿No es, por otra parte, la actitud abnegada de la esposa-madre un señuelo, un intento solapado de justificación, una protesta inconfesa? ¿No encubre su pasividad una conciencia rastrera que se abstiene y se disgrega en tareas mínimas para crear sentimientos de culpa –y culpas tangibles– en maridos e hijos, socavándolos moralmente?.

Aunque lo anterior podría sugerir otra cosa, la figura más patética de *Una familia de tantas* no es el hijo frustrado, ni la hija prófuga, ni la hija rebelde, ni la madre-cero a la izquierda. La figura más lamentable y dolorosa del filme es el propio señor Cataño, el carácter trazado con

energía más férrea. En medio del mayor desaliento, nervioso, dando vueltas en su cuarto, el cincuentón cierra la puerta de un puntapié para no ver a su hija descender la escalera en traje blanco y cubierta de azahares. El viejo profiere entonces un último grito despectivo que se escucha como el de una fiera agonizante.

El drama de la cinta no lo motivan, pues, las luchas por liberarse de la tutela familiar; ahí el optimismo del director contrarresta la incertidumbre del futuro. En las imágenes con que concluye la película, aparece la madre contraviniendo las prohibiciones del padre, y permite que sus hijos menores jueguen *libremente* en el

jardín. *Una familia de tantas* es el drama de las ilusiones perdidas de un padre, en el sentido balzaciano de la expresión. El drama de un ser anacrónico e intransigente que asiste al fracaso de las convicciones que lo han hecho vivir y al que ya no le queda qué hacer porque para hombres como él "lograr los hijos es la culminación de todos nuestros esfuerzos". El drama que vive Fernando Soler nace del presentimiento de encarnar un modo de vida claudicante y negarse a ceder; de advertir que los enemigos tienen razón y no poder interpretar sus causas; de la imposibilidad de comprender la soledad y el abandono de los vasallos. Es la muerte inminente de una moral.

Maru es en la película el único personaje que evoluciona y toma conciencia de su individualidad.

La comedia ranchera, a saber, nace como género paródico. *Allá en el Rancho Grande* es la versión libre y chusca de una obra teatral de Joaquín Dicenta.

La comedia ranchera

Con el éxito de las películas de Fernando de Fuentes *Allá en el Rancho Grande* (1935), *Bajo el cielo de México* (1937) y *La Zandunga* (1937), surgió una especie de género cinematográfico, cuyas originales convenciones lo hacen genuinamente nacional. La tímida rivalidad del patrón con el capataz por una belleza del lugar, en la primera de esas cintas; los sentimientos y aspiraciones de un ranchero risueño, en la segunda; el apogeo de una estrella hollywoodense en el istmo de Tehuantepec, en la tercera, y el optimismo inquebrantable de las tres, se convirtieron en el sólido tronco de un árbol genealógico con infinitas ramificaciones (*Las cuatro milpas, Amapola del camino, Adiós Nicanor, Así es mi tierra, Huapango*).

Los descendientes de Tito Guízar, Ester Fernández, Lorenzo Barcelata, Rafael Falcón, Lupe Vélez y Joaquín Pardavé, los nuevos héroes, son incontables. Alimentada con canciones vernáculas, amables cuadros de costumbres rurales y un humor muy simple, la comedia ranchera alcanza con rapidez popularidad continental. Su curiosa y en un principio inofensiva manera de mistificar la provincia y la vida campesina la convierten, hasta la actualidad y con un desarrollo muy limitado, vergonzosamente, en el cine mexicano por excelencia o por lo menos en el género más abundante.

La simple mención de las fuentes extracinematográficas de la comedia ranchera nos proporciona su mejor definición. Sin embargo, para efectos de análisis, la inseparable mezcla como se presentan esas fuentes las hace parecer vagas. La comedia ranchera, a saber, nace como género paródico. *Allá en el Rancho Grande* es la versión libre y chusca de una obra teatral de Joaquín Dicenta. He aquí la primera de las fuentes del género: la parodia del drama español de principios de siglo. A veces esa influencia será de segunda mano. Así, *Nobleza ranchera* de Alfredo del Diestro (1937) se inspira más en la película hispana *Nobleza baturra*, basada en la pieza *Pluma al viento* de Dicenta, que en la novela costumbrista *La parcela* de López Portillo y Rojas.

La influencia española es también perceptible por lo que respecta al sainete madrileño y la zarzuela. A través del primero, la comedia ranchera incorpora el gusto por el asunto jocoso, por la complicación fútil, por las temperaturas de superficie, por los enredos a base de malentendidos, por la resolución arbitraria de los conflictos sentimentales y cierta gracia verbal que envidia los retruécanos de Carlos Arniches, los hermanos Álvarez Quintero y hasta de Adolfo Aznar, Agustín de Figueroa, Antonio Calvache o Sabino A. Micón.

De la zarzuela, la comedia ranchera tomará tres de sus elementos fundamentales: la desenvoltura de personajes celosos de su intimidad, los intermedios cantados como incentivo de la acción y la explosión anímica proyectada en la música alegre.

La comedia ranchera participa también de antecedentes literarios de mayor estirpe. Para encontrar las raíces de muchas películas del género deberíamos remitirnos al teatro clásico y romántico universal. Gracias a que los argumentistas buscan someterse a las leyes del menor esfuerzo, se apropian intrigas famosísimas. De *El juego del amor y del azar* de Marivaux, por ejemplo, se hacen tres versiones: *Cuando quiere un mexicano*, con Jorge Negrete (Bustillo Oro), *Charro a la fuerza*, con Luis Aguilar (Morayta), y *Donde las dan las toman*, con Demetrio González, (Bustillo Oro). De *Marcela o cuál de las tres* de Bretón de los Herreros, deriva *Los tres García* de Ismael Rodríguez. De *Don Juan Tenorio* de José Zorrilla, procede *Me he de comer esa tuna* de Miguel Zacarías. De *La importancia de llamarse Ernesto* de Oscar Wilde se pasa directamente a los amoríos y borracheras de *Tal para cual* de Rogelio González. Y así sucesivamente. El juego de detectar semejanzas y plagios a obras célebres llegaría a ser interminable. El exceso estaría representado por *Las mañanitas* de Juan Bustillo Oro (1948), curiosa mezcla de un cuento renacentista de Boccaccio y de novela española siglo XIX (*El sombrero de tres picos* de Alarcón), con diálogos escritos casi exclusivamente con base en refranes.

La comedia ranchera muestra también claras deudas cinematográficas. La comedia melodramática campirana del cine mudo nacional, del tipo *En la hacienda* de Ernesto Vollrath (1920) o *El caporal* de Miguel Contreras Torres (1921), es muy posible que sea la más antigua. Los *westerns* musicales de la serie Z norteamericana, en especial los interpretados por Roy Rogers y Gene Autry, pueden ser los benefactores del patrimonio lírico de muchas películas rancheras. Otros representantes del género pueden concebirse como una reacción a las comedias exóticas hollywoodenses que contenían *señoritas guapas*, mexicanos bigotones y "típicos" sombreros de borlitas; aunque justo es decirlo, a pesar de su mimetismo, *Si me han de matar mañana* de Miguel Zacarías apenas consiguió afirmarse como un pariente pobre del *Río Rita* de Luther Reed (1929), o bien de las cintas estrechadoras de lazos de amistad intercontinentales (*Camino a México, A la Habana me voy, Brasil* o *Los tres caballeros*).

Ya en el terreno de las influencias autóctonas, debemos mencionar el teatro burlesco de la década de los veinte en la ciudad de México. El cinismo de una picaresca entre pudibunda y *snob*, el desnudo incipiente de coristas saludables y el arte de la leperada llevado a su culminación por Roberto **El panzón** Soto y Lupe Rivas Cacho, representan una veta invaluable para situaciones y efectos graciosos.

Por lo demás, para que nadie dude de su raigambre mexicana, al integrar tan disímbolos factores, la comedia ranchera esgrime las armas de la artesanía y el folclor. Es un mundo habitado destacadamente por jarritos de barro, jícaras policromas, repertorios de trajes típicos, vestimentas de mojiganga, sombreros descomunales, sarapes, cintas decorativas en las trenzas, ritmos regionales, sones de mariachi, aguardientes orgullosamente mexicanos y coplas emanadas del ingenio popular. Todo lo ajeno es atentatorio a la supremacía nacional.

Nada más alejado de la comedia ranchera que pretender abarcar la realidad histórica mexicana en su conjunto, o aun en alguno de sus caracteres esenciales. La limitación geográfica es la primera de sus renuncias voluntarias. Cada estado de la República, ciudad, provincia o municipio jalisciense recibe su homenaje regionalista. Muchos títulos de películas son verdaderos gritos de entusiasmo admirativo: *Ay qué rechula es Puebla, Jalisco nunca pierde, Qué lindo es Michoacán, Bajo el cielo de Sonora, Los tres huastecos, Guadalajara, pues, Sólo Veracruz es bello, Ay Jalisco no te rajes, Allá en el Bajío, La norteña de mis amores* y *En los Altos de Jalisco*. Forman parte de una larga lista. Los clisés sagrados e inviolables que se divulgan jubilosamente confluyen en uno solo:"La provincia es la Patria", ya que en todo mexicano debe mantenerse la llama ardiente del "amor a la Patria Chica". Pero, aunque todos los homenajes quieran ser exclusivos y excluyentes, y cada región del país sea (por turno) la mejor, la comedia ranchera deja siempre bien asentado que, después del recorrido turístico de nombre *Así es mi tierra, Como México no hay dos*, Perogrullo no podría ser más conciso.

Aunque en su trama puedan incluirse cabal-

gatas, rencillas por tierras, asesinatos, venganzas, rebeldes bandoleros generosos y guardias rurales, los cantares de la comedia ranchera no llegan a ser una aclimatación del *western* norteamericano. Ojalá fuera así. No se trata de un género que exalte el heroísmo, ni que se adhiera a la gesta del nacimiento de una nación, ni que entone las glorias de la justicia o de la grandeza humana. En la comedia ranchera, las contradicciones entre la moral individual y la moral colectiva son mínimas, prácticamente no existen. Es un cine reñido con la épica, apacible y conciliador.

Su fin último consiste en acentuar bravíos alardes personalistas o tiernas baladas campestres a un supuesto *statu quo* de la provincia posrevolucionaria. Es un cine vuelto hacia el pasado. Incluso el presente es un tiempo perfectamente identificable con el pretérito. Una intemporalidad atrofiada predomina. Añora la *belle époque* del paternalismo porfiriano. Se arraiga en haciendas semifeudales donde la lucha de clases se resuelve en el agradecimiento y la generosidad. La mansedumbre del peón gracioso excita el arrepentimiento del patrón villano. Para que el espíritu del género se conserve alegre y dicharachero, el trabajo físico nunca resulta fatigoso; representa un entremés prometedor de renovados goces y domin-

gos perpetuos. Es el paraíso recobrado.

Empero, existe en la comedia ranchera un régimen de castas. Por eso adopta siempre el punto de vista del patrón o de los comerciantes y artesanos sin dificultades económicas. De esta manera consigue eludir cualquier síntoma de explotación o cuestiones inoportunamente "desagradables" (esos temas cobrarían su mísero desquite en la retórica plástica de Emilio Fernández).

La estructura social permanece intocada porque, además, el macho mexicano que en todas sus variantes habita vocingleramente la comedia ranchera, impone su personalidad, haciendo del género un himno a sí mismo. La escala de valores, el conjunto de satisfacciones y el modo de pensar del macho son tan reducidos que lo llevan a acatar las normas establecidas sin intentar transgredirlas. El machismo es a la vez símbolo, representación y desembocadura de una misma deficiencia temática. Es el modelo de vida de las comunidades cerradas al tiempo y al espacio. Y, en la comedia ranchera, o se es un macho tremendamente simpático o se es un personaje sometido al macho, a merced de sus desmanes, nulo y sin defensa. Para sostener su tono de entusiasmo confiado, son inevitables la feria y el color local. La vida provinciana se ha idealizado primero y enseguida la imagen ideal ha sido reducida a esquema. Resulta obligatoria la presentación de peleas de gallos, carreras de caballos, canciones, mariachis, riñas de taberna que demuestran la hombría, gente bondadosa y noviazgos con modosas muchachas de trenzas y faldas largas. Son imprescindibles en el héroe simpático, simpatiquísimo las más de las veces, el traje de gala charro, la voz estentórea, viril y desafiante; la soltura dispuesta y el buen humor.

Por lo que respecta al escenario de la acción, el pueblo pulcro se reduce a alguna estrecha calle empedrada, las amplias arcadas de la plaza mayor, el camino real que conduce al lugar, el pórtico de una iglesia barroca, los interiores de una hacienda, algún salón de baile improvisado y, sobre todo, la cantina. Ése es el sitio más importante. En la cantina se enfrentan los rencores, se mide la ira que humaniza; se ahogan las penas en tequila y se respeta al que gana en los juegos de naipes; ahí los bravucones reciben su merecido y los mariachis siempre asedian al primer actor para que, entre bala y bala, tenga tiempo de pulsar una guitarra para integrar la armonía del conjunto. En este universo, en el que *No basta ser charro* sino parecerse a (ser) Jorge Negrete, las mujeres están impedidas para cantar, como no sea la precursora de las cancionistas machorras Lucha Reyes (*La tierra del mariachi, Ay Jalisco no te rajes*), como no sea en forma satírica (Marga López lleva serenata a Pedro Infante en *Cartas marcadas*), como no sea en la franca decadencia del género (películas con Rosita Quintana, Lola Beltrán, Rosa de Castilla, Flor Silvestre o Lucha Villa).

Por lo demás, aunque no estén basadas en el gusto popular decimonónico, los argumentos de las películas rancheras, cuando tienen aspiraciones de seriedad, llegan a parecer precursoras del melodrama. Se instalan cómodamente dentro de los límites de un universo dulcificado y blandengue. La vigencia del tema de la familia mexicana es aquí inobjetable. Al situarse al margen de la historia y del presente, evitando hacer referencia a cualquier acontecimiento extraño a su pequeño mundo, se circunscriben con humildad al tratamiento de conflictos individuales puramente afectivos.

Gracias a lo anterior se impide cualquier barrera de sensibilidad entre el hipotético charro mexicano y el llanero venezolano o el gaucho argentino. La indeterminación sociológica facilita la identificación de los niveles elementales. Jorge Negrete, Tito Guízar, Luis Aguilar y Pedro Infante, con un inocente cambio de indumentaria, podrían representar a cualquier país del continente. La diferencia dialectal es, a fin de cuentas, el símbolo de una alianza inconfesada contra el enemigo común: el primitivo idioma de Castilla.

Puede tratarse de una exaltación de los tres poderes predominantes: el eclesiástico, el gubernamental y la fuerza bruta del macho (*Los tres huastecos* de Ismael Rodríguez); del amor imposible que culmina en la muerte de los descendientes de dos familias antagónicas (*El peñón de las ánimas* de Miguel Zacarías); de la venganza que se hereda y se ejecuta con saña plausible (*Ay Jalisco no te rajes* de Joselito Rodríguez), o de cualquier otro tema menos ambicioso. De cualquier modo las únicas leyes que imperan en el trazo de personajes son la atracción y la repulsión. Son los móviles de todas las pasiones humanas. Los buenos son triunfadores bondadosísimos y los malos son malos pero redimibles. Se abomina de la motivación ligeramente profunda.

Las relaciones interpersonales deben ser infaliblemente groseras. El amor asexuado, la intriga familiar, el odio irracional, la rivalidad afectada, la jactancia y el derroche de simpatía son los sentimientos perceptibles, sentimientos elementales de un cine despreocupadamente simplista.

Después de bordear la singularidad y el sentido del género, surge un problema ineludible:

El macho mexicano, que en todas sus variantes habita vocingleramente la comedia ranchera, impone su personalidad (De *Allá en el Rancho Grande* a *Dos tipos de cuidado*).

¿fue siempre la comedia ranchera un género menor? Problema que involucra necesariamente otros tres: ¿existen géneros menores en el arte cinematográfico?, ¿hay sistemas de convenciones que jamás puedan ser trascendidos mediante el ejercicio de la realización? y ¿pudo ser alguna vez la comedia ranchera un género mayor?

A estos problemas sólo puede responderse con un análisis objetivo de la *praxis* cinematográfica. Observemos en detalle dos películas representativas, las obras más acabadas del género: *Los tres García* (1946) y *Dos tipos de cuidado* (1952). Con la caracterización de estas películas podremos definir, además, la evolución de la comedia ranchera. Los tres puntos de otras tantas etapas de una trayectoria que va de la ingenuidad a la malicia y de la malicia a la descomposición, una descomposición que se identifica con el cine mexicano actual de nivel medio.

Puede llamarnos la atención que las dos mejores cintas del género hayan sido filmadas por un mismo director: Ismael Rodríguez. La vivacidad atropellante del cineasta populachero por excelencia y su fluido manejo del habla provinciana, infundían a sus películas un impulso que no se podía encontrar en las comedias de sus congéneres. Con mayor entusiasmo e instinto cinematográfico, de 1945 a 1953, Rodríguez llegó, por así decirlo, a perfeccionar sus materiales y a manipular, lo más flexiblemente que se podía, las convenciones del género. Siempre en busca del éxito entre las masas de espectadores semianalfabetas, fue el único director que supo rodearse de un equipo de colaboradores con verdadero ingenio. A su lado hicieron sus primeras armas, por ejemplo, Rogelio A. González y Fernando Méndez, quienes habrían de dirigir ocasionalmente alguna película estimable, por encima de la bajeza habitual.

La vida provinciana se ha idealizado primero y en seguida la imagen ideal ha sido reducida a esquema (*Los tres García*).

La comedia ranchera ingenua

A propósito de *Los tres García* no se puede hablar de una intriga dramática propiamente dicha. Es una característica muy común en el género. La película progresa mediante un deshilvanado número de situaciones yuxtapuestas que sirven de mero pretexto para realizar la construcción de los personajes. Hemos dicho que el origen de la trama podría muy bien ser *Marcela o cuál de las tres* de Bretón de los Herreros; hubiésemos podido también aludir a *Ninguna de las tres* de Fernando Calderón, cambiando en ambos casos los sexos de los cuatro principales protagonistas. Pero indicando esas semejanzas avanzamos muy poco.

Los tres García relata, en primera instancia, el cortejo sentimental de tres primos hermanos a una prima nacida en el extranjero, y la indecisión de la joven para elegir al mejor de sus pretendientes. Sin embargo, el filme no puede resumirse en ese nudo sentimental. Lo que en realidad se propone hacer Rodríguez es un estudio de tipos pueblerinos. Tres rancheros jóvenes y varoniles que se oponen entre sí por su modo de vida, su temperamento y su actitud ante la vanidad. Se detestan pero tienen varios lazos que los ligan ineludiblemente: el cariño con que los cobija doña Luisa (Sara García), la abuela cascarrabias; sus enemigos acérrimos: los López, que continúan una *vendetta rural*; y, ante todo, el orgullo por su apellido.

El apellido García es signo de alcurnia pueblerina, según Rodríguez. Eso implica la buena crianza y el valor a toda prueba, los atributos mayores de los habitantes de la comedia ranchera. Los García son modestos pero indómitos terratenientes que existen para disfrutar largamente de sus cromosomas y su bravura. Todos los personajes corean la magnitud de tales héroes: "¿Endemoniados los García? No diga eso doña Luisita". El presidente municipal quisiera meterlos al orden: "Ganas no me faltan, pero no tengo gendarmes suficientes".

Los García son queridos y admirados. Pero "en cuanto se juntan, golpean a la policía,

59

El apellido García es signo de alcurnia pueblerina, según Rodríguez. Los García existen para disfrutar largamente sus cromosomas y su bravura.

huyen del señor cura; no respetan la ley, ni la voz de la sangre". Sin embargo, nadie se ofende demasiado. La supremacía les concede la impunidad. Por otra parte, nadie lo duda, son buenos muchachos que respetan las normas morales más rígidas y para ellos ningún asunto **es urgente: "Primero es la misa". El grito de** "Tres Garcías somos muchos en el mundo" es más un autoelogio que un desafío. El odio mezquino y ruin de los López constituye la mejor prueba de los méritos civiles de los tres protagonistas.

La comedia sucede en un pueblo imaginario y pintoresco, de nombre irónico: San Luis de la Paz. Es un villorrio tranquilo donde en cada callejuela se respira el aire "incontaminado" de la vida campesina y la buena voluntad de los lugareños. Lo único que trastorna esa tranquilidad son los continuos pleitos de los tres primos García. La fuga de la cárcel de los López, bandoleros desalmados, preocupa sólo a los protagonistas. En la óptica de Ismael Rodríguez, como en la de todos los directores de comedias rancheras, si no existiese el individualismo histriónico de sus personajes centrales, no habría ninguna gloria de la región que mereciera narrarse. Todo es armonía en el lugar: el señor cura (Carlos Orellana) domina

el pensar de sus ovejas increpándolas a grandes gritos, cuando se requiere, desde el púlpito intimidante; el comisario municipal (Antonio R. Frausto) protege paternalmente el orden, la seguridad y la justicia. Los vecinos pueden entonces gratificar sus ilimitadas horas de ocio con los desórdenes de los García.

La película, pues, se sostiene mediante la simple elaboración de comportamientos contrapuestos. A Rodríguez le lleva toda la cinta definir a sus personajes, reuniendo tal número de notas distintivas que llegamos a creer en el esmero de su empírico estudio psicológico. Los tres primos difieren en actitud, sensibilidad, temperamento y apariencia física. Ver cómo se manifiestan esas diferencias equivale a conocerlos. Según Rodríguez, la superficialidad cuando es atractiva deja de ser un error. Una vez delimitados los comportamientos, la película termina; si sus reacciones resultan previsibles, eso aumentará la comicidad. Los tres personajes se llaman Luis, como la abuela y el pueblo. Este tipo de detalle nos informa del nivel en que se plantea el sentido del humor que conduce el juego de la comedia.

Luis Manuel García (Víctor Manuel Mendoza) es un catrín de pueblo. Próspero y siempre acicalado, resulta elegante para su medio. Es el mejor vestido, el más rico y el más apuesto de los primos. Sus buenos modales y su obsequiosidad no ahogan, por supuesto, sus cualidades latentes de macho mexicano. En su despacho declara con ostentación: "Nada que no sea dinero me interesa". Poeta de circunstancia, enamora a su prima recitándole al oído viejos versos de Manuel Acuña que desea hacer pasar como propios. Su abuela lo considera un "avaro relamido" y le jura que "cada peso de usurero" que gana "es un chorro de agua hirviendo que le echarán sobre la rabadilla en los infiernos". Sueña con mandar echar a los perros a sus primos flacos y sucios en estado de mendicidad. Víctor Manuel Mendoza representa la belleza varonil, la cursilería y la caballerosidad del ranchero con vocación de sedentario hombre de empresa.

José Luis García (Abel Salazar) es el orgullo devastador. Para él, la independencia y la pequeñez de espíritu son los valores supremos de la existencia. Es el peor vestido, el más torpe y el menos gracioso de los primos. Prefiere "ganar poco por su cuenta que regalar su trabajo a los demás". Enamora a su prima mediante la agresión y el desprecio sistemáticos. Su abuela lo considera un "amargado venenoso" a quien "el maldito orgullo recome las entrañas y le hierve el pecho de gusanos". Sueña con humillar la dignidad de su prima cuando ella le implore de rodillas que la ame, mientras los invitados de la fiesta lo observen paralizados de admiración. Resentido, quejumbroso, acomplejado y susceptible, Abel Salazar representa la dignidad triunfante del macho mexicano.

Luis Antonio García (Pedro Infante) es el tenorio del pueblo. Es alegremente mujeriego, tramposo, malhablado, borracho y sentimental. Colecciona aretes de sus conquistas amorosas como botín de la victoria y está reñido con el trabajo. Es el más agradable y escandaloso de los primos. Enamora a su prima con piropos groseros, zalamerías "románticas" y canciones. Su abuela lo recrimina porque "no sabe otra cosa que empinar el codo y andar con viejas". Sueña con imponer su alegría y ganar el amor de su prima por sus dotes de galanteador. Pedro Infante, favorito de la abuela y del director, es el personaje más altamente positivo de *Los tres García*; representa la simpatía y la despreocu-

Al elaborar tan detalladamente a sus tres personajes centrales, Ismael Rodríguez no persigue efectuar la crítica de ello.

pación irresistible del héroe epónimo de la comedia ranchera.

Al elaborar tan detalladamente a sus tres personajes centrales, Ismael Rodríguez no persigue efectuar la crítica de ellos. Esa crítica sólo podrá hacerla el espectador consciente, basándose en el valioso material sociológico de la película. El realizador desea únicamente dejar asentado con claridad el alcance del "carácter mexicano", que de acuerdo con él podría definirse como el sumo depositario de los valores de la hombría militante universal. Así, los tipos psicológicos de los tres Garcías corresponden a los diferentes aspectos de un arquetipo. Basta con desdoblar la figura idealizada del macho mexicano para obtener el material constitutivo de los tres ídolos populares. Rodríguez los concibe como semidioses de la comedia ranchera, para quienes la elección de la prima extranjera, necesariamente deslumbrada, es casi imposible. El director cree en ellos firmemente; tiene la convicción de que cualquier adjetivo que les añada es encomiable. El buen humor y la desenvoltura de la película proceden de una alabanza unívoca.

Las dos mujeres del filme se definen a partir de la figura del macho. La anciana doña Luisa representa la imposibilidad femenina de llegar a ser un verdadero macho. Siempre ataviada de negro desde el cuello hasta los talones, sin dientes, con gafas redondas, el blanco cabello recogido y un perpetuo puro en la boca, Sara García compuso un excelente personaje picaresco. La rabia que descarga al asestar su inseparable bastón contra las costillas del criado Tranquilino (Fernando Soto, Mantequilla), quiere equiparse con la furia varonil. Es una "tierna cabecita blanca" que esconde a una mujer bragada, autoritaria e impositiva. Sólo su indignación puede preservar la religiosidad y el vínculo familiar. Su entusiasmo infantil, en la escena del baile; su sonrisa sarcástica cuando sustituye en la ventana a la muchacha a quien llevan serenata los tres primos, o bien sus gritos alternativamente gozosos y desencajados mientras sus nietos se golpean salvajemente a puñetazos en el jardín de la casa, conceden al personaje una fuerza dramática de que carecen los demás.

En cambio Lupe (Marga López), rubia "desabrida" y sensiblera, personaje pasivo, acata las órdenes del cura para quitar sus pistolas a los García. Es el entretenimiento del macho, su reposo y su compensación desvirilizante. Sirve para coronar equitativamente la hazaña del "paso de la muerte" que sus pretendientes han ejecutado para lucirse ante ella en el jaripeo. Extranjera y sin vida propia, a Rodríguez y a sus personajes les parece la presa adorable. Puesta a elegir entre sus primos, elige a José Luis, el que más la había ofendido durante toda la película, en un previsible acto de masoquismo. Marga López representa la pareja ideal, avasallable, del macho abusivo y narcisista.

En cada aparición del padre de Lupe, el tío John (Cliff Carr), surge el nacionalismo impertinente de la comedia ranchera. El hombre medio norteamericano se presenta como un "gringo" semiestúpido y dejado, un "viejo zorrillo", un "zopilote güero" con "cara de buey purgado", a quien incluso la abuela trata con desprecio, acogiéndose a la superioridad que le concede su procedencia nacional. Al extranjero debe escarnecérsele porque es pasivo, no sabe decir frases románticas, no responde a golpes, etcétera. Lupe se salva gracias a que es mujer. Pero el nacionalismo repelente de la comedia ranchera no perdona del todo: se alude a que de niños los García le apodaban "rata blanca" y no querían conocerla "por desabrida, por tonta, y porque no nació en México". Uno de los más eficaces agravios amorosos de José Luis será espetarle que "es absurdo y antipatriótico tener el pelo rubio y llamarse Lupe". Sin embargo debe perdonarse a la muchacha ya que, a pesar de su origen sabe "apreciar lo bueno" y decirle a Pedro Infante: "Cómo envidio tu carácter, tan alegre, decidor, simpático... muy mexicano".

(A *Los tres García* siguió una segunda parte: *Vuelven los García*, inferior con respecto a la primera. En la carrera de Ismael Rodríguez ocurrirá a menudo algo semejante. El caso se repetirá con *Nosotros los pobres* y *Ustedes los ricos*; con *La oveja negra* y *No desearás la mujer de tu hijo*; con *A.T.M.* y *¿Qué te ha dado esa mujer?* Incluso habrá una tercera parte de la serie *Nosotros los pobres* que se llamará *Pepe el toro*. En todas las segundas y terceras partes, el director se dedica a destruir lo que con enormes esfuerzos había vuelto creíble. Si *Los tres García* se sostiene porque la narración avanza a medida que se definen los personajes, en *Vuelven los García*, en tono más bien melodramático, los tipos psicológicos se manejan como si tuviesen una gran profundidad.En cierta medida las segundas y terceras partes de las películas de Rodríguez constituyen las críticas más acervas que se pudieran hacer a las primeras: las flaquezas se agigantan y los aciertos desaparecen. Rescatemos sin embargo dos elementos de *Vuelven los García*. El personaje de Blanca Estela Pavón, una machorra con pantalones y pistolas, que a las escenas con Víctor Manuel Mendoza concede una ambigüedad involuntaria. En la secuencia de la muerte de la abuela, la

imagen de Pedro Infante sobre la tumba de la vieja, embriagándose bajo la lluvia durante toda la noche, plasma el tema de la fijación materna del macho mexicano con una brutalidad sin igual en el cine mexicano.)

En la simple mención de las características de *Los tres García*, hemos deslizado la crítica de sus resortes humorísticos y sus limitaciones. Inútil es insistir en un juicio severo. Los matices personales y las extravagancias de Rodríguez no consiguen trascender los convencionalismos que hemos señalado en la comedia ranchera. Ésta sigue siendo, aun en su obra más acabada, un género modesto. Pero en su primera etapa la comedia ranchera cree en su juego y sólo degrada la realidad por ignorancia. Ninguna sutileza o lirismo interviene para que Rodríguez deje de ser un cantor de lo mínimo y un panegirista de lo deforme.

Sin embargo, sería injusto dejar de reconocer que, al margen de cualquier deferencia hipócrita, *Los tres García* es una buena, pequeña comedia. Si la superficialidad, la tipología complaciente y el chovinismo, predominan en ella, eso no impide que las cualidades de narrador estimable, la gracia y la soltura del cineasta se manifiesten, Recordemos escenas como las tres irrupciones con bandas, poemas cursilísimos y melosidad resentida, según el caso; reconozcamos la agudeza de Rodríguez a pesar de lo ingenuo. Negar mediante el entusiasmo la vulgaridad de sus congéneres es una elogiable norma de acción.

Sara García compuso un excelente personaje picaresco. La rabia que descarga al asestar su inseparable bastón contra el criado Tranquilino, quiere equipararse a la furia varonil.

La comedia ranchera socarrona

Alrededor de 1950, la comedia ranchera pierde su ingenuidad primitiva. El sainete musical de pueblo no podía explotar indefinidamente a los personajes que cantan el Ave María de la iglesia, son muy "reatas" con todo el mundo y resuelven sus conflictos más graves en una tertulia de comisaría. La comedia ranchera, en contra de toda previsión, es capaz de evolucionar mínimamente.

Dos tipos de cuidado es la mejor película de esta etapa y la obra maestra de la comedia ranchera.

Se empiezan a incorporar notas picarescas y situaciones casi de vodevil. Los personajes se vuelven irresponsables, asociales y amorales. El número de canciones crece. La delicadeza y cierta reserva en la vulgaridad se abandonan por insulto velado. Sin desprenderse de sus capacidades para mistificar la realidad social, la comedia ranchera se ampara en la insolencia festiva.

Termina por desembocar en la franca irrealidad. Acepta sin reconocimientos los límites del set cinematográfico y el *back projection*. Los diálogos se hacen más barrocos; ya nadie habla como la gente de razón; se inventa un nuevo lenguaje que no sirve a los héroes para comunicarse, sino para apoyar su alarde de ingenio exhibicionista. Sólo se enfoca la actitud del héroe dominante. El contexto ya no pesa ni en la percepción inmediata. El mundo exterior es cuando mucho un esquema abstracto.

Ante tal estado de cosas, un solo héroe es insuficiente. Ningún actor cantante puede soportar sobre sus espaldas, sin ninguna ayuda, el peso de una comedia ranchera de la serie A. El resurgimiento del género se produce cuando los ídolos populares se mezclan y empiezan a barajarse. Jorge Negrete y Luis Aguilar se reúnen en *Tal para cual*; Pedro Infante y Antonio Badú, en *Los hijos de María Morales*; Jorge Negrete, Pedro Armendáriz y Andrés Soler en *Los tres alegres compadres*. Ya no se eligen intérpretes desconocidos como en *Los tres García*. La asociación de dos nombres célebres, aparte de ser un irresistible atractivo de taquilla, garantiza diversión por partida doble.

La diversidad de conducta de los personajes gana con esa confrontación. Es indispensable que surja un conflicto espontáneo entre ellos, una rivalidad acendrada, o bien que sean cómplices en un desafío insostenible. Las premisas de la comedia ranchera se retuercen y se fuerzan, pero nunca ceden. Sin embargo, al exigirse cierta complejidad, se propicia un avance. Delineándose convenciones excedidas, la explotación de ellas puede ser más copiosa. Mientras menos realistas sean, los caracteres y los

incidentes requieren una mayor voluntad estilística.

Dos tipos de cuidado es la mejor película de esta etapa y la obra maestra de la comedia ranchera. En ella se dan cita los dos actores máximos del género: Pedro Infante y Jorge Negrete. Ninguno debía opacar al otro. El director y sus coguionistas se esmeraron como nunca para dejar satisfechos a los admiradores de las figuras más relevantes del *star-system* y del *box-office* de la época.

El argumento es una amalgama de situaciones cómicas. En el prólogo se establecen las diferencias y las relaciones básicas de los personajes. Bastan diez minutos para resumir los logros de cintas como *Los tres García*. En el transcurso de una excursión que han organizado *ex profeso*, Jorge Bueno (Jorge Negrete) y Pedro Malo (Pedro Infante) han decidido declararse respectivamente a Rosario (Carmen González) y a María (Yolanda Varela), la hermana de Jorge.

Los dos tenorios toman en serio a esas muchachas y despliegan sus más ejercitadas tácticas amorosas. Para convencer a Rosario, Jorge la lleva a una cascada (en transparencia) y emplea un método indirecto. Con el pretexto de que sólo le interesa la amistad mutua y de que "quiere enaltecerla", provoca los celos de la chica, hasta que ella no puede más y cae en sus brazos.

A Pedro en cambio le va mal. Jura y perjura a María que a ella sí la quiere, que las otras no son más que "chamaconas" y que tiene su "lugar aparte". Pero María no se conduele ni cuando Pedro le confiesa que "ninguna me toma en serio porque ando con muchas, y ando con muchas porque ninguna me toma en serio". Pedro la besa a la fuerza y María usa un palo como garrote y lo derriba. Finalmente las dos parejas se reúnen y gozan burlándose de la cabeza descalabrada de Pedro. Fin de la introducción.

La verdadera trama de la película empieza

El argumento es una amalgama de situaciones cómicas.

El Santo Sacramento del Matrimonio se presta a mofa y la infidelidad se justifica. En su segunda etapa, la comedia ranchera se ha vuelto un híbrido de picardía pueblerina y disimulo.

varios meses después. Pedro se ha casado intempestivamente con Rosario. Jorge regresa al pueblo tras una larga ausencia, y no puede perdonar que Pedro se haya casado con su novia. Le reclama y lo insulta. Compra las tierras contiguas al rancho de su rival y le corta el suministro de agua, para hundirlo económicamente. Lo humilla cuantas veces puede y se enfurece porque a sus provocaciones nunca responde con violencia.

A Pedro no lo intimida su amigo y hasta persiste en cortejar a la hermana de Jorge. La paciencia se acaba, Jorge abofetea a su examigo y lo reta a un duelo a balazos. Pedro abandona su estoicismo y se encierra con Jorge en un cuarto aislado de la cantina. Le explica convincentemente todo lo sucedido en su ausencia. Al final de la película nos enteramos de ello.

Esa noche Jorge lleva serenata a la esposa de Pedro y Pedro lleva serenata a la hermana de Jorge. Al otro día, el pueblo comenta con sorna lo acontecido. Los jóvenes se lían a puñetazos y poco falta para que se maten mutuamente. Pero quedan de nuevo como amigos y deciden sus nuevas tácticas. Jorge rompe su compromiso de matrimonio con la hija de un generalazo (José Elías Moreno). Se desencadena el escándalo entre los familiares de los protagonistas. Pero, en la noche, durante la

fiesta de cumpleaños de Jorge, entre música y toda clase de equívocos, la farsa se resuelve en un conciliador cambio de parejas y justificaciones. Jorge recupera a Rosario y María accede a casarse con Pedro, y todos cantan a viva voz.

Este resumen apenas nos da una idea remota del conjunto de impulsos irreductibles al simple nivel de la anécdota. Para encontrar los elementos heterodoxos de *Dos tipos de cuidado*, se requiere aunque sea una sumaria vivisección de su argumento. El pleito aparentemente inofensivo de los dos amigos humilla y socava la dignidad viril. La causa del inexplicable matrimonio de Pedro y Rosario resulta ser la violación que sufrió la muchacha en un baile de estudiantes en la capital. Los personajes desafían la opinión pública. La sugerencia sexual y la enfermedad venérea se incluyen como resortes cómicos. El Santo Sacramento del Matrimonio se presta a mofa y la infidelidad se justifica. En su segunda etapa, la comedia ranchera se ha vuelto un híbrido de picardía pueblerina y disimulo; su socarronería admite la malicia solapada.

En un simple de espíritu como Ismael Rodríguez, la malicia es una arma de dos filos. Para hablar con justeza de *Dos tipos de cuidado* habría que tratar primero la película en términos peyorativos, y luego demostrar, por el absurdo, lo verdadero de la falsedad. Es claro que la más demoledora crítica que se puede hacer a los "vocablos de la tribu" y a los mitos colectivos consiste en tomarlos en serio para mejor volverlos después irrisorios. Rodríguez lo hace sin querer, en el límite de la convicción. El elogio entusiasta del macho mexicano constituye su desmitificación más rotunda.

El marido anda de parranda desde el primer día que se casó. El juego de hacerse el ofendido impide cualquier conocimiento amoroso basado en la sinceridad. Pedro deja a Rosario recién parida y va a celebrar el nacimiento de su hijo a la cantina en compañía de borrachos y prostitutas. A las novias de pueblo, animales domésticos que pueden cambiar de dueño a voluntad, "no les queda otra que perdonar". La homosexualidad latente que preside las relaciones amistosas de los machos mexicanos aflora en diálogos como "cuando una mujer nos traiciona, pues la perdonamos y ya, al cabo es mujer; pero cuando la traición viene del que creemos nuestro mejor amigo, ah Chihuahua, cómo duele", etcétera. ¿Dónde termina la alabanza y dónde empieza el denuesto? El nivel de la comedia y la gracia de Rodríguez autorizan la **pregunta**.

El estilo del director —desinhibido, confiado, técnicamente insuperable en su medio— se transforma en acta de acusación. Como sucede en el cine belicista objetivo de Fuller o en la comedia familiar de Minnelli, el contenido objetivo de la imagen se vuelve en contra de su sentido primitivo. Con mayor eficacia que un reformista satírico o un desmitificador de oficio, Rodríguez denuncia sin proponérselo el concepto de la hombría a la mexicana y la pequeñez moral.

Por otra parte, *Dos tipos de cuidado* representa el apogeo del cine de actor. Rodríguez lleva a sus intérpretes al borde de sí mismos. La oposición de Pedro Infante y Jorge Negrete de ninguna manera es ficticia o arbitraria. Sus personalidades cinematográficas y sus personalidades reales se unifican. Son los factores antitéticos de una síntesis dialéctica. Los polos opuestos de la comedia ranchera, y de todo el cine mexicano popular a secas, revelan sus

diferencias de fondo. Jorge Negrete es el macho adinerado, buen tipo, petulante, agresivo y rencoroso. Pedro Infante es el macho humilde, sometido, estoico y noble. La jactancia de Negrete deriva de una posición social elevada. La simpatía de Infante proviene de una compensación humillada. Si *Dos tipos de cuidado* es una buena comedia, se debe, en gran parte, a que enfrenta lo disímil e irreconciliable.

Si las convenciones genéricas y los materiales que emplea son esencialmente ridículos, Rodríguez lo es en muy pocas ocasiones. Incluso los clisés de la comedia ranchera se encadenan como si fueran una necesidad del desarrollo argumental. El género parece reinventarse. En el paseo asexuado con las muchachas se aprovecha dinámicamente el escenario natural. La invitación tabernaria o el goce de kermés se convierte, a través de la sonrisa de

Si *Dos tipos de cuidado* es una buena comedia se debe, en gran parte, a que enfrenta lo disímil e irreconciliable. Incluso los clisés de la comedia ranchera se encadenan como si fueran una necesidad del desarrollo argumental.

Pedro Infante, en un incontenible estallido de alegría. En un perfecto juego de distancias, el duelo de coplas aumenta gradualmente de intensidad. La serenata se filma en codiciosa pantalla dividida. Las canciones, algunas de ellas dramatizadas con ingenua ternura ilustrativa, resucitan la espontaneidad de un folclor ya muy fatigado. El tono festivo consigue sostenerse sin tropiezos de principio a fin.

Hubiese sido demasiado fácil hablar del mal gusto astracanesco, la euforia resuelta en agitación, la política de la sorpresa y las coqueterías de la imagen y todos los demás procedimientos de ese tipo que fundamentan la actividad de Rodríguez. ¿Por qué hemos preferido buscar aciertos e implicaciones? Ante todo porque, en medio de convencionalismos, vulgaridades, complacencias y deformaciones, Ismael Rodríguez logra imponer en *Dos tipos de cuidado* un legítimo ingenio popular. Ante el

humor de este cineasta, las gracejadas de Cantinflas, Clavillazo o Piporro descubren su naturaleza vergonzante.

También lo hemos hecho porque en *Dos tipos de cuidado* la comedia ranchera parecía definirse y proclamar su independencia. Las fuentes originarias se habían superado y el género avanzaba por impulso propio. Los incidentes ya pertenecen por entero a la comedia de equivocaciones; la ligereza verbal sirve para renovar el ingenio a cada momento, y el intermedio musical tiende hacia un movimiento coreográfico calculadísimo. La comedia ranchera consigue, por fin, transmitir un estado de ánimo explosivo. Es a lo más que podía aspirar. El denuedo de Ismael Rodríguez es bastante más de lo que se merece el rango de un género semejante. Y, no obstante, posiblemente sin la comedia ranchera Rodríguez jamás podría haberse manifestado con tal amplitud.

Ismael Rodíguez logra imponer en *Dos tipos de cuidado* un legítimo ingenio popular.

La provincia

Las afirmaciones que se anotan a continuación parecerán sin duda tautológicas a quien haya frecuentado, así sea con gran prudencia, el cine mexicano.

Los habitantes, los ambientes, las costumbres, los decorados, los valores y los prejuicios de la provincia dominan, sin oposición ninguna, la historia del cine mexicano. Poco importan los fines que persiga una película nacional: la provincia terminará por aparecer, física o espiritualmente, absoluta o relativamente, al final del camino. La moral provinciana es la única que obedece porque el cine mexicano es un cine hecho por tránsfugas de la provincia y destinado principalmente a consumidores de provincia.

La provincia congratulada por el cine mexicano ha recorrido, con enorme facilidad, la distancia que separa la mistificación de la mitificación. Los mitos existentes se recrean y concretizan, de igual manera que se acomete la elaboración de nuevos mitos. La sabiduría popular agradece y asimila cualquier idealización, por deformante o desproporcionada que sea, con tal que las imágenes propuestas resulten preciosas y domesticables. Pero son las formas superiores del mito cinematográfico de la provincia mexicana las que hemos elegido. Describamos y analicemos la visión que han ofrecido de la provincia mexicana cuatro de sus cultivadores más representativos. De manera distinguida, todos ellos contribuyen al sostenimiento de las cualidades anunciadas y, en alguna forma, al mismo tiempo las trascienden y contradicen.

La provincia congratulada por el cine mexicano ha recorrido, con enorme facilidad la distancia que separa la mistificación de la mitificación (*El muchacho alegre*).

La provincia elemental

En el grado más bajo del tratamiento serio de la provincia se encuentran películas del tipo de *El muchacho alegre* de Alejandro Galindo. Sin que ello implique un juicio de valor estético de la película, con esa obra podemos hallar el primer peldaño de una escala que parte al ras de la comedia ranchera y culmina en una visión dialéctica de la provincia mexicana imposible de comprobar.

En este nivel la concepción del melodrama de pueblo continúa siendo elemental y maniquea; pero trasciende en más de un punto la comedia ranchera y los engendros de ínfima calidad que hemos descrito. Es decir, prolonga un realismo epidérmico, a vuelo de pájaro, vistoso y superficial, sobre todo muy superficial, pero ya no degrada la provincia hasta el folclor musical con marionetas. Tal es su importancia.

Veamos el filme que Galindo dirigió en 1947. En él, el director de *Campeón sin corona* abandona la ciudad y dirige momentáneamente su interés hacia un pequeño poblado. Mal dispuesto por Raúl de Anda, el argumento de *El muchacho alegre* es, como puede suponerse, pobre de imaginación. Los habitantes de la población aprovechan la ocasión que les ofrece una kermés, para demostrar su repudio al Pingüico (Víctor Parra) y a su amigo Luis Coronado (Luis Aguilar), dos jóvenes del pueblo. Se les niegan boletos para asistir a la fiesta. Marta (Sara Montes), la novia de Luis, hija de una de las autoridades judiciales del municipio (Arturo Soto Rangel), se ve obligada a concurrir en compañía de un ingeniero a quien su padre sí considera un buen partido. Luis se embriaga la noche de la celebración y, ayudado por el Güico, consigue entrar al baile. A instancias de Marta, su novio elude responder con violencia a humillantes provocaciones y se retira.

Para evitar que su padre los separe definitivamente, la joven propone al muchacho que se fuguen. Con tal motivo se finge enferma. Pero el proyecto no llega a realizarse. El Güico ha mandado asesinar a uno de sus enemigos y hace que la culpa recaiga sobre Luis, quien no puede justificar su presencia ante la casa de Marta. Va a ser linchado. Aparece el Güico y ayuda a huir a su amigo. En las ruinas de una iglesia, Luis queda bajo la custodia de un cómplice del asesino. Por último, el inocente consigue escapar y a puñetazos, en la cantina del pueblo y en la plazuela, obliga al Güico a confesar su crimen.

Una trama tan convencional estaba fatalmente condenada a cualquier tratamiento de comedia ranchera. La película tiene el mérito de sacudirse los convencionalismos del género, Definiéndose, no obstante, a partir de ellos, sigue un camino paralelo; pero la adaptación y la realización suministran factores heterodoxos. De un conflicto estúpido, Galindo se esfuerza por desprender, mediante una cuidadosa puesta en escena, una historia equilibrada, con progresión dramática y personajes verosímiles.

Así, el regionalismo de *El muchacho alegre* empieza a diferir del hasta entonces acostumbrado. Esto se advierte desde la elección del escenario natural. La acción se sitúa en un pueblito del estado de Sinaloa, en la costa occidental del país. Explota, con mayor eficacia que la comedia ranchera lo hubiera hecho, un lugar poco frecuentado. Se incluyen, por supuesto, la cantina y los caserones decorados con tiras de papel de china para la fiesta, pero a su lado se encuentran también constantemente lugares más realistas como la plazuela, o sitios insólitos como la iglesia en ruinas.

Por lo demás, salir de Jalisco y su agresividad estereotipada, de Veracruz y su alegría ostentosa, ha sido siempre fecundo para los directores mexicanos. Concede cierta diversidad a las costumbres y al habla popular del espectáculo. Son precisamente esos dos aspectos los que Galindo subraya de preferencia. Si de esa manera no varía radicalmente la visión de las cosas, por lo menos se evita que la singularidad de una región se reduzca a un simple cambio de ritmos e instrumentos musicales. Hay cuatro o cinco canciones en *El muchacho alegre*, pero el director pugna porque el folclor se asimile emocionalmente a su película y no la ahogue. Siendo inevitable, por ejemplo, la omnipresencia de la tambora sinaloense, el aparatoso instrumento representa más bien, para Galindo, una especie de objeto picaresco, cuyo hueco resonar por las calles comenta burlonamente las pasiones elementales de los personajes.

En lo que respecta a la individualidad de las creaturas de *El muchacho alegre*, la actitud complaciente por el machismo brilla por su ausencia. Inútil es insistir en que ésta no es una cualidad deleznable ni común en el cine mexicano pueblerino. Los amigotes cuya relación especifica el filme no son los típicos machos dominadores y jactanciosos –otro rebasamiento de la comedia ranchera– sino un par de muchachos inadaptados. O más bien, diríase que son un par de niños crecidos que no quieren renunciar a su amistad. Su amistad es, para el director, un último refugio contra la gazmoñería absorbente del medio.

El maniqueísmo de Galindo es menos sencillo que la oposición del amigo bueno y el amigo malo. Ambos personajes merecen la solidaridad de su creador, como los de *Una familia de tantas*. Los concibe como dos formas diferentes de afrontar las fuerzas sociales. Aparte de empecinarse en una amistad censurada, Luis y el Güico desean divertirse y alborotar a sus anchas, despreocupados por la mala reputación de que gozan. Pero no pueden sustraerse al mundo mezquino y decimonónico que los rodea. Se les repudia abiertamente y se les critica con insistencia. Por los mínimos escándalos que se les recrimina, quedan convertidos en los apestados del pueblo. A Luis se le aleja de su novia; al Güico se le transforma en asesino.

El personaje del Güico es el más complejo de la película, Rencoroso, antipático y ruin, se eleva por encima de la pequeñez de espíritu del pueblo, mediante el desprecio. Es un personaje marginal que no desea integrarse a la comunidad sino someterla al poder que le da la riqueza. Si la policía allana su casa y expulsa a las mujerzuelas que había convidado a la parranda del "día de su diablo", en vez de amedrentarse, eso le sirve para exasperar su posición rebelde. Decide apoderarse de cualquier modo de las tierras circunvecinas, hasta que se convierte en el señor feudal de la región. Decide desafiar a la ley e incluso traicionará al amigo.

La heterodoxia de *El muchacho alegre* debe mucho a la presencia de este aprendiz de caciquillo sin escrúpulos porque su comportamiento no se condena. Sólo se expone. Y, aunque el personaje se excluya a un segundo plano, después de haberse construido con breves diálogos, su imagen indignada y su insoportable petulancia pesan sobre todos los incidentes de la cinta. La antipatía natural de Víctor Parra, en contraposición a la franqueza interpretativa de Luis Aguilar, se encarga de la tarea. Así pues, el maniqueísmo de Galindo es al mismo tiempo una comprobación y un rechazo. El final de melodrama de aventuras permitirá a Galindo concluir de manera tradicional; pero muy pocas películas pueblerinas tienen un planteamiento tan limpio como el de *El muchacho alegre*.

Nos ha sido difícil destacar las cualidades de esta película. Mil y una películas, anteriores y posteriores a ella, repiten los mismos ademanes. Su contorno aparece borroso. Efectivamente, la visión de la provincia que ofrece Galindo aquí es muy reducida y poco original. Si nos hemos detenido tanto en *El muchacho alegre* es por su índole sintomática, en primer lugar, pero también por su inusitada falta de vulgaridad y un aceptable nivel expresivo. Dentro de su elemental ingenuidad, Galindo sabía filmar y procuraba, al hacerlo, que participáramos de su gusto. La entrada de Luis Aguilar al pueblo en su caballo blanco o la marcha triunfal del mismo personaje por las estrechas aceras, seguido por la tambora (en riguroso *dolly back*), tienen cierto ímpetu en su frescura. En la expulsión de las prostitutas de la casa del Güico, en la iluminación de las ruinas de la iglesia y en el espectacular pleito final que ocupa toda la plazuela, parece respetarse una distancia que bien podría pertenecer a un *western* adulto. Incluso en detalles pintorescos, como el muchacho expulsado de la kermés contándole sus penas a la tamalera de la esquina, e incluso la selección de las canciones, conservan un buen gusto. Sin que idealicemos lo pueril, reconozcamos que, a diferencia de sus congéneres, Galindo tenía una mínima intención de proporcionar las causas de un comportamiento marginal y evitaba condenar a los apestados del pueblo.

Río Escondido (1947), realizada en los años de mayor fama por el equipo de base: Fernández, Gabriel Figueroa, Mauricio Magdaleno.

El lirismo de Fernández consigue imponerse todavía, de manera intermitente, como la forma severa de un culto implacable e instintivo.

La provincia monolítica

Si bien la obra del *Indio* Fernández se identifica, en la década de los cuarenta, con el reconocimiento internacional del cine mexicano, nada más desalentador que determinar los valores de esa obra como testimonio de la provincia mexicana. Busquemos las cintas representativas. Hagamos, pues, a un lado las bucólicas indigenistas (*María Candelaria*, *La perla*, *Maclovia*), los melodramas citadinos (*Las abandonadas*, *Salón México*), las farsas erótico-tropicales (*Acapulco*, *La red*), las evocaciones revolucionarias (*Flor Silvestre*) y las meditaciones sobre la violencia (*Pueblerina*). A efectos de caracterización provincial no pueden servirnos ni la inmolación de la inocencia lacustre (*María Candelaria*), ni el romanticismo colonial

guanajuatense (*Bugambilia*), ni la teatralidad hispana que añora los visajes del cine de las "divas" (*La malquerida*). Quitando las melopeas campesinas en antepospretérito, nos queda una película provinciana en presente de indicativo: *Río Escondido* (1947), realizada en los años de mayor fama por el equipo de base (Fernández, Gabriel Figueroa, Mauricio Magdaleno), aunque sin las estrellas habituales.

La acción del filme comienza en la ciudad de México. Acompañada por animosos coros femeninos en la pista sonora, Rosaura Salazar (María Félix), joven y bella maestra mexicana, enferma del corazón y con trenzas, irrumpe en el Palacio Nacional, obedeciendo el llamado del presidente de la República. Al entrar al edificio, la asaltan las voces de la campana de la Independencia, del patio monumental y de las narraciones murales de Diego Rivera en la escalera (voz declamatoria de Manuel Bernal). Atribulada por el peso de la historia y por una tardanza inexplicable, la maestra llega a la antesala de la presidencia, espera un momento para dar tiempo a que el protocolo burocrático la intimide y, por fin, es recibida por el primer mandatario. Enorme privilegio: la recibe a solas.

La voz sentenciosa del presidente le habla en nombre de la patria y le recita una henchida palinodia geográfica e histórica. El perfil inconfundible del licenciado Miguel Alemán la exhorta a que lo ayude en su magna tarea. Llorosa de predisposición, Rosaura condesciende entusiastamente ante la arenga y decide salvar a México de la ignorancia. Acepta el nombramiento de maestra rural en el lejano poblado de Río Escondido. Conmocionada por el resto de sus días, la joven sale del gabinete a la carrera y se tropieza con un par de médicos (Arturo Soto Rangel y Fernando Fernández) que también concurren al reclutamiento presidencial.

Las penalidades de Rosaura empiezan desde que desciende del tren en una estación desértica. Debe seguir a pie hasta Río Escondido. El paisaje árido será la primera prueba de su tesonera voluntad. Pero su constitución débil y cardíaca pueden más que ella y cae desmayada en medio del camino. Por venturosa coincidencia acierta a pasar por ahí el pasante de medicina que hemos conocido en la antesala de la presidencia. Se apea de su burro y le ayuda a levantarse.

En somera auscultación se da cuenta de que la joven está enferma y no debe seguir adelante. Asistimos entonces al primer desafío nacionalista y a la primera histeria protomachista de Rosaura. Nadie le impedirá cumplir lo prometido al señor presidente. Continúa su camino a pie, quedando no obstante en amistoso entendimiento con el pasante de medicina.

Unas breves panorámicas nos informan de la situación que prevalece en Río Escondido. Es un pueblo de miseria muy fotogénica que vive bajo el dominio de don Regino Sandoval, un fiero cacique (Carlos López Moctezuma con espesos bigotes). Cuando Rosaura entra a las ruinas del polvoso caserío, **don** Regino ensaya detener su caballo ante un fotógrafo para hacerse un retrato como el de "mi general Pancho Villa cuando entró a Torreón". El animal tropieza y cae; en desquite de su rabia, el jinete lo azota sin piedad. La intrépida maestra se encuentra, por fortuna, en el lugar para detener la mano de la crueldad, aunque su arrebato de indignación se castiga con fiereza. Ha dado principio la pugna entre Rosaura y el cacique. La mujer rehúsa aceptar la huida que le propone un viejo campesino (Eduardo Arozamena) que en ese preciso instante abandona el lugar.

Todo parece oponerse a la consecución de los designios altruistas de la mujer. La escuela está convertida en caballeriza de don Regino y nadie se atreve a desafiar la palabra del cacique. Sin embargo, providencialmente, en ayu-

La ingenuidad convencida de Fernández respeta muchos de los mitos que proyecta combatir, pero nunca se impulsa por algún afán regresivo para complacer los bajos instintos del espíritu revolucionario.

da de la maestra acuden una enfermedad repentina y la sapiencia chantajista del practicante que la atiende. Rosaura consigue que se evite la propagación del mal epidémico y el cacique acepta que la escuela se restaure y vuelva a funcionar. Después de una impresionante vacunación colectiva de indígenas, formados en línea en la plaza pública, Rosaura reinaugura la escuela con una perorata cívica, presidida por un retrato de Benito Juárez, ante los rostros asombrados de párvulos analfabetos.

El equilibrio obtenido no tarda en romperse. Cansado de su antigua amante, otrora maestra rural (Columba Domínguez), el cacique corteja amablemente a Rosaura. La indefensa y crédula mujer cree en el arrepentimiento y está a punto de caer en la trampa del confort. Pero no: su dignidad de servidora de la patria se rebela y rechaza con violencia tan perversas intenciones, primero de concubinato y luego de matrimonio. Se refugia, humillada, en el aula única y se atreve a hablar a los niños del verdugo que oprime a Río Escondido. El cacique alcanza a oír lo que se dice de él en "el santuario donde está depositada la fe de México".

Una vez terminado su discurso, la maestra se entera, por medio del cura regenerado (Domingo Soler), de que la fuente de la plaza se ha secado. La sequía se agrava con la injusticia: el agua del aljibe del pueblo se destina exclusivamente al consumo personal del cacique y de sus caballos. Los labriegos se desesperan y se rebelan a su manera: entran a la iglesia, sacan estatuas y crucifijos e imploran, en procesión, a las fuerzas divinas que les concedan agua. Mientras tanto, se bebe pulque como sustituto y Rosaura ve cómo se tambalean sus alumnos en la escalerilla frontal de la escuela.

El drama se desata. Un niño muere asesinado a balazos cuando intenta extraer un poco de agua del aljibe de don Regino. El pueblo se reúne amenazadoramente en la velación que dura, entre cánticos antiguos y sonidos de tambor, toda la noche. El cacique se embriaga de temor e insomnio. En los alardes de machismo de la borrachera entra a la escuela por la fuerza y trata de violar a la maestra. Rosaura se defiende y lo acribilla a tiros. A la luz de las antorchas, los campesinos se encargan de ejecutar a los compinches de don Regino.

Rosaura ha vencido al salvajismo, pero sufre un ataque cardíaco. Agoniza, perdiendo primero la vista. Se da tiempo, sin embargo, para escribir al presidente que ha cumplido con su cometido, para escuchar la declaración amorosa del practicante, gritar en el delirio que hay que salvar al niño que ha adoptado porque "ese niño es México" y recibir finalmente las congratulaciones gubernamentales por su labor. La maestra muere escuchando la voz de la patria y sobre su sepultura se coloca una lápida en la que el pueblo de Río Escondido le expresa su agradecimiento.

A casi veinte años de distancia, *Río Escondido*, la película que mejor revela los ideales de Emilio Fernández, semeja una piedra labrada, solitaria e inconmovible. En la imagen, en el ritmo, en el verbo, en el lirismo, en los sufrimientos que lamenta, en el salvajismo que ataca, en la ejemplaridad que demuestra, en el nacionalismo que alaba y en la retórica que maneja, por dondequiera se advierte una consistencia monolítica.

El monolito de la imagen. Con la anuencia del Indio Fernández, *Río Escondido* es una película de fotógrafo. Desenfrenado y sensual, Gabriel Figueroa continúa y extralimita su estética de la toma insuperablemente bella. Gran petrificador de actitudes humanas, alegre elaborador de imágenes gratuitas, el llamado "mejor camarógrafo del mundo" reclama sin modestia la paternidad de Eduard Tissé (*Que viva México*) y de Paul Strand (*Redes*). Cada toma aspira a la obra maestra plástica. Si una imagen, cualquier imagen, deja de valer por sí misma, el prestigio se compromete y puede derrumbarse. El terrorismo visual es permanente. Con ligeras variaciones, la composición resulta previsible: en el *full-shot* la cámara estará colocada debajo de la posición normal, las nubes en formación arriba, el tronco de un árbol a la derecha y el personaje en el fondo. La cámara baja da el matiz insólito. Las nubes dan el matiz cósmico. Los vegetales –pencas de maguey, huizaches, ramas, etcétera– siempre interpuestos entre la lente y el paisaje, dan los matices postales y decorativos. La figura humana da el matiz mexicano y racial del aguafuerte.

La profundidad de campo es ilusoria, la nitidez óptica: todo se vuelve silueta. Las luces, las sombras y la disposición de los volúmenes se calculan de tal manera que se ahogue cualquier intento de respiración. Los rostros campesinos de la milenaria raza de bronce y sus movimientos contenidos se someten dócilmente a una geometría martirizada. O bien, sobreviene el desfile de primeros planos hieráticamente agresivos. El perfil tosco, la mirada fija, el ademán preciso, el tiempo detenido y el anticine actuando, *Río Escondido* describe los pictóricos habitantes indiferenciados de un pueblo hundido en la miseria hasta la inexistencia. Un montón de escombros, el atrio de una iglesia, una plaza de ruinas inhóspitas y el

Río Escondido adopta alegremente una mentalidad de libro de texto obligatorio para escuelas primarias. De cada episodio debe desprenderse una moraleja.

horizonte agobiante, son los límites abstractos de una plástica funeraria de la provincia. El monolito del ritmo. La belleza estática de cada toma se cierra sobre sí misma. Repele a la imagen siguiente. La sucesión se impide *a priori*. Ningún plano se piensa en función del siguiente. La película avanza a empujones. El sobresalto elude la fluidez. Del choque visual de composiciones nace la rigidez de un mecanismo cuyos brillantes engranes no embonan. La armonía momentánea desarticula el avance del relato.

El monolito del verbo. Ningún personaje de Fernández habla como creatura normal y simple. Por los gruesos labios y las gargantas estentóreas de sus campesinos habla la voz de la raza; por la enfática lengua de sus personajes mestizos hablan las fuerzas sociales y los conceptos del realizador. Las palabras se profieren, reptan, o se lanzan a la faz del adversario. Las armas del discurso oponen vastos desniveles de cultura, evidencian el mínimo asomo de interioridad, manifiestan los sentimientos preclaros o malvados, aguzan el giro folclórico y transmiten juicios, dictámenes y mensajes. La tensión verbal sirve para cualquier interés, menos para sugerir o comunicar.

El monolito del lirismo. Al poetizarse, el paisaje y la inmovilidad humana nunca dejan de ser objetos soberanos. Fernández llegó a

disciplinar el arte de la fotogenia. El nuevo sistema de convenciones se basa en una correspondencia mimética: la lentitud del campesinado mexicano es la norma del estilo y del lirismo asfixiado, sangriento y brutal. Rosaura camina por un terraplén circundada por la inmensidad; el viento agita sus cabellos y sus vestiduras; su figura avanza semiperdida a lo lejos. Se sirve y se vence a la quietud telúrica: el paso es lento porque cada secuencia poética es un fragmento de eternidad instantánea.

Así, los rostros indígenas irrumpen para comentar silenciosamente la acción, por obra y gracia del montaje atractivo. Las mujeres enrebozadas cesan de observar y huyen con apresurados pasos uniformes. La madre agoniza entre sudores póstumos; su cadáver se envuelve en un petate y se arrastra con una reata, desde la silla de un caballo, al camposanto. Los indígenas impenetrables realizan su ceremonial acompasado de cantos gemebundos, haciendo reverencias litúrgicas ante la llave del agua. El velorio del niño sacrificado, que yace dentro de un rústico ataúd con angelitos pintados a mano, se efectúa en el salón de clases, entre hileras de mujeres que sollozan y sacudimientos musicales de una orquesta infantil. El cacique, herido de muerte, baja tambaleante las gradas de la escuela y se desploma por tierra, mientras la maestra, desencajada de rabia, continúa disparando sobre el cuerpo exánime la carga de su revólver. Ampuloso y desnudo a un tiempo, el lirismo de Fernández consigue imponerse todavía, de manera intermitente, como la forma severa de un culto implacable e instintivo.

El monolito del nacionalismo. La provincia de Emilio Fernández no se salva del maniqueísmo que priva en el cine mexicano sobre ese ambiente. Pero existen diferencias de base: aquí los buenos ya no son los que cantan y los malos ya no son los que se oponen al desenfado del héroe. En *Río Escondido*, los buenos son los buenos mexicanos y los malos son los malos mexicanos. Fernández se refiere al salvajismo ahistórico para hacer patente el ímpetu incontenible del mundo civilizado. Su admiración hacia los maestros y los médicos como seres superiores, su sentimiento de inferioridad ante la cultura y la ciencia, dan la tónica de su nacionalismo cándido.

Río Escondido narra el *fiat lux* de la provincia. La mexicanidad exaltada y demagógica de Fernández tiene características ideológicas muy especiales. El nacionalismo del filme es exclusivamente interterritorial, a diferencia de nacionalismos defensivos antimperialistas como el de *La fórmula secreta* de Rubén Gámez (1965), por ejemplo. Es un nacionalismo de intenciones artísticas superiores que pretende encontrar el equivalente cinematográfico de las experiencias musicales de Miguel Bernal Jiménez y de Carlos Chávez, o la correspondencia de las obras murales de Diego Rivera y de David Alfaro Siqueiros; los créditos con grabados de Leopoldo Méndez, en el más típico estilo Taller de Gráfica Popular, evidencia el clima cultural que dio vida al cine del *Indio*. Es un nacionalismo que deseaba regresar a una supuesta tradición indígena, al arte precortesiano en detrimento de la herencia hispano-europea, para encontrar las raíces autóctonas y genuinas que se creían indispensables. Es un nacionalismo crédulo que no degrada ni sublima las tareas mexicanas, llámense machismo, madre pasiva, ley de la selva, ley de Dios, superchería de México como el mejor de los mundos posibles, ternura sensiblera y demás defectos que se concentran en películas como *Viento negro* (1965), de Servando González.

La ingenuidad convencida de Fernández respeta muchos de los mitos que proyecta combatir, pero nunca se impulsa por algún afán

El filme describe los pictóricos habitantes indiferenciados de un pueblo hundido en la miseria hasta la inexistencia.

regresivo para complacer los bajos instintos del espíritu posrevolucionario. El avance de la historia domina al salvaje salvajismo, incluso usando las mismas armas, y reinará la paz duradera y progresista bajo la tutela del gobierno central. Tal simplismo de tesis sociológica, tal omisión de contradicciones, tal exclusión de fuerzas intermediarias, se sostiene en los nuevos ídolos de barro que erige Fernández con la mejor fe del mundo: el héroe positivo de parentesco realista socialista, el **paternalismo presidencial, la rebelión espontá**nea de la masa desorganizada y el culto a la violencia a ultranza.

El monolito de la ejemplaridad. *Río Escondido* se enorgullece considerándose una lección de civismo, de moral individual y de interpretación histórica didáctica. Se adopta alegremente una mentalidad del libro de texto obligatorio para escuelas primarias. De cada episodio debe desprenderse una moraleja inestimable. Se nos apostrofa para llegar a ser buenos mexicanos. No debemos retroceder ante ningún obstáculo. No debemos escuchar la voz del médico cuando tenemos que obedecer a la voz de la patria. No debemos maltratar a los animales. No debemos emigrar aunque nos azoten el rostro. No debemos faltarle al respeto a los difuntos. No debemos desperdiciar ninguna ocasión para esparcir el conocimiento. No debemos esperar el sonido de las campanas de la iglesia para cumplir con nuestras obligaciones sanitarias. No debemos aceptar negocios sexuales con caciques. No debemos traicionar nuestras labores cívicas en aras de la comodidad. No debemos violar la propiedad privada aunque nos estemos muriendo de sed. No debemos competir con los maestros porque ellos tienen algo de santos. Sin duda, el primitivismo ideológico y senti-

Carlos Monsiváis ha reducido a *Río Escondido* a la categoría de un cuento de hadas: la maestra milagrosa vence al dragón malo a golpes de alfabeto.

mental de Fernández se presta a las interpretaciones peor intencionadas.

El monolito retórico. El novelista Magdaleno y el director prueban sus tesis nacionalistas en un presente desligado de la realidad actual. *Río Escondido* o la exaltación de la lucha anónima de una heroína cardíaca *anónima* en un pueblo *anónimo* contra una maldad *anónima*. El pueblo olvidado y miserable de *Río Escondido* ayuda al desplazamiento temporal. Se critica la excepción de la regla y se le hace pasar internacionalmente como una audacia. Y eso se realiza exactamente en el periodo presidencial del licenciado Miguel Alemán; cuando el desarrollo de la industria y de la penetración extranjera inician su auge, cuando se gesta el poder de funcionarios arribistas y burócratas corrompidos, entonces la perspectiva histórica se dirige hacia una etapa social ya superada. La nueva burguesía puede ver con buenos ojos el libelo contra el feudalismo.

De nuevo la realidad provinciana se deforma. Ahora se hace en razón directa de la plástica autosuficiente y en razón inversa de la causticidad. Una nota satírica de Carlos Monsiváis ha reducido a *Río Escondido* a la categoría de un cuento de hadas: la maestra milagrosa vence al dragón malo a golpes de alfabeto. El rapto heroico muy bien podría haberse busca-do en la figura de los "desorejados", los maestros rurales que fueron mutilados por el fanatismo criminal de la provincia, en la contraproducente "educación socialista" implantada por el gobierno del general Cárdenas. Pero Fernández ha elegido la reconfortante imagen de un heroísmo pueril y anacrónico que se acoge a la bendición presidencial, a la bienaventuranza del cura redimido y a la revuelta social impulsada por el sentimentalismo.

¿Cuáles han sido las aplicaciones estéticas del monolito de Fernández? Bajo su influencia, reemplazamos la responsabilidad individual por el paternalismo, establecemos el prototipo de un cine específicamente mexicano que oculta la existencia de obras valiosas, exportamos una imagen hipertrofiada de México fácilmente identificable por el desconocimiento extranjero, exasperamos las cualidades del paisaje y de la raza a través de un folclorismo que se cree superior, engañamos durante años con una tendencia cinematográfica perjudicial y aplastante, provocamos el desconcierto de críticos e historiadores. Bajo su influencia llevamos a cabo la inconcebible tarea, la admirable tarea de ser consecuentes con una concepción del cine sin temer el suicidio estético. Aun por tierra, el monolito sigue siendo indestructible.

La provincia simulada

El melodrama del pueblo nunca ha vuelto a ser tan excesivo como en la obra de Ismael Rodríguez. Sin embargo, el representante de la comedia ranchera elevada a su más alta expresión incurre pocas veces en el franco melodrama. Y, cuando lo hace, no olvida las muecas humorísticas y los movimientos sentimentales de su género favorito. El espíritu que infunde a su visión de la provincia tropieza siempre con el escollo habitual. Hablemos de **la provincia que es el mundo de la hombría,**

En rigor, Fernando Soler y Pedro Infante se exaltan a sí mismos como mitos continentales propuestos por una exitosa cinematografía menor.

que es el mundo social de la cantina. Pero lo curioso es que Rodríguez fue capaz, una sola vez en su vida, de trascender la comedia ranchera desde adentro y desembocar en una nada despreciable visión dialéctica del provinciano y su escala de valores. Esa ocasión fue *La oveja negra* de 1949.

A esa película siguió, con muy poca fortuna, una segunda versión: *No desearás la mujer de tu hijo*, realizada por el mismo equipo y con la asistencia del mismo coguionista: Rogelio González. Sólo vale la pena ocuparse de la primera de esas cintas. Es la única del díptico que, desde un punto de vista genérico, rebasa sus fines explícitos, aunque para lograrlo aglutine personajes abigarrados y situaciones tremendistas. Nada tiene de asombroso el argumento, y su resumen es más bien irritante.

A la hora del desayuno, cuando Silvano (Pedro Infante) y su madre doña Viviana (Dalia Íñiguez), se hallan sentados a la mesa, irrumpe don Cruz (Fernando Soler), el padre y esposo, con una insolente actitud provocadora, alterado por una noche de francachela y pérdidas en la baraja. A pesar de hundirse en su acostumbrado vasallaje filial, el muchacho recibe, ante la menor muestra de disgusto, una bofetada en que el padre desquita toda la furia concentrada. La docilidad de la madre consigue apaciguar la reacción indigna de Silvano. La vieja nana (Amelia Wilhelmy) interroga sobre sus deudas de juego a don Cruz, que duerme plácidamente en la hamaca del huerto. Luego, con la ayuda de unas joyas de doña Viviana, Silvano se las ingenia para proporcionar indirectamente el dinero al padre, con la ayuda del acreedor, a quien se gana a la vez con astucia y habilidad.

En la calle, Silvano se ha topado con Justina (Virginia Serret), la examante despechada que le suplica regrese con ella. Ante el despectivo rechazo del muchacho ("Para lo que sirves, pues sirves bien; pero yo busco una para casarme y tener hijos"), la mujer promete vengarse. Y lo cumple. En la primera ocasión, coquetea con don Cruz y el viejo, que no teme hacer el ridículo con una mujer mucho más joven que

80

él, recobra la iniciativa. Una breve pausa de solidaridad entre padre e hijo ocurre, sin embargo, cuando al regreso de reñir con su novia María Elba (Amanda del Llano), que le reprocha su excesiva dependencia del padre, Silvano defiende a puñetazos a don Cruz de las burlas y agresiones de unos borrachos que han visto al viejo besarse con la Justina. La reconciliación no dura largo tiempo. Dos grupos políticos con intereses antagónicos postulan, cada uno, a Silvano y a don Cruz, para ocupar el puesto de prefecto de la localidad. Tal competencia hiere al padre en su amor propio; aprovechará cualquier oportunidad para humillar y someter a su hijo. El día de las elecciones, en las que Silvano obtiene mayoría de votos, al comprobar su derrota, don Cruz arma un enorme escándalo, agrediendo a un boxeador narcisista (Wolf Ruvinskis) que da exhibiciones en el pueblo. Como nuevo representante de la autoridad, Silvano rehúsa juzgar a su padre. Y la terca reincidencia y las sádicas humillaciones de don Cruz, lo impulsan a renunciar a la prefectura.

Don Cruz se va a vivir con la Justina. Ese acontecimiento, pregonado públicamente, y las diferencias entre padre e hijo, repercuten sobre la débil sensibilidad de doña Viviana, quien, afectada del corazón, enferma de gravedad. Para hacer regresar a su padre al lado de

La oveja negra (1949) de Ismael Rodríguez es una visión dialéctica del provinciano y su escala de valores.

La oveja negra trata los temas del dominio y de la sagrada autoridad paternal. Al hieratismo de las figuras inmóviles opone una vivacidad a menudo injustificada.

la moribunda, Silvano ruega a Justina que renuncie a don Cruz y acepta la condición de romper su noviazgo con María Elba. El padre, enterado del despojo de que lo ha hecho víctima Silvano, mediomata a su hijo a culetazos y recupera a su amante. Pero, en el lecho de muerte doña Viviana, Silvano y don Cruz se reconcilian al fin, y desesperados, se perdonan mutuamente.

Como el Galindo de *El muchacho alegre*, Rodríguez es incapaz de censurar el comportamiento de sus dos personajes centrales. En la superficie y en el fondo, los admira enorme-

mente. Para su director, *La oveja negra* trata los temas del dominio y de la sagrada autoridad paternal: el drama nace de dos voluntades contrapuestas. La película tiene, en primera instancia, ese basamento temático. Pero a nosotros nos interesa más el que Rodríguez ha tocado sin proponérselo.

Los prototipos insuperables de machos mexicanos no se encuentran en *La oveja negra*. Ya los hemos conocido en *Dos tipos de cuidado*. En el filme de 1947, se desliza, por el peso mismo de los caracteres y sus pasiones, una crítica interna de ellos. Por la vía de la complacencia, ofrece dos retratos despiadados de simuladores provincianos. La simulación de la realidad, que es la "savia vivificante" de la comedia ranchera, deriva en la película a un verdadero drama de la simulación.

En rigor, Fernando Soler y Pedro Infante interpretan, cada uno, tres personajes distintos. En el plano del culto a la estrella, se exaltan desmesuradamente a sí mismos como mitos continentales propuestos por una existosa cinematografía menor. En el plano del argumento (prolongación servil del plano anterior), representan personajes que a su vez están repesentando los papeles de un padre y de un hijo ideales; dos individuos simbióticamente ligados que persiguen una paternidad y un culto filial siempre inalcanzables, y se subordinan a esos ideales aún en las peores circunstancias, incapaces de osar ponerlos en tela de juicio, chocando a cada momento con las contradicciones de su auténtico sentir. En el plano de los resultados expresivos, esos actores interpretan con gran justeza el desgarramiento íntimo y la lucha de sus personajes para no dejar que se asfixien sus aspiraciones profundas tras las máscaras inalterables que se sienten obligados a llevar.

La simulación de don Cruz abarca todos los campos abiertos a su existencia. La orden de franquear la puerta con frases como "Ave María con un demonio" no testimonia ciertamen-te una seriedad religiosa. En la actividad política, léase satisfacción de su egolatría, secunda a los "lambiscones" que lo postulan y no titubea en defender los intereses de quienes pretenden únicamente seguir "mangoneando" los bienes del pueblo por medio de "la mordida, la chicana y el coyotaje", solapando los abusos de la administración pública. En su vida social, la irresponsabilidad lo sigue como un perro faldero: extemporáneo señor feudal, "dueño de vidas y haciendas", disfruta la fortuna de su mujer sin necesidad de trabajar o preocuparse por el rumbo de los negocios que dirigen su socio y su hijo. Visita de vez en cuando la ranchería de su propiedad donde un enjambre de chiquillos (los hijos naturales tenidos con las jóvenes del lugar) lo rodean en un griterío de "padrino, padrino" bajo la mirada complacida de sus "comadres". Tiene deferencia con su esposa sólo cuando están a solas para no menguar su hombría prepotente ("Tutéame, estamos solos") y, entonces, sin dejar de ser pura labia, su ternura es feminoide y viscosa ("¿Dónde está el ángel, el sol, la estrella de esta casa?"). Con los vecinos del pueblo, la expresión de "hágase a un lado", reiterada hasta la saciedad en sus parlamentos, denuncia su nivel de trato. Cuida y cela su figura paternal de manera obsesiva: durante el día duerme en su hamaca para no dar mal ejemplo al hijo. Reconoce sus defectos pero lo único que le importa es ocul-

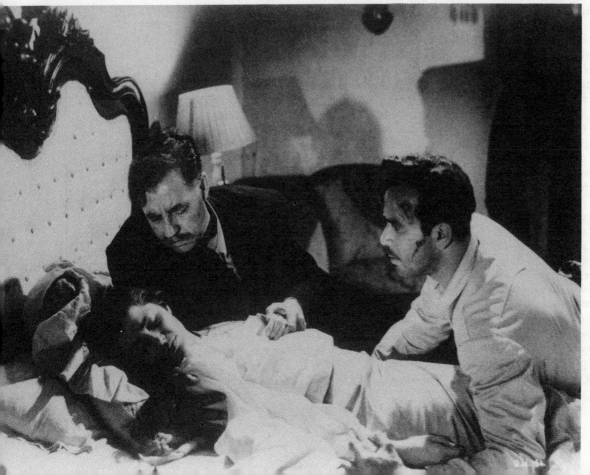

La maraña de mentiras envuelve a los personajes, hasta arribar a la oposición violenta, hasta desencadenar el odio filicida.

Rodríguez es incapaz de censurar el comportamiento de sus personajes centrales. En la superficie y en el fondo, los admira enormemente.

tarlos ("Que me juzgue cruel, pero que nunca sepa que su padre es un irresponsable que no es dueño de su voluntad ni de sus instintos"). Insultar, humillar, subordinar y pisotear la individualidad de los demás, son las acciones favoritas que lo afirman en el poder personal inmediato. Y, sin embargo, el personaje es capaz de alcanzar, indoblegable, cierta grandeza en el dolor y el arrepentimiento súbito ("Si no fuera tu padre, te pediría perdón, pero m'hijo yo te perdono").

La oveja negra es, junto con *Los tres huastecos* (1948) y *Nosotros los pobres* (1947), ambas de Ismael Rodríguez, y *Escuela de vagabundos* de Rogelio González (1954), una de las películas que más ayudaron a la difusión y popularidad del mito Pedro Infante. En ella se efectúa su máxima expresión dramática. Las cualidades de hijo rebelde ante la autoridad familiar, oscilante entre la mujer-madre y la mujer-prostituta, absurdamente sentimental, mujeriego, inadaptado, bebedor temperante que se embriaga sólo de dolor, grave vigilante de su independencia, inflexible entre la cobardía y las flaquezas circundantes, católico ferviente, perseguido por la fatalidad, viviendo bajo la figura tutelar de la madre (o de la abuela) y proponiendo una escala de valores propia que coloca en primer término el desprendimiento gene-

roso y su irresistible simpatía, contribuyen al enriquecimiento y la continuidad de un personaje que preexiste.

Todo acto, en el filme, se ve emponzoñado por la simulación. Los personajes centrales se sienten inauténticos, son conscientes de su máscara y nada hacen por liberarse de ella. Parten hacia los demás con una base de engaño, en medio de una falsedad esencial, congénita. Sus relaciones humanas derivan, inevitablemente, hacia una interacción enajenada; se desvirtúan antes de definirse. Nada satisface porque nada es verdadero. El respeto filial, el amor paternal y la integridad moral resultan abstracciones y alardes antes que urgencias personales; se asumen como un deber o como un motivo de fanfarroneo desafiante en el límite del exhibicionismo ("Yo nunca fumo delante de mi padre", "Mi padre juega como se le hinche", "Tómese la copa m'hijo, pero vuélvase a la pared para que no le falte al respeto a su padre", "Mi padre es muy mi padre y puede hacer lo que se le dé la gana"). Todo lo cual no impide que padre e hijo se insulten retorcidamente ("Y que quede bien claro que eso se lo dije como hijo y no como prefecto"), se invadan, se desmembren y se hieran con una facilidad inusitada.

Como en *La verdad sospechosa*, los personajes

El melodrama del pueblo nunca ha vuelto a ser tan excesivo como en la obra de Ismael Rodríguez.

viven su mentira individual arraigados en ella y empecinados en conservarla. Silvano sabe la mentira de su padre, la comprende y la rechaza porque se rebela contra los abusos de su concepto de la paternidad, pero simula aceptar el fingimiento, lo cual supone una forma mucho más dolorosa de la aceptación. No se trata de obligar al otro a confesar su engaño sino de reaccionar ingeniosamente para elaborar una nueva mentira que no destruya ninguno de los engaños, paliativos y supuestos precedentes. El germen del drama se descubre cuando advertimos que la armonía ficticia se ha roto y que una vez desunidos el padre y el hijo nada ni nadie podrá ligarlos nuevamente. El desarrollo posterior de *La oveja negra* no será entonces otra cosa que la conducción agobiante de la maraña de mentiras inconfesadas e inconfesables que envuelven a los personajes, hasta arribar a la oposición violenta, hasta desencadenar el odio filicida.

Por su estilo, enajenado en sentido inverso, la farsa melodramática de Ismael Rodríguez es todo lo contrario del cine de Emilio Fernández. Al hieratismo de las figuras inmóviles opone una vivacidad a menudo injustificada; al paisajismo, una acción que transcurre siempre en escenario artificial; a la rigidez pétrea, la soltura desequilibrada; al silencio y al dolor que se refleja en un gesto demudado, una locuacidad exagerada. Y así sucesivamente sin evitar las deformaciones del tema de la provincia mexicana.

En suma, los aciertos que hemos señalado en *La oveja negra* destacan por oposición. Hemos hablado de que se desprende de un género de ínfima categoría como la comedia ranchera; habríamos debido indicar, antes de cualquier consideración exegética, las numerosas servidumbres del filme: servidumbre a un juego interpretativo demasiado jactancioso y teatral; servidumbre a las morcillas de los diálogos, al juego de palabras, a la versificación satírica y a la frase ingeniosa (o discursos del tipo "Ya que este pueblo me ha eleuto para prefeuto, es por que me considera auto para el efeuto y como yo siempre me he sentido un hombre reuto, aceuto"); servidumbre a los intermedios cantados de Pedro Infante, y servidumbre a un postizo decorado de estudio.

Pero ha sido necesario rescatar a *La oveja negra* del fárrago de anodinos melodramas de pueblo. Debía realizarse esa tarea. Aunque sólo fuese porque su alternación de la cantina, la pasión carnal y los sufrimientos de la madre, reduce a una esencialidad trágica la existencia de los protagonistas de mil películas semejantes. Aunque sólo fuese porque el temperamento explosivo de Rodríguez consigue reunir en un tono único las variantes del más característico humor popular, y lo aplica a una contradictoria preservación de los sagrados sentimientos del pueblo mexicano. Aunque sólo fuese porque la lucha cívica se degrada ante nuestra vista por una actitud simuladora que parece abarcar todo el transcurrrir de la vida provinciana.

Los personajes viven su mentira individual arraigados en ella y empecinados en conservarla.

El temperamento explosivo de Rodríguez consigue reunir en un tono único las variantes del más característico humor popular, y lo aplica a una contradictoria preservación de los sagrados sentimientos.

La provincia teratológica

En 1962, *Tlayucan* tiene la originalidad de redescubrir la provincia mexicana. A un director adulto se le ha ocurrido, inesperadamente, sin más, salir de la cantina y del casco de la vieja hacienda. Parece como si señalara por vez primera los escenarios genuinos de un mundo inexplorado. Luis Alcoriza dedica su segundo largo metraje a mostrar los aspectos típicos de un pueblecito del estado de Morelos. El melodrama de pueblo instaura en *Tlayucan* una de la visiones generales provincianas menos deformantes de la realidad.

Para ser cabeza de playa en el cine pueblerino, a la cámara de Alcoriza y de su fotógrafo Rosalío Solano le ha bastado con vagar ociosamente por las calles empedradas, los tianguis en día domingo, las casas de adobe, las refresquerías de la plazuela, las arcadas de la iglesia colonial, los patios llenos de vegetación, los altos muros descascarados, las riberas de un riachuelo, los terrenos baldíos, los ingenios azucareros, los huertos de árboles frutales, las fincas de principios de siglo, las tierras flacas y las yuntas primitivas.

Por supuesto, ese descubrimiento del ámbito verdadero de la provincia no podía hacerse de una vez por todas. No podía aparecer desde un principio como cotidiano y banal. Alcoriza consume hasta la glotonería su nuevo alimento. Su mirada no es familiar. Aunque ya no se captura a través de foco de la Kodak del turista internacional, ávida de "bellezas" del paisaje y de folclorismo, Alcoriza riza registra lo que ve con extrañeza, con mirada de habitante urbano, con sentimiento de superioridad.

El director quiere incluirlo todo en su película. Si bien rápidas, las digresiones ambientales son frecuentes. Antes de que cada secuencia comience, por ejemplo, debemos apreciar varios *long-full-shots* del lugar. El pintoresquismo provinciano que inicia Alcoriza ya no es festivo, ya no degrada. Simplemente cree que mostrar una procesión religiosa de "mañanitas" a la

Gracias a *Tlayucan*, exclusivamente, Alcoriza se ganará el mote de "Buñuel sin Buñuel".

Virgen, pese a estar muy reconstruida, tendrá una gran fuerza crítica. Simplemente evita eliminar lo superfluo. Se peca por exceso, por falta de criterio selectivo, no por envilecimiento de lo concreto. Las deformaciones de la realidad provinciana en *Tlayucan* provienen de una visión subjetiva y confusa de ella. La cinta es, por esa razón, superabundante, desordenada. No existe ninguna armonía entre lo particular y lo general, tanto en los planos estético y formal como en el sociológico.

Alcoriza no adopta, insistimos, una actitud servil ante la realidad que describe. Se tiene siempre una impresión de contraste. Lo que sucede en esos lugares típicos sale fuera de lo común. Gracias a *Tlayucan*, gracias exclusivamente a *Tlayucan*, Alcoriza se ganará el mote de "Buñuel sin Buñuel". Será visto como discípulo aplicado o subalterno incondicional de su antiguo colaborador.

En efecto, una de las preocupaciones constantes del director parece ser la búsqueda del insólito cotidiano, del detalle mordaz, de la paradoja monstruosa, de la ternura cruel. Existe la intención evidente por elevar, vía Buñuel, ciertas secuencias o imágenes del filme hasta el arrebato febril de Goya y el esperpento de Valle Inclán. En el atrio de la iglesia, el pordiosero ciego, vestido de harapos, defiende con su bordón, contra otros inválidos, su derecho de que la Virgen se fije en él, y sólo en el, para que le devuelva la vista. En un ataque de histeria, la solterona beata pisotea las sábanas del equipo de novia que ha conservado en naftalina durante lustros. Al salir de casarse con la vieja beata, el ciego lanza pedradas a los niños, iracundo porque se burlan de él a coro. Justo es decirlo, el director consigue, a veces, evocar las grotescas caricaturas trágicas de Quevedo.

De cualquier manera, sea cual fuere la índole de los caprichos esperpénticos de Alcoriza, su película sufre por culpa de ellos una total falta de unidad. Y no estamos en contra de que un pueblo mexicano se convierta en un reflejo de la sensibilidad castiza. Si el escenario de la comedia melodramática es realista hasta el mimetismo, las motivaciones de los personajes no corresponden a su compleja elaboración esteticista.

Alcoriza parte de una trama pretexto anodina y convencional del argumentista, el exluchador Murciélago Velázquez. Un obrero sin trabajo vende sus últimos bienes (unos cerdos), para cumplir con sus deberes parroquiales. Al enfermarse su hijo, se ve obligado a recibir la humillación de sus vecinos. Confunde el *flash* de unos turistas norteamericanos con un aviso del cielo y roba una perla de la diadema de la Virgen del pueblo. Lo capturan. La perla se pierde. La buscan hasta en el intestino de los cerdos. La ayuda compasiva de sus antiguos compañeros evita que Eufemio vaya a dar a la cárcel. El rico del pueblo paga la curación del niño porque le gusta la mujer del obrero. Pasa el tiempo y aparece la perla. Eufemio la restituye en el altar. Alborozada, la devoción de los lugareños se doblega ante el milagro. Fuera de la iglesia, los cerdos caminan con torpeza entre las piedras.

El director y guionista enriquece la anécdota con múltiples elementos casi patológicos, hasta volverla irreconocible. *Tlayucan* es una película de comportamientos voluntariamente turbios que mezclan sus destinos individuales. Alcoriza efectúa dos operaciones alternativamente. Enraiza a sus personajes en un sustrato social y los matiza con adjetivos buñuelescos. No hay personaje puro o de conducta diáfana. La película oscila entre la protesta social y la sátira nihilista.

Eufemio (Julio Aldama) es el personaje central, víctima de la ignorancia y la mala suerte, es un desplazado, un obrero que se dedica a la cría de puercos. Pero su degradación, su pobreza y su generosidad no parecen hacerle ganar la adhesión del director. Si no trabaja en el ingenio, se debe a que en una ocasión "dio la cara", cuando todos los obreros se "achicaron" en un movimiento reivindicador. Por consiguiente, merece al mismo tiempo, según Alcoriza, la solidaridad y el desprecio. Es a la vez un valiente y un iluso. Pero nunca llegará a ser ni un héroe ni un pelmazo. Es un pobre diablo que sufre pasivamente las consecuencias de una traición y que es incapaz de desafiar las exigencias del cura. Las desdichas de Eufemio no solicitan la piedad o la emoción. Alcoriza no quiere provocar ningún sentimiento preciso hacia ninguna de sus *creaturas*.

Para retratar a don Tomás (Andrés Soler), el ricachón del pueblo, se llega incluso a la saña. Viejo cascarrabias, solitario, libidinoso y jacobino, es un infeliz viudo impotente abandonado por sus hijos. Sube a un autobús y compra los boletos de los asientos delanteros, para no revolverse con la chusma. Se embriaga en un pueblo vecino y regresa de noche con su esquelético cuerpo desarticulándose a cada paso. Dispara balazos al aire, gritando tan fuerte como puede "Pueblo, te odio". Su único entretenimiento consiste en acechar desde su atalaya a la mujer del obrero (Norma Angélica), por la mañana, cuando ella hace su aseo personal en el traspatio. El personaje desconoce la generosidad y poco le importa. Si se desprende de su dinero, para contribuir a la curación del hijo de Eufemio, es porque quiere seguir viendo a la esposa arreglándose de manera que pueda excitarlo.

Las dos mejores escenas de *Tlayucan* las inspira el personaje de don Tomás. Una de ellas es inquietante por su delicadeza: el viejo descubre al hijo de Eufemio cuando roba fruta de la huerta, lo llama y promete no castigarlo; lo acaricia al tiempo que comprueba su parecido con la madre y enseguida, sorprendido por su acto de sensualidad, abofetea al pequeño con furia; al ver que el niño reemprende la huida,

Represión sexual, homosexualidad latente, fetichismo, *voyeurismo*, miseria, explotación, enfermedad; son elementos heterogéneos que se plantean en un mismo nivel.

lo vuelve a llamar con una moneda en la mano. La otra es uno de los mejores momentos eróticos del cine mexicano: para corresponder al desprendimiento económico de don Tomás, Norma Angélica remoja su cara en una palangana, en el patio, los hombros desnudos y las enaguas subidas hasta la cadera.

No sólo Eufemio y don Tomás son motivo de irrisión para Alcoriza. Todos los demás personajes, desde el cura (Jorge Martínez de Hoyos) que debe aceptar un milagro prefabricado hasta la beata (Anita Blanch) que se confiesa por haber sorprendido un coito conyugal, son acreedores de la ironía del director. *Tlayucan* ofrece una visión pueblerina caótica, anómala en virtud de una mistificación superior. Una extraña mezcla de erotismo, denuncia del embrutecimiento religioso y escatología velan el contexto, difuminan el sentido de la fábula.

A Alcoriza se le ha pasado la mano al estilizar la provincia mexicana y desear interpretarla. En su visión todo es deforme, inusitadamente deforme. Y finalmente desenreda la trama con una buena fe en el límite de lo ingenuo. Además, todos los elementos heterogéneos de *Tlayucan* –represión sexual, homosexualidad latente, fetichismo, *voyeurismo*, miseria, explotación, enfermedad, vómito de cerdos, fanatis-

mo, sometimiento, invalidez y retablo de costumbres– se valoran y plantean a un mismo nivel. El lenguaje de Alcoriza en su segundo largo metraje, ya anuncia al buen director sintético e inconforme, pero es todavía inseguro, desentonado. Es aún demasiado lógico para ser insólito, demasiado neutro para ser delirante, demasiado bondadoso para ser corrosivo. La ironía está demasiado presente, a flor de piel, para ser verdaderamente amarga.

La intención de subvertir los juicios del sentido común no rebasa la disociación mecánica. Estilísticamente, a Alcoriza le hace falta decidirse a dar la otra vuelta de tuerca que haga explotar lo irracional. Por lo demás, necesita abandonar la mirada del águila y comprometerse con su obra, como en *Tiburoneros* y *Tarahumara*. En *Tlayucan*, el aprendiz de entomólogo resulta compasivo y el cineasta titubea. No sabe si lo que muestra lo implica o lo excluye.

En suma, la inteligencia del planteamiento bloquea la eficacia. La deliberación excluye el reflejo emotivo. Al combinar pintoresquismo, sexo, psicopatología, humor sarcástico, comedia dulzona y problemática social, se obtiene un filme formalmente tan teratológico como la mirada que *Tlayucan* impone a la provincia.

Alcoriza registra lo que ve con extrañeza, con mirada de habitante urbano, con sentimiento de superioridad.

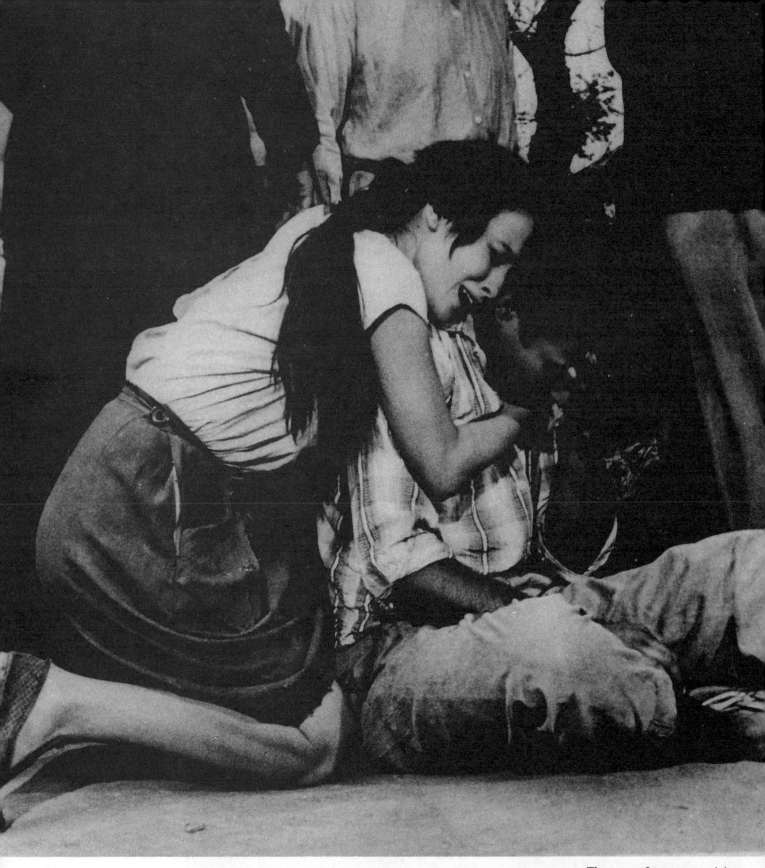

Tlayucan ofrece una vision pueblerina caótica, anómala en virtud de una mistificación. Al combinar pintoresquismo, sexo, psicopatología, humor sarcástico, se obtiene un filme teratológico.

La ciudad

Al finalizar la segunda guerra mundial, la vanguardia cinematográfica (Italia y Estados Unidos a la cabeza) consiste en hacer películas sobre la ciudad. Una vez más, México llega tarde y trastabillando a la nueva modalidad.

Hasta 1947, la atención del cine mexicano se dirige exclusivamente hacia la provincia. La comedia ranchera y el melodrama pueblerino dominan. La ciudad existe solamente de manera excepcional. Es sintomático que, para tener un mínimo éxito comercial, las películas de ínfima calidad deben titularse *Rancho Alegre*, *Allá en el Bajío*, *Fantasía ranchera*, *El rancho de mis recuerdos* o *Recuerdos de mi valle*.

Lo que no estaba dominado por el folclor tampoco tenía nada que ver con la vida urbana. Eran las historias de familia, las adaptaciones de novelas folletinescas del siglo XIX y las añoranzas de la época porfiriana a las que ya hemos aludido. Incluso el género cómico conserva a la ciudad como un decorado intocable. Manuel Medel es un pícaro que transita caminos, boticas y sacristías de **pueblo (*La vida inútil de Pito Pérez* de** Miguel Contreras Torres). Joaquín Pardavé y Enrique Herrera sólo se encontraban a sus anchas entre lagartijos, crinolinas, almidones y sombreros de copa de la afrancesada alta burguesía prerrevolucionaria, en la *belle époque* mexicana (*Ay qué tiempos señor Don Simón* de Julio Bracho y *Lo que va de ayer a hoy* de Juan Bustillo Oro, respectivamente). Leopoldo Ortín es una caradura mitad cacique y mitad charlista sin oficio, aconsejable como contertulio en el café que queda enfrente de la plazuela (*El jefe máximo* de Fernando de Fuentes). Chaflán es un simple aditamento folclórico para corear alguna copla (*Ay Jalisco, no te rajes* de Joselito Rodríguez). Tin-tán, Resortes y Clavillazo, junto con Luis Sandrini y otros comediantes hispanoamericanos, todavía no hacían su aparición.

La aportación del cine cómico a la ciudad es, pues, muy reducida. Quizá Mario Moreno deba su éxito a que incorporó a la tipología del cine mexicano una figura diferente y citadina: "el peladito". Por supuesto, Cantinflas, cuyos aciertos deben rastrearse en los cortometrajes que interpretó antes de ser una institución popular, nunca llegó a hacer cristalizar el espíritu de la capital de la república en un buen cine burlesco. Su altanería es siempre servil y respetuosa. Sus chistes verbales, desesperantemente verbales, eluden el *gag* y añoran la carpa original. El vago, el gendarme, el pedigüeño, el mago, el bombero, el lustrabotas, el limpiador de ventanas, el barbero y el diputado, todo su repertorio de especímenes citadinos, obedecen a un deseo de repetir las mismas situaciones en los más diversos oficios. La singularidad del sustantivo laboral poco importa. Prototipo de los cómicos mexicanos, Cantinflas es el representante del egocentrismo que esteriliza todos los temas y ambientes que toca. Es el drama de un personaje omnívoro que se mueve en un mar de convenciones insulsas, sin mundo cómico; medio, principio y fin de la sátira. Sólo podemos recordar sin demasiada irritación los enredos vodevilescos de maridos cornudos, el juicio chusco y los besos a su "changuita" en la cocina de *Ahí está el detalle*. El resto es una gracia que mistifica y ostenta los peores estereotipos del mexicano. El cine cómico únicamente ha tomado un personaje de la ciudad para disolverlo en su universo nebuloso; Cantinflas nunca se liberará de la servidumbre a Chupamirto, popular personaje de historietas en que se inspira.

Hay tres películas adultas que anticipan el género de la ciudad. Pero ninguna de ellas se ajusta a los lineamientos posteriores. Ellas son *Mientras México duerme* de Alejandro Galindo (1938), *Distinto amanecer* de Julio Bracho (1943) y *Campeón sin corona* de Alejandro Galindo (1945). En *Mientras México duerme*, la ciudad presta la fotogenia de sus bajos fondos para ambientar el drama de un traficante de drogas

Al finalizar la segunda guerra mundial, la vanguardia cinematográfica consiste en hacer película sobre la ciudad. Con su bagaje de convencionalismos y su moral estrecha el cine mexicano se adecua muy mal a la vida urbana (*Distinto amanecer*).

enamorado de una muchacha rica. Otra es la fortuna e influencia de las dos restantes.

Distinto amanecer ofrece la ciudad como un contexto social más amplio. La acción transcurre en una noche. Un obrero (Pedro Armendáriz), perseguido por los pistoleros a sueldo de un personaje político, se refugia en casa de una fichera de cabaret (Andrea Palma), quien fue su novia en la universidad y ahora en compañía de un hombre débil y frustrado en sus aspiraciones económico-intelectuales (Alberto Galán). Bajo la intriga policiaca y el inevitable conflicto amoroso de reminiscencias estudiantiles, existe una preocupación por reflejar diversos aspectos del acontecer de México en los años cuarenta. La venta de una huelga por líderes venales y el acoso al obrero que espera instrucciones por correo de sus camaradas, son las contingencias realistas que motivan el drama. Sin embargo, la película ha envejecido mucho y parece perderse en las discursivas lamentaciones sentimentales de los personajes. Una falsa profundidad en los conflictos personales que plantea y el tedioso formalismo del director restan eficacia al filme, el cual, desde el punto de vista del tema de la ciudad que analizamos, resulta demasiado abstracto. Para decirlo en términos tan vagos y pedantes como es la película misma, se trata más bien

de un drama del tiempo que del espacio. Traspasar la noche, comprobar el desgaste de la actitud moral (¿adónde hemos dejado nuestras ilusiones?, ¿en qué nos hemos convertido al cabo de los años?, ¿por qué son tan atractivos los obreros y tan vulnerables los intelectuales?), visualizar al amanecer un distinto futuro afectivo para rehacer la vida y demás, son los temas que consiguen plasmarse en el filme: temas de melodrama tradicional. Bracho es tan precursor del verismo italiano de posguerra como podría serlo el Julien Duvivier de *Carnet de baile*, su evidente modelo.

Distinto amanecer aporta al cine de la ciudad una forma opaca, neutra, de concebirla como telón de fondo. Anónima, en penumbra y mortecina, en esta película nocturna la ciudad es siempre inquietante, llena de enemigos y peligros. Los habitantes de las viejas casonas y los que viven en la promiscuidad de las vecindades establecen relaciones siempre tensas. De la ciudad sólo veremos el lado oscuro, el negativo: las sombras que deambulan por callejuelas, la oficina central de correos, los viejos tranvías amarillos, un pórtico de cine y el tiempo que se detiene en los antros de vicio donde las parejas abandonan sus mesas al unísono, maquinalmente. Este modo de ver a la gran urbe alimentará al cine de la prostitución y no al específicamente citadino.

El drama psicológico de *Campeón sin corona*, película que volveremos a valorar en el capítulo que le corresponde, debe mucho de su fuerza a la autenticidad con que refleja la vida diaria en la ciudad de México. Debe mucho a la plebe iracunda que alborota en una diminuta arena de boxeo; a la accesoria de vecindad donde viven el futuro boxeador y su madre, cuya recámara común se divide con un sarape corredizo suspendido de las paredes; a los tacos, el tepache y la nieve que expenden los protagonistas; el salón Smyrna Club donde la pareja baila señorialmente un danzón "dedicado al boxeador mexicano que nos visita ¡Kid Terranova, y a la dama que lo acompaña!" Debe mucho también al habla popular de la dueña de la taquería y a su novio el nevero metido a boxeador, que se oye por primera vez en el cine mexicano. Todos los elementos descriptivos de *Campeón sin corona* servirán como ejemplo al que hará irrupción después de 1947.

Aparte de estos antecedentes excepcionales, cabe mencionar otras tres curiosas películas de transición. Fueron dirigidas por directores de destajo, dicho lo cual se nos exime de aclarar que son pésimas. Su interés reside en el valor que tienen como primeras escaramuzas simbólicas. En *El Señor Alcalde* de Gilberto Martínez Solares (1938), basada en un cuento de Jorge Ferretis, una pareja de fugitivas de la ciudad (Andrea Palma y Matilde Palau) explotan la ingenuidad de los humildes trabajadores de un pueblecito y están a punto de corromper al señor alcalde (Domingo Soler) durante una peligrosa estancia en la capital. Con una moraleja provincianista semejante, muy al gusto de la época, *Los millones de Chaflán* de Rolando Aguilar (1938), sobre un argumento de Alejandro Galindo, narraba la decepcionante experiencia de un ranchero buenazo (Carlos López, Chaflán) que vendía sus propiedades, viajaba a la capital, dilapidaba su fortuna, era explotado por falsos amigos y regresaba vencido a su pueblo, con el único consuelo de haber emplea-

El tono cordial con que Rodríguez y Galindo han tratado a la ciudad hace que los productores y argumentistas le pierdan el miedo (¡*Esquina, bajan!*).

95

do parte de su fortuna en la construcción de una escuela rural. En *Del rancho a la capital* de Raúl de Anda (1941), una numerosa familia provinciana se traslada a la capital y se ve obligada a salir huyendo de ella ante las humillaciones con que la reciben sus parientes adinerados; los miembros de la familia regresan al pueblo felices y con la frente en alto.

Las tres películas tienen como función actualizar un arcaico tema del cine mexicano, el *Viaje redondo* (película muda de José Manuel Ramos, con argumento de Carlos Noriega Hope, 1919). Con un bagaje de convencionalismos y su moral estrecha, el cine mexicano se adecua todavía muy mal a la vida urbana. Antes que ser devorado, prefiere replegarse como el señor alcalde, Chaflán y los pueblerinos de *Del rancho a la capital*; permanecerá agazapado durante seis años más.

1947 es el año de *Nosotros los pobres* de Ismael Rodríguez. Una nueva veta ha sido descubierta. Al año siguiente se filmará la continuación de esa película, *Ustedes los ricos*. También en películas continuadas, Alejandro Galindo escribe y dirige *¡Esquina, bajan!* y *Hay lugar para... dos*. Un nuevo, peculiar e inusitado género cinematográfico nacional acaba de nacer. El tono cordial con que Rodríguez y Galindo han tratado a la ciudad hace que los productores y argumentistas le pierdan el miedo y tengan confianza en este nuevo modo de mistificar la realidad circundante. Una vez creados los nuevos sistemas de convenciones, la brecha está abierta. Los avances del cine mexicano se realizan, más que por series, por verdaderas avalanchas. La industria cinematográfica se lanza con furia sobre la nueva fuente de tramas y personajes ilusorios hasta dejarla irreconocible, completamente seca.

Antes de seguir adelante es indispensable recordar más o menos en detalle alguna de las películas de los dípticos de Galindo y Rodríguez que sientan las bases del género.

La industria cinematográfica se lanza con furia sobre la nueva fuente de tramas y personajes ilusorios hasta dejarla irreconocible (*Nosotros los pobres*).

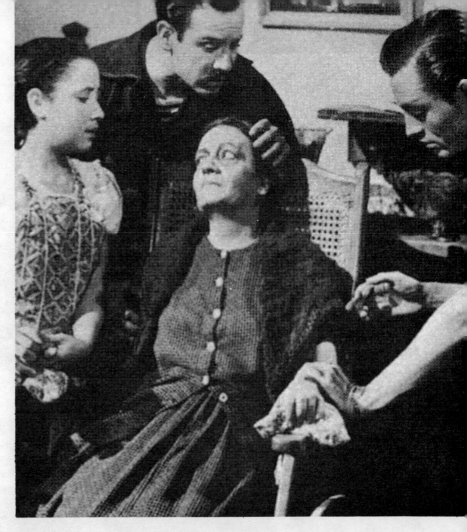

El pintoresquismo delirante

Es muy difícil hablar de *Nosotros los pobres* y valorar objetivamente su visión de la ciudad de México. Es un desafío a la exégesis. Ha sido el éxito de taquilla más grande y perdurable en la historia del cine mexicano. Aún hoy sigue explotándose comercialmente de manera reiterada en los cines de tercera y cuarta clase de la capital.

La variedad de sus estilos, su acendrado barroquismo y sus proyecciones sentimentales invalidan cualquier juicio severo o cualquier tentativa de rápida liquidación. Es un nefando producto populachero y todo lo contrario al mismo tiempo. Existe como una piedra de toque del cine mexicano, como un objeto maravillosamente monstruoso, como un sujeto independiente. Tiene mayor fuerza y vida que todo el cine del año realizado en su conjunto. *Nosotros los pobres*, es, hoy, un hecho cinematográfico que administra sus defectos y exageraciones para ahondar en la eficacia de sus efectos.

El filme se presenta como un libro de estampas que dos niños han encontrado hurgando en un basurero. Desde el prólogo escrito que lo precede se gana nuestra simpatía. Con una ingenuidad sobrecogedora, el guionista y director nos confiesa sus postulados estéticos, disculpándose por anticipado de que su película incluya, "situaciones audaces" y "expresiones crudas". Su intención, declara, ha sido describir la existencia de aquellos "habitantes de arrabal" que "hacen del retruécano, el apodo y la frase gruesa, la sal de la vida que a veces les falta en su mesa". Es obvio que el filme supera considerablemente tan inefable formulación.

El rasgo primordial de *Nosotros los pobres* es lo inclasificable de su tono. El relato comienza con la salida en escena de los principales actores del drama. Más propio de un *sketch* teatral o de una sesión de circo que de un ambicioso fresco urbano, este procedimiento da una idea bastante aproximada de la tónica general del filme. Con desplazamientos coreográficos de comedia musical norteamericana, los personajes surgen alegremente en el ámbito de una cámara que parece no darse abasto para capturarlos.

Uno a uno, al principio o al final de una panorámica, la fauna citadina de *Nosotros los pobres* va apareciendo ya rotundamente caracterizada. Andando por los pasillos de una vecindad reconstruida en estudio, los personajes resumen sus actividades, tics y clisés de actuación que los diferencian. Silban y bailotean. Cantan a dúo o en coro las chispeantes estrofas de una cancioncilla que alaba la paz doméstica ("Qué bonita es mi mujer, qué bien sabe cocinar, etcétera"). Entran los cargadores con sus sombreros sin forma, sus pantalones raídos y sus mecapales al hombro; el voceador de periódicos en camisa playera, overol y cachucha cortada en picos y con adorno de corcholatas; las vagabundas harapientas en estado de ebriedad perpetua; la coqueta del barrio con mirada sensual, pestañas pintadas y humilde vestido entallado.

Ágil, la cámara promete recuperarlos en cada giro, pero se conforma con verlos pasar fugazmente. Continúa su recorrido al descubrir nuevas comparsas. Se introduce por una

Nosotros los pobres es, hoy, un hecho cinematográfico que administra sus defectos y exageraciones para ahondar en la eficacia de sus efectos.

NO LLORES CORAZ

puerta y con atención admirativa observa a un carpintero apuesto pulir un tablón de madera, canta y lleva el ritmo de la melodía con el cepillo. Escapa por una ventana y sorprende a una guapa vecina que silba la misma pegajosa canción y cuelga armónicamente prendas de vestir en un mecate a cierta distancia; la hija del carpintero secunda la euforia colectiva, refregando con movimientos acompasados la ropa sucia en los lavaderos del patio.

Después de esta introducción anómala que parece vaticinar las escenas del mercado de verduras de *Mi bella dama*, los actos se vuelven normales y el melodrama urbano comienza en serio (¿en serio?). De hecho, es un melodrama reñido con la realidad que pretende reflejar. Entretenido en el juego de las apariencias y las mistificaciones menos naturalistas, ¿a qué tipo de "drama distanciado" nos invita Rodríguez a

participar? Un encogimiento de hombros sería la explícita respuesta. En la época en que el cine italiano interpreta valerosamente la apremiante realidad de su país, el cine de mayor arraigo masivo propone un método para referirse a ella. Postula un inviolable sistema de convenciones.

En efecto, a Rodríguez le importa poco la autenticidad extracinematográfica. No quiere analizar científicamente a la chusma sino individualizarla en lo que tiene de pintoresca. El director populachero por excelencia sabe que su público le exige la elaboración de una mitología que corresponda a su vida cotidiana. Desea proyectarse sobre el prototipo idealizado. Hay que edificar nuevos semidioses, ahora con pantalones de mezclilla y vestidos de percal. El público de barrio ansiaba reconocer su sensibilidad y sus padecimientos en imágenes virtua-

Rodríguez no quiere analizar científicamente a la chusma, sino individualizarla en lo que tiene de pintoresca.

les simpáticas sin dejar de ser magníficas, elementales pero vibrantes, inmediatas pero tenazmente inalcanzables.

Nosotros los pobres nos obliga a convivir y a participar en los afanes del carpintero Pepe El Toro (Pedro Infante); con su sobrina La Chachita (Evita Muñoz); con su madre La Paralítica (María Gentil Arcos); con su novia Celia La Chorreada (Blanca Estela Pavón); con el padrastro de Celia, don Pilar (Miguel Inclán); con su vecina la que se levanta tarde (Katy Jurado); con su hermana vergonzante, La Tísica (Carmen Montejo), y con los amigos del rumbo La Guayaba y La Tostada (Amelia Wilhelmy y Delia Magaña), El Topillos y El Planillas, El Camellito y El Pinocho. Nos obliga a odiar a los profesionistas que tienen convertible, como el licenciado Montes (Rafael Alcaide), y a los asesinos sin escrúpulos (Jorge Arriaga). Todo el filme no es sino un prolongado esfuerzo por exasperar la diversidad humana del ínfimo estrato social de la ciudad de México.

Sólo observado superficialmente, pues, *Nosotros los pobres* es un desfile de tipos populares. El impulso antirrealista de la primera secuencia nunca se pierde. Antes bien devela y organiza múltiples facetas en la galería de tipos propuesta. Verdadero es, para Rodríguez, un personaje coherente y sólido capaz de provocar reacciones físicas al espectador. El goce cinematográfico vendrá por añadidura. Desde *Nosotros los pobres*, el desenfado del tono, la desenvoltura y la animación del ingenio serán los nuevos absolutos artísticos del cine mexicano.

La línea argumental que une los innumerables personajes y ramificaciones del filme apenas puede seguirse. Los sucesos parecen Ismael Rodríguez es el Dostoievski de huarache, ama profundamente a sus creaturas y daría la vida por ayudarlos en su lucha contra la miseria.

Una forma de filmar con el admirable conocimiento del sentir y hablar de la plebe, con humanismo a lo bestia, con cursilería y con instinto.

colocarse en un principio uno al lado del otro sin que se continúen, sumando únicamente sus coeficientes emocionales. Luego, el melodrama tradicional, folletinesco, estalla, se atan los cabos sueltos y ya al final puede verse cerrado el ciclo: Planteamiento, Nudo, Desenlace.

La saga arrabalera de *Nosotros los pobres* relata las personalidades de Pepe el Toro, sus conflictos familiares, amorosos, económicos, clasistas y judiciales. Un día de muertos, Chachita descubre que su madre no se encuentra enterrada en la tumba donde siempre ha rezado. Furiosa, insulta a su tutor (cree que es su padre). Pepe el Toro le contesta abofeteándola.

Pero enseguida, arrepentido, azota su mano contra la pared hasta sangrarla. Otro día, el licenciado Montes encarga al carpintero cierto trabajo y le anticipa el importe. Don Pilar, sustrae el dinero y Pepe el Toro trata de recuperarlo pidiéndoselo a una usurera. Como no lo consigue, recurre a un excondiscípulo que sí pudo terminar su carrera. Recibe humillaciones, pero rehúsa intervenir en el robo que le proponen unos desconocidos.

Sin embargo, la culpa del robo y del asesinato de la prestamista recaen accidentalmente sobre Pepe el Toro. Va a dar al presidio. Embargan la vivienda y la carpintería llevándose hasta la silla de ruedas de la paralítica. Chachita y su abuela se refugian, entonces, en casa de Celia y su padrastro. En estado alucinatorio, don Pilar mediomata a la inválida. Para obtener la libertad de su novio, Celia está a punto de "perderse" con el licenciado. El presidiario escapa de la prisión para dirigirse al hospital donde agoniza su madre. Asiste a su deceso y se entera de que en otra sala del mismo hospital está muriéndose de tuberculosis su hermana, la madre de Chachita. Para contrarrestar la agresividad de la niña, le revela la identidad de su progenitora. Llanto y arrepentimiento generales.

Pepe regresa al presidio. Se topa con los asesinos de la prestamista. A fuerza de golpes y lucha salvaje los obliga a confesar su crimen. El carpintero recobra su libertad, se casa con Celia y la película termina con la frase de satisfacción que profiere Chachita ante la tumba de su verdadera madre en otro día de muertos: "Ahora sí ya tengo una tumba para llorar". En la defensa posterior de un camión puede leerse la sentencia *Se sufre pero se aprende*.

Desde su arranque de comedia musical contrahecha hasta sus dos finales, el necrofílico y el feliz, la película avanza de incidente en incidente en loca carrera. Acumula detalles, salta obstáculos y desenreda los hilos de la trama con una puerilidad pasmosa. Las acotaciones de ambiente invaden el montaje apretado y hacen estallar la película en mil digresiones voraces. A cinco ideas, chistes y frases agudas por plano, Rodríguez apenas deja tiempo al espectador para respirar. Abomina de la pausa y de la fisura dramática. *Nosotros los pobres* es, desde el punto de vista filológico, un diluvio de frases en caló espetadas por máscaras cotidianas fácilmente identificables. Rodríguez es el primero en lanzar estentóreas carcajadas ante cada réplica de sus personajes.

Intuir las influencias de *Nosotros los pobres* es una tarea regocijante. Hemos insinuado que el barroquismo del filme deriva tanto de la complacencia en los retorcimientos del habla popular como de la mezcla de estilos que inspira al director. En efecto, aparte de haber referido su ritmo rapidísimo, su ingenuidad y su alegría a las revistas musicales yanquis, *Nosotros los pobres* es el equivalente de *Las pobres gentes* a nivel de cine populachero. Rodríguez, nuestro Dostoievski de huarache, ama profundamente a sus creaturas y daría la vida por ayudarlos en su lucha contra la miseria.

Por otra parte, la película realiza un homenaje involuntario a la serie negra norteamericana. El asalto de los criminales a Pedro Infante indefenso en una celda de castigo, es la versión

nacional del asalto al protagonista de *El luchador* de Robert Wise. El infierno carcelario y las evasiones evocativas hacia el mundo exterior simulan *La fuerza bruta* de Jules Dassin. El rostro de la paralítica que gira amenazante en las alucinaciones de Miguel Inclán proceden quizá de la operación plástica de *La senda tenebrosa* de Delmer Daves. Las relaciones hostiles y amargas con algunos personajes secundarios parecen originarse en *La ciudad desnuda* de Jules Dassin. Y el hecho de que varias de las películas mencionadas se hayan filmado después de *Nosotros los pobres* es un punto a favor del director. Aunque sin mesura y vulgar, Rodríguez tiene el mérito de haber sido, en el cine mexicano, el primero en sospechar las posibilidades de la violencia del mejor cine social estadounidense.

Parece que el objetivo principal de Rodríguez hubiese sido asolar la vigilancia del espectador, haciéndolo pasar, *sin transición*, de una atrocidad a una escena tierna. Película ciclotímica si las hay, *Nosotros los pobres* jamás matiza la violencia y la sensiblería: las yuxtapone y hermana. A pesar de sus escasos recursos intelectuales, Rodríguez es un caso único en el cine mexicano. El director pone todo lo que es en su obra. En su obra maestra populachera, lo vemos de cuerpo entero, completamente vuelto hacia afuera. Rodríguez filma con el admirable concurso de su conocimiento de la manera de sentir y hablar de la plebe, con su humanismo a lo bestia, con su cursilería y con su instinto, con su rabia y sus vísceras. Por esa razón, la suma de falsedades (situaciones melodramáticas, trucos sensibleros y artificios de actuación) puede desembocar en una verdad pequeña pero que forma parte de lo esencial. *Nosotros los pobres* rescata y compromete históricamente la sensibilidad popular en una etapa de su devenir.

Nosotros los pobres rescata y compromete la sensibilidad popular. El público de barrio ansiaba reconocer su sensibilidad en imágenes virtuales y simpáticas.

El pintoresquismo intimista

¡Esquina, bajan! y *Hay lugar para... dos* relatan, respectivamente, la vida de soltero y la vida de casado de un chofer de autobús "Zócalo-Xochimilco y anexas" en la ciudad de México. Apenas dramatizadas, casi puramente descriptivas, ambas películas se basan en argumentos que más bien sirven como pretextos para construir personajes fácilmente identificables, de comportamiento muy sencillo y enfocar sus reacciones elementales de manera afectuosa.

En la primera de las cintas, el chofer don Gregorio del Prado (David Silva) y el cobrador de su camión "El Regalito" (Fernando Soto, Mantequilla), expulsados del sindicato por haberse salido en una ocasión de su ruta y así contribuir a que casi se pierda la competencia con una línea de autobuses rival, luchan denodadamente por reivindicarse ante sus patrones y camaradas. En la segunda cinta, el conflicto es más grave, pues don Gregorio atropella a un niño con su vehículo. En las dos películas, sin embargo, el tiempo se distiende y los incidentes son escasos.

En contraste con *Nosotros los pobres*, la serie de *¡Esquina, bajan!* resulta demasiado tranquila. Galindo es un cineasta de la crónica, Rodríguez es un cineasta del desorden. Galindo rehúye el sobresalto, el ritmo loco y la digresión. Un argumento de Galindo sería filmado por Rodríguez en quince minutos sobrados. Su estilo resulta inclusive soso cuando quiere describir una jornada diaria de trabajo a bordo del camión. Para amenizar el trayecto hace subir cancioneros, maltratar al pasaje y gritar "azotó

la res" cuando alguno de los polizontes que viajan en el estribo cae al pavimento. Pero las peripecias de la jornada y los virajes del autobús parece que se han agitado a la fuerza y con mucha dificultad. No son dinámicas en sí mismas.

Galindo es veraz y espontáneo siempre que establece contactos sutiles entre sus rudos personajes, aparentemente insensibles. El camionero llora de rabia mientras, balbuceando, intenta justificarse ante la asamblea sindical que lo acusa. La decepción del chofer al darse cuenta de que la muchacha que le gusta le ha dado una dirección falsa; el arrobamiento de una pareja en el Salón Los Ángeles después de bailar un *boogie-woogie*, o David Silva de la mano de Katy Jurado, desertando de la fiesta para hacer el amor en un camión, poseen resonancias íntimas completamente inhabituales en el cine mexicano de la ciudad.

Por lo demás, Galindo es tan parco en su ternura como en el empleo del caló citadino. Con una frase exacta del habla popular (del tipo "qué gachos cigarros fumas, mano") para objetivar correctamente el molde de las relaciones humanas que desea poner de manifiesto. Gracias a estas virtudes, en el cine de Galindo, por ejemplo, el cómico Fernando Soto alcanza, al personificar al "peladito mexicano", una dignidad que Mario Moreno no llegó a vislumbrar en toda su carrera.

Aunque Galindo muchas veces incurre en la demagogia incipiente –como en la inmotivada escena del mitin donde se ataca a los "hambreadores" y se alude a "los panes más chicos que una pingüica"–, a los personajes de *¡Esquina, bajan!* los anima un sentimiento poco frecuentado por el cine nacional: la solidaridad. Con ello no rompen la armonía con sus patrones, que son como de costumbre enérgicos y bondadosos, pero evidencian lazos de unión menos rudimentarios que los del cine de Rodríguez. Los afirma el trabajo y no la miseria o el barrio. Pertenecer a un pequeño grupo social evita quedarse abandonado en la delegación de policía porque nadie ha querido pagar la multa.

Alejandro Galindo es tan parco en su ternura como en el empleo del caló citadino.

El caos citadino

El conjunto de las películas que sucedieron a los dípticos de Rodríguez y Galindo extendió sus tentáculos de manera desordenada. A todos los habitantes de la ciudad, sin distinción de oficio o medio social, siempre y cuando fueran humildes, se les podría confeccionar su película. La simple lista de las películas sobre el tema que proliferaron de 1949 a 1952 suscita una impresión de caos, nos incita a pensar en una aparente variedad interna en el género.

En *Confidencias de un ruletero*, Galindo vuelve a soltar a sus choferes, ahora un conductor de taxi, a la selva del asfalto, para enfrentarlo a nuevos problemas sentimentales, coordinando con muy buena fe sus aventuras. En esta comedia de crímenes, especie de *collage* de *Campeón sin corona* y el díptico de *¡Esquina, bajan!*, el cómico Resortes encuentra su mejor papel interpretando a un taxista arrabalero que transporta cadáveres en su automóvil, aprende a gozar de la propina delincuente y, después de corroborar la decadencia moral de la gente de dinero, corresponde con sus increíbles pasos de bailarín desarticuladamente elástico a los coqueteos de Lilia Prado en el salón Smyrna. Las películas cómicas llevan como protagonista a Tin-tán y narran las peripecias de un pachuco de la frontera norte en la capital del país, en su lucha por llegar a ser *El rey del barrio*. Los romances de *Nosotras la taquígrafas* y *Nosotras las sirvientas* se funden en un apasionado *Amor de la calle*. Los trabajadores no productivos que se ganan la vida aplanando las aceras reciben como recompensa dulzonas biografías: *El ropavejero*, *El papelerito* y *El billetero*. Un nuevo ritmo caribeño se deja oír en el *Barrio bajo* para que *Baile mi rey* porque hasta *Una gallega baila mambo*. Los motociclistas de tránsito se comprometen en amistades férreas que autorizan tanto el pleito como el intercambio de conquistas amorosas, mientras hacen acrobacias sobre sus vehículos en cintas *A toda máquina* y se preguntan sin doble intención *¿Qué te ha dado esa mujer?*

Los habitantes del cine mexicano se aglomeran en *La tienda de la esquina* convocados por los gritos de *Tacos joven* y *Acá las tortas*. La santa *del barrio* exige a su enamorado que *Vuelva el sábado* para sufrir en lo vivo los dramas del *Monte de Piedad*, del *Salón de belleza* y de *Dancing* (*salón de baile*). El cine de prostitutas obtiene colateralmente un triunfo inusitado y se gesta un raquítico cine de gángsters en el *Quinto patio*. *Al Ventarrón*, *El desalmado*, *Manos de seda* y *El suavecito* les toca agregarse tímidamente a los *Cuatro contra el mundo*. Pero *La noche avanza camino del infierno* y no tardarán en sobresalir las gracejadas y las intimidades hipocritillas de los matrimonios pequeño burgueses que van *Del Brazo y por la calle* dando crédito como tercer

El melodrama citadino eliminó la pluralidad de sus personajes y se asimiló con vítores al Melodrama Común y Vulgar (*Casa de vecindad*).

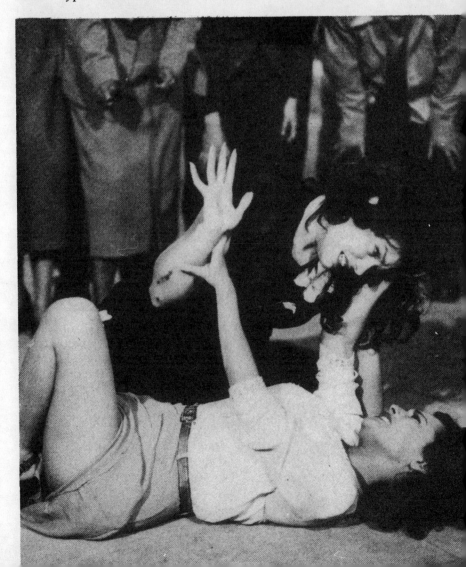

ta doméstica. Cada vez más complacientes y serviles los reflejos de la realidad circundante perdieron en el infinito del juego de espejos todo contacto con ella.

Pronto, la palpitación de la vida urbana no entusiasmó a nadie. La ciudad terminó por desertar y aceptó su relegación a un ínfimo plano. El melodrama citadino eliminó la pluralidad de sus personajes y se asimiló, con grandes bienvenidas y vítores, al Melodrama Común y Vulgar. Después de 1952 a nadie le interesaría indagar si la acción de una película sucede en la ciudad o no.

Aun cuando los títulos que abarcó fueron muchos, los lineamientos del género permanecieron inmutables y los prototipos que lo lanzaron nunca fueron mínimamente superados. Desde la perspectiva que nos puede dar la distancia temporal, las cintas sobre la ciudad presentaban, no obstante su barroquismo, un esquema bastante elemental. Es suficiente con señalar tres líneas directrices para definir con exactitud sus bases de sustentación.

Aunque los rozaban peligrosamente, no todos los cronistas urbanos llegaron a los excesos de una película llamada *Maldita ciudad* (1954).

protagonista a la ciudad de México pero sin mezclarse con *Los Fernández de Peralvillo*. Fin de serie.

Poco a poco, las ambiciones de totalidad que tenían Galindo y Rodríguez se fueron diluyendo. El aliento inicial se mezcló con toda clase de olores. De una u otra manera, la candidez y la vivacidad de las series de *Nosotros los pobres* y *¡Esquina, bajan!* se estragaron. Las pretensiones psicológicas se doblegan ante la comedie-

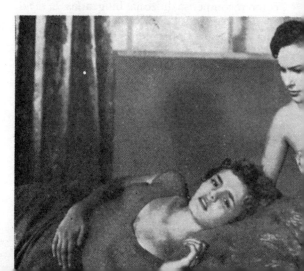

Al final del filme nos enteramos de que la aventura capitalina no ha sido más que un dramón inventado por el novio de la hija del médico para que no lo separen de ella.

1. *Las películas sobre la ciudad actuaban por reducción.* La gran urbe fue conquistada por el cine mexicano cuando se dio cuenta de que era reductible a un pequeño mundo. O sea, el barrio podía ser un sucedáneo del pueblito. La parcelación de la diversidad humana citadina en un puñado de tipos comodines fue la causa de su rendimiento. A las brigadas de choque les ayudó también la posibilidad de conservar incólume e ileso el núcleo familiar.

Para comprobar lo anterior basta destacar algunos aspectos de películas como *Casa de vecindad* de Juan Bustillo Oro. Ahí, el gángster, la esposa adúltera, el marido engañado, la portera respondona, la soltera coqueta, las beatas chismosas, el polígamo triste pobre diablo, el médico henchido de abnegación, la riquilla enamorada del mecánico, la dulce viejecilla rechoncha y el casero insensible por haber luchado mucho en la vida, son personajes ya juzgados de antemano. O bien se condenan sin remisión o se justifican individualmente por el acceso a la bondad redentora. A nadie inquieta

que el gángster y la adúltera se besen ante el marido narcotizado o que dos señoras de vecindad se arrastren en el patio y se jalen los cabellos. Todo personaje que se aparte de lo normal recibirá su justo castigo.

La impresión de estrechez moral y estética que se sienten ante ésta y las demás películas del género parece subrayar que, fuera del grupo humano que se nos presenta, no pueden existir otras variantes.

2. *La ciudad siempre fue vista con recelo.* Según la sabiduría popular, la gran urbe es enemiga de la vida pacífica y lenta; es hipócrita y corruptora. Por lo tanto, el cine mexicano la considerará deshumanizada, promiscua y funesta. "¿Para qué me vine entonces de Tampico? Es muy fácil hablar de la capital, de pieles, de joyas, de las casas en las Lomas; pero todo lo que veo son puros tinacos y tendederos. Hoy, mañana, pasado y así meses y meses", reprocha Leticia Palma a su amante en *Cuatro contra el mundo* de Alejandro Galindo, la menos mala película de gángsters que se hizo. Esa reflexión

En el límite del conformismo, el mexicano citadino desemboca a este indispensable epílogo conducido por Ismael Rodríguez.

podría servir como exégesis al género. Con disgusto o franca repugnancia, los cineastas transigen en reflejar la vida urbana, pero nunca lo hacen desde adentro, escarbando relaciones de causa y efecto. Pase lo que pase, el delito mayor del hombre es haber nacido en la ciudad.

Aunque los rozaban peligrosamente, no todos los cronistas urbanos llegaron a los excesos de una película llamada *Maldita ciudad* (1954). En esta cinta, que se presentaba como un "drama cómico", un irreprochable médico provinciano (Fernando Soler) se traslada a la ciudad, en compañía de su esposa lisiada (Anita Blanch), su cuñado (Carlos Orellana) y su hija adolescente (Marta Mijares). La integridad del profesionista no soporta las tentaciones de su nuevo ámbito social. Una secretaria (Carolina Barret) lo seduce y, para satisfacer sus exigencias, acepta un cohecho criminal, autorizando el uso de antibióticos que no llenan las especificaciones de la ley. Su cuñado lo extorsiona mediante el chantaje. El protagonista no tarda en encontrarse en un burdel con su hija, que agoniza de fiebre puerperal. La paralítica, desde un multifamiliar asfixiante, es testigo mudo de la influencia nociva de la ciudad, mientras la abandona una sirvienta "coscolina" (María Victoria) para ir a platicar con el novio en turno.

Al final del filme nos enteramos de que la aventura capitalina no ha sido más que un dramón inventado por el novio de la hija del médico para que no lo separen de ella. Amedrentada por el negro futuro que, con toda seguridad, les espera en la ciudad, la familia pueblerina decide quedarse refundida en la provincia. En el límite del conformismo, el cine mexicano citadino desemboca a este indispensable epílogo conducido por Ismael Rodríguez, el más entusiasta de sus cultivadores. Cualquier cambio, mudanza o evolución implica una pérdida moral. Concede un sentido negativo al destino particular.

3. *En las películas de la ciudad se consiguió excusar la lucha de clases*. Al hablar de *Nosotros los pobres*, omitimos deliberadamente su contenido ideológico para mencionarlo por separado. También se debió a que ese contenido se formula más explícitamente en la segunda parte del filme, *Ustedes los ricos*.

Inquieto por las cuestiones públicas, el director advierte que en la ciudad hay curiosas y fotografiables diferencias sociales. Induce que ello obedece a que un sector de la población transita en Cadillac y otro a pie, a que uno viste traje de casimir y otro usa overol, a que uno vive en residencias y el otro en vecindades.

Descubre, dejando exhaustas las meninges, que existen pobres y ricos. Alborozado y conmovido por su audacia intelectual, elabora los guiones de *Nosotros los pobres* y *Ustedes los ricos*, verdaderos paraísos de la sociología barata.

Como a los sustantivos rico y pobre les hace falta adjetivos y verbos que les den existencia cinematográfica, dibuja un croquis tajante y maniqueo. Los pobres son buenos y los ricos son malos (aunque estos últimos a veces se dejan ganar por la compasión). Además, los pobres saben divertirse; se nota que son felices, alegres, dicharacheros, dignos, trabajadores, unidos, cumplidos, generosos, amables y devotos. El derroche de sus cualidades compensa cualquier forma de la pobreza. Los ricos son todo lo contrario: egoístas, hipócritas, tristes y solitarios. Rodríguez, y con él todos sus congéneres, nunca opone de manera violenta a estos dos grupos rudimentarios antagónicos. Las relaciones de clase se equilibran con dos apoyos firmes: los pobres deben soportar estoicamente la humillación y no envidiar a los ricos. Por supuesto que los pobres, esos admirables esclavos, pueden permitir que los ricos les rueguen compartir su alegría en las fiestas, para todos alcanza. A la clase media le gusta jugar a las escondidas.

La interpretación primaria de Rodríguez, que incurría en otros errores –como el de confundir el bajo artesanado con el *lumpen* proletario–, dio el pie para que a partir de su esquema se explicara fácilmente cualquier conflicto urbano. Históricamente, la culpa de todos los dramas recaen en la fatalidad. Ante ella hay que decir como el jorobado de *Nosotros los pobres*: "Llora hasta que te desahogues, llora porque tu tristeza es llanto, llora porque Diosito dijo bienaventurados los que lloran". El cine mexicano acata unánimemente ese consejo. Poco importa si ahora *Necesito dinero*, si cuando pueda decir que *Ahora soy rico* tendré que gritar mis sufrimientos con alcohol y pirujas. Es satisfactorio que los niños mueran de miseria en las azoteas ya que los pobres han encontrado para vivir *Un rincón cerca del cielo* y todos sabemos que *Los pobres van al cielo*.

Lo anotado abarca todos los campos, el social, el político, el económico, el moral. Incluso en la actualidad –tal como lo evidencian películas del tipo de *Despedida de soltera* de Julián Soler–, el cine mexicano sólo se atreverá a incorporar a su pequeño mundo algún nuevo tipo de costumbres cuando, en la liberalidad de ellas, exista un retraso considerable respecto a las evoluciones de la mentalidad de la clase dominante. Las fuerzas del azar y las explicaciones fatales y simplistas lastran al cine mexicano en sus intentos de rebasar el plano del problema público. Ni siquiera en su fotogenia se ha violado a la ciudad de México. Puede continuar sin remordimientos su camino a la megalópolis.

A diferencia del cine social estadounidense, el cine mexicano de la ciudad no delata la injusticia, la opresión y el abuso del poder; a diferencia del neorrealismo a lo *Roma, ciudad abierta*, de Rossellini, no pretende patentizar un trágico cotidiano, mostrando las contradicciones de una etapa histórica; a diferencia del enfoque citadino francés de *Bajo el cielo de París* de Duvivier, no se interesa por lo pintoresco sino como un incentivo del sentimentalismo y el retraimiento. Si en el cine mexicano de la ciudad nos llegamos a topar con frustraciones de la vida cotidiana, las veremos como algo necesario que no altera el orden natural de las cosas.

Las películas sobre la ciudad actuaban por reducción, se consiguió excusar la lucha de clases y la ciudad siempre fue vista con recelo (*Maldita ciudad*).

A diferencia del cine social estadounidense, el cine mexicano de la ciudad no delata la injusticia, la opresión y el abuso del poder (*Maldita ciudad*).

107

La prostituta

Destapemos la cloaca del cine mexicano.

La cinematografía sonora nacional comienza relatando la biografía de una prostituta y desde entonces no ha podido liberarse de la tutela de ese personaje. Todas sus producciones lo incluyen o lo implican. Matrona burguesa o prostituta: no hay otra alternativa en el horizonte femenino. Polo opuesto a la madre y a las mujeres maternales, la prostituta restablece el equilibrio familiar, fundamenta la búsqueda mexicana de un arquetipo amoroso, compensa las insatisfacciones del macho, sublima el heroísmo civil y desencadena las pasiones melodramáticas; tras haber amenazado el *status*, terminará sirviéndolo.

El juego de las transferencias nos llevaría a interminables lucubraciones. Evitemos los malabarismos psicoanalíticos y comprobemos simplemente que esa mezcla de rechazo infraconsciente de la vida burguesa, liceo sentimental, apremio económico, sometimiento gustoso a la explotación, indolencia, pereza, narcisismo, falta de defensas sociales, deseo de dominio, ninfomanía, frigidez, homosexualidad agresiva, ideocia, complacencia en el detritus y debilidad mental que hace de una prostituta lo que es, se convierte en un emblema del cine mexicano, le dicta sus constantes morales y le inspira uno de sus climas más coherentes y genuinos. Sigamos la trayectoria de esta figura a través de la evolución de sus prototipos.

Hemos dicho ya que todo empezó con *Santa* de Antonio Moreno (1931), la primera película filmada en México con grabación directa de sonido, segunda versión de la subnovela naturalista homónima de Federico Gamboa, afamado escritor de principios de siglo, fuertemente influido por Zola. La trama corre de la siguiente manera. La ingenua jovenzuela Santa (Lupita Tovar) gozaba con sus hermanos de la armonía paradisiaca de Chimalistac hasta que un día fue por agua y se encontró a Marcelino (Donald Reed), un militar libidinoso y galante que se le insinuó diciendo "Qué linda eres y qué bonito nombre te pusieron". Tocada por tan elocuentes palabras, la chica se dispuso dulcemente a conocer su primera desventura amorosa. Los enamorados pasearon por una ribera y accidentalmente cayeron sobra la hierba. Después de su desvirgación sugerida, Santa conoce la deshonra total ("Por Nuestra Señora del Carmen, no me abandones"), razón suficiente para que sus hermanos la expulsen de su casa.

Santa vaga sin rumbo por una feria que representa el vértigo del mundo y reposa su fatiga contra el portón de una iglesia simbólicamente cerrada. Pasa una celestina que se

Todo empezó con *Santa* de Antonio Moreno (1931), la primer película filmada en México con grabación directa de sonido.

compadece de ella y la lleva al único sitio donde su destino podrá cumplirse: a un set de rústica desnudez, apto para bailar flamenco, que hace las veces de sórdido lugar de perdición. La prostituta debutante ("Qué te pasa, primorosa") cumple su noviciado junto a un briago que, de frente a la cámara, en plano alejado y golpeando la mesa, la escandaliza ("Y te pago para que te emborraches y te desnudes"). Con el ceño fruncido, gime Santa ("Vaya nombre de niña en un lugar como éste").

Semanas después Santa era ya como todas las demás muchachas ("Qué felices somos cuando no hay clientes"). Alguien invoca a la Magdalena bíblica. El ciego Hipólito (Carlos Orellana), que tarda minuto y medio en cruzar el escenario, se ha enamorado perdidamente de Santa desde la primera vez que la oyó pisar el burdel y le compone en el piano una canción de Agustín Lara ("Santa, Santa mía, Santa, sé mi guía"). Pero la tránsfuga de Chimalistac está demasiado entretenida en su papel de mujer fatal torturando al torero Jarameño (Juan José Martínez Casado) y oyendo de sus perversos hermanos la noticia de la muerte de su madre.

Por fin, Santa vive momentos de felicidad en los aposentos del Jarameño. Hasta un día en que, regresando de ver un cartel de corrida suspendida, el torero la encuentra en malintencionada compañía de Marcelino y la echa de su casa. Es la oportunidad que esperaba la mujer para rodar hacia la enfermedad y la miseria. Ya puede llorar a sus anchas, pudrirse en vida, rezar en los hoteles y ser expulsada de las pensiones ("Vete al hospital a que te curen"). Tardíamente, Hipólito, su ángel guardián, trata de salvarla con sus ahorros ("Volvería a perder la vista, etcétera"). Pero Santa, cancerosa, muere en el transcurso de una urgente operación. Cuando le comunican la noticia, el desvelado Hipólito se levanta, grita de dolor ("¡Santa!") y enseguida se persigna ("Santa María, Madre de Dios"). La exprostituta regresa a descansar a Chimalistac.

En este boceto de película, viciada a la vez por la forma de narrar del cine mudo y por la ineptitud del actor hispano-hollywoodense Antonio Moreno, encontramos nuestro primer prototipo de la mujer de mala vida: la chica honesta que ha caído en desgracia por su pésima suerte, pero que nunca perderá una especie de pureza espiritual que la conserva virgen, sincera, virtuosa, sumisa, aguantadora, devota, amable y sentimental, cualidades muy apreciadas por los triunfadores mexicanos (el torero Jarameño) y otros seres inferiores (el ciego faldero, un niño) que la amarán siempre en silencio o la querrán redimir luchando contra

la adversidad. Nadie podrá ampararla. Prostituta desventurada por vocación, Santa vive exclusivamente para purgar la condena que le impone su pecado de inexperta juventud. Es una forma ingenua, recoleta (creyéndose atrevida), penitenciaria y sensiblera del personaje. El cine de prostitutas, como el título de su primer representante hace explícito, es en sus orígenes una modalidad velada del martirologio cristiano.

Ya se tenían establecidos los móviles y los intereses morales de las prostitutas en el cine mexicano. Faltaba llenar el esquema que imponía *Santa*. Faltaba repertoriar las convenciones aceptables. Faltaba encontrar mujeres que encarnaran auténticamente al deseo. Faltaba retorcer el ingenio para poder dar asomos de vida a un recién nacido rígido y esquelético.

El propio Antonio Moreno acometió al año siguiente un intento de respuesta con *Aguilas frente al sol* (1932), folletín con prostitutas orientales, rocambolescos traficantes, crímenes gratuitos y circunvalaciones mundiales que se insinuaban con un cambio de set. Esta película pintoresca y pedestre se convertiría en el tronco del que brotarán los engendros de Juan Orol (*Los misterios del hampa*, *Una mujer de oriente*, y mil etcéteras). Por este camino se iba al fracaso, a la bancarrota del tema.

Pero en 1933, Arcady Boytler, un emigrado ruso, y Raphael J. Sevilla, su ninguneable codirector, filman *La mujer del puerto*. Proponen una triple solución al problema. Se da gusto a

Arcady Boytler y Raphael J. Sevilla filman en 1933 *La mujer del puerto*. Proponen una triple solución: se da gusto a la época adaptando un cuento francés, se lanza a una actriz con gran personalidad y se crea una atmósfera seductora.

la época adaptando un cuento francés con final sorpresivo (*Le port* de Guy de Maupassant); se lanza a una actriz con gran personalidad fílmica (Andrea Palma), y se crea, más que se reproduce, una atmósfera seductora, hermética y marginal (los bajos fondos de un puerto del Atlántico). *La mujer del puerto*, segundo prototipo límite del tema, es también un clásico del primitivo cine nacional.

Rosario (Andrea Palma), una humilde muchacha que vive con su padre, comete el consabido error de entregarse a su novio (Francisco Zárraga) en un día de campo. De inmediato, el progenitor de la chica enferma y ella empieza su calvario: un viejo trata de forzarla y su enamorado, que ha tenido tiempo de traicionarla con otra, arroja al padre por las escaleras cuando le reclama lo que ha hecho con su hija. Al descubrir que las medicinas fiadas no sirven para resucitar a su padre, el mundo normal de Rosario se derrumba. Las vecinas la señalan ("Déjala, por culpa suya murió su padre") y la repudian ("Es una mujer manchada"). Una vela que se extingue acompaña a Rosario en su tristeza. Los funerales del anciano se efectúan entre la explosión anímica del carnaval: la euforia de las comparsas callejeras confunde la carreta mortuoria con algún vehículo alegórico que entierra al mal humor: escena choque.

Rosario termina en un cabaretucho tropical; se transforma en una mujer distinta. En ese lugar donde se proporciona diversión a los marineros que van de paso, es una especie de sacerdotisa intocable, la prostituta reina que aguarda un hombre a su altura erótica. Sin saberlo, espera a Alberto (Domingo Soler), un fornido marinero de cabello rizado y músculos puntuales que arriba alegremente en un barco

El papel del cabaret se está haciendo cada vez más importante, imprescindible para cualquier dramón que se respete (*Distinto amanecer*).

Estamos a la sombra de las muchachas en flor y del angelismo hirsuto, las santas que no fueron desfloradas a su debido tiempo (*Las colegialas*).

argentino. Camino al cabaret donde trabaja Rosario, Alberto y sus camaradas pasan al lado de una ventana cubierta de enredaderas por la que asoma una prostituta (Lina Boytler) que fuma y canta lánguidamente ("Vendo placer a los hombres que vienen del mar y se marchan al amanecer, ¿para qué quiero amar?"), haciéndole piojito en la cabeza a un marinero exhausto.

Alberto saluda en el cabaret a viejas amistades y se disuelve en la humareda del lugar hasta que Rosario baja imperialmente la escalera. La presencia de la mujer excluye a las demás prostitutas vulgares, vuelve irreal el ambiente. Ninguno que esté en sus cabales osa acercársele. Ella sólo acepta, desdeñosamente, copas y cigarros, rechazando de antemano a ocasionales compañeros. Para ser digno de ella, Alberto la defiende de un granuja ebrio; como recompensa, Rosario lo conduce a su cuarto en la parte superior del cabaret.

Al alba, satisfechos, desalentados por una inmejorable noche de placer, Alberto y Rosario intercambian dramáticas confidencias ("Veo tantos hombres, todos tienen la misma cara"). Narrándose sus vidas errantes, descubren que son hermanos ("¿Qué hemos hecho?"). Aterrorizada Rosario escapa por los muelles desiertos y se arroja al mar. Alberto la persigue inútilmente; encuentra cerca de un rompeolas el chal negro que ha dejado caer la suicida.

Estamos todavía lejos del tratamiento realista de la vida de arrabal. La miseria humana, la violencia, la inestabilidad, el sudor y las brumas portuarias tienen en *La mujer del puerto* el valor

de lo inhabitual casi fantástico; todas las composiciones se estilizan hasta devenir intemporales. Boytler y Sevilla son los primeros tremendistas inteligentes del cine mexicano. El melodrama arbitrario e inverosímil desemboca en la tragedia mediante la acción de sus formas elaboradas, de la eficacia de sus golpes dramáticos y de sus cuatro cambios de tono. *La mujer del puerto* es lírica a lo Griffith en la violación campestre; a base de montaje soviético y naturalismo elemental provoca la colisión emotiva en la larga secuencia dostoievskiana de la muerte del padre; consuma el encuentro sexual entre las evanescencias litúrgicas de un estilo oropelesco, y termina, de súbito, en una fría austeridad de punto muerto. Sobrecargada de sombras, polimorfa, difusa o de contrastes acentuados, tensa, solemne y risible en algunos aspectos, la obra es expresionista en la medida en que el cine de Josef von Sternberg también lo era.

La influencia del director de *El ángel azul*, *Marruecos* y *Shanghai Express* va más allá de la equivalencia de atmósferas. *La mujer del puerto* es la única persecución valiosa y consciente del mito femenino que haya emprendido el cine mexicano, con la ventaja que esa persecución se realizaba en un período histórico en que tales mitos aun podían surgir. Como se ha escrito en múltiples ocasiones, Andrea Palma es una especie de Marlene Dietrich veracruzana. Con voz grave, ademanes despectivos, gesto siempre adusto, ojos adormilados, cigarrillo colgando de los labios, irresistible mirada pérfida, mejillas hundidas y cubierta de encajes negros, Andrea Palma es una vampiresa magnífica, la mujer fatal e indomeñable para quien Arcady Boytler ha retenido la preferencia baudelairiana por el sabor del veneno y la distancia ante el espectáculo de la carroña viviente. Andrea Palma, segundo prototipo de la prostituta, es la aparición, el destino trágico, la fascinación de lo turbio y el sopor del forcejeo onírico: una mujer abstracta que sólo puede ser vencida por la atrocidad antinatural. Si *Santa* era lo mínimo puritano, *La mujer del puerto* es la exacerbación de los sentidos; si *Santa* era el melodrama rastrero, *La mujer del puerto* es el ideal sobrehumano de un ritual contacto con la destrucción amorosa.

Después de la asociación de Boytler y Sevilla, el cine de prostitutas tiene un receso de doce años, que corresponden a los períodos presidenciales de Lázaro Cárdenas y Manuel Ávila Camacho. Ya hemos mencionado los tipos de cine que caracterizan ese lapso. Pero no por ello ha desaparecido nuestro género, solamente se ha replegado. Permanece latente, precariamente activo, en varias películas que en su tiempo se consideraron de escándalo.

El papel del cabaret se está haciendo cada vez más importante, imprescindible para cualquier dramón que se respete. Adriana Lamar deja morir a su hijo por irse de juerga con sus antiguos amigos de cabaret en *Irma la mala* de Raphael J. Sevilla (1936). En *Luna criolla* (1938), el mismo Sevilla trata de repetir a solas el éxito de *La mujer del puerto*, y lo hace pobremente: relata una historia de contrabandistas marítimos en la que, de manera reiterada, los hombres tratan de abusar de una protagonista barrendera de taberna (Lucy Delgado), incluso su propio padre. En *Carne de cabaret* o *Rosa la terciopelo* (1939), melodrama desagradable como pocos, de Alfonso Patiño Gómez, Sofía Álvarez es violada por Tony Díaz; su madrastra la expulsa del hogar y su seductor la explota; tiene un hijo, gana un concurso para cantantes aficionados gracias al cual se regenera, mata a su amante de un pistoletazo, sale absuelta en el juicio y termina viviendo feliz con Miguel Arenas, nada menos que el abogado defensor.

Otros dos ejemplos. *La mancha de sangre* (1939) del pintor Adolfo Best Maugard (uno de los realizadores mexicanos más excéntricos, autor de *Humanidad*, un notable documental sobre la cultura de la pobreza) todavía hace las delicias proustianas de los exalumnos del Colegio México como Salvador Elizondo * por sus

"imágenes de cabaret donde hombres y mujeres bailaban desnudos *cheeck to cheeck*, donde hombres con mujeres esbozaban en la penumbra, sobre bruñidas camas de latón, tenaces y provocativas calistenias"; por su parte, el título de la película aludía discretamente a la rotura del himen. En *Flor de fango* (1941) de Juan J. Ortega, una hija de familia (Margarita Mora) va a dar a un burdel por culpa de un canalla (Víctor Urruchúa) pero la salva su exnovio (José Massip); poco después, la perversa madrastra de la joven (Sofía Álvarez), impelida por la miseria, va a dar al mismo burdel; ahí la descubre su esposo (Miguel Ángel Ferriz), quien la estrangula y acaba en el manicomio. Sin comentarios. En 1943, el prototipo de *Santa* se perfecciona: el norteamericano Norman Foster filma durante su estancia en México una tercera versión del asunto, con Ester Fernández y con la misma orientación que las anteriores. Se emborronan cartas de nacionalización para prostitutas finiseculares (*Naná* con Lupe Vélez) y santas rioplatenses (*Flor de durazno*).

Influido ahora por Vargas Vila, Peral y Pitigrilli, autores que todavía se leen a escondidas en las buhardillas provincianas, el cine de prostitutas sobrevive a un nivel ínfimo, incapaz de proponer ningún nuevo modelo. Personaje y tema están esperando el ascenso al poder del licenciado Miguel Alemán. Entonces podrán expandirse como género, como clima de estilo nacional. Mientras tanto se van consolidando otras dos fuentes que irán a alimentar el caudal cinematográfico de las prostitutas: el cine de las devoradoras y el cine de las ladronzuelas.

La afluente de las devoradoras se integra con personajes muy disímbolos. Allí están Gloria Marín, la adúltera de *Crepúsculo* y de *El socio*; Dolores del Río, la manicurista fratricida de *La otra*; Emilia Guiú, la celosa amargada de *Nosotros* y la amante que aplasta las manos de la legítima en *Amar es vivir*; María Antonieta Pons, la rumbera cubana, fascinadora poliándrica (*La insaciable*, *Ángel o demonio*) y heroína de los relatos infrasubliterarios de "El caballero audaz" (*La bien pagada*, *La sin ventura*), y, por encima de todas ellas, María Félix, *Doña Bárbara*, *La Mujer sin alma*, *La devoradora*, *La mujer de todos*, *La diosa arrodillada* y *Doña Diabla*. Herederas aprovechadas y materialistas de *La mujer del puerto*, las devoradoras son vampiresas despiadadas y vengativas, sin escrúpulos sexuales y usurpadoras de la crueldad masculina: esclavistas, bellas e insensibles; supremos objetos de

Será en 1948 cuando Fernández realice el filme decisivo de su segunda corriente, *Salón México*.

* "Moral, sexual y moraleja en el cine mexicano", *Nuevo Cine*, núm. 1, México, abril de 1961.

lujo, hienas queridas; hetairas que exigen departamento confortable y cuenta en el banco para mejor desvirilizar al macho.

En las ladronzuelas, por el contrario, lo único activo es la ternura. Son las Santas que no fueron desfloradas a su debido tiempo. Estamos a la sombra de las muchachas en flor y del angelismo hirsuto y con harapos. Somos los papeleritos de barriada a quienes Blanca Estela Pavón protege y cobija (*Ladronzuela*). Somos los compositores sin empleo que arrancamos a la crecidita pequeñuela Marga López de las garras del alcohólico Manuel Dondé (*Callejera*). Admiremos a la adolescente Susana Guízar, incólume ante las acechanzas del sexo (*La virgen desnuda*). Rindamos hiperdulía a la impoluta María Elena Marqués, la pasmada Marisela de *Doña Bárbara*, el mechudo *Capullito de alhelí* con *Carita de cielo*, de *Las colegialas*; *Yo quiero ser mala* es un título inconfundiblemente irónico. Vivimos en la fiel casa de huéspedes en que se refugia la *Inmaculada* Charito Granados para dilucidar virtuosamente si es *Esposa o amante* después de sufrir el nunca perdurable engaño. Acojamos el cálido corazón que palpita debajo del apretado suéter de Lilia Michel, *Una virgen moderna*.

Oscilando en esta dualidad sucedánea, hemos invadido la etapa alemanista. Aquí, la corrupción de los administradores públicos, el favorecimiento de la penetración de capital extranjero, el desarrollo de la industria con o sin chimeneas y el saqueo de los recursos naturales, celebran su esplendor en una épica prostibularia. Habían empezado a proliferar los clubes nocturnos, los salones de baile, los cabarets de mala muerte y los burdeles apenas disimulados. Ya la supraestructura ideológica de vanguardia –muralistas, precursores de la filosofía de lo mexicano, miembros del grupo teatral Ulises y refugiados españoles intelectuales– ha asistido impacientemente al club Leda para ver el *show* de una vedette que se hace pipí en el escenario. Es el turno del espíritu de los emigrados nazis, de los nobles europeos que vienen a rehacer su fortuna y de los nuevos ricos.

Desplacemos a la conga y al danzón por el mambo y frecuentemente la cadena de casas de cita de Graciela Olmos, La Bandida. Politiquería, diplomáticos orgiásticos, líderes charros y chicos de la prensa, descorchemos varios cartones de whisky de contrabando, del bueno, y alabemos a nuestra "Mamá" común: una ave de rapiña cocainómana de alcurnia revolucionaria, tañedora de guitarra y bolerista, personaje clave en la vida pública de México, custodiada por criados de librea. En este sitio privilegiado los influyentes del régimen balacean y escandalizan a voluntad, las pupilas mariguanas trepan frenéticamente las cortinas, los juniors dan rienda suelta a sus inquietudes piromaniacas, los perversos sexuales torturan y se hacen azotar o sodomizar con sus objetos favoritos; en los sillones de descanso se discuten los derroteros de la patria.

El rastacuerismo es la vivencia más democrática de la clase media en auge económico.

En los teatros de revista, las bailarinas exóticas (**Kalantán, Tongolele) y demás mueven todo lo** movible y, obedeciendo a las invocaciones multitudinarias de la gayola ("pelos, pelos"), las coristas exhiben la abundancia de sus carnes. Allá por las calles de Cuautemoczín, las Vizcaínas, el Órgano y el Dos de Abril, las prostitutas callejeras exhortan monótona, incansablemente a los viandantes ("Pasa güero, te trato bien") para que las acompañen al interior de sus cuartuchos olientes a semen y humedad, riñen a grito pelado con las competidoras de enfrente y, mientras sus hijos pequeños juegan a inflar preservativos como globitos, otras inquilinas arrojan agua de aseo vaginal a las rotas despistadas que cruzan la calle.

El cine de prostitutas es el cine por excelencia del alemanismo. Hay un nuevo *fiat lux*. El cine de prostitutas renace cuando descubre que la ansiada figura tutelar puede revivificarse mediante la fusión de las devoradoras y las

ladronzuelas, y que por tanto no es indispensable llamarle por su nombre. Las dos corrientes contiguas que habían compartido y canalizado el viejo caudal, encuentran por fin la manera de desembocar en una misma vertiente. Bajo la mirada aprobadora de sus precursores y enriqueciéndose (es un decir) con los factores dispersos que se les añadieron, la alianza representa una síntesis de contrarios a la deriva, semeja un providencial consorcio de serpientes enroscadas, de exhalaciones tibias y miedosas, de siluetas espatarradas y entontecidas.

En el espacio de pocos meses (de 1947 a 1948) se producen *La carne manda* de Chano Urreta (basado en *La marchanta* de Mariano Azuela), *Barrio de pasiones* de Víctor Urruchúa, *Pecadora* y *Señora tentación* de José Díaz Morales, *Cortesana* y *Revancha* de Alberto Gout, *Tania la bella salvaje* y *El reino de los gángsters* de Juan Orol, *Mujeres de cabaret* de René Cardona, *La venus de fuego* de Jaime Salvador, *Una mujer con*

El cine de prostitutas es el cine por excelencia del alemanismo. Personaje y tema están esperando el ascenso al poder para expandirse como género (*Aventurera*).

pasado de Raphael J. Sevilla y *Han matado a Tongolele* de Roberto Gavaldón. Pero la impresionante cantidad de filmes era sólo el primer paso. Faltaba el aglutinante drástico para autorizar el tema como género.

La gran síntesis inobjetable de todos los elementos concurrentes se realiza por cortesía de Emilio Fernández, un director mexicano de la época. En los ratos en que lo dejaba libre su prestigio de indigenista violento, visitaba los barrios bajos de la ciudad y se llenaba los pulmones con las emanaciones de la belleza del pueblo, con objeto de solidificarlas posteriormente en subproductos de su obra: películas pesimistas, brutales y oscurecidas. En 1944, el Indio ya había dirigido *Las abandonadas*, iniciación de su estilo subsidiario. Era un tratado de putrefacción femenina que volvía a reunir a los triunfadores de *Flor Silvestre* y *María Candelaria*. La acción de la cinta, cosa rara en un melodrama negro, se sitúa en el periodo revolucionario. Al morir su general Pedro Armendáriz, Dolores del Río sacrifica dignidad y cuerpo por la educación de su hijo, convirtiéndose finalmente en una piltrafa pintarrajeada y llena de toses sanguinolentas que vegeta como ramera en los callejones sórdidos. Será en 1948 cuando Fernández realice el filme decisivo de su segunda corriente: *Salón México*.

El salón de baile a que se refiere el título existió, efectivamente, en los linderos de una zona roja muy céntrica, en la colonia Guerrero. La cinta era un exaltado homenaje, entre épico y trágico, en el que lo documental quería prevalecer, exactamente como en la obra musical homónima de Aaron Copland. Por algo *Salón México* es contemporánea de *Nosotros los pobres* y *¡Esquina bajan!* Se presenta como una exploración del alma de arrabal. Su trama, repleta de convencionalismos, puede resumirse en pocas frases; es la misma de *Las abandonadas* y de una tercera calca: *Víctimas del pecado* (1950).

Mercedes (Marga López) frecuenta el famoso salón de baile en calidad de fichadora –pareja mercenaria de los gañanes que concurren a bailar al tugurio– para que su hermana Beatriz (Silvia Derbez) pueda continuar sus estudios en una escuela particular para señoritas popis. La doble vida desmembra la sensibilidad de la mujer y, hacia el final de la cinta, se ve obligada a acuchillar a un canalla (Rodolfo Acosta) para mantener oculta su inconfesable actividad, pero el herido tiene tiempo de balacearla. Mercedes muere en su cuarto de azotea la víspera de la graduación de su hermana, quien se casa con un excombatiente cojo del Escuadrón 201 (Roberto Cañedo).

Por estúpido que nos parezca el argumento de esta historia ejemplar de miseria y abnegación, por discursivamente elemental que nos resulte hoy día la película, *Salón México* tiene la importancia de haber declarado la independencia de un género indeciso y de lenta gestación. Las convenciones no acaban con el personaje; la madre putativa y la prostituta coexisten en paz y dinámicamente. Retrato de la prostituta como una joven putangona que baila por necesidad en los cabarets y cuya vida erótica se reduce a una sensiblera desdicha afectiva. Las penalidades casi no han metamorfoseado la bondad del personaje. Marga López es otro prototipo fortuito e higiénico de la prostituta. Sin embargo algo fundamental ha cambiado. La nueva Santa ya no se desenvuelve en un mundo de vaguedades artificiales. Si la variación de su figura femenina no es muy original, *Salón México* apoya una atmósfera autosuficiente y una tipología subalterna que tienen profundas raíces en la realidad mexicana que reflejan.

El ambiente esbozado por Julio Bracho en *Distinto amanecer* se descongela y se desintelectualiza; se vuelve fisiológico, viscosamente perceptible. Un prurito de erudición nos indicaría que los antecedentes de esta serie deberían buscarse también dentro de un ámbito cinematográfico más vasto: en los originales *saloons* de Thomas H. Ince, en *La fiesta española* de Germaine Dulac (1919), en *Fiebre* de Louis Delluc (1921), en *Corazón fiel* de Jean Epstein (1924), en *En rada* de Alberto Cavalcanti (1927), en las turbias atmósferas y el erotismo exogámico de Von Sternberg, en *El gran juego* de Jacques Feyder (1934) y, junto con *El muelle de las brumas* de Marcel Carné (1938), en todo el "realismo poético" francés. El Salón México es algo más que un antro pintoresco con espejos a la entrada, mariposillas formadas para entrar, mesas de madera, abarrotada pista de baile, deteriorado tocador de damas (en donde platica Estela Matute, desgalichada Mala Compañía), conjunto de música tropical ("Juárez no debió de morir"), pasos de fantasía y vapores envolventes que atraviesa la cámara de Gabriel Figueroa. Es un mundo sonámbulo y mugriento que nos captura con su turbiedad, nos enajena con su aliento sofocante.

Quienes ahí se reúnen y medran tienen que ser oficiantes de la misma unívoca ceremonia paralítica y malsana. Fernández propone una versión apenas modificada de su reconocido maniqueísmo. El espíritu del bien es increíble: el guardián del orden público en el salón, un policía indígena, llorón y seráfico que interpreta Miguel Inclán. A él le corresponde demostrar la cobardía del maligno extorsionador

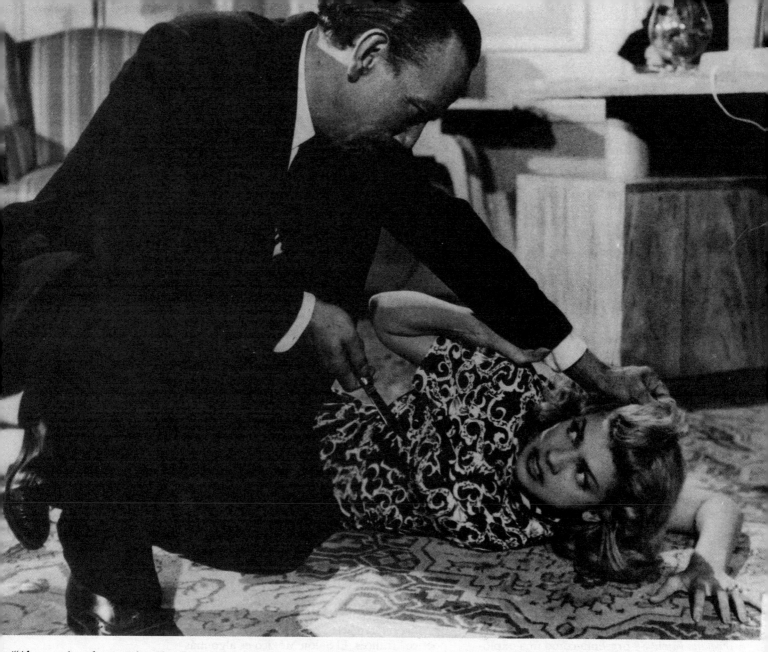

("Ahora péguele a un hombre"); a él le besará las llagas y **las** manos Marga López en señal de agradecimiento ("De hoy en adelante seré como su sombra"); a él le tocará hacer el ofrecimiento del sacrificio sentimental ("Lo importante es que se logre su hermanita") y lanzar el mensaje patriótico ("no soy más que un hijo del pueblo, aunque hace veinte años que trato de honrar este uniforme"). Porque de esta serie tampoco está ausente la demagogia nacionalista de Fernández (esos recorridos dominicales por museos, esa secuencia del "grito" en el Zócalo, ese héroe del Escuadrón 201) ni el complejo de inferioridad del director (ante Mimí Derba y ante esas viejecitas carcamanas, respetables y compungidas que premian a las colegialas y que representan la sabiduría de la gente instruida).

En contraste, el personaje del malvado resulta excelente. Es el "pachuco" de barriada, el cínico e implacable explotador de mujeres con presencia y modales insultantes. Es el bailarín de danzón siempre despectivo, con gruesos bigotes y facciones mestizas, con cabello abultado y empavesado de brillantina, cuyo improcedente sentido de la elegancia viril lo hace usar corbata de moño sobre camisa de color, sacos larguísimos con un clavel en la solapa, anchos pantalones que los tirantes fajan a medio pecho, un anillo monumental en la mano izquierda. Nadie mejor que Rodolfo Acosta para que compita en indumentaria ridícula con una Marga López que usa falda de charmés, bolsa brillante, zapatos de tacón alto, suéter de lana y trenzas. Él se encargará de despojarla del dinero que han ganado conjuntamente en una competencia de baile y de dejarle una copa sin valor a cambio; él la abofeteará salvajemente en el hotel Jardín, el hotel de paso que queda enfrente; él le impedirá la felicidad a la virginal

Es deprimente observar que las obras estéticamente valiosas que alimentan el género son muy pocas. Se ha conseguido jugar con el fuego sin quemarse (*Aventurera*).

116

ladronzuela interponiendo su lujuria, y él se escapará de la mera crujía, entrará sin abrir el candado a la habitación de la cabaretera, se hará atacar por la espalda con un arma blanca y se desplomará a media calle en un sobrehumano impulso por sobrevivir.

El ambiente y las figuras de *Salón México* bien pronto se vuelven familiares. Se diversifican. Influyen no solamente en el cine sino en la realidad social que las produjo. Es un género destinado a programas triples de cines piojo. ¿Cuántos pachucos y padrotes mimetizaron la crueldad de los personajes con delirio de grandeza de *Opio* y *Vagabunda*? ¿O estaban aquejados del complejo de rorro como Roberto Romaña en *Carta brava*? ¿Cuántas pirujas se sintieron consoladas al presenciar el sufrimiento inmolatorio de los protagonistas de *Puerto de tentación*, *En carne viva* y *Burlada*? ¿O se arraigaron aún más en su masoquismo al escuchar el discurso de la moribunda *Trotacalles* Isabela Corona exhortándolas a que dejen ese triste oficio y se casen, tengan hijos y una casa que barrer?

El mundo de las zonas rojas, de la lucha contra la miseria indigna y el júbilo de la decadencia se han edificado sobre bases firmes. Pero es deprimente observar que las obras estéticamente valiosas que alimenta el género son muy pocas. La explicación es sencilla. Se ha conseguido jugar con fuego sin quemarse. El verdadero problema de la prostitución nunca se trata. La hipocresía de la clase media ha ganado otra batalla; el género es una apología de lo *lumpen*, no su desquite. Con tono, clima y sistema de convenciones genuinas se ha creado un fértil mundo ficticio que se desperdicia: el talento falla de nuevo. Sin que su especialización se traduzca en calidad, los directores que inciden en el género hacen sus películas en serie, despreocupadamente, como salgan y sin imaginar lo que tienen entre manos .

Operación Bodrio Genuinamente Mexicano. Se toma una canción supuestamente bohemia y escabrosa, sonrosada y blandengue de Agustín Lara o de alguno de sus imitadores. Se ilustra como tragedia arrabalera haciendo acopio de lugares comunes de melodrama negro: estupros, bofetadas a lo *Gilda*, chantaje, asaltos, crímenes feroces, venganzas empecinadas, rudezas innecesarias y caló de hampones. Se sitúa la acción en un conmovedor cabaret mortecino que pueblan rumberas misérrimas, compositores cariñosos y gángsters de pacotilla *made in Chicago*. Se añade una actriz que sepa mover la cadera y que tenga una apariencia más o menos excitante. Se atempera el conflicto con elementos de melodrama blanco a lo Catalina d'Erzell y Florencia Barclay: huérfanos, lisiados, defensa de virginidades capitalizables, malentendidos, sorpresas anecdóticas, historias de familia, pobreza muy fotogénica, aspiraciones a la decencia burguesa e intentos de regeneración. Se salpica el conjunto con mucho ritmo tropical. Y se redondea artísticamente el insuperable filme con una muerte ejemplar y benéfica o con una salutación llena eres de gracia.

Esta receta se surte en pócimas cuyos nombres son ya en sí mismos un programa garantizado: *Noche de perdición*, *Mujeres sacrificadas*, *El puerto de los siete vicios*, *La hija del penal*, *Fuego en la carne*, *Un cuerpo de mujer*, *Hipócrita* (refrito de *Un rostro de mujer* de George Cukor), *Pasionaria*, *Coqueta*, *Viajera* y *Perdida*. Aunque si de títulos explícitos se trata nada mejor que mencionar las tres partes de una película-río de Juan Orol y basada en la historieta *Percal* de José G. Cruz (seducida por un joven rico del pueblo, la suculenta protagonista tiene un hijo, ve morir a su madre que le niega la palabra, sufre apuros económicos y desprecios, se prostituye, viaja a la capital, baila en un cabaret, presencia riñas, se mezcla con gángsters, se enreda con un traficante, ve morir de amor a una colega y por fin se casa con un ruletero abnegado súbitamente enriquecido, el propio historietista José G. Cruz): *El infierno de los pobres*, *Perdición de mujeres* y *Hombres sin alma*. Esta trilogía se ha construido para el lucimiento de la bailarina

El verdadero problema de la prostitución nunca se trata. La hipocresía de la clase media ha ganado otra batalla (*Aventurera*).

Ninón Sevilla destaca entre el nutrido grupo de cabareteras; lo que la distingue y convierte en figura de lupanar del cine mexicano está a la vez en ella y en la calidad superior de algunas de sus películas (*Aventurera*).

caribeña Rosa Carmina. La fama de humorista que se ignora, de surrealista involuntario de que goza Juan Orol es totalmente injustificada. Las películas del "genio del cretinismo" carecen por completo de valores cinematográficos; son tediosas y malas hasta la depresión; sus errores de montaje y de producción vendrían a ser quizá sus únicos, insuficientes y no privativos aciertos. El título de gran cineasta *naif* mexicano le corresponde por derecho propio y con toda justicia así lo ha señalado Emilio García Riera, a José Che Bohr. Gracia, sentido del ritmo, atmósfera envolvente a partir de datos descabellados, delirio ingenuo y frescura de bebé, tales son las cualidades que, sin esforzarnos, podemos detectar en varias de las películas realizadas por este actor argentino, cantante, compositor y argumentista, allá por los treinta. En especial en *Luponini de Chicago* y *Marihuana, el monstruo verde*. Pero ésa es otra historia.

Algo que sucede a menudo: en las películas del género, a pesar de que los desnudos y las escenas de cama están definitivamente vetados, se aplica un rígido *star system* femenino.

Pero no nos hagamos ilusiones. Las estrellas son intercambiables. Retengamos, no obstante, uno de esos nombres, el más perdurable de todos ellos: Ninón Sevilla.

Pero, ¿por qué destacar a Ninón Sevilla de entre el nutrido grupo de cabareteras? Si somos justos debemos reconocer que Leticia Palma es más bella, Miroslava más exquisita, Meche Barba más pesadamente arrabalera, Emilia Guiú más degradable, Guillermina Green más intemporal, María Antonieta Pons más opulenta, Rosa Carmina más atractiva, Elsa Aguirre más infatuada y Lilia Prado más buñuelianamente cuzca. Lo que distingue a Ninón Sevilla, y la convierte en la figura de lupanar más extraordinaria del cine mexicano, está a la vez en ella y en la calidad superior de algunas de sus películas.

¿Quién es y cómo se manifiesta Ninón Sevilla en plenitud? Digámoslo con el rigor de Robert Lachenay* (seudónimo de François Truffaut), insospechable de ligereza en sus jui-

* *Cahiers du cinéma*, núm. 30, París, 1954.

118

cios: "Desde ahora debemos contar con Ninón Sevilla por poco que nos ocupemos de los gestos femeninos en la pantalla y en otras partes. Mirada inflamada, boca de incendio, todo se alza en Ninón (la frente, las pestañas, la nariz, el labio superior, la garganta, el tono con que se enfada), las perspectivas huyen por la vertical como otras tantas flechas disparadas, desafíos oblicuos a la moral burguesa, a la cristiana, y a las demás".

Ahora digámoslo con la delirante prosa de Jacques Audiberti,* su descubridor europeo, en un artículo que coloca a Ninón al lado de Greta Garbo y Marlene Dietrich: "Estos relatos parecían prometer el romanticismo naturalista más habitual. Pero Ninón Sevilla, ancha boca en un hermoso rostro, fosa en arco de triunfo extensible, miembros inmensamente alargados, no cesa de bailar entre los clientes... Sólo a ella se le ve en medio de un irrisorio universo de hombres; la atlética y gigantesca desnudez femenina los rechaza y los comprime en los extremos del antro, con todo y sus fieltros sus trajes largos, sus bigotes, su cabellera engomada, o su calvicie, como si fueran perros salivosos. Ella trasmite, a través de la coreografía más inventiva, un inagotable repertorio muscular en el que serpentea, bulle, gira la lista completa de mímicas posibles de un cuerpo ágil y grande que procediera a la vez del simio, del pulpo y del caballo."

Lo cierto es que Ninón Sevilla resulta repulsiva si observamos el cuello corto y deforme, los hombros prominentes, la procedencia efectivamente burlesca de sus gestos, su perfil aguzado de roedor y la falta de distinción absoluta de todas sus facciones. Lo cierto es que Ninón Sevilla resulta fascinante si cedemos, sin conceptualizaciones previas, de la manera más física que podamos, a la belleza de esas piernas largas y perfectas, al imperio de esos enormes ojos de alienada y a la sexualidad animal de esas sólidas caderas; a la lascivia de sus respingos, al influjo de su voz letárgica, a la desafiante vulgaridad de sus movimientos y al impulso de esa figura de baile "vuelta de espaldas, con las piernas dobladas y palpitante" (Raymond Borde).** Concluyamos el collage con una última cita contundente, la sentencia que Ado Kyrou*** reservaba a las creaciones de Von Sternberg: "Nos ha hecho comprender que el erotismo se expresa por lo que la gente bien llama mal gusto".

* Cahiers du cinéma, núm. 32, París, 1954.
** Positif, núm. 10, París, 1954.
***Amour-erotisme et cinéma, Le Terrain Vague, París, 1957.

Aventurera (1949), dirigida por Alberto Gout, es la mejor película de Ninón Sevilla. La trama da principio con un armonioso cuadro familiar chihuahuense. Elena (Ninón Sevilla), una joven vivaracha y cariñosa que vive con su madre (Maruja Griffel) y su padre, almuerza antes de irse a su clase de baile. De repente todo cambia. Ese día regresa temprano a casa, entra al cuarto de su madre y la sorprende en brazos de un amigo de la familia, besándolo con su boca de menopáusica. Aterrada, la chica sale despavorida a la calle. Cuando regresa, la casa está en silencio como si estuviese vacía. Un disparo la sobresalta; en la biblioteca, su padre se ha dado un tiro en la sien, sosteniendo en las manos una nota de despedida ("Me voy con el hombre que realmente quiero").

Pasado el luto, Elena despide a la sirvienta, vende la casa y se traslada a Ciudad Juárez, cuna de la corrupción fronteriza. Intenta trabajar como mecanógrafa, dependienta y mesera. Siempre hay un patrón libidinoso que trata de abusar de ella. Hasta aquí el ritmo del filme ha sido aceleradísimo, de compendio; en adelante será tan enérgico y sostenido como el de cualquier película norteamericana de los años cuarenta. Eso y un encuadre ceñido, dictado por las necesidades de la acción, harán verosímiles los truculentos acontecimientos que siguen.

Elena, hambrienta y sin empleo, se cruza en una calle con Lucio, El Guapo (Tito Junco), un viejo amigo, alto y corpulento, con texana, ojos de drogadicto norteño y corbata adornada con la pintura de una mujer desnuda. Van a celebrar el encuentro a un cabaret de ínfima categoría. Oyendo a Ana María González cantar Adiós, la muchacha se embriaga con el champagne que ordena su compañero, contagiado por el bullicio general. Por una reja disimulada, desde una altura en que domina todo el antro, vigila Rosaura (Andrea Palma), la infame regenteadora del lugar, con una sonrisa de regusto y aquiescencia. Lucio trabaja con ella en calidad de tratante de blancas. Con el pretexto de conseguirle un puesto como secretaria ahí mismo, el hombre sube, por una escalera privada, a Elena, que se cae de borracha; resuenan los ecos del mambo que alegra a los parroquianos. En la oficina de la proxeneta, se juega la comedia y se envía a la nueva adquisición a descansar en cómodo aposento. Lucio exige paga doble porque la novicia sabe bailar. A Elena se le ofrece generosamente un té y la cámara retrocede dejando el cuerpo de la mujer narcotizada sobre una cama mientras entra a la habitación su primer cliente.

Al día siguiente, con el vestido desgarrado y

presa de un ataque de histeria, Elena se presenta ante Rosaura, quien, serena y despóticamente, le explica su nueva situación ("El que entra a este negocio no sale nunca"), manda llamar al Rengo, su guardaespaldas (Miguel Inclán, tullido y mudo, con corbata de poeta de principios de siglo), y le ordena que la aquiete ("Déjale un recuerdo en la cara"). El sirviente derriba a Elena y saca una navaja; la chica aprende la lección de Rosaura ("Sí, señora, se dice").

La metamorfosis de Elena se opera radicalmente. Triunfa en el cabaret como bailarina, interpretando *En un mercado persa*, con decorados seudorientales que proceden de la segunda versión de *Kismet* (la de William Dieterle). También se ha vuelto una fiera que merece continuas reprimendas por sus belicosos arranques de ira. Ante la menor provocación, revuelca por los cabellos a las demás mujerzuelas del lugar. Cierto día, cuando termina de rondar soberbiamente el cabaret, con un cigarrillo entre los dedos y enfatizando su papel de maldita, seguida por la voz de Pedro Vargas ("Vende caro tu amor, aventurera, dale precio al dolor de tu pasado"), ve en una de las mesas al examante de su madre. Se le echa encima, le rompe una botella en la cabeza y, sin que nadie pueda contenerla, lo patea en el suelo. El Rengo va por ella y la arrastra de los cabellos hasta la oficina de Rosaura, quien ordena un escarmiento. Pero interviene Lucio, que está de visita, y la defiende ("Llegó tu hora, Rengo"). Después de golpear al lisiado, el tratante se reacomoda la corbata y se lleva a Elena consi-go. Rosaura jura vengarse.

La vida de Elena como amante de Lucio será muy breve. La pandilla del malhechor planea el robo a una joyería. Uno de los cómplices, Facundo Rodríguez (Jorge Mondragón, el alfeñique más canalla del género), discute las órdenes del jefe y es humillado y golpeado. El desertor no tarda en visitar a Rosaura para denunciar a los delincuentes ("Que sean dos mil y desembucho"). La proxeneta ha encontrado la forma de vengarse. En el asalto nocturno, la policía interviene oportunamente; abate a dos de los atracadores y captura a Lucio que se entrega con las manos en alto. Elena huye en el vehículo dispuesto para la fuga.

Va a la capital y trabaja en clubes nocturnos bailando sambas ("Sigui-sigui", "Chiquita banana") con un vestuario de plátanos y frutas tropicales en la cabeza y en las bombachas. Es una celebridad. Pero Facundo le ha seguido los pasos y trata de chantajearla. Para evitarlo, la bailarina decide aceptar la proposición matrimonial de Mario (Rubén Rojo), un joven abogado jaliscience de gran porvenir: el típico niño bonito redentor de cabareteras.

En Guadalajara, Mario lleva a Elena a que conozca, en su su mansión, a su hermano Ricardo (Luis López Somoza, "Bienvenida a esta casa en que se rinde culto a la virtud y al aburrimiento") y a su distinguida madre de estirpe posporfiriana, la viuda de Corvera, que no es otra cosa que la Rosaura de Ciudad Juárez en su segunda vida oculta. La película entra en una tercera etapa, mordaz hasta el sadismo. Para continuar manteniendo en secreto sus actividades ilícitas

El ambiente y las figuras de *Salón México* pronto se vuelven familiares. Se diversifican, influyen no solamente en el cine sino en la realidad que las produjo.

ante sus hijos, la cruel proxeneta se doblega, consiente en el enlace de la pareja y soporta las vulgares invectivas que le dirige a todas horas, con saña inaudita, su nueva hija. Es inútil que vaya al hotel de su expupila y le ofrezca miles de pesos. La prostituta quiere seguir desquitándose de la Señora. Así, en la boda, a la que asisten las más rancias familias de Guadalajara, Elena se embriaga y baila salazmente, agraviando a los invitados, que abandonan la reunión. A Mario no le inquieta la ruina social y abraza a las dos mujeres que ama. Rosaura cumple con el rito añejo y entrega a la recién desposada las joyas de la abuela.

En su nueva vida cotidiana, Elena tiene numerosas oportunidades para escarnecer a Rosaura ("Soy una madre que todo lo ha sacrificado por el bien de sus hijos"), y no desaprovecha ninguna. Incluso jugando muy mal ping-pong encuentra la manera de coquetear descaradamente con su cuñado adolescente en presencia de la suegra. Por la noche, en ausencia de Mario, la prostituta entra al dormitorio de Ricardo. Rosaura, siempre vigilante, la sorprende. Elena contesta con cinismo ("Comprenderás que una mujer como yo no puede perder la cabeza por un muchacho como él"). La madre no soporta más la situación y se arroja sobre Elena tratando de estrangularla sobre el lecho. Atraído por la estruendosa música de Díaz Conde, Mario la salva.

Rosaura regresa decepcionada a Ciudad Juárez. La película comienza a bañarse con un tinte de pesadilla. Elena viaja también a la misma ciudad, pues su adúltera madre agoniza en un hospital de beneficiencia y la joven quiere estar ahí para negarle el perdón que le implora antes de morir. Rosaura se entera de la presencia de la odiada nuera en sus dominios y envía al Rengo a que la elimine. Sin embargo, desde el contraluz de la ventana del cuarto de hotel, mirándola dormir, el tullido se enamora de Elena y, ante la mujer aterrorizada e indefensa, acaricia sensualmente una prenda íntima bordada.

Convertido en un vasallo de Elena, el Rengo irrumpe en el cubil del canallesco Facundo para matarlo. El soplón escapa por la ventana, intenta caminar por la cornisa y cae al vacío.

Mario se entera por los periódicos del debut de su esposa como bailarina en Ciudad Juárez y reserva boletos de avión. Elena danza en un cabaret "Arrímate cariñito" (un inepto truco fotográfico malogra la escena multiplicando la imagen femenina más de siete veces). Mario la increpa en su camerino y le pide explicaciones de su comportamiento. Como respuesta, Elena lo lleva al burdel de Rosaura ("Ahí la tienes, todo Juárez la conoce, pero sólo tú y yo sabemos quién es"). Y lo deja con su madre.

La femenina desnudez de Ninón Sevilla transmite, a través de la coreografía más inventiva, un inagotable repertorio muscular (*Aventurera*).

La bailarina se dirige a su hotel. En el interior del cuarto, en medio de la oscuridad, se ha aposentado Lucio, prófugo de la cárcel, y quiere obligarla a cruzar con él la frontera de los Estados Unidos. Por principio de cuentas le ordena que despida al Rengo. Llega Mario, atribulado. El hampón se esconde ("Si le das a entender que estoy aquí, lo quemo") y noquea al joven con la cacha de su revólver. Se lleva a Elena por la fuerza. En mitad de la calle, la mujer le suplica a Lucio que la deje regresar, le entrega todas las alhajas que lleva encima. El maleante aparentemente accede, pero apenas ha dado Elena media vuelta apunta su pistola contra ella. El Rengo, que se había escondido en la sombra de la esquina, se anticipa y clava un cuchillo en la espalda del traidor. Sin que importen los dos crímenes que ha propiciado, fotografiada en un *top-shot* magistral, Elena corre hacia el final feliz y se reúne con Mario. Se alejan entre las tinieblas del sórdido suburbio.

Aventurera es un melodrama fuliginoso, exagerado, intenso, enfermo, punzante y con elementos *camp* ("tan malos tan malos que resultan buenos", según pide una satisfecha categoría humorística neoyorquina de los sesenta). Si hemos desglosado tan minuciosa-

mente la trama, ello se debe al placer de poner en evidencia la forma en que, una a una, las convenciones del género cobran sentido, se trastocan a fuerza de retorcimiento, alcanzan sus últimas consecuencias y se vuelven en contra del propio sistema que las produjo. Las víboras se atacan entre sí. Sin dejar de ser vulgar y truculento, el espectáculo, en vez de tratar de purificarse insulsamente y negar su esencia, se rebaja todavía más, hasta hacer que los extremos se toquen. García Riera ha hablado de *revuelta moral* a propósito de *Aventurera*. Con gran justicia: en esta película descabellada, apocalíptica en sus mejores momentos, la dignidad humana está calcinada. Todo lo que de acuerdo con las normas morales en uso se ha dado en llamar sagrado y respetable –el sacrificio, los buenos sentimientos, la decencia, la esperanza y la caridad– se pone en irrisión, es objeto de burla. La sensiblería se elimina, sustituyéndola con un vasto repertorio de motivaciones egoístas, nocivas. La insistencia estética en el mal, en lo negativo, emparenta la cinta con los poetas malditos y con el surrealismo. Una misma capacidad de delirio, una misma indiferencia carcomida por los valores burgueses, una misma avidez de escándalo y una misma exasperación de forma y contenido, acentúan la similitud.

Crítica social psicopatológica que se manifiesta por el desprecio y la voluntad de exterminio, *Aventurera* da vida a sus personajes bajo el signo del envilecimiento o de una estupidez insana. Aquí la prostituta ya no es un dechado de virtudes: es ruin, vengativa y goza infligiendo daño a sus semejantes. Aquí volvemos a ver a Andrea Palma descender imperialmente una escalera (ahora la de su finca jalisciense), pero el objetivo ya no es la divinización erótica sino la picota pública de su clase, las buenas familias de Guadalajara, reducto de la sociedad más beata y reaccionaria del país. Aquí se enfrentan históricamente las dos figuras fundamentales de la mitología cinematográfica nacional: la antigua mujer del puerto, con descote puntiagudo y larga boquilla, con facciones desencajadas y cejas postizas, envejecida y tristemente asexuada, va a conocer la derrota (como en *All about Eve* de Mankiewicz) en las garras de Ninón Sevilla, el nuevo prototipo de la prostituta, vil, vulgar, estúpida e instintiva. Aquí la doble vida, el tema central del género, se invierte, se justifica con los razonamientos de la clase media y se ve obligado a confesar su nombre: los tics de Andrea Palma traicionan a la proxeneta debajo de la madre, y viceversa. Aquí se rinde culto al estupro, al proxenetismo, a la venganza, a la delación, al sadismo, a la escatología, al

fetichismo, a la sexualidad animal y al crimen sin castigo. Porque aquí se premia a los asesinos y el final feliz equivale a la inmoralidad abierta. Entre artificios asfixiantes y pasiones endebles, los gusanos devoran el cadáver fresco.

Pero, ¿a quién se deben atribuir los aciertos de *Aventurera*? Por supuesto no eran virtudes innatas de la actriz favorita del productor Pedro Calderón. Es fácil investigarlo; basta con analizar los créditos. El director Alberto Gout era un inmigrado español rutinario y sin imaginación, pero con buen oficio (*Rincón brujo*, *La sospechosa*, *Estrategia matrimonio*) y preocupado por la eficacia narrativa (el máximo de acontecimientos en el mínimo de tiempo). Filmaba con seriedad los guiones que le proporcionaba Álvaro Custodio, el verdadero responsable de la calidad de las colaboraciones. Este argumentista y adaptador de obra escasa era también emigrado español, pero, compensando a Gout, era un hombre culto: es uno de los padres de la crítica de cine en México, como veremos en otro capítulo. Hasta en su peor tarea mercantil dejaba Custodio la impronta de su personalidad escéptica, subversiva y violenta a la española (la violencia que desciende de Fernando de Rojas y Baltasar Gracián), sin que quizá sospechara las resonancias de sus compactos guiones. Tal vez los escribía así porque comprendía mal las convenciones del género al penetrar en él, tal vez por mala sangre, tal vez por simple comercio, creyendo en el ostracismo y sometiéndose al culto de la estrella. Aunque seguramente odiaba a la industria a la que debía servir y se sublevaba en silencio. La prueba de esa paternidad es que las películas de Gout con Ninón Sevilla anteriores a Custodio (*Revancha*) o posteriores a él (*Mujeres sacrificadas*) son pedestres. Hay más, cuando intervino en el equipo un nefando adaptador de nombre José Carbó, las películas se desplomaron bajo el peso de las convenciones. Es el caso de *Aventurera en Río* (1952) en la que la maldad de la protagonista se disculpa por la amnesia y que sólo puede recordarse por tres secuencias: Ninón estrangulando a una prostituta en un muelle; Ninón regresando a bailar al salón tras haberle rasgado el rostro a Carolina Barret con una navaja, y, por otras razones que saltan a la vista, el metafórico baile onírico final de Ninón en el que las fuerzas del inconsciente se objetivan en un luminoso traje mitad negro mitad blanco y antenas en la cabeza, con una coreografía de infracomedia musical americana en la que aparecen hombres anónimos que ofrecen joyas a la bailarina, quien titubea ante sus amantes, formados en fila y extendiéndole los brazos.

Aparte de *Aventurera*, existen otras dos cintas del trinomio Gout-Custodio-Sevilla: *Sensualidad* (1950) y *No niego mi pasado* (1951), ambas con un alto valor expresivo. Por desgracia, la segunda de ellas, tercera parte del tríptico, no es hoy visible en México. Quienes no conocían las constantes de nuestro cine de prostitutas han querido ver en esas crueles parodias un supuesto género romántico naturalista. Es una observación equivocada. Si bien es cierto que el humor tiene una gran influencia en sus particulares tonos, las películas de la trilogía carecen por completo de elementos burlescos, como no sean los involuntarios. Y, además de ser las cúspides de un sistema de convenciones bien estructurado, representan los mayores exponentes del cine mexicano de su época.

Se han tergiversado los términos. Las películas tienen, eso sí, mucho de pastiches. Así *Sensualidad* es una reconocible condensación de *La perra* de Renoir, *El ángel azul* de Von Sternberg, *Suplicio* de Alf Sjöberg (con argumento de Ingmar Bergman), *Scarlet Street* de Fritz Lang y *Servidumbre humana* de John Cromwell (o la versión de Edmund Goulding). Por otra parte, todo el arranque de la película, que precede al *flash-back* (Ninón corre a esconderse en un sótano perseguida por su examante), se ha tomado casi literalmente del famoso asedio a Ingrid Bergman en *Tuyo es mi corazón* de Alfred Hitchcock. No es de extrañar que un crítico de cine haga referencias, deliberadamente como Godard, o no, a las obras fílmicas que admira. Pero la variante mexicana dista mucho de ser simple copia.

Sensualidad trata el tema en lo que tiene de clásico, adaptándolo a los requerimientos de un medio nacional muy preciso. Un juez recto e irrevocable (Fernando Soler) condena a dos años de prisión a una prostituta (Ninón Sevilla) culpable de robo. Al salir de la cárcel, la mujer encuentra la forma de seducir al juez y de convertirlo en un pelele absorto por el deseo. Por ella, el hombre maduro humillará a su familia, provocará la muerte de su esposa (Andrea Palma, de nuevo, en su última abyección mitológica: una madre cardiaca y chantajista sentimental), desfalcará la caja fuerte de la comisaría policiaca, mediomatará a su hijo (rival en amores, pues Ninón se ha vuelto a enamorar de Rubén Rojo) y terminará estrangulando a la prostituta, que intentaba escapar arrastrándose por la banqueta de una avenida.

Esta inmortal, eterna historia de naufragio de la respetabilidad burguesa, de la autodestrucción de un hombre honrado, se edificaba sobre la plana mayor de su tiempo. La familia Soler desempeña un papel preponderante, declinando el *factotum* de sus estereotipos a los pies de la prostituta vil y todopoderosa. Fernando Soler, magistrado intachable y doméstico, es devorado por su sensualidad reprimida, siempre consciente de su decadencia; no nos importa si se salvará sino hasta dónde lo va a degradar su voluntad impotente. Domingo Soler, el agente policiaco íntegro, aplazará la labor de la justicia para encubrir a su patrón. Andrés Soler, en la mejor actuación de su vida, es un tinterillo que de repente se rebela contra la honestidad que lo ha sostenido durante treinta años, se va de juerga, se presenta en estado de ebriedad ante sus jefes ("Que me quiten lo bailado"), los insulta y hace reaccionar con su ejemplo al juez.

El filme está perfectamente ambientado (la soledad del juez a quien perturba el recuerdo de la ramera mientras camina por el viaducto Miguel Alemán), tiene un lenguaje irónico eficacísimo ("Mi único delito es que se vuelven locas"; "Vuelva cuando quiera, trataré de serle agradable"; "Nada menos, te pegó fuerte, señor juez") y Ninón Sevilla se sobreactúa deleitosamente (cuando masca chicle y levanta las enaguas al ser interrogada por el juez, cuando fuma despreocupadamente sin importarle el zafarrancho que ha provocado entre las reclusas, cuando muestra con fingido infantilismo las piernas a su víctima, cuando se carcajea apenas ha salido el hombre con gesto grave, cuando insulta en un cabaret al personaje nacional, cuando huye horrorizada del criminal que ella misma ha modelado). Gracias a sus truculencias genéricas y pese a la magnitud de sus antecedentes célebres, *Sensualidad* nunca desmerece, ni su apretado ritmo incurre en la facilidad.

Como todos los géneros fílmicos que se han creado en México, el cine de prostitutas también decae, perdiendo inmediatamente su vigencia y convirtiéndose en un lastre determinista. O para decirlo con una aguda frase de *Cahiers du cinéma*, paráfrasis de Lamartine, aparecida a propósito de *Cabaret trágico* de Alfonso Corona Blake (1957), una de las supervivientes del género: "Una sola Ninón Sevilla nos falta y todos los burdeles de México están desploblados". A nosotros no nos faltó Ninón, pero sin Custodio valía muy poco; *Llévame en tus brazos*, *Mulata* (donde el platillo fuerte era una negra semidesnuda bailando bembé), *Amor y pecado* y *Yambaó*, a pesar del erotismo tropical y sudoroso en que se sustentan, merecen un magnánimo olvido.

El espectro de la prostituta había logrado influir hasta en los géneros más alejados de su

123

campo de acción: en *Las mujeres de mi general* de Ismael Rodríguez (1950), híbrido de comedia ranchera y película revolucionaria, por ejemplo, después de haber conquistado a Lilia Prado llevándole una épica serenata con cientos de mariachis, el general Pedro Infante la pierde en vísperas de la boda cuando la mujer lo descubre arreglando un negocio en el burdel de la Chula Prieto; incluso una película seudohagiográfica como *San Felipe de Jesús* de Julio Bracho (1949) giraba en torno a una visita del santo mexicano a un prostíbulo para opiómanos en las Filipinas, donde tenía relaciones con una prostituta leprosa, escena mal filmada y sin gracia

tos de conciencia a lo Paul Bourget han derrotado a las ingenuas prostitutas. Empuña el cetro la retórica de las instituciones morales, ordena la Santa Madre Iglesia.

Cuando en ese cine desinfectado se escuchan ecos, siempre alertas, del viejo cine de prostitutas, se debe a una intención bienintencionada por recordarnos que la bestia ha sido controlada. En algunas películas inertes de Roberto Gavaldón salen prostitutas, como Tana Lynn en *El niño y la niebla* (1953), especie de misionera que es llamada por el nombre de la esposa ("Martha, eres la muerte del amor") para que la íntima fidelidad del petrolero infortunado (Pedro López Lagar) se compruebe

Mirada inflamada, boca de incendio, miembros inmensamente alargados, todo se alza en Ninón Sevilla (*Sensualidad*).

Pero así fue. A fines de 1952, el influyentísimo género se interrumpió de pronto. Películas como *El derecho de nacer* (versión en blanco y negro de Zacarías Gómez Urquiza), *Mi esposa y la otra*, *Un divorcio* y *Padre nuestro* sirven de remplazo. Son las películas que Elizondo ha denominado de *prostitución conyugal*. Son las películas que plantean las ventajas de un hogar modesto pero unido, de la fidelidad que disculpa de vez en cuando un devaneo sin importancia ante la grandeza del matrimonio y de los cuidados de la educación religiosa. Los conflic-

A veces alguna prostituta anacrónica se atreve a desafiar las razzias del Paseo de la Reforma y se refugia en la morada de una viejecita pudorosa (Marga López y Prudencia Griffel en *Una mujer en la calle* de Alfredo B. Crevenna, 1954). En otras circunstancias, como en *Frontera norte* y *Fugitivos*, se muestran prostitutas ya puramente decorativas.

Las únicas películas con pretensiones obviamente eróticas del periodo son realizadas por los campeones del cine de prostitutas: *La red* de Emilio Fernández (1953) y *Adán y Eva* de Alberto Gout (1956). Son dos experimentos desoladoramente fallidos que cometen el error de creer que el cine de vanguardia es sinónimo de retorno a la seudopoesía visual del cine mudo. *La red*, en cuyas faenas groseramente simbólicas de la masturbación (Armando Silvestre golpea esponjas con un mazo, Rossana Podestá lava la ropa) sólo la componente teológica del pensamiento de André Bazin podía ver inocencia, es un elogio a la lentitud impersonal, reiterativa y obstinada, aunque Alex Phillips sea mejor camarógrafo que Figueroa; en el peor de los casos preferiríamos la siguiente adaptación de *Malva* de Gorki, el tercer episodio de *La vida no vale nada* de Rogelio González (1954). Y en los cromos calcados de *House & Garden* de *Adán y Eva* brotan los protagonistas (Christian Martel y Carlos Baena) con sus cuerpos enfundados en ridículas mallas que se veían hasta en *long-shot* y su anticine se consumaba como un paseo coloreado por un jardín del edén tan folclórico que parece de comedia ranchera o de sinfonía boba disneyana.

Al periodo presidencial de Ruiz Cortines le toca en suerte dar cabida a un subgénero colateral al nuestro. Son las películas de desnudos artísticos, paraíso de los adolescentes jariosos y de los reprimidos profesionales. Se hace caso omiso de la reducida tradición con que cuenta el cine mexicano en este tipo de exposiciones –Gaby Sorel, Sofía Álvarez, Consuelo Frank (*Tierra, amor y dolor*; *Monja, casada, virgen y mártir*), María Luisa Zea (*El bastardo*), Lupe Vélez (*La Zandunga*), Stella Inda (*La mancha de sangre, La torre de los suplicios*), Isabela Corona (*La isla de la pasión*), Ester Fernández (la tercera *Santa*), Rita Macedo (*Rosenda*), Susana Guízar (*La virgen desnuda*), Gloria Marín (*Rincón brujo*), Rossana Podestá (*La red*), Ariadne Welter (*Sombra verde*), Silvia Pinal (*Un extraño en la escalera*)– y el *réclame* publicitario declara a Ana Luisa Peluffo como la primera desnudista del cine nacional. Se han descubierto las cualidades lucrativas del cuerpo femenino más o menos a la intemperie y sus usos afrodisiacos para espectadores *voyeuristas*. Los productores Calderón utilizan el escándalo de bolsillo para el lanzamiento del nuevo producto.

En *La fuerza del deseo* de José Díaz Morales (plagio a Somerset Maughan, 1955), la Peluffo servía de modelo a un pintor posando sin ropa y con el pubis rasurado y disimulado; la trama aburridísima y la calidad de la cinta no interesan; tiene un gran éxito de público, hace escuela. Para diversificarse el subgénero lucha contra un impositivo de la censura que ordena la inmovilidad artística de los desnudos: sólo lo inmóvil es artístico. Se corría el riesgo de saturar rápidamente al consumidor. Los guionistas aguzan su microcefálico ingenio. Proponen dos soluciones, una cualitativa y una cuantitativa. De acuerdo con la primera, Columba Domínguez ya no es una modelo de artista plástico y exhibe su cuerpo en la ventana para excitar a un vecino del que quiere vengarse (*La virtud desnuda*), Kitty de Hoyos funge como ninfa estatutaria en el *show* de un centro nocturno (*Esposas infieles*) y Aída Araceli navega con los senos al aire libre sobre un velero acapulqueño rumbo a su perdición (*Juventud desenfrenada*). De acuerdo con la segunda solución, la de *El seductor* y *La ilegítima*, aparecen varias desnudistas a la vez (la Peluffo y Amanda del Llano, esta última para que la recuerden los productores); y en *La Diana cazadora*, un grupo de orquídeas del cine nacional acompaña a la perseverante Peluffo en la elección de la modelo idónea para una estatua famosa. Por menos de eso apedreaban antes a las indígenas de origen hollywoodense en Xochimilco.

Una disposición oficial, seguida de una campaña moralizadora, condena al taquillero subgénero a su muerte junto con sus mellizas, ciertas revistas de historietas pornográficas ilustradas, con enormes tirajes, que también habían proliferado y se podían adquirir en cualquier puesto de periódicos: *Vodevil, Vea, Picante, Afrodita* y muchas más (argumento tipo: en el espacio de una noche, una virgen onanista se inicia accidentalmente en el lesbianismo, el *fellatio* y el *cunnilingus*, y a la mañana siguiente tiene su primer coito normal con un gorila). Hemos entrado a la era uruchurtiana, la época del apogeo de la hipocresía, el agachismo y la simulación: cierre de cabarets a la una de la madrugada, persecución de prostíbulos que no cuenten con la protección oficial, establecimiento de un Cinturón del Vicio alrededor del centralista Distrito Federal.

Desde ahora las películas mexicanas se emplearán para predicar contra el aborto *in extremis* (*Tu hijo debe nacer*), contra la infelicidad matrimonial (*Esposa te doy*) y contra los huérfanos sin hogar (*La ciudad de los niños*). Un cine inescrupulosamente panfletario recuerda a las jovencitas el único deber de su existencia: llegar puras al matrimonio so pena de ser expulsadas de las películas en Mexicolor (*Con quién andan nuestras hijas, Llamas contra el viento, Los novios de mis hijas, Una joven de dieciséis años*). Un dato superfluo: *El caso de una adolescente* (1957), con Marta Mijares, es un *remake* de *Una virgen moderna* (1946), con Lilia Michel. La clase media (idiota, según la clasificación de Wright Mills) mexicana está de plácemes; es un cine para toda la familia que le dice lo que debe

hacer y omitir. El único tema que el cine nacional de este periodo no se atreve a tratar es el que le daría un matiz científico a su ideología y resumiría sus intenciones: la Defensa e Ilustración de la Perinorrafia.

A Benito Alazraki se le debe el desperdicio de dos buenos asuntos sobre prostitutas humanizadas. El primero es el de *Los amantes* (1956), basado en Francisco Rojas González, que presentaba el romance de una pupila de casa de citas (Yolanda Varela bailando cha-cha-chá con un panzón decrépito), con un estudiante improbable (Carlos Baena), quien la rechaza al final cobardemente. El guión contenía situaciones francamente heterodoxas, como aquélla en que la prostituta lleva al joven a la casa de su madre en Guadalajara, va por él en la noche y hacen el amor en la intocada cama en que había muerto el padre. Pero la cinta es didáctica, profiláctica y está muy mal actuada por todos los intérpretes menos uno: Jorge Martínez de Hoyos que encarna a un cinturita venturoso y amigable.

El otro desatino de Alazraki es el que comete con el excelente guión de *El toro negro* (1959), escrito por Luis Alcoriza. Narraba la toma de conciencia de la mediocridad de sus facultades por parte de un aspirante a torero (Fernando Casanova). Eje de la trama, una mujerzuela (Teresa Velázquez) mantenía a su padre (Miguel Manzano), falso inválido, y, prostituyéndose, sufragaba los gastos de su amante torerillo para que participara en una miserable corrida de provincia que resultaba un fracaso tan grande como la plana y descosida película que concluía. La frustración con escasos destellos (la secuencia final con el torero consternado en el estribo del autobús foráneo) redundó en un beneficio: en vista de la mediocridad que lo rodeaba, Alcoriza se animó a filmar él mismo sus argumentos.

Hemos llegado al presente. Aún hoy, el tratamiento natural de la prostitución quiere ser la garantía de las ambiciones artísticas de un filme fuera de lo común, audaz y provocador. Pruebas al canto: en *El brazo fuerte* de Giovanni Korporaal (1959), película pionera del cine experimental que denunciaba el caciquismo pueblerino, se describe un burdel de poblacho, jacalón con piso polvoroso y techo de palma, donde los políticos explotadores amparados por la ley se agasajan con prostitutas gordas,

La mejor manera de ser sacrosanta consiste en dedicarse a la prostitución, sólo la sensiblería redime; hay que aprender a retorcerse en la cama rezando el Yo pecador (*Casa de mujeres*).

untuosas y ventrudas. En *Viento negro* de Servando González, el campamento ferroviario recibe la visita de un burdel ambulante, réplica del que aparecía en *Espaldas mojadas* de Alejandro Galindo, que sirve al director para sentirse genial y ocultar sistemáticamente el rostro de las prostitutas gritonas y pataleantes.

En otra película experimental, Rogelio González Garza presenta a un proxeneta maricón (Carlos Jordán) que introduce obsequiosamente a los militares en su casa para que el oficial encargado de dirigir el fusilamiento que debería desatar el *Llanto por Juan Indio* sufra de impotencia sexual entre las piernas de una prostituta durante toda la película. En *Los mediocres* de Servando González y en *Un alma pura* de Juan Ibáñez hay escenas similares: en sus afanes por recibir la primera comunión sexual, los jóvenes protagonistas van a dar a inmundos cuartos de hotel en compañía de prostitutas rechonchas e indeseables que los inhiben con sus risotadas.

En la actualidad, el cine mexicano sigue dominado por la sombra de la prostituta, no tanto como figura como en espíritu, en humor y en escala de valores. Así, los chistes verdes que reducen toda la vida de una mujer *decente* a divagaciones soeces, acostones extraconyugales y fingimiento, los chistes que harán su delicia cuando sean respetables señoras canosas y se sientan en la confianza del contubernio, esos chistes comenzarán a ser gustados, amados y atesorados como modelo de vida en una reunión ritual de muchachas en bikini durante una *Despedida de soltera* (Julián Soler, 1965), jornada que se dedica a todas las prostitutas fallidas que viven semiahogadas en la intimidad de las submujeres burguesas.

Al cine hecho con mentalidad de ramera, debemos añadirle otro tipo de cine actual que parece realizado *por* y *para* prostitutas, pero nunca *con* prostitutas. Para celebrar dignamente los Cincuenta Años de la Industria Fílmica Nacional y los Treinta y cinco Años del Cine Sonoro Mexicano, una fábrica de malvaviscos que empalagan y empiezan a degradar la sensibilidad desde la primera toma cuyo lema es "Todo puede ser pegajoso sabiéndolo almibarar", producciones de Carlos Amador (*Cri-cri, el grillito cantor*; *Buenas noches, año nuevo*), presenta la superproducción *Casa de mujeres* del inefable Julián Soler (1966), homenaje al color chillante, al maquillaje grotesco y al diálogo pocamadre. La pieza española *Canción de cuna* (que había terminado lamentablemente la carrera de Fernando de Fuentes) se traslada a una casa *non sancta* y sustituye a las monjas por prostitutas, sin que varíen ni su filosofía ni sus alcances sentimentales. Ya en 1942 Gabriel Soria había filmado una primera versión del asunto, aunque no tan oportuna ni tan significativa como la segunda.

En cines considerados aristocráticos, la película permanece veintiuna semanas. La empresa ha sido solícita con las unánimes urgencias femeninas. Sé que a ti, como prostituta que eres en tu fuero interno, te gustaría ver en una sola película todas las escenas que siempre has soñado. Ahí está, pues, *Casa de mujeres*: la melancolía será representada por estudiantinas que cantan a coro redivivas loas al neoporfirismo; en una Nochebuena, la patrona y las pupilas de un burdel citadino (a la orden: Dolores del Río, Elsa Aguirre, Rosa María Vázquez, Martha Romero, Elsa Cárdenas, María Duval y Susana Cabrera, viejas actrices demacradas y fofas, nuevas actrices precozmente ineptas), sintiendo en carne viva los remordimientos de su inhumana condición, maldecirán las perras de la vida, lamentarán no poder asistir a misa y entonarán lacrimosos villancicos navideños; colmarán sus maternidades frustradas con un niño que les caerá del cielo, como el creador, por obra y gracia del espíritu de Fernando Soler; convertirán el lupanar en una guardería; arrullarán tiernamente y por turno al niño; cuando lleguen clientes tendrán que voltear apresuradamente los cuadros infantiles, descubriendo feas imágenes obscenas y retirarán los ositos de peluche que invaden los sillones; el nene dejará mudos a los orgiásticos comensales cuando haga su entrada en la diócesis; todas las chicas tendrán que redimirse heroicamente; un adolescente demostrará su timidez cuando salga huyendo espantado después de ver las modernas arrugas que tiene el cuello de Elsa Aguirre; la pupila reincidente purgará sus culpas provocando un accidente al ver un zapatito infantil que cuelga del espejo retrovisor del automóvil de su cliente; el niño crecerá en el temor de Dios, se convertirá en Quique Félix, conseguirá un empleo en las Naciones Unidas y perdonará conjuntamente, en otra Navidad, a todas las prostitutas bienamadas, besando sus canas y reconociendo sus cuerpos arrepentidos bajo las uniformes túnicas enlutadas. "Mujeres públicas, sí señor, pero muy católicas". La mejor manera de ser sacrosanta consiste en dedicarse a la prostitución; sólo la sensiblería redime; hay que aprender a retorcerse en la cama rezando el Yo pecador. ¿Dónde habremos oído eso antes? El ciclo acaba de cerrarse, fervorosamente. ¿Será la verdadera historia del cine mexicano un largo viaje de *Santa* a *Casa de mujeres*?

Resulta curioso comprobar que el cine mexicano, cuya popularidad radica en sus repetitivas riñas de cantina, derroche de tequila y canciones insolentes, sea un cine que casi nunca ha podido abordar seriamente el tema de la violencia (*Rosauro Castro*).

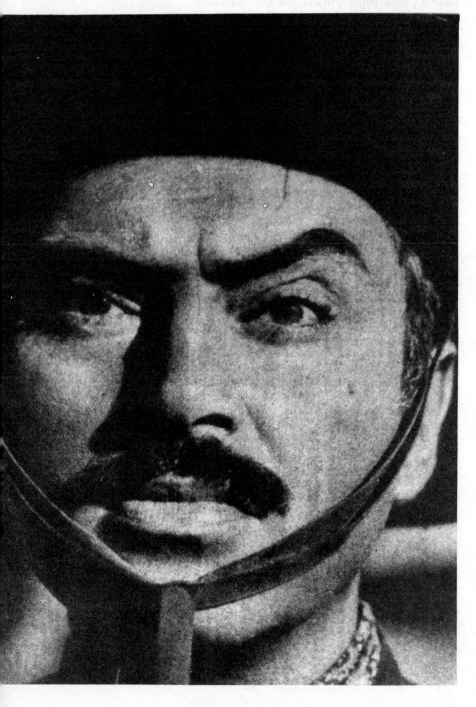

La violencia

Entre los equívocos que sostuvieron internacionalmente a la llamada escuela cinematográfica mexicana –escuela que sólo frecuentaban el camarógrafo Gabriel Figueroa y el director Emilio Indio Fernández– la violencia fue un factor predominante; era el pilar que soportaba la parte más pesada del edificio: el elemento dramático.

Ahora que el edificio se ha derrumbado, en sus ruinas la violencia de Fernández aparece como una escoria. Gratuita y exterior en sus mejores momentos, la violencia es confundida con la brutalidad pura y simple. Sirve, cuando mucho, para propiciar las consabidas composiciones plásticas de dudosa y estática belleza posterior a Eisenstein. Los desmanes revolucionarios de *Flor Silvestre*, el linchamiento a pedradas de *María Candelaria*, la decadencia burdelesca de la heroína de *Las abandonadas*, los bofetones propinados por la joven "machorra" al general de *Enamorada*, la ejecución del cacique por la maestra rural en nombre del progreso nacional de *Río Escondido*, el duelo a caballo de *La malquerida*, las persecuciones antindígenas de *La perla* y *Maclovia* o los pleitos entre presidiarios de *Las Islas Marías*, pertenecen a una violencia que se plantea *a priori*, sin motivo. La violencia erótica del final de *Enamorada*, cuando María Félix abandona su fiereza y su hogar para seguir al caballo de Pedro Armendáriz, ha sido tomadas de *Morocco* de Von Sternberg (*Marruecos*, 1930), donde la cantante de cabaret Marlene Dietrich termina siguiendo a Gary Cooper en su marcha a través del desierto; otra versión plagiaria de esa misma escena puede encontrarse en *Rincón brujo* de Albert Gout (1949): Gloria Marín es incapaz de resistir el nada atlético torso de Víctor Junco. En el dilema estético que le planteaban los duelos a caballo de José Clemente Orozco y los grabados de Leopoldo Méndez, el Indio prefiere ilustrar los tamborazos de su músico Antonio Días Conde.

Si bien el Indio Fernández conceptuaba la violencia como el acto irracional opuesto a la justicia, el desarrollo de sus películas cuando más consiguen oponerla a la felicidad y a la expansión de los buenos sentimientos y a la vida tranquila (en *Pueblerina*, ejemplarmente). A pesar de que la crueldad del realizador no se detenga ante ningún reparo de mesura ni retroceda ante ninguna aberración, su violencia respeta hasta las ínfimas convenciones sociales y religiosas. La violencia es culpable y regresiva en abstracto; en ella ha encarnado la adversidad.

Por esto los nobles salvajes que habitan el cine de Fernández, con los personajes de Pedro Armendáriz a la cabeza, debiendo enfrentar la violencia como situación impuesta por un artificio dramático, la asumen siempre de la manera más elemental; por medio de la voz estentórea, el ademán feroz y el gesto señudo. La violencia de Fernández es, pues, una violencia infantil, reducida e impúdica, gesticulante e ineficaz como alarde exhibicionista. Con esta óptica, el reguero de cadáveres al final de *Paloma herida* es la conclusión lógica de una carrera compuesta de gruñidos solemnes e inofensivos.

Quizá atemorizados por la sombra que proyectaba sobre ellos el Indio Fernández, los demás realizadores de prestigio del cine nacional apenas han tratado episódicamente el tema de la violencia. En Julio Bracho, por ejemplo, el asesinato del esbirro político por la cabaretera implorante (Andrea Palma) en *Distinto Amanecer* se dulcifica al máximo. Es cometido en defensa propia, se encuadra en primer plano, la cámara se emplaza en campo-contracampo y las tomas cortas se editan en montaje alterno con rapidez inusitada. Claro que la violencia física y la virilidad nunca han sido características del cine de Bracho. Los momentos fuertes de su cine, en caso de ser detectados generosamente, habría que encontrarlos en los rostros contritos de personajes aquejados por "tremendos conflictos psicológicos", en alguna acusación de radionovela o en el patético monólogo interior de algún personaje sin asomo de vida interior (*Crepúsculo*, *La mujer de todos*, *Rosenda*, *San Felipe de Jesús* y todas las demás.)

El cine de Fernando de Fuentes trasciende la violencia sin tocarla. La obra de Alejandro Galindo acostumbra bordear el tema de la violencia, pero nunca lo acomete de lleno, incluso sus personajes centrales son un boxeador (*Campeón sin corona*) o fugitivos de la justicia (*Cuatro contra el mundo*). Este carácter tangencial de la violencia es, por otra parte, un acierto en varias obras de Galindo.

Resulta curioso comprobar que en un cine como el mexicano, cuya popularidad –nacional y continental– radica en su repetitiva introducción de riñas de cantina, balaceras, bravucones, mujeres bravías, derroche de tequila, canciones insolentes, venganzas y rivalidades resueltas siempre con sangre, sea un cine que casi nunca ha podido abordar seriamente el tema de la violencia. Inclusive personajes y géneros que se preocupaban por aposentarse en la violencia para ganar el colectivo respeto provocan risa al ser analizados mínimamente.

Aparte del personaje de Pedro Armendáriz ya mencionado, el personaje de Jorge Negrete, sin ser un violento, usaba consuetudinariamente de la violencia cada vez que quería demostrar su categoría de macho. Pero no hay quien pueda hacerse ilusiones, la violencia que propalaba el charro cantor insuperable, querido de las mujeres y apreciado de los hombres, era una violencia circunstancial, endomingada y fanfarrona.

Los gángsters del cine mexicano jamás alcanzan la grandeza trágica gracias a la violencia. Y la razón no es que sean poco numerosos o diversificados. Pueden ser marionetas articuladas por la oligofrenia de Juan Orol (*Los misterios del hampa*, *Gángsters contra charros*), psicópatas al estilo *Alma negra* de Walsh (*La noche avanza*), presidiarios recluidos en alguna calca de *Big House* (*Carne de presidio*), hombres humildes que caen en las garras del mal (*Quinto Patio*), maldosos pachuquillos sádicos (*El suavecito*), pistoleros ortodoxos (*Traigo mi 45*), trinqueteros del box (*Paco el elegante*) o asaltantes por necesidad económica (*Cuatro contra el mundo*), pero ninguno de ellos trasciende la trama inocua. Son tránsfugas del barrio celosos de su continencia edípica y de sus inferioridades sociales. Se conforman con el *dandismo* exhibicionista (*Paco el elegante*) o están abrumados por un pasado de revista de historietas (*Carta Brava*, *Manos de seda*).

Existe también un cine de violencia psicológico, deleznable y cursi. Los grandes torturados morales son Libertad Lamarque (*La mujer sin lágrimas*, *La marquesa del barrio*, *La mujer X*), purificación catártica de la sensiblería pequeño burguesa, y el actor más declamatorio y falso del cine nacional: Arturo de Córdova. Este último, prototipo del héroe "intensamente conflictivo", ha colmado dos décadas y media de cine discursivo e intelectualoide. Con los ojos fuera de sus órbitas y la voz afectada, Arturo de Córdova ha sido un médico apabullado por problemas éticos (*Crepúsculo*), un burgués víctima del deseo (*La diosa arrodillada*), un maniático sexual a la Goyo Cárdenas (*El hombre*

Adaptación de una novela de B. Traven, *La rebelión de los colgados* narra la lucha de un grupo de peones esclavizados contra los dueños de un aserradero, a principios de siglo.

sin rostro), un psiquiatra zozobrante (*Paraíso robado*), un "escritor" culpable de un triple adulterio lacrimógeno (*Las tres perfectas casadas*), un adivino chantajista con ambiciones nietzscheanas (*En la palma de tu mano*), un asesino escrupuloso capaz de despertar pasiones incestuosas (*Cuando levanta la niebla*) y hasta un sacerdote católico en peligro de pecado mortal (*Miércoles de ceniza*). En diálogos del tipo "me siento manchado para toda la vida", "mi vida es como el vértigo de un aparato de feria" y "la cascada no se preocupa ni tiene remordimientos", el actor ha sabido inspirar la inflexible continuidad de una misma opereta paranoide.

A dos directores tradicionalmente impersonales, Roberto Gavaldón y Alfredo B. Crevenna, se les deben esforzadas aproximaciones al tema de la violencia desde un punto de vista social. Se han conjugado factores ajenos a su voluntad. Gavaldón contó con un estimable libreto del novelista José Revueltas en *Rosauro Castro* (1950), y Crevenna sustituyó al Indio Fernández en el rodaje de *La rebelión de los colgados* (1954). Sin embargo, ninguna de las dos películas erige sobre la violencia una ideología de combate. Un esquema simplista de explotadores y oprimidos goza de la mayor indiferencia política de los realizadores.

Rosauro Castro describe las postreras doce horas de vida de un cacique pueblerino, temido e intocable, manipulador de las autoridades del lugar. El pueblo entierra en procesión al último descontento que se había postulado como candidato a presidente en las elecciones municipales. Preocupado más por los regaños de su madre o los sollozos de su mujer, el criminal y bullicioso Rosauro acompaña a su hijo a la escuela pública, después lo lleva al teatro de títeres, antes de que una certera bala perdida se incruste en la frente del niño. Gracias a la iniciativa de un agente del Ministerio Público y al azar, entonces, el cacique muere asesinado finalmente a manos de uno de sus más corruptos cómplices gubernamentales en franco proceso de arrepentimiento.

A Gavaldón poco le importa lo que narra. Filma sin coraje ni convencimiento. Se muestra exterior a todo. Cuando quiere emocionar, prodiga *close-ups* de Pedro Armendáriz con la boca abierta en estruendoso desafío. Establece con ineptitud sus relaciones de distancia. *Rosauro Castro* es una película inerte. Recordamos que anteriormente el prestigioso director había sido capaz de tomar en serio, en la forma más anodina, desde la sátira de Jenaro Prieto *El socio* hasta el tedio humillante de una hetaira enclaustrada en *La casa chica*. Lo que se ha interpretado habitualmente como la "frialdad congénita" de Gavaldón no es sino una capacidad enorme para aplanar guiones, volviéndolos tributarios del lugar común de la derecha.

Adaptación de una novela de B. Traven, *La rebelión de los colgados* narra la lucha de un grupo de peones esclavizados contra los dueños de un aserradero, a principios de siglo, en el sudeste del país. Menudean las razones de la insurrección. Hemos visto cráneos aplastados a pedradas, mujeres que se violan salvajemente, ojos de fugitivos que se traspasan con ramas espinosas y peones perezosos que se castigan colgándolos de los pies. Pero en vano se debaten, se rebelan y triunfan los explotados. Crevenna siempre tiene presente que es un especialista del melodrama conyugal para clase media del tipo *Mi esposa y la otra*. En su demagógico lenguaje no podemos encontrar ninguna efusión de lirismo, ningún impulso solidario, ninguna nobleza. El humanitarismo y la retórica dominan. Para el director de origen alemán, el sufrimiento de esos peones nunca llegará a ser tan profundo ni emotivo como sentirse obligado a llevar *Orquídeas para mi esposa* engañada.

Después de varios años de calma exasperante y pistolas mercenarias, en el éxito de taquilla de *Viento negro* (23 semanas en una de las salas más grandes de la capital), el cine mexicano de la violencia parece renacer de sus cenizas. En el desierto de Altar, estado de Sonora, se tiende una vía férrea. Trabajadores del gremio rielero e ingenieros civiles aúnan sus esfuerzos para contribuir a la magna odisea de "partir al desierto en dos". El director Servando González no retrocede ante nada. Tenaz y exaltado, rechaza todo aquello que lo aleje del paroxismo megalomaníaco y el neomachismo.

Viento negro es el alarde tremendista más incontenible del cine mexicano. El autor de *Yanco*, nuestro Walt Disney nahuatlaco, se ha tomado por Samuel Fuller; ahora canta la energía y el ímpetu. Y es el agobio telúrico la mejor vía de acceso a la loable dureza retrógrada del feroz capataz a quien sus enemigos apodan el "Mayor hijo de la..."

Aquí el orgullo viril se define mediante gritos autoritarios y morcillas teatrales, versificaciones "espontáneas" y revolcones por tierra. La amistad entre hombres se resuelve en el ablandamiento mutuo de adiposidades a fuerza de manotazos eufóricos. El amor paterno se expresa ampliamente a través del desprecio humillante al hijo profesionista, para que se "haga muy hombre". El conflicto íntimo se hace patente en las náuseas de introspectivos *travellings* en círculo alrededor del sujeto acometido por el pesar.

El heroísmo del trabajo rudo soporta temperaturas calcinantes y tormentas de arena. La violencia óptica se atribuye al apuntalamiento de trenes que amenazan voltearse, a explosiones de *jeeps* y a post-*indio*-fernandezcas antorchas nocturnas barriendo el desierto. Los hombres enloquecen con las rechonchas pupilas de un burdel ambulante que ocultan su cara y, entre deformes senos y abdómenes sudorosos (fotografías "sólo para hombres"), entre vagido y espasmo, se dan tiempo para accionar un tiovivo de juguete. Indefensos en la inmensidad del desierto, los topógrafos mueren de sed, de agotamiento, de torpeza o cegados por el sol. Inmodestamente, Servando González disputa a Roger Corman el título de máximo provocador de reacciones eméticas del cine contemporáneo.

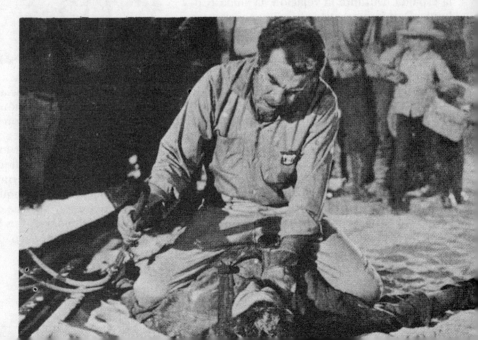

Después de varios años de pistolas mercenarias, en el éxito de taquilla de *Viento Negro* el cine mexicano parece renacer con el tema de la violencia.

Viento negro es, también, un himno a la Patria en pujante marcha hacia el desarrollo del transporte y el empeño del subdesarrollo mental. Contribuir al engrandecimiento de la nación significa retratar alimañas, quemar con soplete los cabellos de insubordinados subalternos gigantones, expoliar prostitutas perniciosas, perecer por descuido en el desierto, rechazar cualquier forma de sentimentalismo que pueda conducir a la mujer y derretirse de afecto sobre una incitante sonrisa infantil. Obra maestra del equívoco nacionalista "a mí lo mío", suprema versión del aforismo Como la Brutalidad Mexicana no hay Dos, *Viento negro* fue calificada por el crítico francés Marcel Martin como "una película filmada a puñetazos". En efecto, el pugilista Servando González se ha liado a moquetes valerosamente con el vacío.

Hasta el momento, quien mejor ha abordado el tema de la violencia en el cine mexicano es Ismael Rodríguez. Y ello gracias a una sola película, *Los hermanos del Hierro*. Aquí, Rodríguez se muestra menos burdo y salvaje que cuando hizo que Pedro Infante vaciara un ojo a su enemigo con la pata de una silla en el interior de una bartolina en *Nosotros los pobres*.

Los hermanos del Hierro es el más fecundo encuentro de Ismael Rodríguez con el novelista Ricardo Garibay, con quien colaboró también, menos venturosamente, en *La cucaracha* y *El hombre de papel*. La sequedad desesperanzada del autor de *Mazamitla* y *Beber un cáliz* aportó a la obra de Rodríguez el basamento dramático adulto, legítimo y consistente, cuya ausencia perjudica aun los mejores filmes del director. Para poder dilucidar el significado de *Los hermanos del Hierro*, veamos primero la trama del filme.

Mientras cabalgaba al lado de su hijastro y su hijo, a Reynaldo del Hierro lo asesinan por la espalda. Durante la velación, la viuda (Columba Domínguez) evoca su primer encuentro con el fuereño, la vida de ambos en el rancho, los breves momentos de felicidad conyugal con su progenie. Los huérfanos, Reynaldo y Martín, crecen bajo la protección de su madre, en medio de la soledad y la miseria. No se les educa normalmente; la madre los adiestra para la venganza. Un pistolero profesional que va de paso (Ignacio López Tarso) se encarga de enseñarles la técnica y los secretos de su oficio. Ante el sonido de las armas de fuego con que debe familiarizarse, Martín, el más pequeño, sufre una alteración nerviosa que señalará para siempre su conducta.

Los trastornos emocionales de Martín (Julio Alemán) sólo esperan la edad adulta para manifestarse. Cierto día, en la fiesta de un pueblo cercano, los jóvenes asisten a un baile y allí se advierten por primera vez las diferencias entre los dos medio-hermanos. Mientras Reynaldo (Antonio Aguilar) elude una pendencia, se retira de la reunión y conoce a Jacinta (Patricia Conde), una muchachita que coquetea ingenuamente con él, Martín se enfurece ante una fútil provocación, se arroja como animal feroz sobre su agresor y se lía a puñetazos con el desconocido. Cuando el pleito amenazaba convertirse en un duelo, Reynaldo consigue frenar a su hermano. Desde ese instante empezará a velar por Martín, porque, aunque los hermanos del Hierro definan sus caracteres por oposición, ninguna rivalidad mediará entre ellos.

Por fin, la ocasión tan esperada por la madre se presenta y los dos hermanos parten en busca del asesino de su padre a quien han visto en un

pueblo vecino. La presencia de Reynaldo puede más que la precipitación de Martín y es el primero en encararse con su presa, Pascual Velasco (Emilio Fernández), un hombre viejo, acabado y carcomido por los remordimientos al que ya no vale la pena liquidar. No obstante, Martín aparece en la puerta de la cantina donde se han encontrado aquéllos y desde ahí acribilla al asesino, sin que éste tenga la oportunidad de defenderse. Los hermanos huyen y se refugian en casa de su madre, pero no tardan

En *Los hermanos del Hierro*, Rodríguez se muestra menos burdo y salvaje que cuando hizo que Pedro Infante vaciara un ojo a su enemigo.

en ser aprehendidos por las tropas federales.

Una vez en prisión, Reynaldo y Martín encontrarán en el crimen la manera de salir a salvo de su crítica situación. Martín acepta ejecutar al enemigo político de un influyente militar (Pedro Armendáriz), caza a su víctima (Víctor Manuel Mendoza) a la vera de un río y los dos hermanos recuperan su libertad. Sin embargo, un alarde de Martín ha malogrado la empresa y la libertad de que ahora gozan es precaria, deben ocultarse, trabajar lejos de su tierra, adonde sea, seguir huyendo de la justicia.

Martín se ha ido transformando en un personaje irritable y envilecido que se entrega con entusiasmo a la violencia y que destruye cuantos esfuerzos procura Reynaldo por iniciar una vida normal. Varios homicidios más, por indignación o por encargo, son acumulados por Martín. Siempre errabundos, parece que los dos hermanos permanecerán célibes y desarraigados, pero, empleados fortuitamente como vaqueros en el rancho de Manuel (David Reynoso), el hermano-tutor de Jacinta, ambos tratarán de aprovechar la impaciencia amorosa de la joven. Reynaldo pierde terreno, su timidez exaspera a Jacinta. De este modo, por la vía de la audacia, cuando los celos preventivos de Manuel exigen a los hermanos del Hierro su partida, Martín se lleva a la joven consigo. Reynaldo debe aceptar, noblemente, en silencio, el despojo que él mismo ha propiciado.

Ha transcurrido el tiempo y los hermanos pueden regresar al lado de su madre, quien los acoge y presencia la boda de Martín con Jacinta. Pero, enseguida, Martín vuelve a darse a la fuga, ahora perseguido tanto por la fuerzas policiacas como por Manuel que ha jurado matarlo para vengar el agravio del rapto. En ausencia de su marido, Jacinta concibe un hijo.

A Martín lo hieren y acosan sus perseguidores. Un viajero lleva la noticia a Reynaldo que va en su ayuda y lo salva en el último momento de una escaramuza mortal. Desalentados y abatidos, los dos hermanos parten de nuevo a caballo. Cuando los guardias rurales vuelven a la carga, en vez de hacerles frente, arrojan sus pistolas al aire y se hacen exterminar voluntariamente. Sus cadáveres, pasto del viento y el sol, quedan abandonados en el desierto. El pistolero que había sido su maestro en la infancia, acierta a cruzar cerca de ellos, pero pasa de largo siguiendo su camino.

Desde la descripción de los miedos infantiles hasta su trágico final, *Los hermanos del Hierro* incita a una meditación sobre la violencia. No es un azar, sino una cualidad tenazmente acosada, el que todos los caracteres del filme sean rudos. La naturaleza de la gente del norte de la República mexicana, lugar donde se sitúa la acción, hace que los personajes ganen en corpulencia, verticalidad y dureza lo que pierden en comedimiento y sentimentalismo. Hoscos incluso en sus afectos, los norteños, sobriamente perfilados por Garibay y Rodríguez, profieren sus parlamentos en un dialecto exacto, tácito. Los "huercos" y los "pelaos" se espetan sin descanso. Preocupado siempre por la correcta reproducción del lenguaje popular –de ahí deriva, hemos dicho, parte del éxito de los pícaros de *Los tres huastecos*, *Nosotros los pobres* y *La oveja negra*–, Ismael Rodríguez subraya el regionalismo y la agresividad de frases como "qué pues", "ya está bueno", "se me largan ahorita mismo", "yo qué iba a saber si no sabía", haciéndolas que se escuchen como atributos externos del temperamento de los personajes.

De suerte que sólo por medio de un impresionante reparto podría defenderse comercialmente un filme fuera de lo común en una etapa de crisis, *Los hermanos del Hierro* viene a ser un verdadero cementerio de elefantes. Se han dado cita todos los actores recios del cine mexicano. Así, los personajes secundarios autentifican el clima de hostilidad en que se desenvuelven las figuras centrales. Las apariciones breves de actores que en un tiempo fueron primeras figuras son eficazmente encadenadas por el ritmo seguro y elíptico que imprime Rodríguez a su película. Emilio Fernández como el asesino vestido de negro, con cuerpo desproporcionado, rictus perpetuo en la boca y mirada torva; Ignacio López Tarso, pistolero amargado, irascible, petulante, estoico, apretando las mandíbulas al negársele una taza de café, rondando la película como el personaje del destino en alguna obra de Marcel Carné y Jacques Prévert; Pedro Armendáriz como general y político a la mexicana, irguiendo su apostura implacable contra las rejas de la celda; Víctor Manuel Mendoza, a caballo, vociferando contra los secuaces que lo abandonan al cruzar el río, gritando desafiante al blanco en movimiento que lo amenaza; David Silva, pelado a rape, con gruesos bigotes, iracundo, aullando de dolor y rabia mientras Martín oprime su mano contra las brasas ardientes en el juego de "las vencidas"; las presencias de todos estos actores envejecidos, además de crear un ambiente, cumple una doble función: como desfile de siluetas sombrías y como festival de fantasmas sobrevivientes de un tipo de cine que se derrumba por su propio peso. *Los hermanos del Hierro* segrega la nostalgia de un mundo cinematográfico que nunca existió.

Hasta el momento, quien mejor ha abordado el tema de la violencia en el cine mexicano es Ismael Rodríguez, ello gracias a una sola película, *Los hermanos del Hierro*.

Los escenarios naturales desempeñan en la película el papel simbólico del determinismo y la dependencia del medio. Las tormentas de polvo que asuelan la región, penetran en las casas y borran el rastro de los jinetes. El paisaje es agreste, la tierra desolada, la ventisca insistente, la vegetación exigua, petrificada. Los intermedios cósmicos del filme son a veces demasiado inoportunos, hacen obvia su función simbólica. En cambio, los lugares comunes de la violencia cinematográfica degradante, el alcohol, la cantina y la canción ranchera, son frecuentados parcamente por Rodríguez. Si los hermanos del Hierro localizan al asesino en la cantina, ésta actúa más como sitio indudable de reunión que como decorado definidor de hombría alcohólica, su ejercicio habitual.

Los hermanos del Hierro es un filme híbrido. Empleamos este vocablo sin valor peyorativo. En el interior del relato confluyen dos corrientes cinematográficas, de diferente importancia, que se nutren entre sí con lo mejor de sus caudales. Varios motivos del *western* norteamericano sustentan la verosimilitud de la acción.

A ellos se ligan motivos constantes del cine de Rodríguez como la peculiar vitalidad popular y las relaciones familiares (que analizamos en otro capítulo).

Situaciones como la atracción sexual que ejercen los forasteros sobre la sensibilidad femenina, la senda deshumanizante que transitan los jinetes errabundos, el impávido estoicismo de los pistoleros asqueados de su oficio, se basan en sobreentendidos convencionales. Preexisten, se apoyan en películas del tipo de *Fiebre de sangre* (Henry King, 1949) o bien *Hombre sin rumbo* (King Vidor, 1955). El repertorio mitológico del Oeste permite su asimilación a toda aquel director extranjero que lo enfrente con un sentido crítico, receptivo y viril.

Pero, sobre todo, por encima de la naturaleza de los personajes, los actores, los escenarios, los géneros y defectos evidentes del filme como cierto tecnicismo abusivo (*top-shots* y bruscos choques de montaje a efectos de festival internacional), *Los hermanos del Hierro* seduce por la índole moral de sus creaturas. Quizá ésta sea,

con excepción de los filmes de Buñuel, la única cinta mexicana que no contiene ningún personaje positivo. De ninguno de los seres que habitan el filme puede hablarse de figura ejemplar o deliberadamente simpática. En ello se oponen radicalmente al Pedro Infante creado por Ismael Rodríguez. Esta falta de idealización favorece que algunos prototipos (la novia asexuada, el tutor bondadoso y los matones) sean trastocados. La irónica manipulación de la madre es una consecuencia de lo anterior.

La venganza que acaricia fervorosamente la madre durante toda su vida, representa la violencia heredada, transmitida, impuesta por el ambiente, respirada desde el nacimiento. Si la figura de la madre es reconocida aquí por Rodríguez como un ser pasivo, ese reconocimiento es sólo aparente. De una belleza helada, autoritaria, reprimida, reblandecida por el odio y el remordimiento, la Columba Domínguez de *Los hermanos del Hierro* niega la pasividad exterior con su violencia subrepticia, calculada. El mito mexicano, atávico y bíblico, de la madre clemente, dócil y sumisa, sujeto actuante de la abnegación, es invertido y derribado por el mismo director que lo cultivó en *Los tres García* o en *La oveja negra*. Esta madre, que incuba la violencia disparando ante los ojos aterrorizados del pequeño Martín, y a la que finalmente Reynaldo manifiesta su rencoroso desprecio evitando su bendición hipócrita al hacerla a un lado con su cabalgadura, tiene su equivalencia en artistas de mayor rango que Rodríguez. Se corresponde con la madre que delata a su hijo en *Los olvidados* de Buñuel o, más recientemente, en la madre verificada en la prostitución de *En este pueblo no hay ladrones* de Alberto Isaac. Y para que no quepa duda de su propósito, el énfasis de estilo de Rodríguez intercala una imagen casi espectral de la madre en la última secuencia del filme. El gesto impenetrable de la vieja enlutada meciéndose en su sillón, preside la muerte de sus hijos como un árbitro mudo e impasible capaz de proyectar a distancias su nociva influencia material.

Martín y Reynaldo, por su parte, nunca están presentados como malvivientes. Aunque tampoco Reynaldo del Hierro es ningún héroe. Carece de aplomo o de semblante altivo y no es un antihéroe ni una víctima. Es más bien un débil. La decadencia de su hermano lo arrastra consigo sin que en la voluntad de Reynaldo se advierta algún indicio de entereza. Pero la actitud simbiótica y evasiva, rebelde y entrañable, con que Reynaldo acompaña a su hermano llega a ser más trágica que la de Martín porque es consciente. Mientras que

Martín es un ser elemental que obedece de modo irreflexivo a sus impulsos hasta acercarse a la psicopatología, Reynaldo arruina su vida al intentar proteger a su hermano. Martín es dominado por el recuerdo obsesionante de una maldita cancioncilla ("Dos palomas al volar") que su voz infantil cantaba al morir su padre; Reynaldo se deja dominar por una relación enajenada y las fuerzas fatales que desencadena. Martín está cerrado hacia los demás como una bestia egoísta que sólo sabe poseer y arrebatar; Reynaldo está abierto hacia los demás, pero de bien poco le sirve: por indecisión pierde a la mujer que ama, por generosidad incurre en el crimen y se convierte en un proscrito.

En suma, Martín es un violento y Reynaldo es forzado a la violencia. Pero nada es tan simple como eso. Nadie es el mismo antes y después de matar a un hombre. Tal como la describe Rodríguez, la violencia ejerce una fascinación perturbadora. Tiene los poderes de un vicio. La violencia se apodera de los seres, los expresa, los modifica, los desplaza a otra escala de valores y, como la selva de José Eustasio Rivera, termina por devorarlos. Adoptado el punto de vista del verdugo, se inducen sus repercusiones, Rodríguez puede realizar un movimiento dialéctico y se acaba por negar la violencia.

En el curso de este análisis hemos mencionado nombres como Carné y Henry King. Los hemos intercalado con un doble propósito: señalar por comparación las características ya enunciadas y sugerir el nivel artesanal de Ismael Rodríguez. ¿Por qué, a pesar de manejar temas como el destino inflexible y encontrar resonancias expresivas en las fuerzas naturales, el drama de *Los hermanos del Hierro* no nos remite a realizadores como Fritz Lang (*Sólo vivimos una vez*) o a Akira Kurosawa (*Yojimbo*)? En el cine de Rodríguez existe una considerable energía, pero jamás está regida por la grandeza. La energía del director se desperdicia, se desborda por mil resquicios antes de alcanzar una altura elevada. Ante todo, las divagaciones psicoanalíticas, con su primaria oscilación entre la traumatología infantil y el complejo de Edipo, contribuyen a disminuir la envergadura del filme.

La aceptación de esos límites no obsta para que los temas de la cinta consigan una notable fuerza dramática. En *Los hermanos del Hierro*, pues, la violencia innata se pone en tela de juicio, la violencia oficiosa se denuncia, la violencia como actitud moral se rechaza. El mérito principal de Garibay y Rodríguez ha sido, en un cine donde la vida no vale nada, gustar el acre sabor del exterminio.

Los adolescentes

No es por azar que, hacia 1956-1958, el cine mexicano descubra la existencia de un universo propio de los adolescentes. Para explicar ese fenómeno pueden aducirse razones de diversas procedencias: sociales, económicas, sexuales.

Sociales: La realidad objetiva aporta numerosos temas y variaciones. La delincuencia juvenil aumenta considerablemente en esos años. Los diarios brindan gran resonancia a los desmanes y escándalos de adolescentes. Los actos gratuitos de los juniors de la clase en el poder se hermanan con la asociación delictuosa de pandillas de barrio bajo, que son llamadas de "rebeldes sin causa" en homenaje al irónico título de la película de Nicholas Ray. Empiezan a proliferar, en la época, estudios, encuestas, campañas y redadas para frenar "el desquiciamiento de la juventud".

Económicas: El cine mexicano debe competir, en cualquier terreno, con los gustos impuestos por el cine de Hollywood. Los éxitos de *El salvaje* de Lazlo Benedek, con Marlon Brando, de *Al este del paraíso* de Elia Kazan, con James Dean, de *Crimen en las calles* de Don Siegel, con Sal Mineo, de *La escuela del vicio* de Jack Arnold, con Russ Tamblyn o del filme de Ray antes mencionado, deben repetirse en beneficio de la rumiante industria nacional. La veta virgen es excitante. Si los adolescentes forman un sector muy importante del público asistente a los cines y exigen la posibilidad de proyectar sus afanes e instintos sobre personajes de su misma edad, se trata de una circunstancia aprovechable, lucrativa.

Sexuales: Las películas sobre el mundo de los adolescentes irrumpen en el cine mexicano inmediatamente después de la serie de filmes con "desnudos artísticos". (*La fuerza del deseo*, *El seductor*, *La Diana Cazadora*, *La virtud desnuda* y *Esposas infieles* fueron prototipos de cintas donde actricitas debutantes o estrellas olvidadas posaban sin ropa, inmóviles, so pretexto de representar modelos de pintores y escultores, atracciones de cabaret o algo por el estilo.) Una de las primeras películas sobre adolescentes es precisamente *Juventud desenfrenada* de José Díaz Morales, cinta de pornografía física y espiritual que se amparaba tras el lema de contener "el desnudo más joven del mundo" [!]. Siempre reprimido, el cine mexicano había empezado a balbucear la palabra sexo y, de súbito, la prohibición de la Dirección de Cinematografía recae sobre sus "audaces" desvaríos. No estábamos, sin embargo, muy alejados de las ingenuas películas de prostitutas de la década anterior. El cuerpo femenino y, ahora, la enunciación de los conflictos eróticos de los adolescentes, representan dos mínimas formas de escape que puede permitirse la mojigatería del envilecimiento pequeñoburgués.

El vigor numérico del nuevo género tiene, cualitativamente, resultados irrisorios. Las películas de adolescentes del cine mexicano casi nunca rebasan los lineamientos del melodrama tradicional que rápidamente los asimila. La clase media posee, entonces, otro motivo de goce al ver cómo sus descendientes se apartan torpemente del buen camino; sabe que a fin de cuentas su moral no será transgredida y los jóvenes abrigándose en ella encontrarán la salvación.

En muchas ocasiones la parábola del hijo pródigo sería demasiado atrevida como esquema del género. Veamos sus variantes. Algunas cintas, como *¡Viva la juventud!* de Fernando Cortés y *Paso a la juventud* de Gilberto Martínez Solares, se desentienden de cualquier problema y concentran su atención sobre la música que oyen los adolescentes y sobre la oposición deportiva estudiantil del Instituto Politécnico y la Universidad Nacional, el lugar común más frecuentado del género. Otras como *Los amantes* de Benito Alazraki, son películas profilácticas en las que se recomienda a los jóvenes que no se enamoren de prostitutas y prefieran la insulsez de sus "noviecitas santas". Películas del tipo de *La rebelión de los adolescentes* de Díaz

Morales quemaban la totalidad de su pólvora en el alarmante título, escondiendo un ínfimo melodrama criminal cuya única justificación era que una joven conducía la encuesta policíaca.

En el ala femenina del género, *Con quién andan nuestras hijas* de Emilio Gómez Muriel, *El caso de una adolescente*, *Quinceañera* y *Chicas casaderas* de Alfredo B. Crevenna, entonan melopeas al segundo sexo, magnificando la difícil pero loable senda, donde acechan mil peligros y cursilerías, que deben transitar las jovencitas para preservar su pureza y ser dignas de incorporarse al género de películas que Salvador Elizondo* ha denominado "de prostitución conyugal". En estas cintas nunca se llegaba a los excesos de las telecomedias injertadas por el género: sólo Maricruz Olivier pudo disfrutar satisfactoriamente los insultos y las humillaciones dirigidas a su madre en *Teresa* de Alfredo B. Crevenna, suculento banquete del odio filial.

Incluso una pieza famosa por su vivacidad como *Las cosas simples* de Héctor Mendoza, merecedora de un tratamiento inteligente, fue llevada a la pantalla, sin pena ni gloria, con el

* "Moral, sexual y moraleja en el cine mexicano", *op. cit.*

programático título de *Peligros de juventud*.

El cultivador más fecundo del cine de adolescentes fue Alejandro Galindo. En su vejez, este director que llegó a ser un afortunado crítico de la mentalidad de la clase media (*Una familia de tantas*) y de la vida cotidiana de los trabajadores proletarios (*¡Esquina, bajan!*), cambió radicalmente de actitud. Como el anacrónico Marcel Carné de *Los tramposos*, dominado por sus preocupaciones sociales, siente la necesidad de transmitir su experiencia a la juventud. Decide acusar públicamente a los realizadores europeos que "no ofrecen soluciones", convierte la pantalla en un púlpito laico y lanza el mensaje cívico-familiar que redimirá a los jóvenes.

Acucioso, califica a la adolescencia como *La edad de la tentación* (1958), se entera con sorpresa de que *Ellas también son rebeldes* (1960), a sabiendas de que *Mañana serán hombres* (1961). A efectos de caracterización sintomática, vale la pena detenerse en *La edad de la tentación*, filme estéticamente nulo, pero que viene a ser algo así como un libro de máximas para la buena educación de los jóvenes o un prontuario de urbanidad sexual. Enumeremos desordenadamente, para no perder el hilo de la

137

anécdota, algunos de los defectos que Galindo advierte en los jóvenes, las causas que intuye y las soluciones que propone:

Los adolescentes masculinos coquetean en la farmacia con la dependienta. Hablan a escondidas de temas inconvenientes. Llegan tarde a la cena. Deben explicárseles con amplitud los pormenores de la vida erótica porque han dejado de ser niños. Es recomendable que asistan a conferencias donde los médicos mencionen la curiosidad sexual y condenen el falso pudor que resulta muy pernicioso. Se citan con su novia a escondidas. Se cohíben ante las perversas insinuaciones de divorciadas provocativas. Llenos de turbación, abandonan el burdel mientras sus compañeros bailan castamente. Deberían llegar intactos al matrimonio, como las mujeres. Pueden aprender en la vida a no respetar al sexo opuesto. Son esperados en vela por sus padres. Las prostitutas los explotan porque son inexpertos. Para no meterse en líos, deben practicar el deporte y tener padres comprensivos que vayan con ellos a los juegos de fútbol. Confían sus problemas íntimos a sus tías solteronas. No pueden perdonar a sus amantes, cuando se dan cuenta de que sólo les sirven de entretenimiento. No se atreven a dar su nombre en la comisaría por miedo a su papá. Mueren ejemplarmente en manos de los traficantes cuando intentan conseguir droga para su querida. Aunque su novia trate de suicidarse, siempre habrá una segunda oportunidad para reparar su falta. No hay duda que el alpinismo no resuelva.

Como se ve, el director plantea situaciones conflictivas que cree de profunda crisis; en *Mañana serán hombres* corresponderá a la elección de dirigentes estudiantiles. Además intercala diálogos de pretendido sabor juvenil: "Creo que ya anotaron un *touch down* ¿no te da gusto?" "Más gusto me da estar aquí contigo". Hace el inventario de módulos de carácter y establece en imágenes una teoría de desorientaciones tipo. Lanza andanadas contra las deficiencias de preparación de los padres, a los educadores indolentes, a la incomprensión que rodea a los adolescentes. En suma, para salvaguardar la moral burguesa, Galindo mistifica una parte, la excepción simplista; elude el juicio por completo. Si un joven "se pierde" todos tienen la culpa, es decir, nadie. Galindo protege a la juventud de la influencia corruptora en abstracto. Bastante menos panorámica que *La edad de la tentación*, pero más coherente y mejor realizada, *Ellas también son rebeldes* nos informaría de manera explícita sobre las ideas de Galindo en materia de ética social. En esta película el autor de *Campeón sin corona* amalgama cinco

casos esquemáticos y convergentes de "rebeldes sin causa" femeninos y los resuelve positivamente por medio de la intervención oportuna y decisiva de un psicoanalista (Ignacio López Tarso) que, en vista del alarmante porvenir que le espera a la juventud mexicana, se hace portavoz del argumentista-director y decide ejercer por televisión su apostolado de gabinete. Así, al mismo tiempo que pone al día el conformismo moral de la clase media dándole un fundamento cientificista, el realizador exhibe discursivamente la contradicción ideológica de su pensamiento de padre de familia atribulado que se siente impotente para encauzar la educación de sus hijos: por un lado hace resaltar las deformaciones producidas por el ámbito social, fustiga la estandarización de los gustos y las costumbres, señala los errores del espíritu no analítico y afirma la singularidad de la persona como el valor supremo de su escala, pero por otro lado, máxima prueba de sumisión a los estatutos que cree combatir, niega cualquier posibilidad de moral revolucionaria o incluso de moral individual.

La reacción contra esa fiscalización calumniosa se hacía imprescindible. No tardó en llegar. Se tituló *La Sombra en defensa de la juventud* y Julio Salvador fue el encargado de redactar al panfleto.

A partir de 1963 el cine de adolescentes decae. O mejor dicho evoluciona. Los problemas sexuales quedan sustituidos por las voces melosas de los baladistas de moda. El género, ya desnaturalizado, cobra un segundo impulso. Es la era de los César Costa, Enrique Guzmán, Angélica María, Alberto Vázquez; los "ídolos de la juventud" hacen sobrevivir el género en la actualidad.

Al hacer el balance de aciertos del cine de adolescentes destacan dos películas importantes. Ambas fueron realizadas por Luis Alcoriza y se incriben cada una en las dos épocas del género. *Los jóvenes* (1960) marcó el debut de Alcoriza como director; *El gángster* (1964) fue su primera comedia. Ya que *El gángster* es una farsa paródica, sólo en *Los jóvenes* podemos encontrar un intento serio por desenajenar el tema de la adolescencia en el cine mexicano.

Inevitablemente, dados los numerosos incidentes y ramificaciones que contiene, el argumento de *Los jóvenes* se deforma en un resumen. Hagamos ese resumen, sin embargo, para tener una base de análisis y referencia.

Después de intimidar y hacer víctimas de sus vejaciones a dos empleaditas que aciertan a pasar por la nevería donde se reúnen, los pandilleros juveniles que comanda el Gato (Julio Alemán) suben a un destartalado automóvil y se trasladan a la carretera. Con sigilo, se acercan al vehículo detenido en que Alicia (Adriana Roel) y un muchacho de buena familia se besan. Fanfarrones y belicosos, los provocadores irrumpen de pronto, pero el Gato, magnánimo, ordena que sólo despojen a la pareja de los escasos billetes que llevan y que quiten al auto los tapones de las ruedas.

Alicia ha quedado vivamente impresionada por la autosuficiencia agresiva del Gato y, a la mañana siguiente, así se lo platica a Olga (Teresa Velázquez) y a sus otras amigas de la academia de inglés. Al atardecer, la joven rehúsa la invitación de su pretendiente, Gabriel (Rafael del Río), modesto estudiante de medicina sin automóvil, y prefiere esperar la llegada de un grupo de amigos con quienes sale a una lunada en el campo. Allí, en medio de la algarabía, y la despreocupación, Alicia rechaza las aproximaciones amorosas de su compañero ocasional, pero al verse despreciada decide aceptarlas.

Gabriel exige, durante el desayuno, aduciendo todo tipo de razones, la compra de un auto a su padre. Como el asalariado profesionista teme comprometer con ese gasto el porvenir de su hijo, el muchacho planea otra forma de impresionar a Alicia. Va a casa de su antiguo amigo el Gato, cuya madre, dedicada al "coyotaje" en el montepío, provee a Gabriel de un original obsequio de cumpleaños. El día del onomástico de Alicia, la chica se niega a asistir a una fiesta con sus padres; su madre, indignada, la encierra con llave dentro de su habitación. Alicia escapa sin ninguna dificultad y se dirige al festejo que se organiza en su honor en el departamento de soltero de uno de sus amigos. Gracias a su regalo y al valor que demuestra al soportar un simulacro de electrocución, Gabriel gana el afecto de Alicia para el resto de la velada. Cuando regresan sus padres, la chica se encuentra ya en su lecho como si nada hubiera pasado.

Al saber que el Gato es amigo de Gabriel, Olga insiste en conocerlo. La presentación tiene lugar cuando el muchacho y Alicia aceptan. Se combinan en pareja y van a bailar a un cabaret. El Gato aprecia muy poco la descarada coquetería de Olga, y, aunque galantea con ella, su atención se dirige hacia su amiga. Alicia, nerviosa, también se siente atraída por el Gato; no tarda en demostrárselo.

No obstante, los jóvenes siguen saliendo juntos, siempre con la misma pareja. Aprovechan algunas veces los robos de autos del Gato, entran en complicidad con él, gozando la emoción del peligro. Gabriel empieza a desatender sus estudios. Olga y el Gato comienzan a ausen-

tarse para vivir a solas su amorío.

Angustiada e histérica, Alicia no soporta más la tensa situación. En un encubierto ataque de celos, rompe su amistad con Olga y la elimina del grupo, pero tropieza con la amistad entrañable de Gabriel y el Gato cuando trata de acercarse a éste. Un día, en la carretera, mientras los tres jóvenes se desplazan a gran velocidad, embriagándose en el interior del auto que acaban de robar, un policía de caminos los ve pasar y los persigue. El Gato dirige la huida y hace que se desbarranque la motocicleta del policía. Para despistar a otra patrulla que también los sigue, el Gato gira hacia un recodo del camino. Prevenidos por telégrafo, los guardias rurales les siguen la pista muy de cerca. Los jóvenes acorralados, descienden del auto y se esconden tras matorrales. Los guardias disparan y asesinan al Gato. Para no tener que responder de su muerte, los homicidas arrojan el cuerpo al río y se alejan del lugar. Alicia y Gabriel observan consternados cómo las aguas arrastran el cadáver.

La autenticidad del contexto es la primera virtud de *Los jóvenes*. Alcoriza emprende en sus descripciones un desarrollo inductivo. Parte de peculiares detalles de la simple escenografía del drama, amplía después su campo de visión y pasa a sugerir el medio ambiente general de la ciudad de México. No hay ruptura *a priori* entre decorados y personajes. Interiores y exteriores son percibidos con justeza, a veces con minuciosidad de antropólogo como los lugares comunes de los adolescentes. La topografía urbana determina el comportamiento de los personajes, los define como pertenecientes al estrato bajo (el Gato), medio (Gabriel) o superior (Alicia y Olga) de la clase media.

Alcoriza inaugura en el cine mexicano las primeras tentativas de un realismo citadino. Analiza la ciudad desde adentro, abarcándola con los ojos despectivos y conocedores de quien vive en ella y no necesita denigrarla para que no lo ahogue (películas como *Maldita ciudad* de Ismael Rodríguez o *El día comenzó ayer* de Ícaro Cisneros). Ésta no es una virtud insignificante en un cine que siempre ha proclamado y defendido los valores, las costumbres y hasta las construcciones provincianas, como los modelos de vida que deben preservarse y ser imitados.

Así, la cinta principia con el plano de una sinfonola de nevería, la cámara retrocede, sale del establecimiento y va descubriendo paulatinamente a los miembros de la pandilla del Gato apoyados sobre la vidriera, moviéndose al compás de la música de rocanrol, con los rostros transfigurados por una voluptusidad concentrada. El procedimiento, de manera semejante, se repetirá a todo lo largo del filme. Hasta que los personajes quedan integrados al escenario que modela su vida cotidiana y los expresa.

Existen imágenes que permanecen firmemente grabadas en la memoria. El hogar de clase media donde Alicia, sumida en un sillón y chupándose el dedo, mira el televisor en compañía de sus padres y hermanos, mientras espera impaciente la llegada de sus amigos para escapar de esa gran sala con mobiliario lujoso y escalera monumental. El minúsculo departamento de soltero del amigo independiente, donde los jóvenes se divierten al margen del mundo de los adultos, lugar repleto de adornos estrambóticos, barriles suspendidos sobre la cantina, placas de autos y portadas de discos sobre las paredes, cortinas transparentes que fragmentan el ya reducido espacio, grotesco Judas de cartón, sillones rudimentarios con pequeños cojines y una pintura mural en la que sólo se adivinan porciones desnudas de senos, caderas y piernas. El aséptico departamento-laboratorio de Gabriel y su padre, sin ningún adorno, completamente impersonal e inhabitable. El mísero cubículo atiborrado de cachivaches viejos e inservibles en cuya estancia única el Gato da masaje a las piernas varicosas de su madre, laxa en un incómodo sofá cama. El cabaret que evoca burdamente la sensualidad de un serallo musulmán, donde las parejas se alojan, a la luz de una vela, en el privado que aíslan finas gasas y el *Gato* se sienta en el suelo, abrazando los muslos de Olga.

En general, los exteriores son también descritos con exactitud, aunque, como en el caso de la escena que presenta a la madre del *Gato* en el montepío, ejerciendo la usura llamada "coyotaje", sean inútiles por la pobreza de su recreación. Destacan tres de ellos. En la secuencia de la lunada, los automóviles dispuestos en círculo limitando el terreno de baile. Otra vez en el campo, los adolescentes dejándose dominar por el tedio, sentados sobre el tronco de un árbol alrededor de una fogata. En la Ciudad Universitaria, cuando abandona sus estudios, Gabriel se recuesta en el pasto displicentemente, colocando su cabeza sobre los libros. Cine concebido como búsqueda de lo concreto, *Los jóvenes* sitúa a los personajes antes de oponerlos a su ambiente.

La caracterología que propone Alcoriza responde a la tendencia común de las películas de adolescentes. Tiene pretensiones de totalidad. La juventud mexicana actual, en su conjunto, debe estar representada. Eso sucede al nivel de la trama. Por fortuna, la concreción de los actos y de las imágenes libera a los cuatro personajes centrales del prototipo y el caso ejemplar. Al singularizarse, el drama cinematográfico maneja necesariamente seres excepcionales. El peso mismo de los caracteres que define Alcoriza impide cualquier deseo de generalización. Sus adolescentes se mueven dentro de una intransferible órbita individual y de relaciones.

Hijo de un científico tan tenaz y honesto como mediocre, Gabriel es un muchacho introvertido, triste, de voluntad débil. Proyecto de hombre formal, comprende que sólo puede ofrecer a Alicia una ternura impotente. Desea crecer ante los ojos de ella y alcanza su mayor grado de heroísmo al soportar, masoquista, la ejecución ficticia, con cargas de bajo voltaje, en una improvisada silla eléctrica. Actúa de buena fe en un ámbito estéril. Como repartidor de muestras médicas, pasa el día de consultorio en consultorio, además de estudiar. Abandona su trabajo y desatiende sus estudios cuando descubre un atisbo de libertad en las actividades ilícitas de su amigo el Gato y para seguir los pasos de Alicia. Poco a poco va perdiendo confianza en los valores de su clase porque se imagina incapaz de alcanzar los bienes económicos. Insulta a su padre al conocer la ineficacia de la honestidad. Se entrega con entusiasmo al peligro porque de ese modo adormece su tensión moral y se desembaraza de una inercia física que le impide vivir.

Alegre y jovial, egoísta y petulante, atracador de personas indefensas y ladrón de autos, el Gato es ante todo un ser antisocial. No es un anarquista, sin embargo, en rebelión definida contra la sociedad y el desorden establecido. Se vale de la audacia y el delito únicamente para procurarse un hedonismo fácil, breve. Gracias a la sumisión de los secuaces de su pandilla consigue afirmarse mediante la fuerza y la crueldad. Firme y vengativo en grupo, se regocija al presenciar la brutal golpiza, a cadenazos y patadas, que ha ordenado propinar a un sujeto que se atrevió a desafiarlo. Servil a solas, colabora con el Servicio Secreto haciendo el papel de un delator. En continua infracción de la ley y la moral, se supedita no obstante a un rígido código elemental, casi infantil. De acuerdo con una tácita jerarquía de valores que coloca la lealtad en primer término, el Gato renuncia a Alicia, a pesar de quererla y contar con la disponibilidad de ella, para no traicionar a Gabriel quitándole su novia. Es también, en apariencia, el adolescente más seguro de *Los jóvenes*. Asume la entereza que otorga el ejercicio de la violencia, reviste la arrogancia del despojador. Al delinquir, promueve un hábil control sobre sus nervios. La tensión interior del personaje de Julio Alemán emerge, al fin, en un patético desahogo, durante la secuencia de la persecución automovilística: al verse acosados, Gabriel inquiere "¿Dónde iremos a parar?", y el Gato contesta "No sé, pero hay que seguir", aferrándose al volante con la actitud descompuesta de quien comprende que ha ido demasiado lejos y que su fin está cercano.

Olga es quizá el personaje menos individualizado. Con exagerada afectación de sus ademanes, retorcida y sarcástica en sus réplicas ("¿Debo llorar hoy o me espero hasta el domingo?"), de una belleza tan enfática como desprovista de misterio, la actriz Teresa Velázquez y su desenvoltura desdeñosa otorgan al personaje una simpatía insolente y cínica. En busca constante de sensaciones nuevas, Olga sólo sirve para satisfacerse dejándose llevar jubilosamente por sus impulsos. Hace espectaculares movimientos, hostiga al Gato porque "ya está muy maleada", se pasea indiferente a través de la sala remolcando a un joven sujeto por la corbata. La frivolidad de esta adolescente sin intimidad sirve como contrapunto al personaje de Alicia.

Alicia es la figura más humanizada y menos representativa. De su grupo de amigos, es la única que tiene vida interior manifiesta. Hastiada de la tibieza familiar, indócil y caprichosa, Alicia desobedece y engaña a sus padres. Se rebela. Pero cuando escapa momentáneamen-te de la autoridad de su hogar, no puede eludir la angustia de su libertad. Entonces acepta las caricias de cualquier compañero para no sentirse sola. Rechaza a Gabriel porque reconoce su carácter débil e inseguro y porque se da cuenta de que el joven sólo aspira a la vida cómoda y al orden, a los placeres burgueses que ella disfruta y que motivan su insatisfacción. Sin embargo, cuando la alegría de vivir es muy fuerte, se conmueve con los mínimos desplantes de valor del muchacho, condesciende, lo besa furiosamente y lo protege. En el Gato, por lo contrario, ama al disidente, al hombre que vive en franca rebeldía y puede desplazarla de la rutina, ofreciéndole una vida excitante, peligrosa. Aprende el placer de experimentar la emoción, de admirar una voluntad autosuficiente, de ignorarse a través del acto gratuito. Adriana Roel interpreta a una adolescente desenfadada cuando se encuentra con sus amigos, neurótica en compañía de Gabriel, histérica al descender a su angustia, engrandeciéndose al contacto del Gato, profundamente sensible en todo momento.

Debemos mencionar una característica fundamental de *Los jóvenes*: el diálogo realista. La larga experiencia de Luis Alcoriza como autor y guionista (varios filmes de Luis Buñuel, *El ahijado de la muerte* de Norman Foster, *El esqueleto de la señora Morales* y *El hombre del alazán* de Rogelio González, *El toro negro* y *La tijera de oro*

Alcoriza inaugura en el cine mexicano las primeras tentativas de un realismo citadino. Analiza la ciudad desde adentro. La autenticidad del contexto es la primera virtud de *Los jóvenes*.

de Benito Alazraki, en especial) se advierte abrumadora en la película. La jerga actual de la ciudad de México se transcribe en todo su ingenio ("Ese mi Gaby, cuánto que no se acordaba de los pobres"; "El que quiera coctel, que puje"; "Qué bárbaro el pelado, es un mangazo"; "Arriba, abajo, al centro y pa' dentro"; "Bueno ya, muy mi dedo ¿no?").

Si se recuerda el carácter melodramático y plano, o cuando mucho escueto, de los diálogos habituales en el cine mexicano, por no hablar de la complacencia en la vulgaridad, podrá explicarse que *Los jóvenes* haya sido reducida al éxito de sus diálogos. Se peca, en efecto, por superabundancia. Los parlamentos de telecomedia (reproches conyugales y demás) alternan con el barroquismo frenético del caló juvenil. Las frases hechas y los lugares comunes se intercalan sin cesar, aglutinando elementos críticos y realistas con los que Alcoriza no mantiene siempre una obligatoria distancia. El director incurre, pues, en un curioso neopintoresquismo verbal, siempre citadino. Este defecto o acierto de *Los jóvenes*, según se mire, fue la causa de que algunos críticos serios, al observar la evidente prioridad del diálogo sobre la acción física y negándose a traspasar ese primer estadio del análisis, dictaminaron de inmediato que los personajes no eran más que un amasijo de diálogos sin cuerpo y que esos adolescentes sólo existían a través de ellos. Un somero estudio de los tiempos muertos y de los ritmos del filme, así como de la luz que arrojan sobre *Los jóvenes* las posteriores películas de Alcoriza, invalidan tales juicios. Es preciso, para cerciorarse de la existencia de los personajes, haber visto escenas como el monólogo sin palabras de Alicia recostada sobre la cama con un vaso de leche y un sandwich en la mano esperando a que salgan sus padres y asistir al cambio de indumentaria de la muchacha con el signo de la felicidad y la liberación reflejado en el rostro.

Por otra parte, la película avanza con un ritmo demente, precipitado en demasía. Pero, en las escenas clave, Alcoriza administra esa precipitación, para efectuar cambios de tono. A la epiléptica sesión de baile iluminada con la luz de los fanales se opone la figura inmóvil de Alicia, solitaria, tras el parabrisas de un auto, a distancia, haciendo una señal de consentimiento a su compañero. Al sucederse de bromas, chistes vulgares, cocteles fulminantes y tentativas de bajar el cierre del vestido a Dacia González, se encadena la mejor escena intimista del filme, Alicia y Gabriel, reclinados sobre los sillones, charlan plácidamente, mientras la cámara de Alcoriza los reencuadra con sutileza

media docena de veces. A la escena exterior en que el grupo de muchachas rivaliza en gritos y alaridos, sigue el cuerpo convulso de Alicia sollozante al lado de la hoguera que se extingue mientras los adolescentes empiezan a abandonar el sitio.

Mediante la aceleración del ritmo al final de la película, Alcoriza reivindica los fueros de la *serie negra*, del arte cinematográfico urbano por excelencia que nunca llegó a aclimatarse adecuadamente en el cine mexicano anterior. La selva del asfalto, el ritmo cronométrico, la habilidad de los malhechores y la tensión de los gestos entrecortados, acogen en su universo preexistente la secuencia de la persecución. Desde su inicio, el cómplice cruce de miradas de Gabriel con el Gato en el momento de disponerse a hacer saltar los bordes de la ventanilla del auto que planean robar, la escena progresa a sacudidas, elípticamente, el Gato conecta los cables de la marcha, arranca de improviso y abre a Gabriel la portezuela sin detenerse; todo está filmado con planos fijos, contrapuestos, o a distantes panorámicas. En esas prósperas avenidas soleadas y pacíficas, el delito es tan insólito como en *El automóvil gris* de Enrique Rosas (1919), del que hay lejanos ecos.

La persecución automovilística de Alcoriza compite con la de *Contrabando* de Don Siegel, por ejemplo. Antes habíamos visto, en el interior de un autocinema a Olga y al Gato besándose, a la cámara girar apenas y descubierto la mirada envidiosa de Alicia sobresalir por encima de la cabeza de Gabriel que la abraza. Si por la naturaleza de sus temas *Los jóvenes* nos remite al neorrealismo italiano de posguerra, su ritmo y su inventiva pertenecen al cine norteamericano. La primordial cualidad de Alcoriza es la síntesis, cuando la emplea.

Ya hemos dicho que tanto los adolescentes de Galindo y Díaz Morales como los de Alcoriza se deducen de la clase media capitalina. Todos ellos están determinados por sus respectivas condiciones económicas, sociales y la estructura familiar. Todos los directores del cine mexicano de adolescentes manejan seres fragmentarios, pero sólo Alcoriza es consciente de ello. Veamos por qué.

En el comportamiento de estos jóvenes existe un dominio del estereotipo, el mismo estereotipo que los estandariza en la realidad objetiva. Imitan los estilos de vida norteamericanos impuestos por la propaganda y el cine. Visten a la manera de los actores populares, usando chamarras de cuero a la Marlon Brando en *El salvaje*, por ejemplo. Añoran los desahogos neuróticos de James Dean. El

gangsterismo a lo *Caracortada* (*Scarface* de Howard Hawks), que sólo han conocido mediante émulos disminuidos, resume su admiración, sus proyectos de éxito y rige su escala de valores del heroísmo. Se consideran excluidos del mundo de los adultos porque sienten, negándose una actitud crítica, que sólo podrán tomarlo por asalto. Deploran la falta de vocación y estímulos para estudiar. Viven instalados en la angustia por sí mismos y por los demás, pero la ocultan y se avergüenzan de ella. Experimentan una desmedida sed de poder que creen posible saciar mediante el escándalo y la violencia. Su lenguaje es soez entre compañeros del mismo sexo; en grupos mixtos emplean una locución ingenua, cortés y simuladora. Carecen de opiniones personales, apenas leen los titulares de los diarios y revistas de historietas. Repiten como suyos los juicios que oyen en sus casas, esgrimiéndolos sin que les importe su veracidad y sin ser capaces de fundamentarlos. La ideología que los sustenta es simplista, no son revolucionarios ni reaccionarios, políticamente no existen. Desearían vivir al margen

En el comportamiento de estos jóvenes existe un dominio del estereotipo, el mismo que los estandariza en la realidad objetiva (*La edad de la tentación*).

143

de los conflictos internacionales, en el repudio, la indiferencia o la confusión aplazada. En general, aunque son pesimistas o escépticos, edifican grandes imágenes de sí mismos; sueñan con la riqueza, el poder y la libertad sexual que seguramente tendrán al llegar a la edad adulta, y afianzan el acceso a esa idealización mediante el disfrute de un automóvil propio.

Alcoriza no renuncia a ninguna de estas características para edificar el trasfondo de sus personajes. Antes bien, las persigue y las incluye. Juega con los estereotipos, pero no los sirve, eso es lo importante. Por esta razón, Gabriel y el Gato, a pesar de que pertenecen a dos estratos diferentes de la clase media (posee uno educación universitaria y el otro se dedica a los negocios chuecos) pueden coincidir en sus ambiciones y conservar su amistad. Lo único esencial que los distingue son los medios que emplean para alcanzar sus fines. En el momento que Gabriel renuncia a la honestidad puede participar sin mayor escrúpulo en las actividades delictuosas del Gato. La norma moral que acatan ambos es la no formulada de manera explícita pero respirada en el ambiente. Eso fortalece su alianza.

Por lo tanto, Alcoriza respeta las reglas del juego. Observa a los adolescentes en los lugares donde deambulan y los expresa a través de sus muecas cotidianas. En su actitud apenas se mezcla el paternalismo, el sermoneo, o la lección de moral. Así, la voz desconcertada de los padres preocupados que no llegan a entender la conducta de sus hijos se incluye en la película, pero nunca gana la solidaridad de Alcoriza. Aparecen como ecos aislados o comentarios incidentales, presentados en un tono neutro que contrasta con los momentos más dramáticos.

Cuando el Gato hace funcionar la estentórea sinfonola para acallar la voz del locutor de televisión que habla del desastre termonuclear, cuando los jóvenes se mofan de la justicia electrocutando de mentiras a Gabriel, cuando Alicia se niega a asistir a una fiesta convencional, cuando Gabriel prefiere descansar perezosamente en vez de entrar a clases, en lugar de censurar de manera conservadora, Alcoriza toma partido por la rebelión de sus personajes. Opta por inducir las causas de tal comportamiento.

O sea, desde su primera película, Alcoriza exhibe su predilección por los personajes en pugna con su ambiente. En *Tlayucan* será el obrero cesado contra los intereses de la Iglesia. En *Tiburoneros* será el pescador que rechaza la vida sedentaria. En *Amor y sexo* serán el universitario y su amante que luchan contra la incomprensión hostil. En *El gángster*, los pistoleros retirados recurren de nuevo a la violencia para restablecer el orden familiar. *Tarahumara* relatará los esfuerzos de un hombre sólo en contra del injusto despojo de sus tierras a los indígenas.

El realizador está del lado de sus adolescentes porque éstos conocen los primeros gérmenes del asco. Ninguno de ellos desea asimilarse a su ambiente. Ni Gabriel, ni el Gato, ni Olga, ni (sobre todo) Alicia ceden al sistema. Inadaptados, inconscientes de su rebeldía pero extrayendo fuerzas de ella, merecen algo más que el mote de "desorientados" con que fueron disminuidos al estrenarse la cinta.

A nivel de las intenciones, Alcoriza quería aducir las grandes causas para explicar la conducta de *Los jóvenes*. El peligro de una destrucción atómica, la psicosis de posguerra y demás eran, por supuesto, temas demasiado amplios para ser abarcados por un director debutante. Las anotaciones al pie de página con que los sugiere resultan ridículos. Sin necesidad de justificar que realizadores europeos, desde las tesis de Cayatte (*Antes del diluvio*) hasta el rango de Antonioni (*El eclipse*) han evocado burdamente esas causas (titulares de periódicos y otros insertos); reconozcamos que en *Los jóvenes* lo postizo de esos temas es notorio y quedan como pretextos de especulación estéril. Además Alcoriza ha inducido suficientes causas inmediatas para lamentar el fracaso de los grandes temas de nuestro tiempo. El clima moral que rodea a los jóvenes está bastante bien sugerido por escenas como la de Alicia ignorando la perorata que hace su padre de las oportunidades que brinda la democracia burguesa, para buscar más lejos. Los adolescentes de Alcoriza no pelean contra fantasmas; se rebelan contra las deformaciones concretas de una sociedad concreta en un momento preciso de su historia.

Por esto, es el final que hemos relatado en el resumen del argumento el que mejor concuerda con la índole del filme. El segundo final que las copias no comerciales de la película contienen es efectista: en él los tres adolescentes mueren. El final que preferimos otorga a los hechos presenciados un carácter transitorio, evolutivo. Concede un significado de precariedad a los actos de los adolescentes. No han perdido la vida en la aventura, pero la muerte del amigo y del ser amado les ha mostrado una dimensión trágica de la existencia que trasciende su pequeño mundo de rebeldías, histerias y fugas mezquinas.

En un plano muy diferente al que pertenecerán después *Los perversos* (1966) y ulteriores películas sobre la perdición a go go, la visión de Alcoriza es la de un hombre maduro que quiere comprender a los jóvenes, pero ¿cuándo conoceremos la visión que éstos tienen de sí mismos?

Los indígenas

Si consideramos que cerca de 10 por ciento de la población mexicana pertenece a diversas razas indígenas, y que más de la mitad son mestizos, no podrá menos que asombrarnos lo parcamente que el cine mexicano ha tratado el tema de los indígenas. Existen, por supuesto, algunos intentos por enfocar ese asunto desde múltiples puntos de vista.

Las cintas indigenistas, o que incluyan en su argumento personajes indígenas, aparte de las deficiencias estrictamente artísticas, incurren globalmente en los errores más comunes de la ideología de la clase media y de la retórica oficial en turno. Fomentan una idea del indio como ser *sui generis*, sin analizar verdaderamente las causas de su marginalismo social, de su atraso, de su incultura, de su arraigo a tradiciones atávicas y de la explotación que habitualmente sufre. Veamos con brevedad algunas de las principales cintas que se han realizado sobre el tema.

En la inmediata época posrevolucionaria, el indigenismo había sido considerado como el tema patriótico por excelencia. Desde 1912 películas como *Tiempos mayas* y *La voz de la raza* rendían culto a las civilizaciones prehispánicas. Dentro de esa misma fuente histórica se descubren más tarde las posibilidades poéticas de los indígenas arrasados por la crueldad de los conquistadores: la desesperación de la raza caída en un primer *Tabaré* de Luis Lezama (1918), basado en la obra homónima en verso del poeta uruguayo Juan Zorrilla de San Martín, encontró su émulo poblano en el "poeta" Tomás Domínguez Yáñez, cantor de las proezas y muerte de *Cuauhtémoc* en una película de 1919 dirigida por Manuel de la Bandera.

El cine sonoro apenas toma en cuenta esos antecedentes y descubrirá de una vez por todas el mundo indígena en *Janitzio* de Carlos Navarro (1934) cuyo argumento se basa en una leyenda purépecha. Las influencias fundamentales de la película son la plástica de *Tormenta*

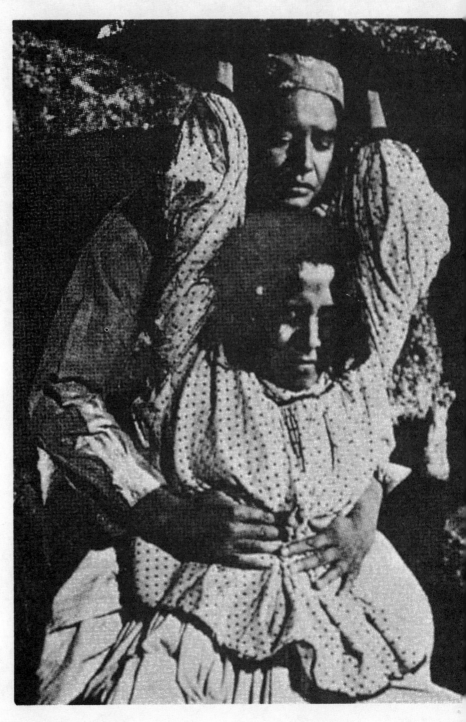

El año siguiente sobreviene *María Candelaria* de Emilio Fernández y se modifica el panorama.

sobre México de Eisenstein (1933) y los documentales sobre islas polinésicas de W.S. van Dyke-Flaherty (*Sombras blancas de los mares del sur*, 1928) y de F. W. Murnau-Flaherty (*Tabú*, 1929-1931). A través de imágenes elaboradas y de un ritmo interior muy lento, entramos en contacto con el paraíso primitivo del salvaje rousseauiano que vive en armonía con la naturaleza, pero un paraíso incompleto puesto que existe el tabú y el hombre blanco lo mancilla.

El paraíso primitivo de Navarro es el pueblo michoacano que vive en las inmediaciones del lago de Pátzcuaro, el tabú es la maldición que pesa sobre cualquier mujer de raza indígena que tenga relaciones sexuales con un hombre de afuera, y el blanco es un ingeniero (Gilberto González) que mandará apresar a un pescador pobre que no tiene la canoa indispensable para poder "tomar mano" (Emilio Indio Fernández) y cuya novia el blanco desea; a cambio de la libertad de su amado, la muchacha indígena (María Teresa Orozco) se entregará al invasor

y los nativos cumplirán con su deber apedreándola. En esta historia idílica y sinfónica, la fotogenia de las redes en forma de mariposa sobre el lago y la inocencia de los caracteres regionales eran los principales atributos.

Presumiblemente, en 1938, el director Armando Vargas de la Maza intentó un enfoque semicientífico del tema indígena adaptando la novela *El indio* de Gregorio López y Fuentes en una cinta que conservaba el título de la obra literaria; no conocemos los resultados. En cambio, han llegado hasta nosotros los de otra manera antitética de incursionar en el mismo tema. En *La india bonita* de Antonio Helú (1938) y en *Rosa de Xochimilco* de Carlos Véjar (1938) se enfocaban ciertas ceremonias pintorescas que todavía hoy se realizan, como la elección de la "flor más bella del ejido" en Xochimilco, y se imaginaban consecuencias dramáticas de ellas; ambas películas son excesivamente convencionales y están narradas a un nivel ínfimo; el único interés que presentan

La célebre obra clásica del cine
mexicano a nivel universal, vista con la perspectiva del tiempo, ha menguado muy poco en
su lirismo.

es el de ser una de las fuentes de la famosa *María Candelaria* de Emilio Fernández (1943), película en la que este director efectúa la síntesis entre la plástica de Navarro y la hipótesis lírica de Helú y Véjar para generar un estilo intermedio que superará a sus progenitores sin negar sus antecedentes. Incluso la música que Francisco Domínguez había compuesto para *Janitzio* se volverá a utilizar en *María Candelaria*, y el propio Fernández filmará posteriormente una segunda versión de la película de Navarro (*Maclovia*, 1948). Pero no nos anticipemos.

En *La noche de los mayas* (1939), el director Chano Urueta y su guionista, el poeta yucateco Antonio Mediz Bolio, ven a los indígenas como hombres superiores, especie de seres sagrados que se oponen acertadamente a la mezcla de razas. Los indios sólo esperan el dictado de los dioses para sacudir la inercia, rebelarse y efectuar el desquite contra los blancos que los han sojuzgado. Cuando Isabela Corona, en una noche estrellada, invoca a sus antepasados, elevando ceremoniosamente al cielo pequeñas vasijas de barro, el mundo indígena está asumiendo su predestinación mágica y eterna. Las cosmogonías y los ritos constituyen lo más relevante de la condición de los indígenas. Por ese mismo camino se llegó, en 1939 al burlesco azteca de *El signo de la muerte* del mismo Urueta y, dieciocho años después, a la serie de aventuras de *La momia azteca* de Rafael Portillo (1957).

Hasta 1942 la mayor aspiración de un personaje indígena en el cine mexicano era equipararse con el Juan Diego (José Luis Jiménez) que aparecía en *La Virgen morena* de Gabriel Soria. Así podría decir con voz tipluda "Señora y Reina Mía", ostentar una breve piocha en su redondo rostro lampiño y bajar apresuradamente los cerros milagrosos con pasitos cortos y diligentes. Por más recalcitrante que fuese un indígena, como el cacique del filme (Abel Salazar), acabaría unciéndose al yugo de los encomenderos a fuerza de caridad franciscana, prodigios guadalupanos y sonido trece.

El año siguiente sobreviene *María Candelaria* de Emilio Fernández y se modifica el panorama. Se imponen internacionalmente los espesos bigotes caídos de Pedro Armendáriz y las delicadas trenzas de la segunda edición de Dolores del Río. La célebre obra clásica del cine mexicano a nivel universal, vista con la perspectiva del tiempo ha menguado muy poco en su lirismo, pero muestra sus estrechos límites. Permanece aún como una cinta fresca e ingenua. Los sauces, los canales y las casas de palma de Xochimilco conservan su belleza plástica, una belleza bastante menos solemne que la de

las películas siguientes de Fernández y Figueroa. El trágico romance de los dos indígenas, marcado por la fatalidad de vender las flores de la chinampa, bogar en la barca a la luz de la luna y desafiar la crueldad pastosa de Miguel Inclán, consiguió desprender del sentimentalismo de Fernández, una sutileza y una fluidez narrativa tal vez únicas en su obra. Sin embargo, la exploración del filme se dirigía más a la fotogenia que al momento histórico-social. Poco importaba: el cine mexicano había conformado el arquetipo prácticamente insuperable que estaba destinado a bloquear otra vía de acceso al tema de las comunidades indígenas.

En adelante los indígenas de Fernández serán los mansos corderos propicios para ser sacrificados por los blancos en su culto a la Maldad. Necesitarán quinina como María Candelaria, solicitarán asistencia médica (*La perla*, 1945), o implorarán con procesiones profano-cristianas agua del cielo (*Río Escondido*, 1947); todo lo cual les será negado. Los amantes volverán a ser apedreados por la grey enardecida (*Maclovia*) o renunciarán sabiamente a la perla codiciada. Los rasgos indígenas seguirán conservando el misterio inescrutable y el estoicismo que han acrecentado por siglos.

Hay otros caminos. Para *Raíces* (1953), Benito Alazraki contó con la asistencia de un nutrido grupo de intelectuales, con cinco cuentos cortos del libro *El diosero* de Francisco Rojas González y un bajísimo presupuesto debido a la independencia con respecto a la industria fílmica del productor Manuel Barbachano Ponce. Los cuentos se fundieron en cuatro episodios que representaban otras tantas posibilidades para apresar al mundo indígena. Una india, impelida por la miseria, se ve obligada a emplearse como nodriza en el hogar de unos blancos ("Las vacas"). Una despectiva antropóloga norteamericana reconoce que los indígenas tienen sentido estético puesto que han colocado una reproducción de la *Gioconda* de Leonardo en un altar como objeto de culto religioso ("Nuestra Señora"). Un escarnecido niño tuerto debe agradecer a los Santos Reyes de Tizimín el milagro de haber perdido también su ojo bueno pues de los ciegos nadie se burla ("El tuerto"). Un viejo arqueólogo asedia lujuriosamente a una joven indígena hasta que se le demuestra agresivamente que los indios pueden defender su dignidad ("La potranca").

Al cabo de diez años, *Raíces* ha perdido todo su impacto emocional. Ya no se comprende el entusiasmo de los críticos europeos "siempre ávidos de redescubrir América" que invocaron el neorrealismo italiano por razones muy superficiales: rodaje en escenarios naturales y rechazo al *star-system*. La película es floja, *amateur* y anecdótica en el peor sentido de esos términos. La aspereza de sus imágenes plasticistas nunca iguala la belleza acallada de Fernández y Figueroa. Demasiado deliberados en

Tarahumara quiere unir el cine científico y narrativo. Un lenguaje objetivo, directo, a veces meramente expositivo, mantiene al autor y director siempre a distancia, con una actitud severa y rigurosa.

El indio tarahumara, en tercera persona, aparece y desaparece antes de que la cámara pueda comentar su comportamiento.

su intención dramática, los episodios tienen hasta moraleja. Sólo vemos el esquema de una buena película. Sólo esporádicamente alguna verdad socioantropológica, en general simplista, se sugiere entre el cúmulo de choques de montaje "estético", errores sintácticos y exotismo propio para turistas intelectuales. Sólo algunas imágenes del fanatismo pasivo ironizado en "El tuerto" o la elevada tensión erótica que provoca la piel morena y los gestos lúbricos de Alicia del Lago en "La potranca" tienen aún vigencia.

Pasemos por alto *Chilam Balam* de Íñigo de Martino (1955), mascarada paupérrima sobre la conquista española de Yucatán.

En 1956, el angelical y "filosófico" indito *Tizoc* (Pedro Infante) de Ismael Rodríguez podrá enamorar, con el cantadito de su voz y sus brinquitos coquetos, a la endurecida mujer blanca (María Félix). Por la vía del *eastmancolor* hemos recuperado la añoranza dulzona de *Tabaré*, a quien la trama de la cinta plagia. Cualquier semejanza entre la plegaria de Tizoc ante la virgencita del pueblo y de la de Juan Pérez Jolote (en la novela homónima de Ricardo Pozas) debe considerarse como una desafortunada coincidencia.

Filmada por Roberto Gavaldón en 1960, *Macario* es la historia de un leñador indígena a quien las fuerzas ultraterrenas conceden un sueño de felicidad que vive entre dos bocados de pollo antes de morir de indigestión. Ubicada en la época colonial, la fábula de B. Traven que ha dado origen a esta obra menor podría muy bien transcurrir en los países escandinavos o en cualquier lugar de Asia. La aparición concreta de la muerte indígena (Enrique Lucero) y las velas simbólicas que se han aglutinado en

un recinto de las grutas de Cacahuamilpa no consiguen disimular que la trama conformista de Traven ha sido tomada del cuento de hadas *El ahijado de la muerte* de los hermanos Grimm. Los ingeniosos diálogos de Emilio Carballido apenas podrían conceder una mínima simpatía a la figura de Macario (Ignacio López Tarso), un indito poetizado, testarudo, inofensivo y dócil.

El cine indigenista, siempre buscando la autenticidad americana, adapta enseguida *El violín de Yanco* del narrador polaco Henryk Sienkiewics. Se trata de *Yanco* (1960). El primer cargo en el expediente del caso Servando González, resume en la tierna figura de un niño indígena que ejecuta el violín toda la inocencia de una raza virginal. Al ampuloso llamado de la ingenuidad infantil –Walt Disney no lo hubiera previsto– acuden todos los animalillos del bosque porque las penas de Yanco son insignificantes comparadas con el paisaje post *María Candelaria* de Mixquic, la dulzura telúrica y la gracia ancestral.

Ánimas Trujano (1961) es la versión samurai de un indígena zapoteca. Por razones de verosimilitud, los gritos, propios para *películas sable*, que lanza Toshiro Mifune, objetivan la obsesión del protagonista: convertirse en el "Mayordomo" que organizará una fiesta patronal. Ismael Rodríguez funge ahora como el tierno psicólogo del alma fiera de los indígenas del sur de la República; según él, miserables, vengativos, ebrios y crapulosos. El afán por sintetizar el folclor nipón y la vociferación aborigen, no ahorra ninguna facilidad internacionalista. Esteticismo de primer año.

Y en 1965, cuando todavía Su Majestad el Estereotipo ordena a Servando González que contrate en masa indios yaquis para que construyan la vía férrea de *Viento negro* y así se conviertan en abnegados obreros mexicanos que engrandezcan a la Patria y contribuyan al Progreso Nacional, mientras otro indígena sonorense (Jorge Martínez de Hoyos) pierde dos héroicos dedos de su mano al salvar un tren del descarrilamiento, mientras Yanco reencarna en un niño aguador destinado a satisfacer la ternura pederástica del capataz (David Reynoso), en 1965 se estrena *Tarahumara* de Luis Alcoriza, la película que con mayor seriedad se ha dedicado al tema de los indígenas en el cine mexicano.

Raúl (Ignacio López Tarso), enviado por el Instituto Indigenista, llega a un campamento de la sierra Tarahumara con el fin de llevar a cabo encuestas antropológicas. Pero le es difícil entrar en contacto con los indígenas que habitan en la comarca. Debe valerse de diversos ardides para ganar la confianza de Corachi (Jaime Fernández) y de su mujer Belén (Aurora Clavel), una pareja de ellos. Una vez emprendida la relación directa, Raúl no tarda en informarse de la naturaleza de los problemas sociales y las carencias económicas de la tribu de Corachi. Los indígenas, cuando se incorporan al mundo civilizado, son víctimas de la explotación en el trabajo asalariado; cuando quieren seguir obedeciendo sus normas de vida tradicionales, deben soportar el despojo de sus tierras y sufrir la emigración forzosa.

Gracias a la amistad que ahora lo une con el indígena, el investigador se da cuenta de que los tarahumaras por sí mismos nunca opondrán ninguna resistencia a las injusticias de los blancos. Va perdiendo poco a poco su actitud de simple espectador y desarrolla un sentimiento de solidaridad. Se enfrenta entonces a los caciques que se apoderan de los campos que cultivan comunalmente los indios, entra en conflicto con los dueños de aserraderos. Como última medida proyecta luchar en el terreno judicial para que los poderes federales hagan detener las iniquidades.

La imprudencia y la buena voluntad de Raúl pueden menos que la hostilidad criminal de los terratenientes que protegen las autoridades de la región. Primero muere ahorcado el jefe de la tribu, Muraca (Regino Herrera), quien se disponía a defender los derechos de su gente en la capital de la república. Luego, el propio antropólogo es cazado como animal montés. De nuevo, como todos los miembros de su raza, solo e indefenso, incapaz de hacer uso de la violencia, Corachi tiene fuerzas únicamente para correr con desesperación tras la avioneta que se lleva los restos mortales de su amigo.

Por primera vez en el cine mexicano, el tema de los indígenas se trata con la aspiración de abarcar la totalidad de sus implicaciones estéticas y extracinematográficas (sociales y políticas). *Tarahumara* quiere unir el cine científico y el narrativo. Un lenguaje objetivo, directo, a veces meramente expositivo, mantiene el autor y director siempre a distancia, con una actitud severa y rigurosa. Así, la sexta obra de Luis Alcoriza puede ser analizada por lo menos desde tres ángulos diferentes: su carácter documental, el estudio etnológico que realiza y la requisitoria social novelada que pronuncia. Curiosamente, la película presenta un valor también diferente al referirse a cada uno de esos tres planos.

No obstante, el esfuerzo de colocarse a la altura de las ambiciones del más costoso, calculado y espectacular de todos sus filmes, resulta el mayor mérito de Luis Alcoriza. Como insi-

nuamos al hablar de *Los jóvenes*, este realizador parece agotar exhaustivamente un gran tema actual en cada una de sus películas. Ciertamente, el malestar de los adolescentes en *Los jóvenes*, el letargo de la vida provinciana en *Tlayucan*, la pasión por la vida libre en *Tiburoneros*, y la educación sentimental de un joven en *Amor y Sexo* (*Safo* '63), han precedido con variable fortuna al problema indigenista de Tarahumara. Pero esta última película, en sus mejores aspectos, alcanza una grandeza que ni siquiera intentaban las anteriores incursiones cinematográficas de Alcoriza.

A propósito de *Tarahumara* se han mencionado con frecuencia los nombres de Robert J. Flaherty y de Joris Ivens, los maestros clásicos del cine documental. En efecto, a semejanza de las exploraciones de ellos, Alcoriza se ha trasladado penosamente al sitio mismo donde habita la tribu indígena que examina, a la sierra Tarahumara, cadena montañosa localizada en una región aislada muy al norte de la República mexicana. Además, ha mezclado a sus actores profesionales, junto con aborígenes, buscando una homogeneidad interpretativa que impida poner en tela de juicio la condición auténtica de situaciones y personajes. Esta índole híbrida de la sinceridad documental nos induce más bien a insertar a Alcoriza dentro de la trayectoria seguida por el Nicholas Ray de *Los Salvajes inocentes*, por ejemplo.

Existen otras razones, *Tarahumara* se opone justamente a *Nanook, el esquimal* de Flaherty en la medida en que el director hispanomexicano va desplegando una visión personal ante los sucesos que narra hasta conferirles, si bien controvertible, un significado subjetivo. De ninguna manera Alcoriza asume una posición contemplativa, panteísta y teleológica como la del maestro norteamericano. Tampoco la evocación de la obra de Ivens resulta estrictamente correcta. La frase visual de Alcoriza se somete a una concordancia fluida e imperceptible, su sintaxis es siempre analógica, en oposición con el montaje contrapuesto y creativo del maestro holandés de *Tierra de España*.

Serían más exactas las referencias formales a Anthony Mann (*Las puertas del diablo*), a Delmer Daves (*La flecha rota*) o a algún otro especialista del cine épico norteamericano que posea un estilo sobrio, funcional y viril. En las imágenes de *Tarahumara* es posible inducir un dominio *sintético* del espacio y la duración cinematográficos. A semejanza de *Tlayucan* y *Tiburoneros*, que bien lograron ligar de manera no extravagante o típica a los personajes con el paisaje, en *Tarahumara* las descripciones son graves y contundentes.

151

Dentro de cada encuadre, de cualquier plano al aire libre, quedan capturadas todas las coordenadas ambientales que definen el acontecimiento. Así, la violación de la pequeña Nori (Blanca Castillón) se efectúa casi como un hecho natural, acorde con el rincón agreste de tierra seca y rocas agudas donde ocurre; el juicio público a Roniali (Alfonso Mejía), el violador, en medio del campo abierto, al presentarse inicialmente en planos de conjunto, suscita la impresión de que es necesaria la aplicación de esas leyes primitivas, que de poco importan sus disposiciones, de que la cohesión de ese grupo minoritario en vías de extinguirse es lo importante; la imagen del anciano jefe indígena, pendiendo del árbol donde ha sido ahorcado, conmueve por la rigidez de su composición en que predominan las líneas verticales. Cada acontecimiento se ubica en un lugar de privilegio y transcurre en un tiempo que sólo puede durar el de su proyección en la pantalla. El futuro no está previsto; el drama de la película se modela lentamente por los hechos que va narrando.

Por consiguiente, el trabajo plástico de Alcoriza debe apreciarse no porque haya sido efectuado fuera de los estudios y en un escenario magnífico (muchas comedias folclóricas tienen cualidades semejantes), sino porque su director ha sabido imponer un notable sentido del espacio. Si las imágenes de *Tarahumara* no son siempre arrolladoramente bellas ni armónicas, y si a veces el fotógrafo pierde oportunidades de lucimiento, todo eso debe considerarse como una virtud. Es una justa reacción contra el terrorismo plástico de la "escuela mexicana" **de Figueroa y Fernández.**

A pesar de que en ciertos instantes –cuando Belén (Aurora Clavel) pastorea las cabras contra un cielo de tormenta o avanza el cortejo fúnebre que transporta en silencio el cadáver de Muraca– el director se ha dejado seducir por la retórica plástica, en *Tarahumara* se evita sistemáticamente la tarjeta postal de lujo. Después de 30 años, el cine mexicano filmado en escenarios naturales empieza a liberarse del nefasto equívoco de herencia eisensteineana. La libertad del viento deja de subyugarse en un universo inflexible y estático.

Asimismo, una falta de solemnidad y de ceremonia en los desplazamientos y gestos de los indígenas –ausencia que se advierte incluso en celebraciones, juegos y ritos–, otorga gran soltura a los movimientos y peripecias del filme. Gracias a esa soltura la correlación entre el cuadro y sus detalles se conserva siempre en equilibrio, sin incurrir en prioridades antiestáticas ya denunciadas por el cine moderno. El aprovechamiento de los accidentes de la sierra Tarahumara, del medio inhóspito y majestuoso de bosques y laderas rocosas, es por ello eficaz. Ante lo grandioso del escenario natural, la cámara de Alcoriza se niega al narcisismo y opta por el rigor. La descripción documental de *Tarahumara* es pues dinámica, respetuosa de su contenido, impecable.

Acechan, por supuesto, dada la materia del filme, los espejismos del folclor y del exotismo, los cuales, sin ser eludidos por completo, son propuestos a buen nivel. Los indios tarahumaras cansan a los venados para atraparlos, emprenden carreras competitivas de gran fondo, castigan el estupro de modo irrisorio, beben tejuino fermentado hasta caer, mezclan ritos cristianos con atávicas creencias mágicas, dan a luz sin asistencia alguna. Estamos, a no dudar, ante un rosario de costumbres extrañas. No obstante, sin perder su carácter *ajeno*, la vida diaria de la comunidad indígena llega a convertirse en algo familiar.

No hay ninguna paradoja en la afirmación precedente. Para introducir el repertorio de singularidades de los indios tarahumaras, Alcoriza ha escogido un método progresivo de aproximación. Las esparce a lo largo del relato y nos obliga a verlas primeramente con mirada de extranjeros. Superpone la mirada de la cámara a la de su personaje Raúl, el antropólogo. De la misma manera que Raoul Walsh daba mayor relieve a las acciones bélicas de *Aventuras en Birmania* incluyendo el punto de vista de un periodista extraño a la vida militar, Alcoriza destaca las acciones de sus personajes indígenas al subrayar sus diferencias y sus costumbres salvajes. Desde la presentación de Corachi derribando a fuerza de hachazos un árbol para hacer bajar de él una ardilla, el indio tarahumara, en tercera persona, aparece y desaparece antes de que la cámara pueda comentar su comportamiento. Desgraciadamente, de eso se encargarán algunos diálogos demasiado explícitos.

Sobre este plano de análisis, el principal acierto de Alcoriza consiste en haber sabido deslizar, sin que renuncie a la objetividad, una enorme corriente de pudor y lirismo que envuelve la descripción etnológica. Rompiendo la barrera de la observación primaria, rebasando la reticencia del viajero sorprendido, se

Las cintas indigenistas, aparte de las deficiencias estrictamente artísticas, incurren globalmente en los errores más comunes de la ideología de clase media y de la retórica oficial en turno.

traiciona la insostenible objetividad del filme. La escena de la parturienta aferrada a la rama de un árbol mientras Corachi le oprime el vientre, contemplada desde lejos con gran serenidad por el hijo mayor de ambos, solicitaría una divagación poética. En la secuencia de la carrera, cuando Belén se detiene un segundo para abrazar a su hijo y luego continúa corriendo, emerge a la superficie una ternura que subyace a lo largo de la cinta. Mediante éstas y otras ligerísimas anotaciones que parecen diseminadas con indiferencia, se va descubriendo una secreta nobleza en la vida de los indígenas que no es posible juzgar por comparación. Vamos penetrando sus peculiares sentidos del tiempo, de la justicia, de la sexualidad, de las relaciones interpersonales. La holgura de sus vestimentas y la miseria, sin dejar de ser evidencias de precariedad social y cultura, pierden toda curiosidad para nosotros a medida que penetramos en la intimidad de los indígenas.

Entonces podemos entender los titubeos del antropólogo al acostarse con la mujer de Corachi: en vez de incurrir en una transgresión, está aceptando una moral mucho más justa y altiva, menos mezquina que la suya. La dignidad de Corachi al lanzar furioso el animal que le han matado a los pies de Raúl y del dueño del aserradero; las risitas maliciosas que Corachi trata de esconder infantilmente, y la unción con que acaricia el seno de su mujer cuando ella amamanta a su bebé, nos informan de la conducta contradictoria y ruda de un hombre simple. Ninguno de los indígenas anteriormente biografiados por el cine mexicano manifestaba una interioridad tan sólida. Corachi es el primer indio que supera las categorías de arquetipo gracioso y espécimen.

Alcoriza ha derribado pues el ídolo de barro que representaba al indito bonachón e inofensivo. El indígena del cine mexicano ha dejado de ser impasible, misterioso, reconcentrado y hierático para satisfacer gustos extranjeros. Su mundo ha perdido la magia. La fuerza de lo cotidiano acaba de destruir cualquier supuesto valor mítico de la raza milenaria. También el respeto a la singularidad de los indígenas que permite conocerlos y sentirlos semejantes.

A veces grotesco hasta la caricatura, en *Tarahumara* el mundo de los blancos no puede coexistir pacíficamente con el mundo indígena. Sus deformaciones e intereses, que lo enajenan en sentido opuesto, lo inclinan con naturalidad al abuso y a imponer la ley del más fuerte. Incluso el personaje del antropólogo no se idealiza demasiado. Raúl no va a cautivarse con la presencia del buen salvaje de Rousseau ni con la pureza ingenua e inmaculada ni con los encantos del mundo mágico primitivo. Abandona su pasividad cientificista cuando toma consciencia de que las encuestas del Instituto Indigenista que debe realizar son tan inútiles como la labor de los misioneros jesuitas que a decir de Corachi sólo les enseñan a los indios "unas recitaciones muy bonitas".

El investigador social viene a descubrir en medio de los indígenas el significado verdadero de unos valores que en la sociedad occidental tienen un alcance puramente nominativo. Se "encuentra a sí mismo" al dar libre expresión a su voluntad de realizarse individualmente modificando la realidad circundante. Existe, también al nivel del argumento, una disponibilidad previa que motiva su cambio de actitud. El personaje declara haber sido experto en máquinas electrónicas y haber rechazado la vida mecánica y deshumanizada. Ésa es la causa de su presencia en un lugar tan apartado de los centros urbanos y en un clima extremoso.

No lo mueve la caridad o la lástima por los desamparados en su lucha contra la injusticia. Él también es un desamparado. Pero cree en la eficacia de los procedimientos legales para detener el progresivo despojo de que son víctimas los aborígenes. Su aparente superioridad sobre los indígenas sólo se funda en que conoce las reglas de juego de los blancos. Pero en el momento en que comprende que ninguno de los indígenas es esencialmente inferior a él, resuelve desafiar el peligro y contrariar las ansias de riqueza de los caciques.

Por desgracia, la complejidad que hemos señalado en el personaje del antropólogo nunca se evidencia rotundamente. Muy mal interpretado por un Ignacio López Tarso fuera de papel –con voz engolada, descolorido, enjuto, momificado–, el discursivo personaje suena falso cada vez que interviene, dejando entrever los andamios de su sumaria construcción. Ahí donde se hubiese necesitado un Raúl tan flexible, joven y vulnerable como el *Lord Jim* de Richard Brooks, por ejemplo, sólo tenemos un personaje fundamental incapaz de sostenerse a sí mismo, y que además debe sostener la ya distendida estructura de la película. E imposible participar en los afanes del portavoz autorizado de la ideología liberal de Alcoriza, la irrisoria figura de un antropólogo ejemplar y humanitario, que parece extraído de alguna hagiografía laica. Punto por punto, contrasta con la autenticidad del resto del cuadro interpretativo (sobre todo, el de los indígenas). Al idealista le hacen falta motivaciones tan profundas como las del Ingrid Bergman en *Europa'51* de Rossellini.

El tema de la amistad al margen de los límites de raza, entre Raúl y Corachi, era indispensable para que la actitud caritativa sensibilizara una posición solidaria. Pero la amistad consigue reflejarse únicamente en el rostro nunca agradecido de Corachi; en el personaje civilizado, la amistad se enuncia de manera artificial e improcedente, se obtiene con regalos y condolencias misericordes, gracias a la perpetua actitud bienhechora de un *boy scout* adulto lleno de inclinaciones solícitas. En esa amistad está ausente la solidez viril que une a los héroes de *Horizontes salvajes* de Hawks, o de *Casaca roja* de Walsh.

Incluso el manejo de los instintos del personaje de Raúl resulta arbitrario. Al estar muy mal concertado su respeto por la virginidad de Nori, la indígena púber que se le ofrece una noche, se reduce el significado de su relación sexual con Belén, la esposa de Corachi. Nada en el blanco evoluciona. Nunca se produce un verdadero choque de morales y de conciencias.

Sólo se advierte una permeabilidad de buenos sentimientos y un estado de perplejidad constante. A pesar de las intenciones del director, llega un momento en que las desventuras de tal personaje son bienvenidas.

Desde una perspectiva ideológica, el error que desvirtúa al protagonista de *Tarahumara* reside en su pendular oscilación entre el paternalismo y la verdadera toma de conciencia revolucionaria. A propagar ese error contribuyen eficazmente las confiadas referencias que hace Alcoriza a las fuerzas públicas (la aplicación *legal* de la justicia, la campaña de prensa que auxiliaría su acción positiva). Y si a tal confianza agregamos la impostura de algunas réplicas explicativas ("a nosotros nos enseñan a respetar a la mujer desde niños", "la máquina computadora era más valiosa que yo"), además de un curioso racismo al revés, podremos ver en el personaje de Raúl una especie de iluso altruista. Se han implicado demasiados mecanismos de la estructura social; el sustento de un inoperante programa político conduce a la demagogia. La esterilidad del sacrificio individual surge inesperadamente como tema principal del relato.

Si la película de los blancos termina en el fracaso (el de la anécdota, el expresivo), no sucede lo mismo con la película de los indígenas. *Tarahumara* continúa y se prolonga en el personaje de Corachi, cuyos gruesos labios se contraen de indignación. La aventura de su amigo Raúl, su muerte, rehúsa la determinación fatal de un destino prefijado. Los pasos del blanco sólo lo comprometían a él mismo y a su libertad. La emoción contenida que domina el filme es un reflejo de la figura de Corachi.

Nada de lo que ha ocurrido es cruel ni pretende crispar los nervios. Si no eran compasivos, los actos de Raúl tampoco eran heroicos. Ausente de patetismo, *Tarahumara* no es una tragedia ni un oratorio ni una elegía. Lo que ha sucedido bien podría no haber ocurrido. La acción individual en nada ha mejorado la situación de la raza indígena. Corachi rechaza servirse del rifle que le concede la herencia de su amigo.

Con profundas raíces en lo cotidiano, el problema permanece. El ritmo hollywoodense, a veces pausado, con que progresaba el relato se impacienta, denuncia sin apelación, ilumina un problema social y le da autenticidad, pero el filme concluye en puntos suspensivos. Unos puntos suspensivos que de súbito resumen anímicamente todos los momentos muertos de la película. Se sabe que los indígenas seguirán embriagándose alrededor de la fogata hasta el alba, Corachi volverá a perseguir velozmente a un venado entre árboles y peñas, las familias migratorias descenderán de nuevo la montaña para ir cada vez más lejos. Desde la perspectiva del avión en vuelo, el *top-shot* de Corachi inmóvil, tenso, con los pies asentados en una tierra que pronto no será suya, empequeñeciéndose a la distancia representa algo más que un alarde técnico o un final enfático. Es la afirmación de una dignidad imposible de ser comprendida en su impenetrable singularidad. Es la confesión de impotencia de Alcoriza como artista ante un indígena que, de objeto de conocimiento, se ha humanizado, pero al cual no puede prestarle la rebelión.

Janitzio de Carlos Navarro (1934) basa su argumento en una leyenda purépecha. A través de imágenes elaboradas a un ritmo interior muy lento, entramos en contacto con el paraíso primitivo del salvaje que vive en armonía con la naturaleza.

El sexenio 1952-1958 es el más nefasto para el cine nacional. Es el desastre artístico más vergonzoso que cinematografía alguna haya padecido (*El vampiro*).

El horror

El cine mexicano no ha sido una empresa artística que se distinga por el desbordamiento de la capacidad imaginativa. Lo insólito, como categoría de la poesía cinematográfica, y posiblemente su condición *sine qua non*, es y sigue siendo un terreno baldío. Hemos dedicado todos los capítulos anteriores a las diversas manifestaciones de un realismo escueto y a sus derivaciones deformantes. Hemos insinuado varias veces que, en el campo de la invención fílmica nacional, lo que no ha sido folclor ha sido, salvo excepcionalmente, pedantería. Debemos ocuparnos ahora de la imaginación fantástica del cine mexicano, y hablar de ella consiste en referirse a los epígonos de una serie incompleta y al parecer inmotivada: el cine de horror mexicano.

En 1956, el director Fernando Méndez, hasta entonces oscurísimo cineasta populachero, realiza para la nueva casa productora del exactor Abel Salazar una película singular: *El vampiro*. Le sirve de antecedente su anterior película *Ladrón de cadáveres*. Casi de inmediato se explota la veta descubierta, en vista del éxito comercial obtenido. Viene la segunda versión del mismo asunto, con el mismo realizador, argumentista y cuadro de intérpretes: *El ataúd del vampiro*. La serie de vampiros draculescos tiene mejor acogida que la trilogía de Rafael Portillo sobre las aventuras de *La momia azteca*.

La avalancha empieza a formarse. Todo ayuda a ello. Estamos en el sexenio (1952-1958) más nefasto para el cine mexicano. Es el sexenio que consolida la burguesía industrial, después de su brillante principio en el periodo precedente. Pero la industria cinematográfica va a contracorriente. Es el sexenio en que el auge (cuantitativo) de las películas mexicanas empieza a decrecer. El cine no es el dorado lucrativo que los ambiciosos empresarios se esforzaban por idealizar. El imperio del cine nacional en los mercados latinoamericanos empieza a derrumbarse. Productores, argumentistas y directores comienzan a ser simples empleados de un inconcebible mecanismo basado en tabulaciones comerciales que no admi-

ten ninguna iniciativa personal. El lento progreso del cine mexicano se detiene y el organismo genera las úlceras de su destrucción.

Es el principio del fin. Incluso los géneros más deleznables, como la comedia ranchera, encuentran la forma de avanzar en su degradación. Los géneros distintivos que hemos analizado se mezclan a un nivel ínfimo, desaparecen, se producen híbridos, se asimilan modas cinematográficas fortuitas. Es el desastre artístico más vergonzoso que cinematografía alguna haya padecido. Dominan el caballito cantado, la comedia ranchera, las películas de aventuras rurales filmadas en dos semanas, el melodrama radiofónico, el filme-

rosario, el cine de cómico a base de morcillas y vulgaridad aplastante, las películas de luchadores, el cuento de hadas de policromía grotesca, los cucarachazos revolucionarios, las comedias rancheras de machorras y dulzura ebria, los merengues de sensiblería infantil-rocanrolero-eclesiástica.

Dentro de la pequeñez de espíritu más sobrecogedora, este tipo de cine presentaba una visión demasiado desinfectada y pacífica de la realidad ambiental. Era indispensable la compensación. En su decadencia, cuando ya no tiene cabida ni la deformación ingenua de la realidad, el cine mexicano viene a descubrir lo aberrante. El cine de horror es el destinado a

La respuesta no se buscó en el único antecedente serio de ese género en México: *El fantasma del convento* de Fernando de Fuentes (1935).

157

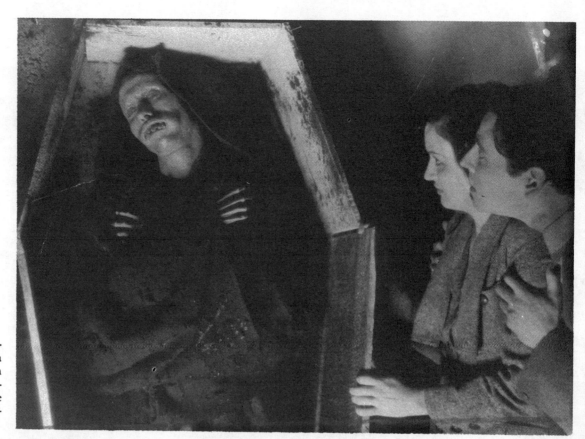

Por medio del terror, o de interrupciones súbitas por la sorpresa o la complacencia en la sangre derramada, se trataba de resucitar un pasado que quizá ya ni el inconsciente colectivo reconocería.

cumplir con esa tarea. Su expansión será incontenible.

Un problema parecía plantearse en el origen de este cine. ¿De dónde iba a extraer el material que necesitaba para nutrir su incipiente y ya insaciable voracidad de fantasía espeluznante? La respuesta no se buscó en el único antecedente serio de ese género en México: *El fantasma del convento* de Fernando de Fuentes (1935). Prefirió diversificarse en un caos bárbaro de literatura universal, de cine de horror clásico y de leyendas nacionales. Antecedentes bastante menos serios, escorias del cine de misterio e imaginación, podrían encontrarse en las películas de aparecidos de los años veinte, en folletines coloniales con divagaciones terroríficas (*Monja, casada, virgen y mártir*, Bustillo Oro, 1935), en las versiones trastocadas del mito de la Bella y la Bestia (a la manera de Gaston Leroux: *El misterio del rostro pálido*, Bustillo Oro, 1935, a la manera de Mary Shelley: *El monstruo resucitado*, Chano Urueta, 1951), en el travestismo neoazteca de Cantinflas (*El signo de la muerte*, Urueta, 1939), en las aventuras de algún Charlie Chan subdesarrollado (Fu-Man-Chú en *El espectro de la novia*, *El as negro*, *La mujer sin cabeza* y *El museo del crimen* de René Cardona, 1943-1944), en la ficción científico-porfiriana (*Lo que va de ayer a hoy*, Bustillo Oro, 1945), en alguna trasmigración de las almas a la Téophile Gautier (*El que murió de amor*, Miguel Morayta, 1945), en la evasión

cómica al infierno para "aliviar" la tensión de la segunda guerra mundial (*Un día con el diablo*, Miguel M. Delgado, 1945), en la ultratumba satírica a lo Jardiel Poncela (*Las cinco advertencias de Satanás*, Julián Soler, 1945), en los espectros humorísticos a lo René Clair (*Yo dormí con un fantasma*, Jaime Salvador, 1946; *La Rebelión de los fantasmas*, Adolfo Fernández Bustamante, 1946), en las múltiples imitaciones de los filmes de fantasmas al estilo *Topper* de McLeod (*Hay muertos que no hacen ruido*, Humberto Gómez Landero, 1946; *Una aventura en la noche*, Rolando Aguilar, 1947; *Mi adorada Clementina*, Joaquín Pardavé, 1953), en algún subproducto de *La muerte en vacaciones* de Mitchel Leisen (*La muerte enamorada*, Ernesto Cortázar; 1950), en algún refrito de *El difunto protesta* de Alexander Hall (*El luchador fenómeno*, Fernando Cortés, 1952), en las historias jocosas de rejuvenecimiento al estilo *Vitaminas para el amor* de Hawks (*Se le pasó la mano*, Julián Soler, 1952), en algún coctel literario (como *Retorno a la juventud* de Bustillo Oro, 1953, en donde Enrique Rambal era a la vez don Juan Tenorio, Fausto y Dorian Grey), etcétera. Sin embargo, cualquier historia, procediera del dominio público o del plagio irreconocible, debería arraigar en una supuesta superchería autóctona. Alentar la ignorancia y el nacionalismo de los consumidores mayoritarios se traduce en certidumbre de acogida entusiasta.

Así fue. La provincia mexicana y sus viejas

casonas, o una clase media a punto de perder su molicie, se convirtieron en los protagonistas ideales del cine mexicano de horror. Pero existen otras razones para este renacimiento (¿renacimiento?) de un género fílmico que ni siquiera había balbuceado el cine mexicano anteriormente. El surgimiento del cine de horror en nuestro país es un reflejo del renacimiento (ése sí) del género en Estados Unidos (Roger Corman, William Castle). También Inglaterra (Fisher y la Hammer Films) e Italia (Bava, Freda) participaron activamente en la creación de un clima propicio para un segundo estertor del género. El gusto por lo sanguinario que debía satisfacer el cine mexicano como una reacción contra la higiene circundante, pudo incorporarse rápidamente a una moda, encontrar nuevos modelos y sentirse acompañado. Aunque, por supuesto, se trataba las más de las veces de una incorporación intuitiva e irracio-

nal, no demasiado lejos del cero absoluto.

Primero se adaptó al acervo de mitos clásicos del cine de horror norteamericano de los años treinta. Hubo secuelas, poesía en menos, de Tod Browning, James Whale y Ernest B. Shoedsack. La importación de Drácula a la vieja hacienda semifeudal fue el inicio. Luego vinieron momias o cabezas vivientes de antiquísimas tradiciones que supuestamente se encontraban excavando ruinas precortesianas. La ancestral crueldad azteca autorizaba ofrendar sacrificios humanos a deidades e ídolos de barro, en pleno siglo XX. Las leyendas coloniales de crímenes y aparecidos, con *La Llorona* gritando la muerte de sus hijos al alba y otros personajes célebres, produjeron, por lo menos en teoría, la exacerbación de los impulsos primarios y el espasmo catártico de multitudes semianalfabetas.

Las figuras encapuchadas de los monjes desplazándose sigilosamente como si repitieran un movimiento marcado de antemano, terminan por alterar el ánimo de los viajeros.

Por medio del montaje acelerado de cuchillos en alto o de muchachas gimiendo de terror, por métodos intermitentemente oprobiosos o de irrupciones súbitas, por la sorpresa o la complacencia en la sangre derramada, se trataba de resucitar un pasado que quizá ya ni el inconsciente colectivo reconocería. El gusto atávico del mexicano por lo macabro era un pretexto. El objeto era la reacción física: la cinemática visceral, al placer de presenciar el espectáculo de la sangre vertida gratuitamente, el coro de *Cien gritos de terror*. Los temas, o mejor dicho, los incentivos, podrían ser la reencarnación, el ocultismo, lo inexplicable del más allá, la brujería, el demonismo científico o la venganza secular. Pero todo se resolvía en una deficiente iluminación en claroscuro, en expresionismo vergonzante, en monstruos conmovedores por la nulidad de sus postizos, en la impasible ojeriza de Ofelia Guilmáin, más terrorífica que diez monstruos juntos, y en los sebosos labios del actor teatral Carlos Ancira lanzando gritos de endemoniado.

Obras maestras del cuento fantástico como *La pata del mono* de W. W. Jacobs, perdían toda la delicadeza de su evocación de lo sobrenatural y se transformaban en burdas historias de *Espiritismo*. No se retrocedía ante la desmesura o lo grotesco: antes bien la autoparodia y el humorismo a contrapelo servían para que ocasionalmente el espectador sintiese que estaba colocado muy por encima de la credulidad neófita. Alfonso Corona Blake, Rafael Portillo, Rafael Baledón, Benito Alazraki, Ramón Obón y Chano Urueta se disputaron tenazmente el trofeo de la comicidad involuntaria.

Cabe hacer una pregunta. ¿De esta ráfaga de cintas fantásticas habrá alguna que merezca rescatarse? ¿Alguna ha conseguido, a nivel artístico, hurgar *El espejo de la bruja*, fomentar la invasión de los vampiros, exhibir el lesbianismo de *Santo contra las mujeres vampiro* y desentrañar los *Misterios de ultratumba*? Después de una larga exploración infructuosa, podemos afirmar, con la seguridad de no cometer una injusticia, que ninguna de las películas de la

Mientras que el mérito de Fuentes consistía en partir de antecedentes literarios nacionales, enriquecidos con la imaginación propia, el mérito de Méndez reside en la recreación de un viejo tema clásico.

serie logró superar la vieja película-isla de Fernando de Fuentes, y que solamente una: *El vampiro* de Fernando Méndez puede ser tomada en serio sin abusar de la benevolencia.

Así pues contrariamente a lo que han creído ciertos críticos europeos, sin la información necesaria y exaltados con la idea de imaginar un cine de horror primitivo a la medida de sus delirios, debemos confesar que México sólo puede hacer dos aportaciones valiosas al cine fantástico. Mencionaremos las cualidades de esas dos películas aclarando que todo lo que descubramos en ellas es precisamente lo que las opone al conjunto a que pertenecen.

El fantasma del convento sucede casi totalmente en el interior de un inmenso recinto conventual de los principios del Virreinato. La acción se desarrolla, sin embargo, en la época actual. Un grupo de excursionistas, dos hombres y una mujer, se han perdido en el bosque. Ha caído la noche y ya uno de ellos ha estado a punto de perecer en el fondo de un barranco. Caminan a ciegas, temerosamente, hasta que escuchan

el ladrido de un perro y ven acercarse una sombra espectral que lo guía. Es un monje que un poco a disgusto los conduce al interior de un monasterio cercano, con objeto de guarecerse durante la noche.

Ahí, los viajeros son alojados en celdas separadas, estrechas y desnudas. Momentáneamente repuestos, asisten en el refectorio a la cena de la comunidad monástica: cenan polvo. La atmósfera, ceremoniosa y deshumanizada, comienza a ser irrespirable. Presienten que en cualquier instante ocurra algo funesto. Un peligro indiscernible parece acechar en cada corredor silencioso del convento, en cada nueva cámara a la que penetran. La voz del abate que lee parsimoniosamente un viejo libro sagrado, durante la cena, diríase que proviene de otra dimensión de la realidad y nunca llega a hacerse plenamente tangible. Las figuras encapuchadas de los monjes desplazándose sigilosamente como si repitieran un movimiento marcado de antemano, terminan por alterar el ánimo de los viajeros.

El vampiro consigue, en todas las escenas mencionadas, un lirismo seguro y climático.

En contraste con la paz obsesiva que los rodea, los protagonistas se instalan en una tranquilidad malsana. Sus pasiones, alimentadas a solas, vencen la reticencia. Uno de ellos empieza a cortejar a la esposa de su amigo. La austeridad del lugar exalta la fuerza de su sentimiento amoroso y añade a la traición un elemento sacrílego. Pero el adulterio inminente no llega a realizarse. Lo sobrenatural consigue ahogar el erotismo.

El monje amanuense les relata la historia macabra de una celda clausurada que llama la atención de los viajeros. Dominados por la curiosidad, a medianoche, los hombres rondan el sitio y se introducen a él clandestinamente, admirados por lo fácil del acceso. El cadáver del monje indigno de la historia, muerto hace muchos años, yace aún sobre un camastro. La puerta se cierra y los intrusos quedan encerrados. En un ataque de celos, el amigo célibe mata a su rival. Una vez consumada la violencia, el asesino retrocede espantado de su crimen. Vuelve la vista hacia los objetos y el cuerpo momificado. Del grueso libro abierto sobre un facistol de lectura mana un líquido viscoso y oscuro. El pergamino sangra y escribe rotundas palabras de acusación. El cadáver del monje mueve imperceptiblemente una de sus manos, luego un brazo completo que señala. El asesino se desmaya.

Es de día. La claridad despierta a los viajeros. El amigo célibe duerme al pie de la puerta de una celda. Todo lo acontecido era ficticio. Ha sido un mal sueño. Pero los tres excursionistas han tenido la misma pesadilla; reconocen el convento: está deshabitado y casi en ruinas. Sus blancas paredes y sus largos corredores que les habían parecido amenazantes, ahora revelan una belleza sobria, provocan una sensación incontenible de amplitud y libertad. Se entregan a un regocijo saludable y ligero. Pronto se desengañan. El guardián del convento, que es en realidad un museo colonial, los lleva a visitar sitios menos accesibles del recinto. Los viajeros se dan cuenta de que efectivamente han estado allí. Sobre una mesa desvencijada y sucia, el amigo desleal descubre bajo el polvo una inscripción amorosa que había grabado la noche anterior. Descienden al sótano del convento. Ahí se encuentran, alineados, los cuerpos de los monjes que los habían hospedado la noche anterior: convertidos en momias, yacen dentro de sus sarcófagos. Los excursionistas abandonan el convento perturbados y confusos.

La sinopsis evocadora de la película de Fernando de Fuentes sugiere con claridad cuáles son sus virtudes. La trama es lineal y sin ramificaciones, a pesar de que se desarrolla en un tiempo que no es presente ni pasado sino posible. Se estructura como un cuento. Es la consecuencia de una sola, inicial situación. Lo fantástico no se desprende de la índole sobrenatural de algunos hechos; todo lo que ha sucedido es fantástico. Estábamos inmersos en la irrealidad de un mundo fantasmal y no lo sabíamos. Sólo alcanzábamos a percibir el malestar de una atmósfera gris, difusa y oprimente, que magnificaba las pasiones en el crimen y la transgresión.

El erotismo y la liturgia se complementan como las dos mitades de un mismo fruto. En una sola ocasión, De Fuentes nos muestra abiertamente lo sobrenatural. Es una escena inquietante e inolvidable por la economía de medios con que está realizada. La secuencia clave es una constante en la obra del padre del arte cinematográfico mexicano. La sangre que escurría por el libro y el movimiento de un muerto no se apoyaban por la aparatosa retórica visual que caracteriza al género. Antes bien, la escena que llevaba la tensión dramática a su punto más alto se efectuaba por medio de planos generales y leves gestos en un decorado cuya carga emotiva trascendía lo puramente formal.

Resulta asombroso reconocer que en la obra de De Fuentes eso ocurre a menudo. Una sola escena de gran intensidad y de distante elegancia sostiene todo el relato. La convención narrativa se convierte así en una incontaminada vivencia poética prolongada. Y todo esto, a pesar del primitivismo elemental del lenguaje cinematográfico de la época en el cine mexicano.

Por este mismo camino arribamos a las cualidades mayores de Fernando de Fuentes. La modernidad de sus mejores obras (las de la década de los treinta) deriva de un inesperado clasicismo. La inspiración del director se saciaba en dos aguas cuya nobleza ninguno de sus colegas habían intuido en nuestro país. Sus búsquedas expresivas estaban vinculadas al movimiento general del cine y a la vez trataba de encontrar el tono justo de su nacionalidad. *El fantasma del convento* entronca con el gran cine expresionista alemán y el cine de horror norteamericano de los principios de la década en una tendencia común: la imaginación fantástica se consideraba como un instrumento de la poesía y la fascinación visual. Y no sería ocioso mencionar el nombre de José María Roa Bárcenas, al lado del título del filme (como tampoco lo sería citar a Vicente Riva Palacio como antecedente de *Cruz Diablo* o a Rafael Delgado a propósito de *Las mujeres mandan*).

El camino de Fernando de Fuentes participa del espíritu literario mexicano del siglo XIX, nos remite a una herencia cultural específica sin abominar las leyes propias del cine de géneros. Por todo esto, *El fantasma del convento* adquiere un significado tan inteligente como los símbolos eróticos y religiosos que emplea.

propia y la de su momento histórico cinematográfico, el mérito de Méndez reside en la recreación de un viejo tema clásico. El personaje fílmico literario del vampiro humano es de aquellos que presentan mayor número de posibilidades. Lo único que debe hacer el director es respetar las premisas, seleccionar cuidado-

Allanamos el mundo de la fantasía sin que la razón desmienta sus facultades. Pero al volverse palpable la irrealidad con que convivimos, *El fantasma del convento* muestra el riesgo que corre la conciencia cuando elude reconocer el misterio.

Otro es el caso de *El vampiro* de Fernando Méndez. Mientras que el mérito de De Fuentes consistía en partir de antecedentes literarios nacionales, enriquecidos con la imaginación

samente sus encuadres tradicionales y disponer con habilidad sus materiales explotándolos al máximo.

El vampiro es de esas obras que no requieren la presencia de un gran autor para volverlas eficaces. Méndez, notoriamente, está muy alejado de serlo. Ni *Barrio bajo* (lacrimógena historia de dos cargadores harapientos de gran corazón que recogen una niña ciega), ni *Fugitivos* (especie de *western* humanitario con su

En contraste con la paz obsesiva que los rodea, los protagonistas se instalan en una tranquilidad malsana. Sus pasiones, alimentadas a solas, vencen la reticencia.

pueblo de delincuentes en vías de regenerarse y un torpe erotismo proveniente de *El proscrito* de Hughes), ni ninguno de sus filmes anteriores (*La hija del ministro, Genio y figura, Los tres Villalobos, Misterios de ultratumba*) testimonian capacidades superiores. Méndez es, no obstante, un técnico diligente, dócil y permeable. Sus pequeñas dotes de intuición y espontaneidad bastan para distinguirlo de sus colegas. Por lo demás, todas sus películas posteriores a *El vampiro* son deplorables. Su mejor filme no tuvo descendencia.

La trama de la película equivale a un aplicado repaso de la lección impartida el día de ayer. Marta (Ariadne Welter), una muchacha simpática y jovial, llega por tren a un páramo llamado Sierra Negra. Simultáneamente desciende un cajón que se supone lleno de tierra de Hungría, perteneciente al conde Duval (Germán Robles). También arriba a la misma estación ferroviaria un doctor que viaja de incógnito (Abel Salazar). La chica se dirige a la hacienda de Los Sicomoros, pero no hay manera de trasladarse hasta ella. Un criado de Duval, con aspecto de jinete apocalíptico, acepta conducirlos en su carreta, pero los abandona a mitad del camino.

El doctor y la muchacha se hacen amigos en el trayecto. Continúan su viaje a pie, vigilados de lejos, subrepticiamente, por la figura enlutada de Eloísa (Carmen Montejo), tía de Marta y mujer vampiro. Mientras tanto, en la hacienda se efectúa el entierro de otra de las tías de la joven. El tío Emilio (José Luis Jiménez), un anciano gemebundo, sigue al cortejo de campesinos.

El fantasma del convento entronca con el gran cine expresionista alemán y el cine de horror norteamericano en una tendencia común: la imaginación fantástica se consideraba como un instrumento de la poesía y la fascinación visual.

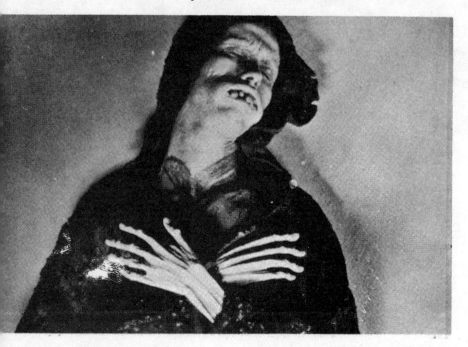

Una vez conocidos los personajes de la trama, el resto es previsible. Obedece las más estrictas leyes del género de horror. Marta sufrirá asedios y terrores nocturnos; el conde Duval (quien, por supuesto, es un vampiro humano) querrá hacerla su compañera convirtiéndola en mujer vampiro; la darán por muerta bajo los efectos de una pócima y estará a punto de morir en un incendio. El doctor no hará (como en *La mansión de los espectros* de Wise) que la cinta incurra en los terrenos de la metapsicología; se limitará a tranquilizar a la chica y a enamorarla; cuando la rapte el vampiro, seguirá su rastro a través de pasadizos secretos; impondrá la fuerza de sus puños a los secuaces del maligno y salvará a su amada en el último minuto. El tío seguirá quejándose y haciendo pucheros durante todo el relato, hasta que deba morir en las garras de su hermana vampiro. La tía enterrada resucitará para asustar a su sobrina con sus apariciones repentinas, velará su sueño con cruces de palma y, al final, será la encargada de clavar una estaca en el corazón del vampiro. La tía inoculada por el mal servirá como catalizador de la trama.

Nos movemos, pues, dentro de la mayor ortodoxia genérica. Gracias a eso el mal gusto consigue reprimirse. Por momentos, la película tiene una belleza innegable. Quizá se deba a la concepción casi fenomenológica del vampiro. Delgado, gallardo y dotado de una nítida mirada perversa, Germán Robles como Drácula de provincia mexicana no desmerece ante el de Tod Browning. Cuando menos no lo agravia. Pero la semejanza es tan distante que no es preciso denunciar el plagio; es muy primaria para ser un homenaje. El monstruo concebido por Méndez, su baratón argumentista y, sobre todo, por el camarógrafo Rosalío Solano, puede reconocerse como una creación tan azarosa como astuta.

Respetar el tema del vampiro en su totalidad no es un pequeño acierto. Quizá sea el vampiro el personaje más representativo e inquietante de la literatura y el cine fantásticos. Motivos no faltan; es algo así como un personaje-suma. El vampiro provoca con sus actos los más deliciosos estremecimientos que ha imaginado el arte del horror. En él se reúnen la bestia nociva y la voluntad maléfica; es animal y hombre en aquello que ambos tienen de fiero.

Sobre el vampiro pesa un destino fatal que lo convierte en un ser maldito (temas del *fatum* y la maldición). Es a un tiempo fascinante y repulsivo (tema de la ambigüedad del mal). Debe alimentarse de sangre humana; tiene facultades que lo acercan a la omnipresencia: aparece, desaparece y se desplaza de un lugar

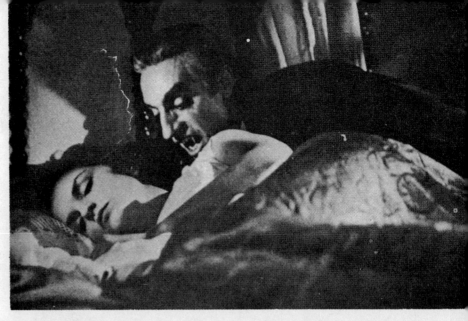

a otro por los aires, con inusitada rapidez; puede asaltar en cualquier sendero del bosque o en el hogar guarecido (temas de la ubicuidad, lo precario y el acecho constantes). Bisnieto de Gilles de Rais, sobreviviendo a su procedencia medieval, contamina el presente y se conserva inexorablemente joven, mientras todo a su alrededor se modifica (temas del eterno retorno y la perennidad del mal).

El vampiro es, además, un ser favorito de la *psicopathia sexualis*. El sadismo y la necrofilia se satisfacen en sus crímenes sangrientos. Las víctimas funcionan como afrodisiaco. Al clavar sus colmillos afilados y prominentes sobre el cuello de sus presas, de preferencia efebos o mujeres bellas, realiza un acto febril de índole francamente sexual, en ocasiones homosexual. Transfiere su avidez de posesión violadora, encontrando cómplices, o bien deja voluptuosamente exánimes a sus víctimas.

El vampiro es, desde un punto de vista esotérico elemental, la victoria de la voluntad de dominio del mal. Es un triunfo perentorio, que termina en el alba, de las tinieblas sobre la luz. Al yacer en su féretro, confluyen la vida y la muerte: renace y muere en cada jornada. Al vincular lo que hay de inhumano en el hombre y de más humano en la bestia, su crueldad se vuelve necesaria y fortuita, cualidades indisolublemente ligadas a él. Representa la saña de la inocencia animal. El vampiro es, por lo tanto, ambiguo y seductor, consuma el sometimiento de la razón al instinto. Pero algo lo eleva por encima de su naturaleza: la transgresión pertenece al reino de la apariencia y el sueño. La belleza del mal instaura un nuevo orden sagrado.

Poco importarían los múltiples temas subordinados al personaje del vampiro, si en la película no generaran la mayor parte de ellos algunas imágenes perdurables. El ámbito fantástico es una vieja casona brumosa de amplios corredores y patios descuidados, una hacienda en ruinas cuyo antiguo esplendor aparece cubierto por telarañas y polvo. Los caminos que conducen a la hacienda están impregnados de una niebla que parece brotar de la tierra: vapores que flotan como nubes rastreras y pestilentes. Los claroscuros del bosque, por donde avanza el cortejo fúnebre a la luz de las antorchas, se iluminan irrealmente a trechos por rayos incandescentes. El carretero-caronte azota iracundo los caballos con su látigo en un arrebato demoniaco. El féretro de la hermana se abre por última vez para despedir al cadáver. Manos rugosas sellan con cemento, ineluctablemente, la cripta.

Un libro sucio con las pastas carcomidas cae

por su propia iniciativa del armario. El viento silbante abre y cierra las ventanas que comunican con la noche. El vampiro, envuelto en su larga capa, desaparece rasgando espesas cortinas de luz. En el silencio nocturno se escuchan lastimeras canciones de cuna. La muerta transita con el cabello revuelto sobre los hombros, vestida con un sudario y un crucifijo metálico que le cubre el pecho. Mientras se arregla, la muchacha descubre con espanto que el cuerpo de su tía no se refleja en el espejo.

Los criados contestan con viejas supersticiones fatalistas que defienden como suprema sabiduría. La víctima joven y suculenta ignora la presencia del vampiro que observa la silueta de su cuerpo bajo un camisón de gasa blanca. Al pasar en su carruaje junto a un niño mestizo, el vampiro no puede contener el deseo de acometerlo. Rodeada por el fuego, la joven espera, inmóvil y lívida, en estado de inconsciencia, la llegada de las llamas hasta su lecho inflamable. La vieja resucitada clava una enorme estaca en el pecho del vampiro, haciendo presión con las dos manos, sobrecogida como si la transfigurase el rapto de un éxtasis místico.

Aun sin alcanzar las cumbres de la poesía erótico-fantástica de los filmes clásicos (o recientes, como *La máscara del demonio* o *La danza macabra*), *El vampiro* consigue, en todas las escenas mencionadas, un lirismo seguro y climático. Lo único y plausible que Méndez ha hecho con su relato consiste en cuidarlo y conservar su equilibrio. Entonces las cualidades plásticas y las implicaciones genéricas aprovechan ese equilibrio a través del vehículo argumental. Se establece la interacción de la serenidad y la desmesura, de lo imperturbable y la violencia. Se adivina y permanece la indispensable lucha de elementos contrarios. Surge la dialéctica del cine de horror, sin la cual el género fantástico jamás puede rebasar lo pueril.

Sobre el vampiro pesa un destino fatal que lo convierte en un ser maldito. Es a un tiempo fascinante y repulsivo; debe alimentarse de sangre humana; tiene facultades que lo acercan a la omnipresencia.

Segunda parte:

Fuera
de
serie

El pícaro

En nuestro intento por recoger la singularidad de un personaje cómico del cine mexicano, hemos tenido que desechar la totalidad de los "grandes" nombres que una rápida ojeada nos proponía. De hecho, ninguna de las figuras famosas –el peladito Cantinflas, el pachuco Tin-tán, el bobo Manolín, el arrabalero Resortes, el estrafalario Clavillazo, el norteño Piporro, el gordo andrógino Capulina– resiste un análisis detenido. Son personajes construidos con una arcilla demasiado burda, episódicos, fácilmente desmontables, infantiles, sin mundo propio ni profundidad satírica. Productos bastardos de una mistificación múltiple del humor popular, todos ellos presentan sin embargo un rasgo común. Por encima de sus maneras teatrales, carperas, radiofónicas, televisables o regionalistas; por encima de la servidumbre en que se instalan con comodidad, existe en sus actos una tendencia a la travesura ligeramente irrespetuosa y diversificada. Ya sea en tono de farsa grotesca o de enredo forzado, se manifiestan como aproximaciones, más o menos inconscientes, más o menos problemáticas, más o menos esforzadas, de un arquetipo ignorado y distante: el pícaro español de los siglos XVI y XVII. Salvo excepciones de plagio descarado e inasimilable (*gags* de Charles Chaplin, Harold Lloyd, Charlie Chase y Jacques Tati), el cine cómico mexicano nada debe al cine cómico extranjero.

De acuerdo con este criterio, aun cuando su humor resulte en la actualidad más bien hipotético, hemos elegido amplificar los posibles aciertos y los ejemplares errores de *La vida inútil de Pito Pérez* (1943) de Miguel Contreras Torres, una cinta exclusiva, sin antecedentes cinematográficos notables ni secuela permisible, pero con raíces literarias excepcionalmente visibles. Quizá sea la película más mala que analicemos *in extenso* en el presente volumen, aunque su calidad no difiere considerablemente del nivel medio del cine cómico

mexicano. Una razón inobjetable nos autoriza: de todas las reencarnaciones degradadas del pícaro centenario, es el personaje de Pito Pérez el único que presentó, y conserva, características coherentes, con parámetros bien determinados y, a pesar de todos sus defectos (que no son pocos), con vida autónoma. En la comedia ranchera, pícaros como Mantequilla, Chicote y Agustín Isunza acompañaban al cantor mujeriego en calidad de sanchos panza, responsables de la genuina gracia de muchas cintas.

Desoladoramente, decíamos, esta máxima expresión picaresca del cine nacional, etapa

La vida inútil de Pito Pérez (1943), de Miguel Contreras Torres, una cinta con raíces literarias excepcionalmente visibles.

decisiva en el desarrollo de sus corrientes estéticas, es hoy día una película envejecida hasta el arcaísmo en una elemental y primitiva depresión del terreno: en la obra de Miguel Contreras Torres. Pionero del cine mudo, viejo luchador villista con grado de oficial y encarnizado agresor del monopolio cinematográfico del magnate todopoderoso William Jenkins, este director alcanza, en la adaptación de la obra más difundida del novelista michoacano José Rubén Romero, el éxito nacional que le habían negado sus frescos revolucionarios (*La sombra de Pancho Villa*), sus reconstrucciones románticamente antihistóricas del imperio de Maximiliano (*Juárez y Maximiliano*, *La Paloma*, *Caballería del imperio*), sus estampas escolares de la guerra de independencia (*El padre Morelos*, *El rayo del sur*) y sus epopeyas continentales (*Simón Bolívar*, con Julián Soler). Por otra parte, a Pito Pérez lo protagoniza Manuel Medel, hasta entonces dócil compañero de carpa y de

iniciación cinematográfica de Mario Moreno Cantinflas (*Águila o sol, Así es mi tierra, El signo de la muerte*). El comediante sale momentáneamente del anonimato sólo para hacerse acreedor del premio que reciben todos los actores mexicanos que han logrado construir ante las cámaras un personaje singular: después de la consagración, viene el estereotipo (*Bartolo toca la flauta, El rancho de mis recuerdos, Loco y vagabundo, Cara sucia, Pito Pérez se va de bracero*) que provoca el suicidio artístico.

Desde la primera toma de la película, la atención se concentra sobre la figura de Pito Pérez, que camina lentamente por un sendero hasta quedar en *close-up*. Rechoncho, desvigorizado y harapiento, su indumentaria es el mejor signo de su carácter: zapatos deshechos, pantalones anchísimos y mal fajados, saco andrajoso lleno de agujeros cuya carencia de botones se subsana con un enorme imperdible que lo sujeta al frente, camisa arrugada que se

Pito Pérez es probablemente el único personaje cómico con vida autónoma.

sale por todas partes y un raído sombrero de paja sobre el cabello lacio, abultado y en desorden. Al identificar gracia con indumentaria, Pito Pérez cumple con su deber de personaje cómico mexicano. Además, arrastra los pies cuando camina y lleva a su espalda un atado que cuelga de la punta de un bastón. Sin afeitar y mugrosa, su lamentable estampa correspondería indistintamente a la de un vagabundo o a la de un pordiosero.

Después de su presentación muda, el relato comienza. En plena derrota económica y moral, al cabo de muchos años, Pito Pérez regresa a Santa Clara del Cobre, su pueblo natal. Ante la indiferencia de sus paisanos, cruza las calles empedradas. Sube a las torres del templo y lanza a vuelo las campanas. La policía aprehende al escandaloso, quien, con toda naturalidad, arguye en la comisaría que las campanas deben sonar a la llegada de los hombres ilustres. Aunque su indolencia amerita varios días de cárcel, Pito Pérez es liberado de la prisión por don Daniel Román (Manuel Arvide), un abogado pueblerino que reemplaza en esta servil adaptación fílmica al narrador testimonial de la novela.

El inesperado protector desea conocer los pormenores de la vida de tan pintoresco personaje. Lo admira y lo celebra cuando censura con agudeza y sin temores las faltas del prójimo. Se citan todas las tardes en un campanario y, a cambio de bebida, el vagabundo alcohólico acepta hacer la narración de sus aventuras y desventuras al amigo ocasional. La película adopta entonces la forma clásica de las novelas picarescas: la biografía anecdótica, el recuento de peripecias y lances amorosos de un personaje marginal.

En *flash-back*, el pícaro michoacano revive su infancia, su adolescencia y el inacabable peregrinar de su edad adulta. El pasado resulta tan lastimoso como el presente. Desde recién nacido padeció la injusticia familiar, teniendo que ceder el seno materno a otro chico de la vecindad. Recibió reglazos y orejas de burro inmerecidos en la escuela. Los únicos consuelos de su infancia fueron un pito de carrizo que hacía sonar a todas horas e Irene, una niña que al

Al identificar gracia con indumentaria, Pito Pérez cumple con su deber de personaje cómico mexicano.

170

crecer eligió como compañero a otro de los hermanos Pérez. Al desempeñar funciones de monaguillo conoció la ira de los curas y la vileza de los sacristanes. Sus remordimientos por el robo de unas limosnas eclesiásticas lo obligaron a dejar Santa Clara, no sin antes prometerse al salir del pueblo que regresaría rico y famoso; las campanas sonarían por él. Pero en su errancia voluntaria Pito Pérez se fue convirtiendo en un vagabundo escéptico y sentimental.

Escuchamos el relato de su vida amorosa. Cuando fue mancebo de botica, la decrépita y libidinosa mujer del farmacéutico lo llamaba cariñosamente todas las tardes con el pretexto de que le frotara la espalda con un linimento. En otra ocasión, aceptó generosamente llevar la contabilidad de un almacén de granos para poder oír las canciones de Soledad (Katy Jurado), la bella sobrina de la patrona (Conchita Gentil Arcos), y cayó completamente borracho cuando se le presentó la oportunidad de tener relaciones íntimas con la chica. Luego Soledad se casó con un adinerado colector de rentas. En el banquete de bodas, el paria despechado declamó unos versos satíricos en que volcaba todo su resentimiento. Golpeado y vejado, esa noche durmió en la cárcel del pueblo.

Este fracaso lo alentó a realizar su único intento por llevar una vida normal. Pidió empleo en la tienda de uno de sus tíos. Ahí se enamoró de Chucha (Elvia Salcedo), una prima coqueta y vivaz. Decidió casarse con ella. Pero, cuando envió a un vecino a que pidiera en su nombre la mano de Chucha, éste la pidió para sí. Nuevamente Pito regresó a la bebida y a la vagancia. Al llegar aquí, el relato en tiempo pasado se interrumpe. El vagabundo no vuelve más al campanario.

Sin embargo la película continúa. Ha esta-

A cada intento de humanizarlo, Contreras Torres hunde más a Pito Pérez.

171

llado la revolución, pero nada detiene el deambular de Pito Pérez. Antes bien, ya perpetuamente ebrio, sigue recibiendo humillaciones. A punta de pistola, un capitán revolucionario (Manuel Dondé) lo conmina a beber, a bailar, y enseguida lo balacea. El vagabundo sobrevive, siempre en espera de la próxima patada y de la siguiente traición. Pasa de un oficio a otro. Es ayudante de un cura que lo recoge; roba una sotana y pide limosna por las calles como misionero; vuelve a la prisión; es asistente de un doctor. De todos los oficios honrados se le expulsa por sus borracheras y la torpeza de sus iniciativas.

El narrador vuelve a encontrárselo en Morelia, con un sombrero y una canasta de los que penden pequeñas campanas; se gana la vida como barillero, vendiendo de casa en casa chácharas a las sirvientas y alcoholizado. Le apodan Hilo Lacre. Todo mundo ríe de ese guiñapo y de sus réplicas extravagantes. Próximo a su fin, se recluye en un asilo para menesterosos. Muere entre broma y broma con los internos. Don Daniel lee con voz compugida el pliego testamentario en que Pito Pérez se burla amargamente de sus semejantes inculpándolos de todas sus desdichas.

Desde su juventud hasta la vejez, Pito Pérez se muestra tan inestable e individualista como lo fueron los héroes clásicos de la picaresca. En el traslado al cine mexicano del modo de vivir de los pícaros, se han respetado en primera instancia los rasgos fundamentales de Guzmán de Alfarache, Don Pablos o Estebanillo González. Movilidad incesante, rechazo de la vida normal, despego y burla de los valores sociales, voluntad caricaturesca en el trazo de las comparsas, cinismo y maledicencia, amoralidad que hace resaltar la inmoralidad colectiva, gusto por la aventura truculenta y ridícula, tales son las líneas de fuerza más nobles de *La vida inútil de Pito Pérez*.

El cuadro de costumbres, a veces anacrónico incluso si se considera que la trama ocurre a principios de siglo, exhibe vanidosamente su estirpe literaria española antes de insertarse en la tradición mexicana de Fernández de Lizardi, Riva Palacio, José T. Cuéllar y Emilio Rabasa. Aquí tenemos el sórdido desfile de usufructuarios del orden público. Aquí se proclaman los ocultos envilecimientos del sacristán que fuma en las gradas del altar, bebe el vino de consagrar y enseña al niño Pito Pérez a darle "una llegadita" a las limosnas; del cura irascible (Arturo Soto Rangel) que reparte pescozones porque el monaguillo ha confundido los ornamentos sacerdotales; del boticario que se enriquece sustituyendo los ingredientes medicinales de las recetas por azúcar y alcohol; del párroco malhablado (Eduardo Arozamena) que solicita el perdón divino cada tercera frase; del rico vejete obsequioso y rabo verde; de los amigos paternalistas capaces de la más baja traición; del revolucionario que emplea su fuerza para afrentar impunemente a los débiles; de los simuladores pobres del asilo que se embriagan en ausencia del doctor, y de las mujeres, invariablemente cuzcas y venales. La ascendencia española desemboca en una picardía mexicana tan austera e intransigente como ella.

Pero Rubén Romero y Contreras Torres han querido ir más allá del personaje simple, ambulante e irredimible. Insisten en descubrir al hombre libre por debajo del borrachín desarrapado y quejumbroso. Fuerzan la lección moral implícita en cualquiera de las obras clásicas citadas. Así, Pito Pérez se convierte en una plataforma de las ideas de sus creadores, un portador emérito de juicios y críticas contra la sociedad pueblerina en particular y contra la sociedad humana en general. Pito Pérez, por consiguiente, debería ser el revelador de las miserias morales de la vida de provincia, y no sólo en la época prerrevolucionaria debería ser válida su sátira. Pito Pérez sería la reivindicación del ingenio mordaz en estado naciente, del desarraigo inconformista que es fuente de experiencia y de una sabiduría popular "muy mexicana". Pito Pérez debería constituir una amenaza viviente, un hombre justo que lanzara a la faz de sus conciudadanos el oprobio de su falta de convicciones nacionalistas. Pito Pérez arremete contra los ricos desnaturalizado que se atreven a ingerir bebidas importadas, elogia en las cantinas las bellezas del paisaje michoacano, condena con su sola presencia a todos los que abusan de la flaqueza humana para medrar. Preservada su integridad, el personaje representaría un héroe ejemplar, consumaría el triunfo de lo auténtico sobre lo falso. A nadie debería caberle duda de que el adjetivo "inútil" del título tiene una función irónica. Pito Pérez sería el hombre que siempre dice la verdad, en forma sarcástica e incisiva, y sufre las consecuencias de esa fidelidad a sí mismo. De Uruapan a Yuriria, por los terrosos caminos del estado de Michoacán, transitaría Pito Pérez como nuevo cordero sacrificado, cargando con las injusticias que escarnecen a los seres en desgracia, pero exaltando su sentimiento de independencia, para escándalo de los hipócritas.

Sin embargo, la película no tuvo el sentido que quiso dársele. Los hechos que se ven sobre la pantalla desvían la finalidad de sus creadores. Median cuatro factores determinantes que, al encadenarse entre sí, vedan rotundamente al personaje cualquier posibilidad de grandeza picaresca.

Se resiente, en primer lugar, la ausencia de sentido de lo prodigioso, indispensable en una tarea de este tipo, por parte de Contreras Torres. Ninguna de las aventuras de Pito Pérez tiene relieve. Por el contrario, tanto la ineptitud técnica del director –cámara inanimada que sigue la acción desde el sitio menos adecuado para servir a las intenciones de la escena, juego interpretativo rudimentario, perezosos desplazamientos de los actores a tontas y a locas, arritmia– como el trasfondo siempre funesto de los incidentes, dejan muy poco espacio a las consecuencias imprevistas y creativas de la imaginación. Todos los sucesos resultan tan escuetamente pequeños y personales que sólo la afilada corriente de crueldad masoquista que los cruza puede salvarlos de la banalidad.

Tenemos, en segundo lugar, el tipo de sabiduría que se nos quiere hacer admirar. Pito Pérez no disfruta su herencia; se encuentra a solas en el mundo del cine, impedido para explotar sus antecedentes literarios. Con su ingenio a ras del suelo, de charla de tendajón pueblerino, y su rebelión verbal tan tímida como ineficaz, elabora una experiencia vital a partir de cero. Toda la sabiduría que entusiastamente le prestan el novelista y el director, apenas consigue mantener en pie al personaje. Su agudeza es inofensiva, nunca supera el lugar común de taberna. El vitalismo que encarna se vuelve en contra de sí mismo. Cada una de sus frases pertenece a la enciclopedia de la filosofía de medio pelo, cada sentencia sarcástica es autoirrisoria en alguna de sus componentes esenciales, cada arranque de indignación incrementa el acervo de la mala literatura dialogada. Pito Pérez se mide por sus actitudes y por su lenguaje como un espíritu cerrado, incapaz de rebasar lo inmediato y poder percibir algo que no sea la primera capa de pestilencia de la miseria humana.

Interviene, en tercer lugar, la involuntaria apología de la derrota que se establece. Considerándose a sí mismo como un desgraciado, Pito Pérez recuerda su vida achacándole todos sus padecimientos a la mala suerte que lo persigue desde su nacimiento. Aunque el director se esfuerza por demostrar lo opuesto, su vida es "como la de todos los truhanes, poco graciosa, nada alegre". El *flash-back* lo define de una vez por todas como un personaje liquidado de antemano. El interés de la película reside en investigar hasta dónde podrá descender. La ventura se identifica con el padecimiento para que el dolor moral y la desilusión justifiquen la

embriaguez perpetua. Así, la huida prolongada llegará a interpretarse como gusto por la vida errante.

A las anteriores desviaciones se añade, en cuarto lugar, el exceso de sentimentalismo que anega al filme. Contreras Torres, como cientos de cineastas mexicanos, sintetiza la caridad cristiana y la exégesis obvia en un tercero monstruoso: la catástrofe lacrimógena. Las calamidades innumerables que pesan sobre Pito Pérez trituran su sensibilidad, la pulverizan. Completamente demudado, implorando a toda hora y con urgencia la compasión, mendigando más que pan un poco de ternura, el redondo y pueril rostro gimiente de Manuel Medel es la viva imagen del llanto incontenible a punto de estallar. *La vida inútil de Pito Pérez* aborda todas sus oportunidades de película cómica en aras del sentimentalismo. Ante tal ausencia de gracia, frescura y ligereza, sólo los testimonios de la época logran convencernos de que algún día se le vio como comedia. Nadie puede reír hoy con los suplicios faciales de Pito Pérez.

Por todo lo anterior, *La vida inútil de Pito Pérez* es una de las películas más patéticas del cine mexicano. Es patética por el cúmulo inve-

Máxima expresión picaresca del cine nacional, sin embargo, hoy día *Pito Pérez* es una película envejecida hasta el arcaísmo.

rosímil de sus detalles dramáticos, por la manera incipiente y confiada en que se filmó, por la convencida actuación de Manuel Medel, por la infinitud ambivalente de su cursilería, por la franca deshonestidad de sus resortes tragicómicos y por el carácter reversible del conjunto.

A cada intento por humanizarlo, Contreras Torres hunde más a Pito Pérez. La película, sin que importe el "mensaje" en que desemboca, resulta inmoderadamente misantrópica y misógina.

El futuro vagabundo se recarga en un pilar para que no lo vean escuchar a su hermano enamorando a la niña Irene. Pito Pérez se levanta del parque público en que duerme y se acerca a un grupo de cancioneros a ver si obtiene mediante el chantaje un trago de aguardiente. Tras las rejas de la cárcel, canta entre sollozos *El abandonado*. Se resbala de lado sobre la pared en que lo han dejado completamente borracho, mientras Soledad admite los arrumacos del vejete en el interior de su casa. En la barra de la cantina, atemorizado, se saca rápidamente de la boca el pedazo de taco que se había introducido y acata las órdenes de beber que le grita el capitán revolucionario. "Trabajo como un burro y vivo como un señor", declara con orgullo porque puede embriagarse todas las tardes y vive en una pocilga. De noche, acaricia y llama su novia ideal a un esqueleto que ha robado de un consultorio médico. Pito Pérez es un pobre diablo perfec-

tamente inútil e infeliz. Sus pillerías no pueden perjudicar a nadie, son demasiado mezquinas. El amor solamente sublima la amargura. Antítesis de Charles Chaplin, este vagabundo ya no posee ninguna dignidad para salvaguardar.

La fuerza emocional, contradictoria y depresiva de la película, procede de la disección moral más que del relato. Estamos ante un documental que explora el último grado de la escala social y humana. Un personaje como Pito Pérez surge cuando la compasión llega a tales extremos de impudicia y aquiescencia efusiva que la forma cinematográfica sale al encuentro de su creatura y se confunde con su escoria. *La vida inútil de Pito Pérez* o Pito Pérez por sí mismo. Si el pitoperismo es un pobrediablismo, el filme demuestra la incapacidad del viejo cine mexicano para establecer una picaresca a la altura del hombre.

Fuera del dominio del propuesto emblema picaresco del cine mexicano queda solamente la segunda etapa de Tin-tán: la etapa pospachuco que inició este inclasificable comediante al salir de las manos de su descubridor Humberto Gómez Landero para ser manejado por Gilberto Martínez Solares y otros realizadores ocasionalmente inspirados como Rafael Baledón (desde *Calabacitas tiernas* hasta *La isla de las mujeres*, pasando por *No me defiendas compadre* y *Me traes de un ala*). El universo erotómano-musical que lo rodea, y su sentido fáunico del *gag*, quizá merecieran una revaloración.

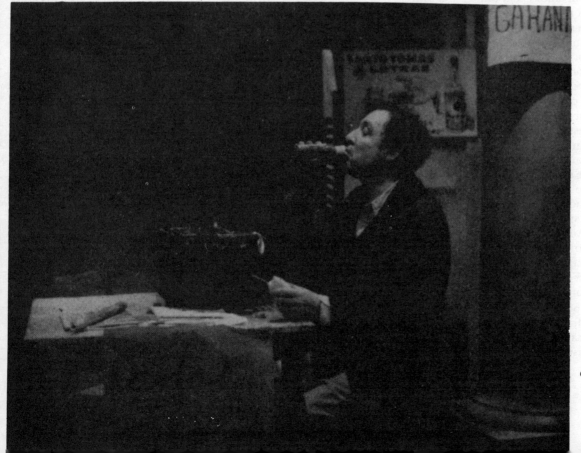

El interés de la película reside en investigar hasta dónde podrá descender.

El pelado

Los temas concomitantes del éxito y el fracaso inspiraron a Alejandro Galindo, en 1945, una película marginal: *Campeón sin corona* que permanece como la máxima incursión del cine mexicano en la conducta del "pelado", el miembro de la clase baja de la gran ciudad. La cinta aprovecha como motivo principal la popularidad efímera de un deportista mexicano de la época, Rodolfo El Chango Casanova, que estuvo a punto de conquistar el campeonato mundial de box. La similitud entre el personaje ficticio *Kid* Terranova y el deplorable personaje real apenas se disfraza. Incluso los demás boxeadores que aparecen en la película son fácilmente indentificables: Joe Conde se convierte en Joe Ronda y Juan Zurita en Juan Zubieta.

Pero Galindo no se ha quedado en la anécdota reconocible y lastimera. Más allá del martirologio, de la condolencia nacionalista y de la decepción deportiva, induce las causas que motivaron la caída del famoso boxeador. El filme constituye un estudio psicológico de mayor alcance que el previsto. Como todas las buenas películas de Galindo, *Campeón sin corona* es un melodrama plagado de groseras concesiones que sólo la sencillez y el sentido de la ambientación del director consiguen trascender. El acierto de la obra se debe, ante todo, a una perfecta adecuación entre estilo narrativo y comportamiento del personaje central.

La impostura del boxeador *amateur* Roberto *Kid* Terranova (David Silva), que pretende pasar como chofer de línea en un encuentro, provoca enorme alboroto en una arena de box. El muchacho escapa de la trifulca. Corriendo por las calles oscuras de su barrio, en calzones y guantes de boxear, se refugia en su casa, donde su acongojada madre lo recibe con reproches. El pugilista aficionado promete que el percance no volverá a repetirse y decide regresar a su oficio de nevero en el mercado de La Lagunilla. Deben bastarle el compañerismo de su amigo el Chupa (Fernando Soto, Mantequi-

El acierto de la obra se debe ante todo a una perfecta adecuación entre estilo narrativo y comportamiento del personaje central.

175

lla) y los escarceos sentimentales con su novia Lupita (Amanda del Llano), huérfana y dueña de una taquería.

Pero un pleito callejero toma proporciones de destino y *Kid* Terranova conoce al tío Rosas (Carlos López Moctezuma), un manager generoso que se encarga de él, haciéndolo entrenar en gimnasios para convertirse en un verdadero boxeador.

Las primeras peleas del nevero son un éxito. Con azoro e inquietud, madre y vecinos presencian la trayectoria ascendente de *Kid* Terranova. Corrigen su torpeza y precipitación respaldándolo con su afecto. Sin embargo, ya en franca càrrera triunfal, Roberto es noqueado por el boxeador mexicano-estadounidense Joe Ronda (Víctor Parra.) El contratiempo hace evolucionar al muchacho. Comienza a debatirse interiormente y a complacerse en la derrota.

Todo lo ayuda en su voluntad de autodestrucción. Conoce a Susana (Nelly Montiel), una mujer de nivel social superior, y acepta dócilmente servirle de entretenimiento. Desatiende a Lupita; se vuelve exigente e irritable. Susana se harta de cohabitar con su inferior y lo abandona. Herido en su amor propio, Terranova acepta una gira deportiva a través de Norteamérica.

Pero no consigue olvidarla. El mismo día de

su regreso arma un escándalo en el departamento de Susana y se le conduce a la penitenciaría. Ante la inminencia de un nuevo encuentro con Ronda, el tío Rosas prefiere que Terranova siga preso hasta el momento de la pelea. Roberto por fin vence a Ronda, pero se siente moralmente liquidado. La caída es vertiginosa. Se dedica a la bebida y a la juerga. Desciende cada vez más hasta metamorfosearse en un borrachín astroso a quien expulsan de las tabernas "de mala muerte", para que "duerma la mona" en la vía pública.

Campeón sin corona, máxima incursión del cine mexicano en la conducta del "pelado".

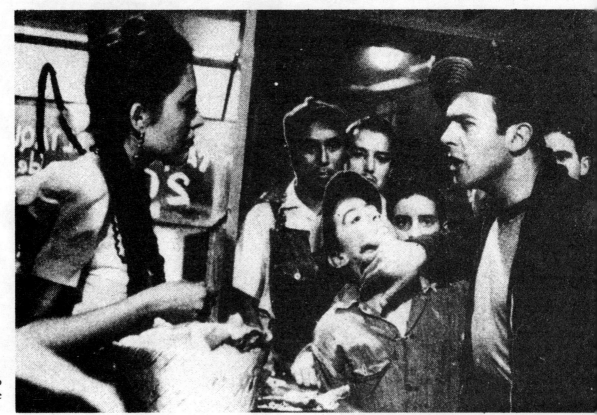

El filme constituye un estudio psicológico de mayor alcance que el previsto.

176

La conclusión es parcialmente feliz. La madre y Lupita encuentran a Roberto cierta noche convertido en un despojo humano y le brindan de nuevo su apoyo leal. Rumbo hacia la inicial pobreza y hacia el antiguo oficio de nevero, las tres siluetas se alejan en contraluz y se pierden en la oquedad de un callejón.

En *Campeón sin corona*, Alejandro Galindo describe el drama del "pelado" desde adentro, sin distancia crítica. Evidentemente el director se siente implicado en la frustración del boxeador que sale de la nada para regresar, humillado y ofendido, al lugar de donde partió. Más que de solidaridad deliberada, se trata de una identificación total. Galindo parece gozar y padecer ante los mismos estímulos que guían las reacciones de su personaje. El conocimiento y el desprecio tibio de la vida de arrabal se antojan genuinos. Se tiene la impresión de experiencia vivida, de autobiografía social, de transferencia. El examen *behaviorista* del personaje es rotundo, su banalidad tiene un sentido, porque *Campeón sin corona* parece una cinta filmada en primera persona.

Kid Terranova es en el fondo sorprendentemente infantil, cándido y crédulo. Su agresividad nunca se contamina por la malevolencia o la astucia. Si alguien lo provoca, responde en forma mecánica; si lo acarician, se somete. Es él quien domina cuando combate en el ring o cuando defiende al pequeño hermano de Lupita de los golpes de un transeúnte. Pero cuando no media la fuerza bruta, o el heroísmo callejero, se manifiesta su debilidad. La joven de mundo lo lleva a su casa por simple curiosidad, lo seduce jugando y lo abandona cuando le hastía el nexo con un pobre diablo, un pelado de barrio bajo, empecinado y sentimental.

Kid Terranova es un personaje que acata todos los mitos de su ambiente. No hay diferencia entre su mentalidad y la de otros ciudadanos de su situación social. Frecuenta el billar, detesta la miseria, se estremece de impotencia y considera como un honor inmerecido la gloria deportiva. Demasiado primitivo para disfrutar los placeres del resentimiento, se destruye moral y económicamente en una decadencia insensata de alcohol y rameras. Toda la primera parte de la película se desarrolla en un *tempo* de comedia que prepara y fundamenta el viraje final. Sin embargo Galindo no se complace en la degradación; simplemente la comprueba en una elipsis de imágenes superpuestas.

A pesar de innumerables digresiones y escenas de mal gusto, Galindo sabía llegar a lo esencial de su cuadro de costumbres sin insistencia. Pasa dentro de una misma toma del

tono burlesco al trance lírico. Después de haber sido expulsado a escobazos de la taquería, Roberto vuelve a entrar cabizbajo y silencioso, se sienta ante el mostrador de Lupita, pide un par de tacos y espera con fingida seriedad; la muchacha no puede contenerse más tiempo y ambos terminan riéndose.

El mismo manejo constreñido del tiempo puede advertirse en otros momentos difíciles. Galindo sabía crear atmósferas que incitaran a la acción: sabiendo que en el cuarto contiguo Susana se desviste, el boxeador fuma nerviosamente, mientras se escuchan en el tocadiscos las notas lánguidas de una canción sensual ("La noche es nuestra").

La misma facultad de síntesis le sirve a Galindo para respetar el dolor de sus personajes. Roberto lleva varias horas esperando a Susana en el departamento de ella; regresa la mujer apresurada y parte sin que el muchacho pueda besarla ("No, ¿no ves que me despintas?"); sale enseguida la sirvienta y el boxeador se queda completamente atribulado y mudo, tratando de entender la causa de tal humillación. Inclusive en el *pathos* mayor es breve Galindo. Terminada su última pelea, *Kid* Terranova desata a mordidas los cordones que sujetan sus guantes, haciendo caso omiso de las aclamaciones de la multitud. Con las solapas de su saco sport alzadas y raídas, en el rincón de una cantinu-

El conocimiento y el desprecio tibio de la vida de arrabal se antojan genuinos.

cha, el exboxeador oye por radio la conquista del campeonato mundial de boxeo por su amigo Juan Zubieta; mientras la algarabía unánime de los parroquianos (en profundidad de campo) se desborda, aturdido y con movimientos titubeantes, Roberto toma un tarro de cerveza que se le ofrece para celebrar el triunfo nacional.

La fama adquirida no desvía la fatalidad de *Kid* Terranova. La película describe el rodeo engañoso que conduce de nuevo al punto de partida. El héroe positivo es inconcebible en un buen cine mexicano. Aunque se pretenda ejemplarizante, ningún destino puede ser ejemplar. La tentación del movimiento, la voluntad de emerger de la miseria, cualquier impulso vital del pelado amerita la condena del fracaso. El ansia de sobresalir de *Kid* Terranova es "una pasión inútil"

Para hablar de *Campeón sin corona* tenemos que pecar, como la película, de psicologismo. Sobre el personaje central pesan varios años de indagaciones psicológicas serias y filosofemas sobre el "ser del mexicano" y su complejo de inferioridad. En el mejor de los casos, el rango universal de algunas formulaciones de Samuel Ramos (*El perfil del hombre y la cultura en México*) o de Octavio Paz (*El laberinto de la soledad*) son tan valiosas como la modestia particularizante de Alejandro Galindo.

Kid Terranova *nunca* podrá vencer a Joe Ronda, o sucumbirá en el esfuerzo. Fuerzas de toda índole se confabulan para derrotar al pugilista. La lucha en el ring exige una proeza más grande que el mero pleito. La lucha más enconada se realiza en el interior del personaje. El peso del destino actúa desde la corriente de sus venas. Cada vez que se acerca a su contrincante, Joe Ronda profiere exclamaciones en inglés. El significado incomprensible de esas frases es más efectivo que el golpe más certero. El pugilista se acobarda ante lo desconocido; lo intimida su insolencia de enfrentarse a un extranjero.

Si tal como sucede, *Kid* Terranova consigue vencer finalmente a su rival, el vacío se descubre amenazante. Maltrecho su sentimiento de inferioridad, el boxeador mexicano queda exhausto después de su esfuerzo sobrehumano. La asfixia de las alturas acomete cuando cree que ha logrado superar su desventaja nacional y racial. El "complejo" de inferioridad es una

El héroe positivo es inconcebible en un buen cine mexicano. La lucha más enconada se realiza en el interior del personaje.

excusa y un límite.

Perteneciente a la psicología social, a una curiosa ontología de lo mexicano, el drama de *Kid* Terranova lo mismo podría suceder sobre el cuadrilátero que en el aparentemente más vasto mundo cultural. Los prejuicios y valores ambientales que prevalecen tienen idéntico denominador común. Existe una inferioridad real e histórica: el subdesarrollo, la ignorancia, la lucha contra el hambre, la educación deficiente. Existe una inferioridad inmediata: la hostilidad del medio. Se rechaza la supremacía de un pensamiento unívoco y contemporáneo para acoger lo pequeño, lo subordinado, lo tangencial. Los valores de la masa son rígidos e implacables. Desertar es inconcebible porque, después de realizar la ardua tarea, la única recompensa es la soledad.

En el caso de *Kid* Terranova, existe también una inferioridad de clase. Para el pelado se hicieron el conformismo, la veladora a la Virgencita de Guadalupe, el chiste grueso, la rebeldía verbal, el noviazgo con la taquera, el guacamole y el tepache. Para el pelado se confeccionaron los ridículos trajes vistosos, la presunción risible y el salario exiguo. Al pelado se le destinan las Lupitas que enjuagan sus lágrimas ante el retrato de la rival aristocrática, mientras preparan un salpicón muy sabroso. A los otros, los Joes Ronda, los que hablan inglés por irrefutable derecho, les corresponden los departamentos de lujo, las "rorras" que usan *deshabillé* perfumado, los fines de semana en Acapulco y el trato social abierto. La incomunicabilidad de ambos mundos predetermina el fracaso, un fracaso innato y contingente.

Poco importan la intransigencia, la impulsividad y la fuerza de que hace gala *Kid* Terranova. Si destaca en el box, no se deberá a su inteligencia o a su tenacidad. Su carrera deriva de la ironía de un azar que ha tomado forma en el puño sólido y en el manager providencial. El derrotismo de *Campeón sin corona* surge de manera necesaria: proviene de la condición de sus personajes. Por más que consiga ascender, *Kid* Terranova siempre cargará con el remordimiento de amar los tacos y de haberse sentado en las bancas de los parques a discutir con su Lupita comiendo cacahuates. Cualquier inevitable paso en falso lo volverá a hundir en la pobreza de una sucia y promiscua accesoria de vecindad. Su rebeldía debió limitarse a reñir por la ocupación de un caballo de madera en el tiovivo. Su destino era batir nieve a perpetuidad.

¿Hasta qué punto el determinismo social de Galindo refleja (o es) el destino conformista de las barriadas del Distrito Federal?

Por más que consiga ascender, Kid Terranova siempre cargará con el remordimiento de amar los tacos. Su destino era batir nieve a perpetuidad.

Para el pelado se hicieron la veladora a la Virgencita de Guadalupe, el noviazgo con la taquera, el guacamole y el tepache.

179

El arraigo

Basada en la envejecida novela homónima de Vicente Blasco Ibáñez, *La barraca*, película solemne y literaria muy al gusto de la época (1944), marca el debut de Roberto Gavaldón como director. La película tiene poca importancia como acierto (o no) de cine de "autor". Sin duda alguna, la paternidad de la cinta le pertenece sólo a medias a Gavaldón. Se advierte claramente que, para bien o para mal, el control de la hija del novelista –Libertad Blasco Ibáñez escribió la "versión cinematográfica"– debió haber sido directo y hasta dictatorial. En el mejor de los casos, ninguna película de la carrera del director, realizada a la sombra de su primera incursión, logró superar a *La barraca*, ni siquiera consiguió igualarla.

De las obras perdurables del cine mexicano es quizá *La barraca* la obra menos conocida y estudiada, pese a que, más bien por respeto a las ideas adquiridas, se le invoque siempre como famosa y "memorable", o se le alabe por algo tan general como su ambientación en un país extranjero. El caso es que, aun soportando determinaciones de melodrama subliterario, el filme tiene cualidades de sobriedad y emoción que lo hacen francamente excepcional entre el fárrago de versiones cinematográficas de novelas burguesas que infestaron el cine mexicano durante la Segunda Guerra Mundial.

La película empieza con su peor secuencia: muy mal ilustrado en imágenes y pésimamente actuado, el prólogo nos refiere la historia de la extensión territorial en que se desarrollará el drama. En Valencia, España, en el curso del siglo pasado, el tío Barret, víctima de sus deudas y el rigor feudal, se ve expulsado de su barraca y sufre el despojo de las tierras que arrienda. Enfurecido, el hombre mata a don Salvador, el señor amo. La catástrofe cae sobre toda la familia: el tío Barret acaba en prisión, su mujer agoniza en un hospital, sus hijas se prostituyen en el pueblo cercano. La barraca queda en ruinas; se le considera fatídica, culpable de la tragedia de los Barret: los herederos del territorio son incapaces de encontrar entre los huertanos vecinos alguno que se encargue de ella.

Transcurren diez años de abandono, hasta que, un día inopinado, los campesinos ven llegar en una carreta a Batiste (Domingo Soler), un hombre fuerte y decidido que, impelido por la miseria, se instala en el sitio y empieza de inmediato a liberar a la barraca maldita de los hierbajos silvestres que la cubren. Su mujer, Teresa (Anita Blanch), su bella hija Roseta (Amparo Morillo) y sus pequeños hijos, Batiste (Narciso Busquets) y Pascualet, ayudan al jefe de la familia en su faena.

La alarma y la extrañeza cunden en el pueblo. Batiste y los suyos son rechazados como intrusos indeseables. Se les niega el saludo y la compañía, se les amenaza. Pronto se les hostilizará, se les engañará y se les calumniará ante el primitivo tribunal del lugar. Concentrando en ellos su jocunda saña tabernaria, el valentón Pimentó (José Baviera) dirigirá en su contra la furia murmuradora y el odio de los huertanos. La familia sólo contará con un amigo: Tonet (Manolo Fábregas), joven y pobre pastor que se ha enamorado de Roseta y la sigue a todas partes.

La opresión se generaliza a medida que los inmigrantes persisten en no salir de sus tierras y defender su nueva propiedad arrendataria. A Roseta la arrojan al aljibe las mozas de su edad, cuando va por agua. De regreso a su casa los niños son golpeados por sus compañeros de escuela: el más pequeño está a punto de ahogarse al zambullírsele en las aguas de una zanja, y finalmente, a consecuencia del atentado, muere de pulmonía. Batiste estalla de indignación y patea la puerta de Pimentó, retándolo a que salga a batirse cara a cara, sin conseguirlo.

Arrepentido al enterarse del deceso, el pueblo completo desfila ante el cadáver de la víctima inocente. La barraca se llena de gente, Batiste perdona a sus enemigos. Desde esa noche después del entierro, la vida comunitaria le recibe como miembro consentido.

Pero la tregua no dura demasiado tiempo.

INTER-AMERICA FILMS S. A.
PRESENTA SU PROGRAMA EN REALIZACION
PARA 1944

La FAMOSA OBRA DE
BLASCO IBAÑEZ

La barraca

UN
ECTO
ARTO!

La Barraca, película solemne y literaria, marca el debut de Roberto Gavaldón como director.

Como Pimentó ha visto disminuido su prestigio de hombre temible, pierde sus privilegios con los patrones. Para vengarse, provoca a Batiste y se hace golpear públicamente en la taberna. El odio del pueblo se recrudece. De nuevo Batiste vigila sus tierras a punta de escopeta: otra vez su familia vive acosada y solitaria, ahora ya sin remedio, más siempre negándose a partir.

Pimentó decide eliminar a Batiste y trata de cazarlo a balazos en el pantano. Batiste corre con suerte y mata al bravucón. Los huertanos descubren el cuerpo y, esa misma noche, prenden fuego a la barraca de los intrusos. Batiste y los suyos logran salir con vida del incendio. Esperan el alba viendo, a prudente distancia, cómo se consumen su morada y sus trabajos. Al amanecer, vuelven a subir a la carreta y, acompañados esta vez por Tonet, regresan por el mismo camino por el que habían llegado.

Las limitaciones de *La barraca* saltan a la vista. Desde un punto de vista literario, la película es nula: el lenguaje pomposo, lleno de frondosidades lingüísticas y anacronismos platerescos, que se filtran por la banda sonora, se esfuerza por rebajar al filme a la categoría del melodrama retórico y ampuloso. Desde el punto de vista sociológico, la película es indefendible, en primera instancia: la fatalidad adocenada impulsa a las fuerzas comunales contra el trabajador y un hombrón de modales ásperos se deshace en sollozos ante el cuerpo inanimado de su *chiquet*; estamos inmersos en una dimensión social sin vigencia, inactual y excepcional, propia de una novela rosa para lectoras de Pérez y Pérez, o de Blasco Ibáñez, sin ir más lejos.

Desde el punto de vista dramático, sin embargo, la película va de menos a más. Si la introducción es torpe y desalentadora, el relato progresa adquiriendo seguridad, haciéndose cada vez más sencillo y pulimentado.

Destaca, por supuesto, la cualidad que tanto ha llamado la atención a cronistas e historiadores. El ambiente campesino de una región muy definida de España se reproduce con la máxima exactitud posible, aunque la catedral de Valencia se reconstruya con un remedo de tarjeta postal en la parte superior del fotograma, aunque el prurito de precisión no deje de dar lugar a curiosos excesos. Con *La barraca* parecería que el cine mexicano quisiera abrirse a la universalidad asimilando costumbres y problemas extranjeros. Pero no hay tal preocupación. Vista superficialmente, lo que mueve a *La barraca* es la exploración de lo pintoresco, los trajes regionales valencianos y las jotas bailadas a la vieja usanza. Se persigue con insistencia la oportunidad de hacer intervenir un desconcertante giro de lenguaje en desuso o la inesperada solución dramática de una costumbre española muy localizada. Pero no es que el cine mexicano esté cansado intelectualmente de practicar el colonialismo interno o que quiera derribar fronteras; se trata más bien de una añoranza.

El fenómeno de la emigración española, a raíz de la derrota republicana, y la numerosa población hispana que rehúsa integrarse al país, forman quizá el principal nervio motor de la película. Obra de inspiración colectiva, *La barraca* parte de (y se dirige a) un determinado público de refugiados y residentes, público restringido pero que cuenta e incluso predomina en el orden cultural mexicano. Valencia es aquí el abrigo cósmico. *La barraca* es la evocación de la lejana tierra natal, es la continuidad de una patria "con la mar en medio", es la esperanza de recuperar las raíces perdidas a través de la engañosa inmutabilidad de la memoria. Además, de la película se hicieron copias dobladas al dialecto valenciano.

La primera parte de la película, desde la llegada a la barraca hasta la muerte del pequeño, es una exposición de tipos, sitios y costumbres familiares, un repertorio descriptivo y afable. La segunda parte, la convivencia con los inmigrantes, constituye una explosión del folclor: danzas y cantos valencianos, desfiles de trajes típicos en día de fiesta, derroche de bonhomía mediterránea que nos demuestra que esos paisanos "serán muy brutos, pero en el fondo son buenos". La tercera parte, la agresión decidida a Batiste, es una imposible pastoral, exasperada y entrañable. Sólo la impericia constante de la dirección de actores impide que, sobre todo en el principio, un grave tono cariñoso predomine.

La barraca se origina en el recuerdo de las casas rústicas y amplias, enjabelgadas de blanco, con techumbres puntiagudas y mimetizadas por la cruz que reposa en el vértice; nace con alegres indumentarias femeninas de pollera, corpiño, peineta, chalina bordada, falda oblonga y alpargatas; aparece con el andar rotundo de quien porta chaqueta rala, pañuelón atado a la frente, faja al cinto, larga manta al hombro y sandalias con correas que se cruzan a media

El filme tiene cualidades de sobriedad y emoción que lo hacen francamente excepcional.

pierna; surge del recuerdo de los campos de la costa oriental española, parcelados en fecundos labrantíos; quiere recuperar la tierra apacible y serena, regida por tradiciones que provienen de la época medieval, indiferente a la contienda que ha causado el exilio; obedece al olvido de un presente ominoso, aunque para ello tenga que refugiarse en el culto a las injusticias de la armonía feudal.

Por eso el tema social es tan fortuito como el de una de sus películas gemelas: *¡Qué verde era mi valle!* de John Ford; de otro modo, sería un contenido inoportuno y postizo. En espíritu y en acto, *La barraca* resume la nostalgia de una España idealizada; enaltece un nacionalismo que ha dejado de inspirar sentimientos combativos, abdica de su historicidad y comienza a degradarse en la complacencia de un mito que conforta.

El tema central de *La barraca* es, por consi-

guiente, el insobornable e indestructible amor al terruño; el tema del arraigo. Pero el arraigo no equivale aquí a la sed de propiedad; tampoco es solamente una búsqueda de condiciones favorables para la procreación y las satisfacciones del instinto. Necesidad, deber y valor moral: el arraigo es el tributo del hombre a su naturaleza, una forma de fidelidad consigo mismo. Así pues, esta saga de la huerta es un homenaje al alma ibérica: alma árabe, valerosa, tozuda y brava de los labriegos valencianos. Batiste, el hombre rudo y noble que se adueña de la barraca maldita, representa el deseo de pervivencia: sólo reclama un pedazo de tierra para cultivarla con sus manos y su voluntad.

Pero la alabanza del terruño debe ser antitética. A esa figura sencilla del hombre de temple que defiende lo suyo con los brazos cruzados y sosteniendo una escopeta de dos cañones, se le opone un pueblo ignorante y ahistórico que se arraiga tan firmemente como aquél en sus resoluciones. Para proteger su casa y el trigo que cultiva, Batiste puede desafiar y vencer cualquier *razón racional* de los hombres de la vega. Su justa cólera puede hacerlo contradecir a los jueces del Tribunal de Aguas, cuando lo señalan con el pie para que tome la palabra; puede violar las leyes comunales y desviar con su azadón las aguas del canal de riego, evitando que mueran sus plantíos; puede dar puntapiés contra la puerta del cobarde que se esconde para no contestar el reto; puede perdonar generosamente a los culpables de la muerte de su hijo; puede romper de un taburetazo el cráneo de su adversario; puede transitar sin miedo los caminos con su arma al hombro o puede acertar un tiro sobre el enemigo que se oculta tras los vapores del pantano. Pero no puede vencer las fuerzas irracionales de sus opresores. Son demasiados siglos de superstición, oficios rituales y prejuicios los que pesan sobre el comportamiento de los campesinos españoles. No puede vencer las creencias ancestrales y evadir la maldición que cae sobre la barraca. Terminará por cumplirse el aviso premonitorio del viejo pastor que lo conminaba a partir al verlo limpiar sus tierras. No puede arrostrar impunemente la voluntad de un pueblo unido que se fortalece en un arraigo con sentido negativo. En el desolado y patético final, cuando sueña con fuego y lo ve dentro de su habitación al despertar, cuando nadie acude en su auxilio, cuando abandona las tierras calcinadas por las que había luchado, Batiste sufre, sin darse cuenta que lo derrota la misma fuerza de la que extrae su reciedumbre y su nobleza.

La barbarie

A principios de los años cuarenta, expropiándose cualquier obra literaria disponible, el cine mexicano descubre, a través del mundo novelesco de Rómulo Gallegos, el melodrama del regionalismo continental. Primero es *Doña Bárbara* de Fernando de Fuentes (1943), gran éxito de taquilla, incapaz de resistir el paso del tiempo: el relato se apoya en el folclorismo verbal para erigir personajes curiosos hasta la caricatura; el personaje arquetípico de María Félix campea sus pantalones de montar con un fuete en la mano, soportando estoicamente el peso de una mitología llanera en el borde de lo risible; todo ello con objeto de que el enfrentamiento de la barbarie que domina en las praderas venezolanas con la luz redentora proveniente de Europa imponga su fácil simbolismo. Pero la nueva veta había probado su riqueza.

Casi de inmediato, se adaptan *La trepadora* (Gilberto Martínez Solares, 1944) y *Cantaclaro* (Julio Bracho, 1945); los resultados son desastrosos. Luego, el propio novelista escribe argumentos originales para cine (La señora de enfrente); en nada mejora la situación. Pero, en 1945, Juan Bustillo Oro corre con inmejorable suerte al adaptar *Canaima*. La obra que muchos críticos literarios respetables consideran la obra maestra del escritor sudamericano, constituye asimismo la máxima incursión del cine mexicano en el universo literario de un narrador de Hispanoamérica. Aun cuando la trama se concentre más bien en los primeros once capítulos de la novela y su final haya sido modificado para eludir el problema indígena, la "versión" cinematográfica es ejemplar. *Canaima* es el único melodrama viril de Juan Bustillo Oro en su apacible trayectoria.

Como era de suponer, el director de *Ahí está el detalle* respeta reverenciosamente al autor célebre, y de buenas a primeras nos recibe con un montaje de stock-shots selváticos acompañados de una narración que repite, en forma textual, trozos selectos del capítulo introductorio de la novela. El escenario de la acción se

Muchos críticos literarios respetables han considerado *Canaima* como la obra maestra de Rómulo Gallegos, constituye asimismo la máxima incursión del cine mexicano en el universo literario de un narrador de Hispanoamérica.

nos presenta como "la Guayana de los aventureros". "La de innumerables ríos de ignotas fuentes que la atraviesan sin regarla...la de la brava empresa para la fortuna rápida: selvas caucheras desde el alto Orinoco y sus afluentes hasta el Cuyuni y los suyos y hasta las bocas de aquél, sarrapiales del Caura, oro de las arenas del Yuruari, diamantes del Caroní, oro de los placeres y filones inexhaustos del alto Cuyuni...Guayana era un tapete milagroso donde el azar magnífico echaba los dados y todos los hombres audaces querían ser de la partida". Enseguida, la trama da principio.

A raíz de la muerte de su padre, Marcos Vargas (Jorge Negrete) regresa en barco a Ciudad Bolívar, en la Guayana venezolana, abandonando sus estudios en Caracas. Después de saludar precipitadamente a su madre, Marcos se apresura a reintegrarse al admirado mundo de su infancia. Sale al reencuentro de sus viejos amigos y les demuestra que sigue siendo el mismo que era, disparando sobre una manzana puesta sobre la cabeza de un niño. Este alarde irrita a uno de los presentes en esa peligrosa práctica de tiro al blanco: Aracelis Villorini (Rosario Granados), hija de ricos comerciantes en caucho; le provoca darle una bofetada y se la da. Pese a sus desigualdades sociales, el amor nace entre los dos jóvenes.

Marcos debe asumir las deudas de su padre. Decide dedicarse al negocio de transporte de materias primas en carretas, contando con la ayuda del viejo Manuel Ladera (Arturo Soto Rangel), quien aprecia la altanería del muchacho y lo hace amigo de la casa. Pero la compra de los vehículos se efectúa en mal momento. El cacique de la región, José Francisco Ardavín (Carlos López Moctezuma), apodado El tigre de Yuruari, acaba de despojar a Ladera de todos sus clientes, menos de Villorini Hnos; que no le teme.

Siguiendo su moral personal de tenerlo todo o nada, Marcos Vargas se enfrenta a su competidor en la cantina y lo desafía a jugarse todos sus clientes a los dados. Ardavín pierde en la partida, pero, cayéndose de borracho y al borde del asesinato a quemarropa, desconoce su derrota. Al otro día, ordena a su lugarteniente, el comandante Pantoja (Alfonso Bedoya), a que elimine al viejo Ladera; el homicida a sueldo ejecuta prestamente la orden y aprovecha el viaje para quemar de paso las carretas de Vargas. Temerosas de Ardavín, las autoridades judiciales se niegan a hacer justicia.

Vargas decide llevar a cabo su propia justicia. Va en busca de Pantoja a una taberna. Exaltado por el atrevimiento, el asesino se identifica como Cholo Parima y declara abiertamente ser culpable de la muerte de uno de los hermanos mayores de su enemigo. Marcos Vargas lo acribilla a balazos. Al enterarse de la muerte de su cómplice, Ardavín ordena que el joven sea puesto en libertad, para liquidarlo personalmente. Su venganza, sin embargo, no se realiza: ebrio de cobardía y de alcohol, enloquece en el momento de intentar el asesinato.

Marcos Vargas ha cambiado mucho desde que lleva sobre su conciencia un homicidio. Desea continuar la vida de aventura y violencia que ha iniciado. Acepta hacerse cargo de una estación cauchera de los Villorini y se interna en la selva que lo llama. No tarda en recibir la visita del Sute Cúpira (Gilberto González), que viene a cobrar el tributo que exige a todos los que trabajan en sus dominios. Pudiendo quedar en buenos términos con el extorsionador, incluso como amigos ya que media entre ellos una deuda de agradecimiento familiar, Vargas lo desafía y lo vence en un duelo a muerte. El conde Diaffaro (Andrés Soler), un extranjero sin escrúpulos, celebra la nueva personalidad del héroe, quien, ya completamente deshumanizado, regresa a Ciudad Bolívar y propone a Aracelis que se vaya a vivir con él en calidad de concubina. La muchacha enamorada acepta y Marcos Vargas se interna para siempre en la selva, dejando en la civilización el eco de su creciente leyenda.

Según se aprecia, el desarrollo del filme obedece muy poco a lo que anuncia en su prólogo. No cumple la promesa de narrar la aventura del oro y el caucho. Tampoco el principal personaje de la película es la selva. *Canaima* es ante todo una relación de personajes y de sus inevitables enfrentamientos físicos. Pero no por ello deja de dominar el tema central de la novela de Gallegos: la barbarie.

En 1945 Juan Bustillo Oro corre con inmejorable suerte al adaptar *Canaima*.

Para el novelista, la barbarie es la marca catastrófica de una naturaleza indomable sobre los actos humanos. Sus personajes son el reflejo del mundo que los circunda y los determina. La selva y el llano, regiones igualmente inabarcables, exigen del sudamericano un valor temerario que lo asemeja a la bestia. En el filme, la pobreza de su producción (telas pintadas y transparencias) hacía imposible el sostenimiento plástico de esa tesis, más literaria que ideológica. *Canaima* apenas sale de los sets cinematográficos. Los escenarios naturales son muy escasos. Con ello, y no es ninguna paradoja, la película sale ganando. Nos interesan los hechos y su significado, no el trasplante de una tesis absurda que reduce lo histórico a lo puramente telúrico.

Además, la cámara de Jack Draper resuelve inteligentemente, en una fosca nocturnidad, cada salida al exterior. Así cuando los caucheros desfilan en profundidad de campo, llevando sobre sus hombros la parihuela en que yace el cuerpo exánime del viejo Ladera, una iluminación gris y difusa de hogueras y antorchas vuelve grave una escena expresionista en que Bustillo Oro supera los artificios gratuitos de sus *Dos monjes*. Cuando Marcos Vargas, en su campamento, apoyado sobre el tronco de un árbol, mira con arrobamiento el monte tupido que rodea la selva, sintiendo el esplendor fascinante de las tierras vírgenes ("la exasperante monotonía de la variedad infinita"), es la actuación lo que resuelve la falta de exteriores. De ese modo el mundo se interioriza, lo objetivo y lo crítico toman como base el efecto. La película incrementa su concreción.

Los límites de la barbarie medran en el interior de cada personaje. Se trata, pues, como en el caso de *Doña Bárbara*, de una barbarie encarnada. Pero, a diferencia de ella, el carácter simbólico de *Canaima* no parte de ahí. Generalizada y perniciosa, respirándose en el clima, palpitando en cada parlamento, la barbarie colinda con otras ideas negativas hasta volverse repulsiva y fascinante. El mal, la fatalidad, la violencia, el caciquismo y la animalidad del hombre implantan la belleza contradictoria de su imperio. Tendríamos que remitirnos a *Los poseídos* de Dostoievski o a ciertas páginas de Schopenhauer para encontrar el fundamento de esta película, la menos confortable, la más paroxística del cine mexicano.

De hecho, el relato no es otra cosa que la entrega paulatina de Marcos Vargas, el hombre civilizado y culto, a Canaima, el dios del mal que concentra los odios ancestrales indígenas y el verdadero dueño de una región de Hispa-noamérica colonizada a medias. Petulante, siempre dispuesto a medir con el criminal más peligroso su fortaleza, Marcos Vargas es un predestinado. Desde la primera vez que aparece, recargado sobre la barandilla del puente de proa, en la embarcación que lo conduce a la antigua Angostura, un hombrecillo cínico y profético, el conde Diaffaro, lee en su rostro el signo de Canaima.

El camino a la posesión total es largo y doloroso. No es fácil convertirse en "un hombre macho entre los machos". Más que la riqueza, a Marcos Vargas lo impulsa el ansia de poder y la vida salvaje que lo coloca en el origen de las pasiones. Es de esos hombres que no pueden sustraerse al influjo del valor inmediato. La selva no devora a Marcos Vargas como al infortunado protagonista de *La vorágine* (novela de José Eustasio Rivera y pésima película de Miguel Zacarías). La selva no desenajena a Marcos Vargas y le descubre el sentido de la pureza natural como al lúcido héroe de *Los pasos perdidos* de Alejo Carpentier, Marcos Vargas, roído por rencores heredados, se deja deshumanizar para recobrar el sitio que ha dejado vacante su padre y que no pudieron ocupar sus hermanos: uno de ellos se ahogó cuando quería remontar la corriente del río y el otro fue asesinado durante "la noche en que los machetes alumbraron el Vichada".

Marcos Vargas va en busca del destino que le pertenece. La anulación de la personalidad civilizada era para Gallegos una lección de civismo y el homenaje obligado a una tierra que sobrepasa los límites de su conciencia y de su estilo literario. Cruel consecuencia de la fidelidad a la línea, la película tiene un signifi-

Los límites de la barbarie medran en el interior de cada personaje.

cado opuesto. Manejando la barbarie como un concepto abstracto e ineluctable, Bustillo Oro hace una obra más eficaz y vigente. La anulación de la personalidad, de una conciencia desfalleciente, y el endurecimiento de una sensibilidad que se vuelve hosca, misantrópica y taciturna, tales son sus alimentos terrestres.

Marcos Vargas ha extirpado de su interior el cáncer de la cultura para renacer como un hombre libre y pleno, para identificarse con Canaima. Cosa rara en el cine mexicano, es un asesino sin castigo y un héroe absorto en la contemplación y el ejercicio del mal. Una vez que ha comprobado la injusticia legalizada de su país, aprende la ley de la selva. Su figura de antihéroe es la mejor respuesta a una época de barbarie y extorsión social, a la explotación extranjera del conde Diaffaro y el colonialismo interno. La película es un velado, quizá involuntario, canto a la revuelta. En la tierra de los subhombres esclavizados, la furia es una energía, es la cualidad positiva. Marcos Vargas no sucumbe ni toma conciencia de su realidad. Consecuencia última: abdica de sus escrúpulos y libera su negatividad inherente. Canaima se atreve a ser escéptica, determinista, inmoralista, cerrada sobre sí misma, y a obsesionarse con lo negativo como un sustituto de la reivindicación.

La barbarie tiene tantas caras como personajes consigue delinear Bustillo Oro. Canaima es ante todo el recuento de una serie de personajes construidos a partir del envilecimiento. La más torva galería de "malditos", de los que rebosa el cine mexicano, sirve para darnos la medida de Marcos Vargas, a quien la arrogancia irreductible de Jorge Negrete ("¡Qué hubo! ¿Se es o no se es?"), añade un principio de autoirrisión trágica. La barbarie se diversifica en jerarquías de brutalidad ensimismada.

Carlos López Moctezuma es José Francisco Ardavín. Con el cabello excesivamente largo y el sudor que hace viscosa la indignación de su gesto, el energúmeno talla los dados contra su anillo para trampear en el juego; se afirma como el único hombre "que hay aquí", exaltado por el alcohol que lo vuelve temible; se deja arrastrar por su amante Juanifacia, la mulata (Carolina Barret), la única que tiene poder sobre su persona; cuando en el aturdimiento de la cruda recuerda sus amores despechados, escupe en el suelo y exclama "Maigualida Ladera, pa'los perros"; al lado de la hamaca en que Marcos Vargas duerme al sereno, se sostiene de una silla al comprobar que es impotente para liquidar a su enemigo; en un súbito ataque de locura, trastabillea en las calles gritando al empedrado su rabiosa mentira: "He matado a Marcos Vargas".

Alfonso Bedoya es Cholo Parima y se presenta como un mestizo de aspecto porcino y sensual que rumia lujuriosamente sus agravios, o acaricia la cicatriz que cruza su mejilla para acordarse de "como me dejó el difunto", o se yergue para responder como sea al "que me ande buscando sin haberme perdío", o invita obsequiosamente un tarro de cerveza a una ramera a quien llaman la Gallineta (Fanny Schiller), o voltea a ver a Marcos Vargas impasible que lo mira recargado en el mostrador de la taberna, o se desploma antes de poder anticiparse a su contrincante reconociendo que "Me andó alante el joven", siempre con la misma sonrisa insolente y satisfecha.

Gilberto González es el Sute Cúpira y, en la sordidez de su mirada y sus movimientos seguros, refleja la ruda, fría e implacable lealtad del proscrito que vive desde hace demasiado tiempo sin contacto humano verdadero. Rodeado de sus "doce apóstoles", su figura afilada irrumpe amenazadoramente en la sala de la esposa del hombre que presenció "el cumplimiento de su gran juramento", exige con aplomo el tributo que pagan todos aquellos aventureros que quieren enriquecerse en sus dominios y resiste altivamente el desafío insensato de Marcos Vargas, para regresar después solo y así evitar que digan que llevaba ventaja.

Pero Canaima no se reduce al trazo de personajes brutales. Interviene aquí otro de los aciertos de Bustillo Oro. El barroquismo descriptivo que falsea y vuelve impenetrables muchas páginas de Rómulo Gallegos, resulta un incentivo para el director. Bustillo Oro goza y saborea el lenguaje del novelista. Desplaza su tipología hacia un mundo de espesor básicamente lingüístico. El dialecto ajeno otorga una extraña profundidad a las figuras. Estamos lejos del folclorismo verbal de Doña Bárbara. En Canaima, el lenguaje es una manera de participación. Aquí, mejor que en ninguna otra parte, los giros regionales del castellano se autentifican como factor cinematográfico legítimo. Gracias a la riqueza de los diálogos de Gallegos y a sus entonaciones específicas, la amargura que transforma en espectro a Maigualida Ladera, la ñoñez señoritil torpemente europea de Aracelis Villorini y la gentileza criolla de Gabriel Ureña, consiguen pasar de la novela a la imagen sin perder su consistencia particular.

La barbarie conquista en Canaima un lenguaje propio. El venezolanismo exclusivo, y regionalista en extremo, de Rómulo Gallegos se vuelve un instrumento dramático y universal. En Bustillo Oro, el lenguaje es una modalidad del ser para la muerte.

La elocuencia del odio

A diferencia de *Historia de un gran amor* de Julio Bracho (1942) y de muchas otras cintas innombrables, himnos a la cursilería y al discurso seudoliterario, *Doña Perfecta* de Alejandro Galindo consiguió adaptar una gran novela decimonónica hispana sin caer en el ridículo. Por el contrario, en 1951, el director intimista por excelencia del cine mexicano deslinda sus posibilidades artísticas. Después será el bracerismo demagógico e indigente de *Espaldas mojadas* (1954) o el experimentalismo extravagante: *La mente y el crimen* (1962). Pero, para que la obra de Benito Pérez Galdós conservara su doble valor como crítica de época y como drama de personajes; el lirismo de Galindo se apoyó en una virulenta concepción retrospectiva de la realidad mexicana decimonónica.

La novela ha sido reducida a sus líneas de fuerza; el pueblo español de Orbajosa se ha transformado en una pequeña ciudad del centro de la república mexicana, venero de familias rancias con resabios coloniales, y el naturalismo galdosiano se hace pasar por la criba de una estilización expurgadora de cualidades extrínsecas.

A la hacienda de doña Perfecta (Dolores del Río) llega una carta, proveniente de la capital, en la que se anuncia el próximo arribo de su sobrino Pepe Rey (Carlos Navarro), un joven ingeniero que ha sido destacado por el gobierno federal para hacer trabajos progresistas en este lugar del país y a quien doña Perfecta desearía ver casado con su hija Rosario (Ester Fernández). Al tiempo que prepara el recibimiento de su sobrino, doña Perfecta organiza las fuerzas conservadoras de la región para oponer resistencia armada a las tropas que proyectan enviar las autoridades federales en apoyo de las Leyes de Reforma.

Doña Perfecta, ama ideológica y política de la pequeña ciudad, se decepciona al ver que no cuenta con la complicidad de su sobrino. Pepe Rey resulta un joven de avanzadas ideas liberales: en la fiesta que le ofrece su tía entabla

una agria discusión con don Inocencio (Julio Villarreal), el señor juez, defendiendo la verdad de las ciencias positivas, y así se gana el solapado repudio de las grandes familias y el recelo de doña Perfecta. En pocos días, las cosas empeoran. Demasiado firme y seguro de su cultura, el joven no se intimida fácilmente y desafía la opinión de la retrógrada comunidad. Comete actos inofensivos, que se consideran como desacatos, en contra de la moral y los sentimientos religiosos.

Pronto, el ingeniero recibe muestras palpables de la hostilidad del ambiente. Se le hacen injustas demandas judiciales por unas tierras de su patrimonio y se ejerce presión política para que se le destituya de su cargo público.

Alejandro Galindo consiguió adaptar una gran novela sin caer en el ridículo.

Inmerso en tal situación y herido en su amor propio, Pepe rehúsa abandonar el lugar: ama a su prima. Doña Perfecta, rencorosa, se opone a las nupcias; el fracaso de la conjura conservadora exacerba aún más el egoísmo y el encono de la inflexible mujer. Con el pretexto de una enfermedad ficticia, secuestra a la muchacha en su habitación y expulsa a su sobrino.

Teniendo pruebas del amor de su prima hacia él, Pepe se introduce a la hacienda, cierta noche, a escondidas. Lo reciben los brazos de Rosario que ha decidido huir de su cautiverio. Doña Perfecta descubre a los amantes y ordena a su capataz que dispare sobre el joven. Pepe cae muerto y unos soldados federales se encargan de retirar el cadáver. Rosario se vuelve contra su madre y abandona la hacienda. En la inmensidad de su mansión azotada por el viento doña Perfecta queda a solas, inflamada por la furia de su derrota y de su crimen.

La vida de Pepe Rey en los dominios de doña Perfecta es el revelador de una situación política y social, históricamente muy bien ubicada: la lucha de facciones liberales y conservadoras, posterior al gobierno de Benito Juárez, que culminó en la dictadura de Porfirio Díaz. Se entreveran el destino individual y el colectivo. El drama de Pepe Rey es el del México pensante del último tercio del siglo diecinueve, cuando el triunfo de las Leyes de Reforma continuaba chocando contra las fuerzas regresivas del país y la incautación de bienes eclesiásticos provocaba levantamientos armados.

Por medio de una estructura en contrapunto, Galindo pasa del intimismo sentimental a la crítica histórica. Al paseo de Pepe Rey con su lánguida enamorada, cuya tibia blancura se prolonga en el sigilo de la caminata, en la transparencia de su rostro y en la luz cegadora de la alameda, sucede el enfrentamiento del joven ingeniero con la terquedad de los agricultores que rechazan un sistema de riego porque, para ellos, basta con sacar en procesión la imagen de un santo para hacer "que llueva tanta agua que nadie pueda ni salir de su casa". Los instantes vividos se abren hacia el transcurrir histórico a través de ese personaje rebelde, y hostilizado hasta la inmolación del hombre diferente.

El comportamiento de Pepe Rey recibe a la vez la repulsa del pueblo y el entusiasmo valeroso del director. Sin abdicar en el sentimentalismo, Galindo se aproxima en ocasiones a esa sobriedad cabal hacia la que tendían *Campeón sin corona* y *Una familia de tantas*. La polémica pública de Pepe Rey con don Inocencio se plantea en frases directas e irreconciliables, se fotografía en inmóviles planos de conjunto donde la estrechez barroca del salón provinciano se vuelve oprimente, y la escena concluye con la deserción despectiva del joven liberal, mientras los decrépitos conservadores comentan el incidente, escondiendo el regocijo que les produce comprobar sus temores.

Cuando desfila por la calle rural un palanquín de transporte eucarístico, Pepe Rey rehú-

Galindo pasa del intimismo sentimental a la crítica histórica.

188

sa arrodillarse y participar en la unánime reverencia de los transeúntes, al tiempo que la cámara descubre sibilinamente la rechoncha figura encogida y abyecta del oficiante que sostiene el viático. La sangre fría de momentos semejantes resulta pasmosa en el cine nacional.

Las relaciones de Pepe Rey con doña Perfecta y todo lo que representa se establecen en múltiples niveles. Es simultáneamente, el conflicto generacional de los viejos y los jóvenes, el conflicto cultural de la educación mexicana y la extranjera, el conflicto ideológico del liberalismo positivista y la religiosidad esclerótica. Como sucedía en el caso del vendedor de refrigeradores de *Una familia de tantas*, Galindo toma partido por las ideas nuevas.

Película en la que el odio es la única forma de relación posible entre los personajes y en la que el odio mueve al creador contra su mundo, *Doña Perfecta* es también la más bella, breve e intensa historia de amor que ha contado el cine mexicano. De sinuosa y nostálgica inspiración romántica, los acercamientos de Pepe Rey a Rosario siempre se encuentran presididos por las ideas del temor, de la transgresión social y de la lucha de conceptos contrarios. *Doña Perfecta* narra cómo una joven pusilánime y sometida, al conocer la pasión, extrae todas las energías acumuladas de su antigua represión, se afirma como mujer y desobedece la aniquiladora tutela materna. *Doña Perfecta* relata cómo un joven liberal se enfrenta a las fuerzas caducas de todo un pueblo para salvar a la mujer amada de la muerte moral y el enclaustramiento.

En una escena que recuerda instancias eróticas de López Velarde, dentro de la clausura de una capilla doméstica, Rosario se ilumina con la luz de la desesperación y jura ante la efigie imperturbable de un crucifijo en penumbra que ya se considera la esposa del hombre que está hincado junto a ella, y lo besa en la boca sin importarle la santidad litúrgica del sitio. En un mudo final nocturno de tragedia desnuda, Rosario se avalanza sobre el cuerpo exámine de Pepe Rey y luego, cuando cuatro soldados lo sacan del patio, lo sigue reverencialmente conteniendo el llanto mientras una ventisca furiosa arranca las hojas de los árboles y remueve silenciosamente el polvo de la vieja hacienda.

Pepe Rey no es un héroe y, sin embargo, penetra a un mundo estragado que se cierne sobre él para anular su voluntad, a sabiendas que lucha a solas y terminará por ser destruido. La cortesía de los lugareños y la benevolencia de su tía en ningún momento son sinceras. Una obsequiosa capa de hipocresía falsea cualquier relación. Galindo toma venganza: por las calles del pueblo, los terratenientes vencidos y sus servidores, con las manos atadas, pasan custodiados por la tropa en un patético desfile. Era preciso remitirse al pasado para que el cine mexicano pudiera hace sentir todo el peso intolerable de la provincia reaccionaria y clerical. Así, el universo de origen literario, la transposición hábil, es el pretexto nunca ilegítimo de Alejandro Galindo para expresar con amplitud su liberalismo político. Hablar de política a propósito del cine mexicano parece un contrasentido, pero la evidencia indica otra cosa.

Por añadidura, la sátira de *Doña Perfecta* nunca se protege bajo el subterfugio de la

comicidad. Los personajes secundarios se construyen sin miramientos. En el paso de la novela al cine, don Inocencio ha perdido su investidura sacerdotal para convertirse en un humanista escolástico, pero el personaje de provecto buitre carraspeante que interpreta Julio Villareal sigue representando con eficacia, de manera agria y privilegiada, el espíritu redivivo de la Santa Inquisición que jamás ha dejado de medrar en el ahogo provinciano. Desde el torpe capataz envilecido hasta la madre de oportunismo soterrado y delirante, todos los demás personajes obedecen, incluso en la caricatura, no a la deformación arbitraria sino a la indignación justa.

El odio es la única forma de relación posible entre los personajes.

En la figura de Dolores del Río, *Doña Perfecta* ya no será un fantasma literario.

El personaje central es, como en la novela de Pérez Galdós, doña Perfecta, que sigue representando la intolerancia. Es la dueña de su casa, la suprema reguladora de ideas y creencias: la mujer fuerte del pueblo. Valiéndose de su inteligencia manipuladora y de una engañosa apariencia de debilidad, es la perfecta simuladora. Compleja y astuta, domina la situación política de la ciudad y su salón atestigua conspiraciones antigobiernistas ominosas.

El fingimiento, es pues, verbal, de actitud. Bella y talentosa en la intriga, doña Perfecta explota su femineidad madura como un arma de choque. Su altivez impone un señorío incontrovertible a cada una de sus frases. De esa manera, consigue cualquier objetivo por métodos indirectos. Hiere la vanidad y exige el sometimiento por medio de sonrisas o chantaje solapado. Urde con delicadeza la tersa red de sus sofismas y la deja caer sobre su presa como una deferencia inmerecida. Así, defiende la decencia, la propiedad territorial de la élite, el temor de Dios y la inmovilidad de las instituciones.

Doña Perfecta es antirreformista, escéptica. Se opone al pensamiento racional, augura que las fuerzas liberales "acabarán por picarse solas como alacranes", quema en la hoguera purificadora los libros heréticos que su hermano ha recibido para sus trabajos de investigación histórica, afecta modestia ante los lujos de la capital y atisba tras de los visillos la vida inocentemente disipada de tres costurerillas miserables que constituyen el escándalo del lugar. Egoísta y autoritaria aun en las situaciones adversas, sacrifica el futuro de su hija en aras de rectitud anacrónica.

Cuando la película se estrenó en la ciudad de México, el agudo crítico español Álvaro Custodio objetó el filme aduciendo que "esa intransigencia feroz, ese espíritu mezquino y vengativo, ese fanatismo desorbitado hasta llegar al asesinato, tras la castración moral y casi física de su propia hija, son típica y lamentablemente españoles". No podemos compartir la severidad de su juicio. El alcance dramático de una obra no se reduce por un concepto cerrado del carácter nacional de un país. Independientemente de buenas razones como el parcial origen hispano de nuestra "mexicanidad" y de la burguesía provinciana del siglo pasado, el personaje es válido porque trasciende los rasgos exclusivos de su temperamento.

Por supuesto que, en la versión fílmica, la configuración de doña Perfecta ha perdido su carácter simbólico de españolidad reaccionaria "desde Fernando VII hasta nuestros días". En Galindo, para su fortuna, el personaje galdosiano es auténtico en la medida en que lo impulsa una pasión absolutista actual y universal. Arde en su interior la flama contradictoria de una pasión casi rosselliniana que la engrandece aun en la ignominia. No regional sino femenina, la grandeza soberana de doña Perfecta se obtiene gracias al efecto devorante y a la entrega total a una idea autosuficiente. Odiosa hasta lo saludable, la bajeza empecinada de doña Perfecta se alimenta de los restos nunca extintos de una reacción mexicana siempre poderosa. La trasplantación va más allá de lo simplemente psicológico. Ahí donde pueda suscitarse todavía el conflicto del conocimiento con la cruz, doña Perfecta no será un fantasma literario sino un adversario temible y vigente.

De regreso a la hacienda, protegiéndose del sol con una sombrilla bordada; ataviada con un elegante vestido de noche para atender a sus invitados; probando ritualmente los guisos que las sirvientas condimentan en grandes cazuelas; persignándose con solemnidad petrificada al oír el repique de las ánimas; en su calidad de presidenta de "La Vela Perpetua", premiando con una medalla la caridad de una congregante que ha visitado 78 enfermos pobres y asistido a 27 funerales; en su jardín, espolvoreando polvos de crisantemo para exterminar los bichos que parasitan las petunias, mientras hace caso omiso de las quejas airadas de su sobrino; esperando imperturbable la llegada de su hija para dirigirse a la Santa Misa; increpando a Pepe Rey con acusaciones de ateísmo, o a solas en su casa vacía, consternada por el crimen que ha provocado y la ironía de sus ideales religiosos, dulce o iracunda, la imagen de doña Perfecta adquiere en la figura angulosa y en la voz envanecida de Dolores del Río una verticalidad insultante.

El personaje galdosiano acaba de arraigar por derecho propio en el oscuro transcurrir de las pequeñas ciudades mexicanas para delatar la permanencia de un pasado oprobioso.

La angustia

Torero de Carlos Velo (1956) parece ser una de esas empresas artísticas que, poco a poco, fueron creciendo hasta adquirir una grandeza y una autonomía ajena a los proyectos de sus creadores. Las premisas se desbordan ampliamente. Es imposible intuir que, en un principio, de la manera más modesta, el mejor filme que ha producido Manuel Barbachano Ponce se concibió como un simple documental difícil y heterodoxo. Una trama biográfica y un nudo argumental sirven como emulsionantes de varios kilómetros de viejos materiales de noticieros. Las secuencias se reconstruyen y se arman alternando auténticas corridas del diestro Luis Procuna en los años cuarenta con escenas realizadas exprofeso.

En primera instancia, pues, *Torero* es un filme de montaje. Pero el sentido de ese montaje no es la presentación de antiguos documentos con valor histórico, sino recuperar y revalorar un pasado biográfico. La selección de tomas de un riquísimo *stock-shot* aporta no sólo escenas taurinas. Vemos a Luis Procuna en actos públicos, en el entierro de sus amigos, en su boda. Vemos también corridas famosas de sus alternantes: Carlos Arruza, Luis Castro El soldado, Manolete. Se revive en bloque un periodo de la tauromaquia, al tiempo que se inserta en su clima propio la biografía de Procuna. La personalidad del controvertido matador, de origen humilde, se destaca en una forma que da la impresión de totalidad.

La comparación se antoja risible, pero podemos empezar por ahí: a diferencia de otras películas nacionales protagonizadas por celebridades taurinas –como Carlos Arruza en *Sangre torera*, Lorenzo Garza en *Novillero*,* o el mismo Procuna en *El niño de las monjas*– Velo no trata de convertir al torero en actor incompetente. Por el contrario, lo respeta como ser humano con densidad propia y hace todos los

*De Boris Maicon (1936), la primera película mexicana a colores.

Torero, de Carlos Velo (1956) revive en bloque un periodo de la tauromaquia.

esfuerzos posibles para que la identificación entre personaje fílmico y persona real sea completa.

Autodramática y en tono trascendente, la trama de *Torero* plantea la problemática existencia de Luis Procuna en un momento dado de su carrera. Su singularidad se devela, ni más ni menos, respondiendo a las preguntas esenciales: ¿Quién soy? ¿De dónde vengo? y ¿Hacia dónde voy? La película resulta, más que una biografía novelada, una confesión lúcidamente impúdica. A partir de múltiples entrevistas con Procuna, los autores del argumento han redactado una historia amarga que unifica los materiales y se guía por medio de una narración oral dicha por el propio torero en primera persona. Algo asemeja a Velo y Mozo, los firmantes del argumento. El director y editor Carlos Velo había realizado documentales ya clásicos en la España republicana y las puertas del cine mexicano permanecían cerradas para él, a pesar de guiones excelentes (*Entre hermanos* de Ramón Peón, por ejemplo). El seudónimo Hugo Mozo era empleado en México por el guionista

191

La tauromaquia recibe de Velo un tratamiento especial, el director excluye todo aspecto de show o cualquier didactismo para villamelones.

Hugo Butler, colaborador de Joseph Losey (*The Prowler, The Big Night*) y de Jean Renoir (*The Southerner*) en los mejores tiempos del cine social norteamericano, perseguido por el macartismo y director de otro ingenuo y entrañable documental: *Los pequeños gigantes* (1959), que aplica en tono menor el método de *Torero*.

Sobre la sensibilidad de Luis Procuna se opera un verdadero psicodrama. Precedido por motociclistas de tránsito y obsedido por la idea de que "los toros están en la Plaza y mi nombre está en el cartel", el matador se dirige a una corrida, al cabo de un retiro voluntario de varios meses. En el asiento trasero del automóvil y custodiado por sus amigos, lo asalta el miedo a un paso de "la hora de la verdad". Procuna se interroga sobre la razón de su presencia en ese lugar y recuerda los episodios decisivos de su vida y de su carrera como torero. La causa buscada se hace consciente: no puede permitirse otro fracaso, sólo el éxito de esa corrida lo afirmará como lidiador de toros y como ser humano.

Velo consigue poner en crisis a su protagonista. A través de cercenantes retornos al pasado y una interpretación en el borde de la crispación, le arranca complicados estados de ánimo. Su soledad y su desamparo, el sudor que le brilla y abotaga el rostro, la rigidez de su mirada, la boca seca y la mueca contraída que lo desfigura durante el trayecto de su mansión al lugar del sacrificio, dan un tono grave al relato. Asimismo, la narración en *off* se compone de recuerdos hirientes y frases exactas que subrayan literariamente la objetividad de las imágenes.

En el seno de su ambiente específico, en un tiempo cruelmente irreversible que se precipita hacia un futuro devastado, el hecho auténtico se recrea sin que reparemos en su artificialidad. No llegamos a desligar lo objetivo de lo subjetivo, el presente del pasado. Los acontecimientos pretéritos irrumpen en el presente para volverlo anormal. Las dimensiones múltiples del momento vivido se desarmonizan, se sueltan, patinan, chocan entre ellas. A pesar de la disparidad de textura que exhiben las tomas de actualidades y las tomas de "ficción", ambas se reúnen de manera emotiva para compartir sus cargas emotivas. Se coagulan antes de que puedan ser deslindadas por la percepción.

El trabajo de Velo no es, sin embargo, inobjetable. En ocasiones, salta la mexicanada de la serenata a la esposa, el baile folclórico de inconfundible sabor campirano o el brindis a una novia de facciones maduras. A veces, la velocidad del relato hace viable el imperturbable plano fijo mutilante y el ligero esteticismo plástico. Pero, en su conjunto, la película se impone por su eficacia. El instante crítico que concentra la atención de la historia queda expuesto con una coherencia suprema. El todo cinematográfico es siempre mayor a la suma de sus partes. Velo sale a la calle y capta a sus personajes preocupándose por la precisión de su contexto social. El aspecto realista, filmado directamente, sirve como fundamento concreto a los pensamientos y a las impresiones inconscientes de Procuna que se objetivan.

Desde esta óptica, *Torero* es un antecedente de las técnicas europeas del *cinéma-verité* y del *free cinema*. En su campo particular, y limitado a sí mismo, realiza uno de los ideales del cine moderno: fundir lo documental con lo novelesco. Más allá de sus procedimientos, la obra de ficción alcanza su mayor grado cuando la objetividad y lo subjetivo se fusionan indisolublemente, cuando el hecho auténtico y el sentido oculto del hecho (su poesía, su trasunto) se reúnen en una dependencia recíproca e inmutable.

La tauromaquia recibe de Velo un tratamiento especial. No estamos aquí ante la "fiesta brava" llena de colorido y enormes atributos folclóricos. Obedeciendo a un concepto personal y sin pretender degradarla, el director excluye todo aspecto *show* o cualquier didactismo para villamelones extranjeros. Sin hacer homenajes al valor sobrehumano o indagar si se trata de un arte, un deporte o un acto de salvajismo colectivo, el espectáculo taurino le interesa únicamente como experiencia vivida y como fenómeno social.

De ese enfoque deriva la originalidad de las secuencias filmadas en el interior de la plaza. Nunca se repite un mismo aspecto. El público masivo, el conglomerado diverso, la "bestia más feroz", se presenta con un detallismo pulverizado. Entre cada lance, se intercalan gestos súbitos de espectadores que reaccionan de manera desorbitada e incontrolable. La masa se individualiza y se transforma, a la vez, en un factor impreciso, amenazante. Alterna con montajes eisensteinianos de altavoces y objetos

Velo consigue poner en crisis a su protagonista. A través de cercenantes retornos al pasado y a una interpretación en el borde de la crispación, le arranca complicados estados.

ambientales. Se manifiesta verbalmente con alaridos unánimes, comentarios y protestas que sólo existen en la pista sonora. El público se impacienta si el torero no se arrima al toro, lo insulta y le avienta cojines, o bien lo premia con aclamaciones, aplausos de pie y pañuelos agitados. El público es un juez soberano y un verdugo de oficio: el Dios de la plaza es concreto e impersonal. Velo transmite la sensación de duración y realidad montando, entre cada suerte taurina, expresiones de ansiedad, de sorpresa, de abandono, de protesta, de exaltación y de terror. El público se sobrecoge en un instintivo sobresalto unánime; se eleva a una omnipresencia asfixiante.

A Velo le importa menos el espectáculo que el drama interno del torero. Como espectáculo, *Torero* es una película caótica, abrupta y precipitada. La elegancia de la fiesta desluce en ese aglutinamiento de faenas incompletas. La síntesis, la brutalidad latente y la búsqueda instantánea del choque emocional, impiden la plenitud del espectáculo. Ninguna corrida, salvo la concluyente, aparece reducida a algo más que fragmentos esporádicos: un par de muletazos certeros o desafortunados. El esplendor de la tauromaquia hay que buscarlo en otra parte, en el *Arruza* de Boetticher (1959-1966), por ejemplo. En compensación *Torero* es la cinta más profunda que se ha realizado sobre tema taurino. Si el ritmo rápido hasta la desarticulación, y la brevedad de sus secuencias-*flashes* impiden al espectáculo que evidencie una grandeza apasionada, esa misma brevedad y ese mismo ritmo contribuyen a hacer de *Torero* un relato tenso y desgarrador. La película se construye sobre la noción de la angustia. Su objetivo es descubrir las fluctuaciones de la angustia del torero, dentro y fuera de la plaza. La lidia de toros resulta una actividad lo suficientemente apremiante para colocar a quien la ejecuta en una situación límite. Procuna manifiesta reacciones y estados anímicos que, en otras circunstancias, serían patológicos. *Torero* tiene prolongaciones que rebasan el plano puramente dramático. El contenido de esta fenomenología de la angustia posee valores casi científicos.

La angustia surge de manera reconocible en la vida adulta de Luis Procuna. Los sueños del niño huérfano y del impulsivo aprendiz de torero ya se han realizado. Los puestos de fritangas con la madre en la miseria; el juego infantil con un trapo viejo por muleta y un fierro viejo por estoque; el trabajo infrahumano de cargador de costales en el mercado público; los muslos cicatrizados de los torerillos; la tienta de vacas en la hacienda del famoso

Lorenzo Garza; la delictuosa lidia a medianoche en un potrero; la explotación del empresario de arrabal; el primer traje de luces alquilado; la entusiasta ovación de la vecindad; los primeros pinchazos; la noticia luctuosa de la cogida del compañero por un toro, toreado en alguna plaza de la provincia; la brillante ascensión del novillero; la alternativa a manos de Luis Castro; la popularidad del ídolo nacional, todos los episodios del pasado forman el preámbulo. Procuna no tendrá, como lo temía de pequeño, el final de un pordiosero o del dipsómano harapiento que duerme entre desperdicios. Pero, como el *Kid* Terranova de *Campeón sin corona*, siente que ha llegado demasiado lejos.

Sostenerse en el pináculo de la fama es el problema terrible. La angustia de Procuna se anuncia como una pérdida de la seguridad. La figura muda, severa y cadavérica de Manolete, que le ha revelado los más intransferibles secretos de su arte, lo hace vislumbrar una desazón irrecuperable. Incluso el gran maestro ha muerto entre los pitones de un toro. A solas, Procuna se hace proyectar las escenas de la tragedia. Al salir de la sala oscura ya no es la misma persona. Sus sentimientos de valor, seguridad y autonomía, tan difícilmente adquiridos, se empieza a derrumbar. Procuna accede a otro plano de existencia que lo desprende y segrega del mundo. Para los demás, se convertirá en un torero miedoso. Le será cada vez más difícil ligar una faena; hasta que, sintiéndose a merced de los toros encastados, preferirá tirarse de cabeza al callejón y se refugiará entre las barreras, mientras el toro no cesa de bufar en el ruedo y la muleta caída lo acusa desde la arena. Predispuesto, un día recibe la "cornada grande".

La angustia, que dominaba al torero en la plaza, lo acompaña ahora por todas las partes. Fuera del ruedo, la inseguridad se vacía de conceptos objetivos y Procuna desanda el "pasaje estrecho". *Torero* no es una película sobre la angustia en abstracto. Las imágenes que presenciamos *son* la angustia misma del torero.

Su irracional sentimiento de unicidad determina una obsesión insuperable. Se retira de los toros por un tiempo, para "gozar sin riesgos del aire y del sol". Lee y viaja. Pero "admirando a Goya, me lo encontré otra vez". Los Goyas empiezan a propagarse. Entonces sobrevienen los ataques de la prensa; la fama se convierte en una forma de manipulación externa. Procuna comienza a perder su propia estima. A medida que avanza en edad y en posición social, la lucha real se vuelve imaginaria. Tiene una esposa que lo quiere, vive en una residencia, lo rodean sus hijos, lo sostiene una cuenta en el banco; nada le falta; es presa fácil de la angustia y de una compulsiva necesidad de absoluto. Su fortaleza se deja triturar por complejos mecanismos de minusvalía moral. Para vencer su estado subjetivo de abandono, no sólo necesita la reivindicación ante quienes lo llaman miedoso y acabado.

Procuna regresa a los toros en un desesperado movimiento de defensa ética. Si el alejamiento del peligro trae consigo su exageración, el héroe lo afrenta para minimizarlo. Todos esos retornos al pasado y esa minuciosa descripción de la vida del torero en el día de su reaparición no tienen otro sentido que afirmar el papel de la voluntad en el curso del destino. Aunque con sólo pensarlo le vuelven a doler los costurones. Procuna ha decidido volver a torear. De nuevo ante el enemigo, ante la bestia que restrega sus patas preparándose a embestir, en el cero de la seguridad, Procuna reencuentra, de algún modo, el absoluto perdido.

En el ruedo, Procuna sabe que se encuentra objetivamente solo con sus tres enemigos: el toro, el público y el torero mismo. Pero, una vez más, la realidad se esfuma y es abolida. No existe ningún asidero para su sensibilidad vulnerada. Una convicción de impotencia lo debilita y lo lleva al fracaso estruendoso. El percance era inevitable; el momento de la caída había llegado. Frente al toro, las piernas tiemblan, la sequedad de la boca se vuelve viscosa, las manos sueltan la muleta y el lidiador desarmado hunde el estoque en lugar equivocado. La bestia lo humilla y la rechifla general la corea. En el ruedo, la pesadilla se cumple y el torero empieza a vivir, una a una, sus consecuencias nefastas. Cuando, al despertar, temía el soplo del viento desde su ventana; cuando, ante el suculento almuerzo de sus hijos, comía su ración de fruta; cuando jugaba con sus hijos en el jardín o llevaba flores dominicales al monumento mortuorio de su madre, tratando de olvidar sus preocupaciones, Procuna prefiguraba ya esos capotazos tímidos y esas derrotas sucesivas en todos los tercios.

La corrida terminada, Procuna opta la solución mágica. Regala un séptimo toro y lo brinda a la autoridad que acaba de multarlo. En su paralógica determinación, conjura el miedo subjetivo. Con las orejas y el rabo en las manos, Procuna es llevado en hombros hasta la puerta de su casa. Pero, en la tranquilidad luminosa y guarecida del vestíbulo, todavía en los brazos de su mujer, el torero se da cuenta de que su vida no puede empezar al otro lado de la angustia porque el agobio de *su* angustia es definitivo y permanente. ¿Y, el próximo domingo?

El humor negro

Si atendiésemos únicamente al reflejo cinematográfico, el estereotipo que consagra la obsesión festiva de lo macabro como uno de los rasgos distintivos del carácter mexicano, sería inverificable. En el cine nacional, sólo hay cráneos de azúcar y culto florido a los muertos el primero de noviembre para consumo turístico. Comedido, respetuoso y servicial, el cine mexicano, cómico o serio, ignora sistemáticamente la existencia del humor negro. Con mínimas excepciones, encontramos muy pocos intentos de aproximación a esta forma del humor, y siempre en el nivel de la escoria.

En el cuento "El tuerto" de la película *Raíces*, la pérdida del ojo sano de un niño tuerto es motivo de alborozo y agradecimiento celestial; sin embargo, la atrocidad del incidente y el antropologismo de la narración congelan la risa y excluyen la farsa. En una breve secuencia de *El brazo fuerte*, desafortunada cinta experimental de Giovanni Korporaal (1958), las caricaturas de calaveras a lo José Guadalupe Posada que ilustran una publicación, se animan para intercalar patéticos cuadros de la miseria pueblerina. En *Macario*, una figura de la muerte, antropomorfa y solemne, apaga ceremoniosamente, sin ningún asomo de ironía, las velas que simbolizan la vida humana.* En *El tejedor de milagros* de Francisco del Villar (1961), la superstición colectiva transforma arbitrariamente el nacimiento de un niño en milagro navideño, en problema de conciencia para el cura y en chisme de sacristía, hasta que perece el bebé. En *Los cuervos están de luto* (1964), también de Del Villar, la lenta agonía de un anciano pueblerino desencadena la voracidad de sus herederos, el erotismo de ultratumba (Kitty de Hoyos) y la grosería fúnebre. En *Échenme al vampiro* y congéneres, el cine de horror de quinta categoría se degrada hasta la farsa indigente.

Es decir, incluso si nos instaláramos en la

franca heterodoxia, no existe, salvo en la obra de Buñuel, ningún antecedente o referencia de *El esqueleto de la señora Morales* de Rogelio González (1959). Este filme puede considerarse como la más insólita de las películas fuera de serie del cine mexicano. Muy diversas circunstancias confluyeron para su acierto: el argumento se tomó de un relato de Arthur Machen, lo adaptó el entonces guionista Luis Alcoriza, y fue puesto en manos del director de comedias Rogelio González (*Escuela de vagabundos*, *El inocente*), que desde hacía tiempo luchaba soli-

tariamente con poca fortuna (*Nacida para amar*, *El hambre nuestra de cada día*) por realizar aunque fuese una buena película en su carrera.

González aprovecha la oportunidad y narra con verdadera saña la vida de Pablo Morales (Arturo de Córdova), un taxidermista bonachón, en compañía de su insufrible esposa Gloria (Amparo Rivelles). Siempre amenazado por un ataque de histeria de su mujer, Pablo no

El esqueleto de la señora Morales de Rogelio González (1959), la más insólita de las películas fuera de serie del cine mexicano.

---

* Cf. *Las tres luces* de Fritz Lang (1921).

puede ni vivir ni trabajar en paz. Cansado de soportar la carga de su mujer, renga y fanática, tampoco puede divorciarse; las rígidas ideas de Gloria y la hostilidad de sus cuñados constituyen un impedimento inexorable. El buen hombre, acorralado, decide asesinar a su mujer. Envenena sus alimentos con estricnina. Descuartiza el cadáver, lo calcina y paralelamente construye un esqueleto semejante al de ella. El truco da resultado. Los vecinos sospechan del asesinato, advierten la semejanza del esqueleto con la desaparecida y llaman a la policía. En el juicio de homicidio, se comprueba que el esqueleto ha sido integrado con huesos de muy diversa procedencia.

Pablo queda en libertad. Lo primero que hace es revelar al confesor de Gloria su culpabilidad, advirtiéndole que el crimen quedará impune porque a nadie pueden procesar dos veces por un mismo delito. Sin embargo, una especie de justicia intangible actúa. En el brindis con que celebra su triunfo, una beata amiga de Gloria imprudentemente sirve a Pablo y a los celebrantes el vino envenenado. Al otro día tiene lugar el entierro simultáneo de media docena de difuntos.

Película proteica, *El esqueleto de la señora Morales* se genera en el hibridismo. Tres temperamentos, y tres conceptos del humor completamente diferentes, concluyen para dar forma definitiva a la dimensión satírica del relato. El esquema inicial corresponde a la noción anglosajona del humor negro ortodo-xo, ese regodeo jubiloso en todo lo que disminuye el tradicional carácter sagrado de la muerte. A la osamenta del filme se añaden dos variantes personales: el humor español de Luis Alcoriza y el relajo mexicano de Rogelio González.

La película muestra, pues, tres niveles de juicio. Pero, si bien antipático y voluntariamente deforme, el resultado de ninguna manera carece de acento unitario. Las tres influencias dominantes no se excluyen; antes bien, se acoplan, se articulan y agudizan la comicidad de la cinta. Es curioso observar la forma autónoma, ceñida y extraña, en que se han amalgamado tan refractarias tendencias.

No obstante, a efectos de investigación de paternidad y de análisis, se podrían distribuir, sin dificultad, los elementos satíricos entre los tres responsables. Al humor negro de Arthur Machen se le atribuiría sobre todo esa figura simpática del asesino sometido que mata por necesidad cuando ya no puede tolerar más tiempo su situación; asimismo la maquinación del crimen y la ingeniosa burla lógica de la leyes. Al gusto esperpéntico y buñuelesco de Luis Alcoriza se le haría responsable de la construcción coherente e imprevisible de la historia, la furia anticlerical, el nihilismo de la visión, los retruécanos del sainete mortuorio y toda esa parafernalia casi surrealista, que incluye esa tranquila irrealidad malsana del taller de taxidermia, la garganta de felino disecado que sirve como caja fuerte, el *gag* de

El mundo de la señora Morales es el universo de los terrores religiosos. En la vieja casona, todo se vuelve represivo y oprimente.

la botella de aguarrás que esconde la bebida, el odio a las instituciones burguesas, el sadismo de los "inocentes" y muchos detalles ambientales más. Al gusto proclive al choteo de Rogelio González se le imputaría el énfasis guiñolesco de los comparsas, el desorbitamiento burlesco de Arturo de Córdova, la alevosía de Amparo Rivelles, el apoyo en efectos fotográficos, la desproporción de los objetos en la profundidad de campo sistemática, el empleo *ad nauseam* del gran angular, el expresionismo escolar y la reiteración satírica que llega a la caricatura escatológica.

El esqueleto de la señora Morales nada toma en serio, ni siquiera la seriedad de su sátira. En ocasiones la película se vuelve ofensiva, otras veces la ironía densa es imprevisiblemente aguda. Se pasa del sarcasmo a la carcajada estridente y de ahí al golpe teatral, en un tenaz afán por desvirtuar todos los valores del hombre común que han sido puestos en juego.

Excedida, astracanesca y desligada de cualquier determinación histórica inmediata, la fábula del filme tiene, sin embargo, eficacia formal. Gracias a la multiplicidad de sus objetos de escarnio, la deformidad ampulosa conquista una fuerza bárbara e insistente. Sería imposible encontrar otra comedia mexicana que arremeta con tal denuedo a la falibilidad de la justicia, la vida devota y el matrimonio burgués. *El esqueleto de la señora Morales* es una película de excepción no sólo por el color de su humorismo sino por el objetivo de sus implicaciones satíricas.

El anticlericalismo de la cinta es tan obvio como decidido. El sacerdote católico que domina la voluntad de la señora Morales es una parodia ridícula hasta la acritud. Español, magro, asexuado, irascible, sentencioso y vociferante, el padre don Artemio Familiar (Antonio Bravo) no tiene ninguna oportunidad de redención, todo lo que le define es negativo. Invade la vida de sus ovejas, las explota con el pretexto de llamamientos a la caridad, aporta las razones ("De arriba vendrá el castigo") para que otros fieles se encarguen de ejecutar sus dictámenes intransigentes de violencia física, condena y miente en nombre de la moral cristiana. Su séquito es infrahumano: una serie de viejas inútiles y lastimeras, un añejo caballero católico que introduce invariablemente sus vaguedades con la frase "Yo, como historiador...", una beata enferma de la vejiga que se pasa la película pidiendo excusas para ir al mingitorio. La corrosión antieclesiástica cuando mucho se atenúa por la precipitación; la brocha gorda resta precisión al trazo, pero nunca reduce su intensidad.

Con todo, la sátira más acerba de *El esqueleto de la señora Morales* es la que se refiere al matrimonio. Como institución, como sacramento y como forma de convivencia, el matrimonio sólo puede compararse con una lepra o con una cadena perpetua. Guionista y director se reconcilian en este punto, aunque es muy posible advertir que el anatema de Alcoriza se dirige al matrimonio burgués en concreto y el sarcasmo de González al matrimonio en general. En el diálogo, las anotaciones son más sutiles, como si existiera una contrapartida positiva. En la película, tomada en su conjunto, impera cierta agresión turbia y un lloriqueo altanero.

La vida de Pablo con Gloria es insostenible porque todo se opone entre los cónyuges, viven en dos mundos diferentes; la coexistencia de su "soledad entre dos" los mantiene como extraños y ambos tratan de invadir el mundo ajeno.

Colérica, impositiva y timorata, Gloria vive en el mundo cerrado de las "ratas de sacristía". Se entrega tristemente a sus advocaciones religiosas, viste de negro hasta el tobillo y frecuenta exclusivamente beatas, mochos y curas. Confiesa haber quemado un libro antropológico con escenas de aborígenes desnudas porque considera que "se puede ser negra y tener dignidad". Sustrae los ahorros de su marido para destinarlos a la reparación del altar de Santa Rita. Hipócrita congénita y vegetariana, se siente inferior por su pierna contrahecha y es, por supuesto, una aberrada sexual. Vive castamente, rodeada de oraciones y súbitos ataques de histeria. Le horroriza la carne cocida como si fuera un objeto de implicaciones lujuriosas. Cuando su marido intenta tener relaciones sexuales con ella, se protege del coito con frases de tendencia sedante como "Primero lávate las manos y desinféctate con alcohol" que irritan y ahuyentan al macho. Cuando se siente abandonada e indefensa, lanza inmotivadamente escandalosos gritos de "No me pegues Pablo, no me pegues" para ganar la compasión del vecindario.

Alcoriza y González saben muy bien de lo que están hablando. Todo hispanoamericano medio ha padecido atmósferas similares. El mundo de la señora Morales es el universo de los terrores religiosos y de las sórdidas cuatro paredes donde todo se vuelve represivo y oprimente. En la casona enclavada en un callejón miserable, en la anacrónica vastedad rococó de las viejas estancias, en esas habitaciones tapizadas de altares e imágenes pías, entre ese mobiliario de casa de antigüedades, Pablo no puede respirar. Paradójicamente, prefiere huir a su inmundo taller repleto de animales disecados y esqueletos. La pulcritud y el orden de la morada conyugal se convierten en sinónimos de la paz de los sepulcros, una paz que objetiva y consolida el infierno matrimonial.

El mundo que ama Pablo, en cambio, es un mundo abierto y extrovertido. La película establece episódicamente un amable cuadro de costumbres. El señor Morales, cuyo oficio es tratar con cadáveres, juega con los niños del barrio, bromea con los vecinos y sonríe ante los estímulos más nimios. Su imagen es la de un adulto infantil, un buen hombre que todavía no se desprende del azoro ante la realidad porque nunca ha podido satisfacer plenamente su actitud curiosa. Es taciturno y estoico, pero cuando está en la calle o en la cantina, con personas sencillas como el maestro carpintero o el "profe" anteojudo que compra de fiado un esqueleto para clase de anatomía, la afabilidad vuelve a reinar en su carácter. Lejos de su casa, la armonía social y la fraternidad rodean al personaje.

El taxidermista quisiera fundir esos dos mundos y hacerlos comunicantes. La película describe sus postreros esfuerzos por conciliar su mundo con el de su mujer. Todo acercamiento fracasa. Ni siquiera puede cohabitar con su mujer. Si se desea engullir un buen filete tiene que deslizarse sigilosamente a la cocina para solicitar la complicidad de la sirvienta (en una de las mejores escenas equívocas del filme). Cuando todos sus esfuerzos se han frustrado, Pablo intenta la realización simbólica. Una cámara fotográfica será el instrumento que hará soportable el desmembramiento entre el mundo de su aborrecible mujer y el suyo.

El deseo de tener una cámara fotográfica posee, por tanto, un doble significado. Hasta su mujer se da cuenta de que Pablo no quiere el aparato porque le sirve para su trabajo. Ésa es la coartada. Hay otras razones. El taxidermista pasea con su cámara retratando a los niños que juegan, hacen bailar al perro o se paran de cabeza; retratando a su amigo el carpintero que posa orondo, erguido hasta nimbarse, en la puerta de su negocio. La cámara fotográfica representa para Pablo la manera de capturar un mundo que nunca ha frecuentado como quisiera, aislado en la convivencia estéril y exclusiva con su mujer.

El señor Morales quiere apoderarse del mundo libre de los vivos por medio de sus fotos. El que gracias a su dificultad para adquirir el aparato lo ponga en contacto con una mujer jovial y fértil que habita en un moderno departamento lleno de luz, ratifica esta función primera de la cámara fotográfica. La otra función nos la da la tortuosidad subrepticia y cándida del personaje. Pablo petrifica, cosifica con su

cámara. Al no poderlo contemplar mayor tiempo y compartirlo, destruye lo que ama con la cámara. La realidad fija, detenida e inmóvil de las fotografías, la ilusión de vida que las alienta, nos remiten a la necrofilia del taxidermista. Por eso, cuando Gloria pisotea su cámara y la deja hecha añicos, Pablo ya no tiene ninguna nueva posibilidad de transferencia destructiva, ya no le queda ninguna razón de aplazamiento. El asesino en potencia ya no mediatiza y se enfrenta al verdadero obstáculo. Entonces decide pasar al crimen.

El asesino de *El esqueleto de la señora Morales*,

ha escrito Francisco Pina, pertenece a la estirpe del *Monsieur Verdoux* de Charles Chaplin. Aun cuando sus actos estén sancionados por las leyes, es fundamentalmente un justiciero, un justiciero anárquico que se dignifica por la entereza y el ingenio con que desafía la fatalidad de la maquinaria social. Para desprenderse del lastre que le impide vivir, su única salida es el asesinato. Asume la necesidad del crimen con regocijo. De un solo acto expiatorio, víctima y verdugo saldrán purificados. Por eso, el placer con que Pablo elimina a Gloria, preparando la pócima mortífera en un batido de huevos que conducirá solícito al lecho de su mujer, y la minucia con que se desembaraza del cadáver, nunca llegan a la orgía de sangre (a lo *Psicosis* de Alfred Hitchcock). Por el contrario, el gesto de ternura con que el taxidermista enjuaga condescendiente sus manos en alcohol, empuña la sierra y destaza cariñosamente el cuerpo de la señora Morales, bajo la mirada vigilante de una lechuza arrancada de algún

La ambivalente interpretación de Arturo de Córdova traduce muy bien esa mezcla de candor y odio que mueve al protagonista.

relato persa de Sadegh Hedayat, recuerdan también la vulnerabilidad chapliniana. Estamos muy lejos del goce psicopatológico que se procuraba Ernesto Alonso al incinerar el maniquí viviente de Miroslava en *Ensayo de un crimen* de Buñuel. En el filme de González, la ambivalente interpretación de Arturo de Córdova traduce muy bien esa mezcla de candor y odio que mueve al protagonista (cercano a la demencia de *Él*, este actor por fin se empieza a emplear apropiadamente en el ámbito que siempre le ha correspondido: en la farsa, tal como lo demostrará *El gángster*, una reciente película menor de Alcoriza).

Pero la índole moral del personaje se va a alterar en seguida. Cuando el taxidermista termina de armar el esqueleto que servirá de falsa prueba judicial, y le dice apasionadamente "Al fin solos"; cuando responde con gran desenvoltura al tribunal que lo juzga, o cuando agasaja al cura en la capilla con su inesperada y "humilde" confesión, el tierno criminal adquiere un matiz de cinismo que lo opone radicalmente a la autoconmiseración chapliniana. La película adquiere entonces un tono sardónico que el jocoso final de exterminio masivo incrementa. La última toma, plano secuencia de terror jacobino, se inicia con un desfile de féretros que marcha hacia la cámara, encabezado por los manoteos airados del vociferante sacerdote, y culmina con el cortejo y las torres de una iglesia vistos de cabeza. Rotundo remate para este juego macabro de sinrazones que ha conseguido trastocar los dictados de la mesura, la corrección, el respeto y la fe.

El esqueleto de la señora Morales tardó casi siete años en tener una secuela. En 1966, Luis Alcoriza reincidió en el tema del humor negro, pero con la diferencia de que él mismo realizó su guión. Su película *Divertimiento*, cuento cinematográfico de una hora de duración, incluido en el largometraje *Juego peligroso* (junto con un desafortunado H. O. del joven Arturo Ripstein), es el relato más diabólico y acerado que se haya filmado en México.

No solamente se trata de la más madura y brillante de las realizaciones del director de *Tarahumara*. Esta película, filmada en colores y aprovechando al máximo las posibilidades plásticas de los exteriores de Río de Janeiro, señala un cambio decisivo en el humor del cineasta. Sus tentáculos ya no se orientan hacia la caricatura escatológica (como en *El esqueleto de la señora Morales*) ni hacia el esperpento español (como en *Tlayucan*), sino hacia el más inquietante, amplio, convulso y fullero humor negro hitchcockiano (*El tercer tiro*, *La cortina rasgada*), matizando siempre su moderna visión con viejas reminiscencias surrealistas que la definitiva actualidad de sus accesorios, sentimientos y escenarios no logra atenuar.

Más que de un divertimiento, como promete su título, se trata de una pesadilla alegre y macabra que describe, etapa por etapa, la conversión de Elena Anderson (Silvia Pinal), seductora millonaria irascible y mundana, en una asesina que sólo vive intensamente por intermedio de sus crímenes. La bella Elena existe instalada en el ocio opulento, en el tedio, en la insatisfacción y en la insolencia ("Qué desagradable se ha vuelto Elena últimamente, ¿verdad?", comentan amigos de su misma clase social al verla salir colérica del hipódromo, tras insultar a un detective privado a quien se le paga por vigilarla).

La mujer tiene un joven amante rubio (Milton Rodrígues), tan ocioso como ella, que, en confabulación con su esposa, planea chantajear a la rica heredera (porque "Preferiría morir antes que dejarme"), haciéndola cómplice de un falso asesinato. Pero el golpe va más allá de lo previsto: Elena remata a su falsa víctima ("La alivié para que no sufriera, pobrecita"), y la esposa del rubito va a dar al fondo de la bahía, envuelta en un saco de lona y con un ancla amarrada en las piernas. Aterrado pero perseverante, el hombre intenta chantajear él solo a Elena y, anónimamente, por teléfono, le exige 100,000 dólares por su silencio. La amante hace erróneas deducciones y atropella despiadadamente al detective privado en La Mesa del Emperador, un lugar solitario en las afueras de Río.

En contraposición a su escrupuloso y sometido compañero, Elena no siente ningún remordimiento por sus crímenes. Antes bien, se aficiona a ellos: los empieza a necesitar como estimulantes indispensables para hacer el amor con su cómplice inmediatamente después de cada ejecución. Lleva a vivir al muchacho a su finca playera, rodeándolo de lujos y comodidades, ofreciéndole preciosos regalos como gratificación a cada nuevo asesinato. Elena evita el aburrimiento matando; a la esposa y al detective del ojo chigoreto, se añade una larga lista de víctimas: una coqueta doncella de servicio y su novio, un obsequioso galanteador que quedará rígido gracias a un fulminante veneno preparado por los brujos del Mato Grosso, dos motociclistas de tránsito que pretendían cobrar infracción a las rutinarias arbitrariedades de la conductora, un grupo de paseantes que ha divisado a los verdugos cuando acomodaban los cadáveres recolectados sobre la cubierta de su yate ("Nos han visto, exclama Elena eufórica, y hasta los niños").

La tibieza y la indecisión no tardan en acarrear al hermoso cómplice un torturante sentimiento de culpa. Baja al fondo del mar para comprobar si es cierto lo que ha vivido, solicita el apoyo de la religión: un sacerdote lo conmina desde el confesionario a que "arranque la mala hierba de raíz". Cuando, esa misma noche, se dispone a acatar el consejo, Elena, cansada de las tribulaciones de su amante, se le adelanta y le ofrece una copa envenenada ("Prefiero verte muerto antes que arrepentido"). En un esfuerzo supremo, el joven consigue balacear mortalmente a su victimaria. Sobre los labios masculinos, arrastrándose, la mujer posa los suyos en un beso desesperado y postrero.

Para disfrazar, legitimar y dar forma artística al sentido primordialmente subversivo de este relato maldito, Alcoriza comienza por diseminar pistas ilusorias. He aquí la compulsión irresponsable de una heredera millonaria en su flagrante violación de los reglamentos de tránsito: se trata de una sátira a la aristocracia parásita: no únicamente. He aquí el bosquejo de una historia tradicional de triángulo amoroso, engaño e intento de extorsión: se trata de una "ingeniosa" trama de película negra tardía: no únicamente. He aquí a un hombre débil enfrentado a un torrente de crímenes verdaderos que él mismo ha desencadenado y cuyo flujo, influjo y reflujo son incontenibles: se trata de un estudio psicológico de la culpa y del drama de dos amantes unidos por el delito y el amor: no únicamente. La narración quiebra su rumbo a cada momento, espejeante, multiforme, convertible.

Siguiendo este orden de avances espasmódicos, Alcoriza escamotea el sentido de su obra y apenas lo revela en los últimos minutos, haciendo que se abra majestuosamente. *Divertimiento* es una gran película sobre la pasión amorosa, una pasión amorosa que ha nacido del acoplamiento enfermo y poético, insensato y rabioso, de un Eros febril y un Tánatos sin contenido dramático. En medio de un remolino de significados subalternos, y de dimensiones que se abarcan por esbozos que son ya en sí mismos esenciales, la película elude la simpleza del cinismo y la fácil provocación adolescente; pero el extraño avance, hilarante e impávido, de la narración no deja de entrañar cuantiosas fuentes de incomprensión.

El estilo de Luis Alcoriza, por costumbre neutro y sobrio, mueve también al desconcierto. *Divertimiento* es la obra del realizador español lo que el episodio de *El trabajo* (en *Boccaccio '70*) era a la de Luchino Visconti. A través del cuento ambos cineastas perfeccionan su estilos

y expresan con mayor claridad la síntesis de sus preocupaciones. En *Divertimiento* la farsa se ilustra a la vez con brocha gorda (a simple vista, como en el más físico cine norteamericano) y con un refinamiento exquisito. Aunque Alcoriza sólo quisiera ser tan perverso, subrepticio y maléfico como el Buñuel de *Ensayo de un crimen* (de cuento a cuento, preocupaciones de responsabilidad de la forma, dinámica artística y búsqueda visual separan por fortuna a *Divertimiento* de *Simón del desierto*), el director empieza a manifestarse tan nervioso y burlesco como el Jean Renoir de *La regla del juego*, tan sensible a la elegancia y la delicadeza de las formas artificiales como el Vincent Minnelli de *Almas en conflicto*, tan inquisitivo y breve en sus sugerencias como el Howard Hawks de *Rojo 7000 ¡peligro!* Esta comparación podría llevarse más lejos. El Alcoriza de *Divertimiento*, como el autor de *La regla del juego* y el Hitchcock de *La cortina rasgada*, tiende hacia la farsa como vehículo de esa modernidad en que el artista comprueba el vacío de su sabiduría y de su dominio formal. Llevan la autoparodia al extremo; hacen estallar cada emoción desde su interior; su burlan de las situaciones que ellos mismos han planteado a un nivel de ejecución insuperable: la película se destruye y se vuelve a integrar a cada paso, de comedia a tragedia, sin cesar. Claro que hay autoparodias y autoparodias. Fellini en *Julieta de los espíritus*, Antonioni en *El desierto rojo* y Bergman en *El rostro* filman caricaturas, remedos y autoparodias involuntarias de sí mismos; la seriedad imperturbable con que manejan elementos fuera de su control, a fuerza de insistencia, vuelve discursivas sus obras. Renoir, Hitchcock y Alcoriza (podríamos agregar varias películas de Godard) se burlan de la perfección de sus estilos, para adquirir un nuevo vuelo. El estilo se burla de Fellini, Antonioni y Bergman; el misterio está oculto a la luz del día.

Luis Alcoriza, por costumbre neutro y sobrio, mueve también al desconcierto.

Debajo de cada convención de este astuto relato, en apariencia inofensivo, encontraremos una verdad; debajo de cada ser humano, Alcoriza nos descubrirá un monstruo. Y el monstruo femenino se desprende paulatinamente de la más justa e irrebatible cotidianidad. Con una simpatía cautivadora que recubre hasta sus momentos de actuación más enfáticos, en su radiante madurez interpretativa, Silvia Pinal encarna a este ángel diabólico premingeriano con cara de inocencia y dotado de gracia y humor excepcionales. Todo es lógico y laudable en esta mujer activa, hedonista y deshumanizada que lo tiene todo menos el absoluto. Todo en ella es auténtico: su tedio, su dulzura malvada, su alborozo y su pureza criminal.

El cronista José de la Colina,* romántico póstumo de la literatura mexicana, defensor encarnizado del amor loco surrealista, no desperdició la oportunidad de tomarle la temperatura sadomaldororiana a esta heroína negra: "Incapaz de alcanzar el clímax amoroso si no es en la cercanía de la muerte, Silvia (el nombre es lo de menos) reclama la violencia y la sangre, busca el exceso, la transgresión de los sagrados límites, para hacer del amor una experiencia total, un acto que anule la conciencia. Alma gemela de Erzébet Bathory, llamada la condesa sangrienta, maestra en los juegos más crueles y en el arte de 'mirar morir', Silvia arrastra a su pusilánime amante a un amor loco que se ríe del cielo y del infierno, erigiendo fastuosos ritos sensuales sobre los mismos altares del miedo, y la pareja conocerá sus nupcias supremas en un beso que une dos agonías. En un hermoso final que de algún modo recuerda los de *Duelo al sol* y *Ruby Gentry* los dos filmes de Vidor protagonizados por amantes malditos, Alcoriza ofrece uno de los más poéticos momentos de todo el cine de habla española, en el que sólo Buñuel ha demostrado tal capacidad de revuelta".

Lo cierto es que Alcoriza nunca presenta a Elena como un caso clínico digno de estudio, sino que elabora casi barrocamente su carácter. Hace que exprese metafóricamente su rebelión moral (" Una vez vi a un cerdo comiéndose una flor; daba asco y rabia; hubiera sido tan hermoso que la flor devorase al cerdo"); le presta las palabras con que debe formular su filosofía erótica ("El verdadero amor debe ser fuego, locura, condenación, un delirio incontenible"); la incita a despreciar a los seres humanos ("Pero si hay tantos"), y hasta le concede

* *El Heraldo Cultural*, núm. 97, México, 10 de septiembre de 1967.

una justificación seudosociológica ("Quien mata a mil hombre en una guerra es un héroe, etcétera").

Pero Elena, inútil ocultarlo, es en el fondo una desdichada que administra la muerte para precisar su urgencia sexual. Si bien se ha iniciado en el crimen por azar, defendiéndose sin saberlo del hombre que ama, de un golpe certero en la cabeza de su rival ha transformado un juego peligroso en asesinato y además ha reconocido su faz auténtica. Elena matará por vocación, respondiendo así a un impulso "vital", y por necesidad. Por su sadismo triunfante es una gemela de la abeja reina de *El lecho conyugal* de Marco Ferreri; por su origen histérico es una señora Morales que, en forma natural, se negara a sublimar sus instintos. Pero, por sobre todas las cosas, es una mujer que trata de preservar su amor ("Encendamos de nuevo la hoguera").

Al lado de un hombre pasivo y dominado por el temor –temor que quiebra su voz al hablar por una bocina telefónica cubierta con un pañuelo, temor que lo hace incinerar con devoción estremecida las pantaletas de su excónyugue (como la niña de *Viridiana* inmolaba una corona de espinas), temor que lo hace bucear en el más insólito cementerio marino del cine fantástico, temor que lo impele a auxiliarse con la religión: la más abominable de las cobardías según la ideología de Alcoriza–, al lado de este chulo inconfesable, al lado de este ser inferior, Elena necesita atizar esa relación para darle asomos de vida. "Te siento frío, ausente, no vibras como yo, me acaricias como un marido." Con su intensidad mediatizada, el deseo de la mujer sufraga la pequeñez del amante. Pero Elena, y aquí reside el acierto definitivo de Alcoriza, queda atrapada en su propio juego, edifica su propia prisión. Doblegada por el goce de la muerte, su placer sexual también se determina y somete.

Un sutil veneno rampante, que se disimula en sucesivas rupturas de tono, invade y termina por anegar la prisión que los propios amantes se han construido. Después de aniquilarse mutuamente, Elena se arrastra hasta el cuerpo de su amado y, en un último sarcasmo, al fundirse en un solo cadáver el estímulo y el sujeto que necesitaba ser estimulado desde el exterior, la amante desfalleciente intenta la consumación de acto erótico imposible. El ciclo de la pasión se cumple en la muerte. Y si la pasión amorosa ha resultado manierista, implacable y exterminadora como una maquinaria infernal, la culpa no es de Alcoriza sino de su contingencia, del sentido forzosamente trágico de su tema y del espíritu de su época.

La vida libre

Toda la primera parte de *Tiburoneros* (1962), de Luis Alcoriza, no es más que la descripción de la vida cotidiana de un capitán tiburonero. Trabamos conocimientos con don Aurelio (Julio Aldama) desde los créditos, a bordo de su frágil embarcación pesquera, desarrollando con gran pericia las faenas de su oficio: captura y destaza tiburones. Lo vemos en tierra firme, acogido efusivamente por su amante Manuela (Dacia González). Lo encontramos, seguro de sí, al lado de su tripulación, de sus amigos del puerto y de su grumete Pigua (David del Campo).

Nunca nos mezclamos en la vida del pescador. Se enfoca siempre objetivamente. La cámara no critica ni exalta. Presenciamos cómo se desenvuelve y se relaciona en el ámbito de su pequeño mundo tropical. Habitado por hombres duros, que viven en chozas de palma, es el mundo de la necesidad, al margen de la moral urbana. Allí, sólo las satisfacciones inmediatas asignan un sentido al transcurrir.

Nos enteramos, por otra parte, de que don Aurelio ha dejado a su esposa y a sus hijos en la capital de la República. Regularmente, les envía dinero. Eso no obsta para que, en el lugar donde vive, le haya puesto a su joven querida una casa cuyas paredes ella decora con papel periódico. Asimismo, a los familiares de Manuela los ha convertido en sus socios, para liberarlos de la miseria y la ociosidad. En hechos semidocumentales, asistimos a las actividades de un hombre sencillo y rudo, a quien respetan subalternos y amigos, que comparte equitativamente la presa capturada en común y que castiga a puñetazos la deslealtad.

En la segunda parte del filme, la crónica abandona su objetividad y su empeño de no participación. Se vuelve irónica. Las nostalgias de la vida citadina y de la familia lejana impulsan a don Aurelio a dejar el mar. Vende su barco, se despide de sus amigos y se reinstala en la ciudad. Pero, aquí todo le disgusta. La pequeñez de espíritu del hombre de negocios

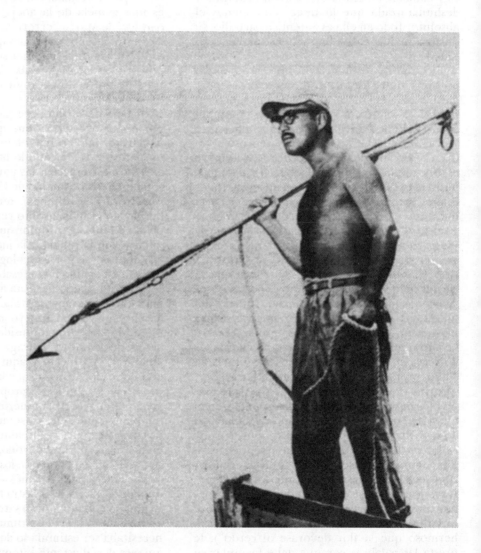

indiferenciado en que va a transformarse le repugna. Rodeado de hijos desabridamente bien educados, el encierro intramuros lo hastía. Rompe en definitiva con su familia y la gran urbe. Regresa a reincorporarse a la comunidad porteña a la que verdaderamente pertenece.

La acción principal de *Tiburoneros* ocurre en

Tiburoneros (1962) de Luis Alcoriza es, formalmente, la película menos "brillante" de este director. Su relato lineal recuerda la parsimonia y el arcaísmo del cine norteamericano de los años treinta.

la costa oriental de la República Mexicana. A pesar de antecedentes como la mediocre *Konga roja* de Alejandro Galindo, Alcoriza ha rehusado utilizar el escenario natural para narrar una novela de aventuras. La película sigue la trayectoria de *Los Jóvenes* y *Tlayucan*. Es, ante todo, una fábula moral, en el sentido más amplio y altivo de la expresión. Nada tan ajeno a *Tiburoneros* como la moraleja banal e inofensiva.

El filme tiene profundas raíces en la historia de la literatura y en la·historia del cine. La disyuntiva que plantea nos remite al *Menosprecio de corte y alabanza de aldea* de fray Antonio de Guevara. Tanto en el autor del siglo XVI como para el cineasta, la opción ética implica un juicio sobre su época y el estrato social de cada uno de ellos. Pero el hombre del siglo XX no huye del boato y los vicios de la corte; rechaza la vida pasiva hasta la deshumanización de la gran ciudad. La película bien podría tener como subtítulo alguna de las siguientes paráfrasis: "menosprecio de ciudad moderna y alabanza de costa" o "menosprecio de clase media y alabanza de vida libre". La disyuntiva de Alcoriza no es la busca de un refugio sino de valores esenciales. En su actitud no interviene la melancolía, la languidez o la gravedad. Simplemente pone en irrisión una existencia cómoda y apetecible, para que, por sí mismas, destaquen las virtudes de un modelo de vida semisalvaje y ardua.

No se trata de demostrar una tesis. La moral de *Tiburoneros* es una moral clásica. Incita una grandeza que se ignora. Recupera una nobleza primigenia. Don Aurelio escoge aquella vida que no esté prefijada. Rehúsa ser el apéndice inútil de su propia vida. En la costa, la participación del azar concede una dimensión apremiante e impredictible a la existencia. (Y, "¿Quién se mué?"). El hombre de la ciudad acepta el destino, el pescador se asume como destino. Si *Tiburoneros* es un homenaje a la vida en libertad, se debe a que descubrimos en el filme la nostalgia de un hombre hipercivilizado (el

El tema central de *Tiburoneros* se apoya en otros temas como la amistad, el amor y el trabajo.

director de cine con afán antropológico) por una forma de vida que le está vedada, pero que reconoce como una posibilidad de realización individual.

Por supuesto, Alcoriza se opone en otros múltiples puntos a la obra de Guevara. Don Aurelio, por ejemplo, no elige el ascetismo sino la sensualidad. En gran medida, se trata de elegir entre los muslos vigorosos de una nativa y las carnes fláccidas de una pequeñoburguesa sentimental. En la ciudad, la esposa (Amanda del Llano), con la cara encremada, llora al regreso de su marido, ocultando bajo un camisón misericordioso las adiposidades de su envejecimiento prematuro. En la costa, las mujeres aprovechan y preservan naturalmen-te su juventud, sus cabellos saben y huelen a agua de mar, se encabritan, aman sus placeres primitivos, solivian el vigor y el orgullo viriles.

El significado de *Tiburoneros* persigue el ideal del cine clásico. Si el cine es, por esencia, movimiento, libertad exterior y experiencia directa, su clasicismo ha sido consumado como un canto al hombre de acción (entonado por John Ford, Howard Hawks, King Vidor, Raoul Walsh, Allan Dwan y demás veteranos norteamericanos). Alcoriza muestra el comportamiento de un hombre que se realiza por medio de sus actos, y no puede hacerlo de otra manera. Sin antecedentes nacionales, el director de origen español ha dado al cine mexicano su

Si *Tiburoneros* es un homenaje a la vida en libertad, se debe a que descubrimos en el filme la nostalgia de un hombre hipercivilizado.

204

equivalente a *Sólo los ángeles tienen alas* de Hawks, *El hombre quieto* de Ford y *Garras de ambición* de Walsh. Imprevisto, este entronque con el clasicismo norteamericano deriva de una visión sobria de los trabajos y los días de un tiburonero.

El espacio abierto del mar tiene aquí la función de la pradera en el cine épico norteamericano. Enmarca la grandeza del héroe en lucha contra las fuerzas naturales. La pesca es el obstáculo que da la medida del hombre. Para Alcoriza, el tiburonero es lo que el aviador para Saint-Exupéry. Dueño de un oficio que reclama suprema entereza, don Aurelio es un individuo superior en la especie humana. Es el "patrón" a quien se le respeta por su decisión y energía y no por ser dueño de una flotilla de camiones de carga. Alcoriza, al igual que los clásicos norteamericanos, remueve las cenizas del humanismo griego, homérico. El tiburonero vuelve a enfrentar los problemas cardinales del hombre. Don Aurelio crece, ante sus ojos y ante los nuestros, al tomar conciencia de la grandeza de su oficio. Las aspiraciones del tipo de cine al que pertenece *Tiburoneros* no son realistas; son cósmicas, intemporales. En altamar, al lanzar la red y empuñar el arpón, don Aurelio es un hombre pleno que utiliza al máximo sus facultades físicas y su inteligencia.

El personaje central de *Tiburoneros* encarna todo lo anterior sin darse cuenta siquiera, sin rebasar lo puramente cotidiano. El tema de la película, ya hemos dicho, es la toma de conciencia de la vida plena. Pero, a diferencia de un Hawks, en Alcoriza no hay ninguna ironía ante el héroe, el dominio de su oficio y la ignorancia de su grandeza. El español es menos sagaz y agudo que el viejo lobo norteamericano. En *Tiburoneros*, la ironía se concentra exclusivamente en la vida urbana. Nunca lastra los sentimientos de su personaje ni pone en tela de juicio la índole de sus actos. El pescador mexicano es mucho menos complejo que el científico de *Bola de fuego* o el *sheriff* de *Río Bravo*. Nunca llega a semejar un albatros "cuyas alas de gigante le impidan caminar". Es un personaje perpetuamente firme, a punto de adquirir la impavidez de una roca.

En rigor, Alcoriza ha resuelto ya su viejo titubeo entre amar u odiar a sus personajes. *Tlayucan* dio salida al esteta entomólogo e infrabuñuelesco. Desde *Tiburoneros* Alcoriza emprende su propio camino. Nada de vaguedades: ama con robustez y odia con sarcasmo. Para demostrarlo, recordemos los personajes que acompañan a don Aurelio en la costa del golfo de México. Cuando se incurre en lo teratológico y aparece un tuerto que empeña su ojo de vidrio para invitar unas copas, no le interesa al director subrayar lo inusitado de la situación sino anotar las consecuencias límite e inquietantes de un concepto dinámico de la camaradería.

El tema central de *Tiburoneros* se apoya en otros temas como la amistad, el amor y el trabajo. Don Aurelio apalea a un escuálido amigo ladrón que yace enfermo en su hamaca; luego lo ayuda a levantarse y le ofrece empleo. El moreno reposo del guerrero, Dacia González, se cura con hierbas una herida en la cadera o luce dos mitades de coco sobre los senos; el director a accedido a una etapa acuciosa, y ya no *voyeurista*, del erotismo. Sobre todo, la reciedumbre de los afectos queda bien asentada. Vulnera vivamente la memoria la imagen del niño que, al comprobar que es un hecho inevitable la partida, apedrea rabiosamente a su amigo cuando empieza a moverse la panga.

Tiburoneros es, formalmente, la película menos "brillante" de Luis Alcoriza. Su relato lineal recuerda la parsimonia y el arcaísmo del cine norteamericano de los años treinta. En el aspecto plástico es la más pobre, la menos apantallante. El sentido moral de la trama se devela hasta muy avanzada la narración. La cinta no tiene la intención de ser "moderna", vivaz, desquiciada e hija de la improvisación. Es una obra serena, lacónica y seria. Se niega a comunicar sus riquezas a un amante de la "gran cultura". Parece carecer de relieve. Quizá a todas estas características se deba el poco entusiasmo crítico que suscitó en su salida comercial. La película más homogénea y personal de Alcoriza no obedece a ninguna moda pasajera. Darle ahora el lugar que le corresponde equivale a ratificar que, en cuestiones de cine, lo evidente y lo auténtico resultan ser siempre las cualidades más herméticas.

Tercera parte:

La nueva frontera: transición

Orígenes

Resultaría prácticamente imposible explicar el surgimiento de un cine nuevo en México sin aludir a sus orígenes teóricos.

La cultura cinematográfica en nuestro país es un fenómeno bastante reciente. Hasta mediados de los años cincuenta la crítica de cine apenas existe esporádicamente a nivel artístico o por lo menos desligada de los intereses industriales. Así había sido durante casi medio siglo. Voces dispersas, sin eco, sin influencia, se dejaron oír no obstante. Es de elemental justicia mencionar esas fuentes del pensamiento cinematográfico.

Existieron los pioneros. Alfonso Reyes, Martín Luis Guzmán (ambos encubiertos bajo el seudónimo de *Fósforo*) y Federico de Onís iniciaron el comentario culto sobre el cine en la etapa silente. No tienen, por supuesto, ningún discípulo directo. Para ellos el ejercicio de la crítica fílmica consistía en señalar los atisbos de gran arte o de arte a secas que descubrían en un medio de diversión que excitaba su curiosidad pero que de ninguna manera podía ser el centro de sus preocupaciones estéticas. Es el periodo de las consabidas, generosas, espontáneas, prehistóricas y hoy irritantes deferencias de los Hombres de Letras para con un arte tartamudo que, a veces, los desespera. En el volumen *Frente a la pantalla* (Cuadernos de cine, UNAM, 1963) puede leerse una recopilación de estos escritores siempre creyéndose culpables de frivolidad al hablar de algo tan sospechoso como el arte culinario o la filatelia.

Para regocijo de los eruditos, en la década de los treinta hay dos nombres memorables. El primero es el de la excepción de todas las reglas: Luz Alba. Publicadas en las páginas de *El Universal Ilustrado*, las notas hebdomadarias de esta cronista rebasan la óptica superficial del comentarista de buen gusto. Luz Alba anuncia, preve, sienta los rudimentos de una cultura específicamente cinematográfica. Informada, sin subordinarse a la literatura o a teorías de la "plástica en movimiento" y demás sandeces, a la vanguardia de su tiempo y de su medio, tomaba siempre en cuenta la participación decisiva del director en el filme, analizaba el contenido de las imágenes más allá de sus inmediatas características audiovisuales, tenía el valor de confesar su emoción ante una película de Frank Capra o Raoul Walsh. Aun cuando su existencia sea más bien un atractivo de heme-

Los jóvenes cobrarán fuerza cultural cuando se reúnan finalmente con el nombre de Grupo Nuevo Cine. Es la etapa adolescente y heroica, desorbitada y romántica de la cultura cinematográfica mexicana.

roteca, Luz Alba es el único antecedente firme de la crítica de cine en México.

Algo semejante, pero en inferior medida, podría decirse de la actividad del poeta y dramaturgo Xavier Villaurrutia como comentarista cinematográfico en las revistas *Hoy* y *Así* a fines de los treinta. Aunque su grado de especialización fuera muy bajo, lo protegían tres virtudes importantes en su situación histórica: la calidad de su prosa, la fidelidad a sí mismo y su espíritu abierto. Sus juicios eran intuitivos y personales más que certeros. Así Villaurrutia es la contrapartida positiva de tantos intelectuales que han aceptado prostituir su talento para ganar unos cuantos pesos con el cine, ese arte menor, popular y despreciable. Villaurrutia representa la independencia intelectual ante el cine.

Durante los años sucesivos, el auge de la industria cinematográfica no favorece el despertar de una conciencia crítica. Cualquier ser pensante (o no), con un poco de audacia, podía ser guionista o director, y la práctica es siempre más llamativa que la teoría. Debemos situar, pues, a fines de los años cuarenta los antecedentes directos de la cultura cinematográfica: **Álvaro Custodio*** y **Francisco Pina****, dos refugiados políticos espaóles, ya citados anteriormente por diferentes razones. En las columnas del periódico *Excélsior* y el suplemento "México en la cultura" de *Novedades*, respectivamente, la altivez intransigente del primero y la austeridad comprensiva del segundo empiezan a desarrollar una labor aislada y perseverante para dignificar la crítica de cine. Más que especialistas son hombres honestos, cultos y de buen gusto que desean ponerse a la altura de las circunstancias. Suplen la falta de urgencias vocacionales con una formación sobre la marcha, leen algunos libros y revistas extranjeros sobre la materia, fundamentan minuciosamente sus opiniones. Por primera vez los nombres de Charles Chaplin, Orson Welles, René Clair, Serguéi Eisenstein y Emilio Fernández son escritos por personas que responden a la admiración con el conocimiento y las ideas propias. Cuando Custodio se retira a otras actividades, Pina permanecerá solo, haciendo el papel de un predicador en el desierto. Sin embargo, aunque lenta, su influencia será eficaz. Será el guía de la nueva generación de críticos que empezarán a escribir a fines de los

* Cf. *Notas sobre el cine*, de Álvaro Custodio, Editorial Patria, México, 1952.
** Cf. *Charles Chaplin, genio de la desventura y la ironía*, de Francisco Pina, Ediciones Aquelarre, México, 1952; y *El cine japonés*, del mismo autor, en Cuadernos de cine, UNAM, 1965.

años cincuenta.

¿Debemos hacer excepciones dentro de un mundo de ineptitudes e igualas? ¿Debemos confesar el respeto que nos inspiran los "populacheros" y benévolamente chauvinistas comentarios de Efraín Huerta en el semanario deportivo *El Fígaro*, el único periodista cinematográfico que reseña asiduamente todos los estrenos desde hace más de quince años y cuya ironía resulta a veces más aguda que muchas críticas pretendidamente cultas? ¿Debemos declarar que las crónicas de Vicente Vila en las páginas sepia de la revista *Siempre!*, escritas invariablemente con maniática violencia corrosiva, nos fascinan tanto como las repelemos, y que su pésimo castellano, así como su malsana impudicia antifemenina pueden volverse la mejor vacuna en contra de la deshonestidad periodística?

Cuando la situación del cine mexicano se vuelve intolerable, los jóvenes descubren que el cine puede ser un arte respetable, de proporciones insospechadas, que expresa inmejorablemente su rebeldía social y su inconformidad estética, surge un nuevo tipo de escritor: el crítico de cine que quiere investigar a fondo el significado de una película, sus resonancias sociológicas, su ubicación dentro de las corrientes estéticas del cine y el sentido que adquiere al referirla a la trayectoria personal de su realizador. Los jóvenes críticos son casi todos de formación universitaria, algunos de ellos tienen prestigio como ensayistas y narradores, otros son eruditos recopiladores de datos, varios han sido militantes en agrupaciones políticas de izquierda, pero todos son admiradores del cine norteamericano. Saber inglés y sobre todo francés, resulta indispensable: se nutren en revistas especializadas (*Cinéma'60, Cahiers du cinéma, Positif, Film Culture, Sight and Sound, Films and filming*, etcétera) que leen con avidez, discuten y tratan de descifrar y asimilar. Sus primeros artículos aparecen en las páginas de los suplementos culturales y de las revistas literarias. Asisten a los cine-clubes que empiezan a formarse (al del Instituto Francés de la América Latina, sobre todo), combaten los falsos prestigios internacionales y nacionales, toman como ejemplo la nueva ola francesa, persiguen películas en cines de segunda, memorizan filmografías de directores famosos, rinden culto al "autor" cinematográfico y hasta cambian de orden catálogos monumentales que se complementan.

Los jóvenes cobrarán fuerza cultural cuando se reúnan finalmente con el nombre de grupo Nuevo Cine. Es la etapa adolescente y heroica, desorbitada y romántica de la cultura

Desde el primer número, aparecido en abril de 1961, se definen con nitidez las líneas directrices de la revista.

cinematográfica mexicana. Lanzan un manifiesto que firman cineastas, aspirantes a cineastas, críticos y responsables de cine-clubes, en conjunto, sin jerarquías: José de la Colina, Rafael Corkidi, Salvador Elizondo, Jomi García Ascot, Emilio García Riera, José Luis González de León, Heriberto Lafranchi, Carlos Monsiváis, Julio Pliego, Gabriel Ramírez, José María Sbert y Luis Vicens.

En ese manifiesto, su primer documento y acto público, consideran como objetivo principal la "superación del estado deprimente del cine mexicano"; afirman la libertad del cineasta creador; abogan por la producción y la libre exhibición de un cine independiente; desean la formación de un instituto serio de enseñanza cinematográfica; apoyan el movimiento nacional de cine-clubes; insisten en la necesidad de crear una cinemateca; denunciar la torpeza del criterio de exhibición que niega la oportunidad de apreciar numerosas obras de los grandes cineastas europeos, asiáticos e hispanoamericanos; defienden la Reseña Mundial de los Festivales Cinematográficos como la única manera de tener un mínimo contacto con el cine considerado equivocadamente como no comercial: esperan contar con el apoyo del público consciente, y lo obtienen.

Para dejar bien planteadas sus diferencias con el medio periodístico que los rodea editan una revista, *Nuevo Cine*, que constituye la plataforma de sus ideas y se convierte en el breviario del conocedor cinematográfico a nivel mexicano. La publicación funciona mediante un consejo de redacción que integran Colina, Elizondo, García Ascot, García Riera y Monsiváis, quienes, para imponer sus opiniones y divulgar con eficacia sus conocimientos recientemente adquiridos, no retroceden ante el uso de la provocación. Este compromiso ahuyenta a varios periodistas y cineastas de ideas afines que temen por su porvenir dentro de la industria cinematográfica.

Desde el primer número, aparecido en abril de 1961, se definen con nitidez las líneas directrices de la revista. El futuro autor de *Farabeuf* y director de un corto sádico-quirúrgico que se llamará *Apocalipsis 900*, Salvador Elizondo, impugna la moral burguesa demostrando la hipocresía del cine mexicano en cuestiones de sexo. García Ascot se erige en el teórico del grupo e inicia la publicación de una serie de artículos sobre estética de cine en general, empezando por un resumen en dos nutridas páginas de las ideas fundamentales de André Bazin. El cuentista José de la Colina redacta una declaración amorosa a Cyd Charisse tendiente a reivindicar líricamente la grandeza de la comedia musical americana. García Riera muestra sus aptitudes de filmógrafo y expositor apodíctico en una concienzuda ficha de *La huelga* de Eisenstein. Se añade una sección de crítica de estrenos, se rinde homenaje de reconocimiento a Francisco Pina y se da orgullosamente la noticia de las dos películas cortas que García Ascot dirigió en Cuba, al poco tiempo de triunfar la Revolución Cubana.

La revista tiene también una sección, "Crítica de la crítica", destinada a poner de manifiesto la impreparación de los representantes de los otros sectores del periodismo cinematográfico. Los redactores atacan con mordacidad a la subcultura chauvinista, a los cronistas de estrellas que se atreven a opinar sobre la calidad de una película, a los sirvientes incondicionales de la industria, a los agentes de publicidad disfrazados, a los vendedores de comentarios, a los recomendadores de películas para toda la familia y hasta a los gacetilleros. Ridiculizan con especial empeño a las cabezas más visibles de una supuesta crítica vieja, calificándolos de corrompidos e ineptos.

La limpieza de fines y la cultura específicamente cinematográfica tienen ganada de antemano la batalla verbal. Así, el resultado previsible sobreviene. Se crea un nuevo tipo de lector: el que ya no busca la orientación sino la coincidencia o la disidencia de altura. Se crea un nuevo tipo de espectador: el que frecuenta asiduamente los cine-clubes y forma largas colas ante las taquillas de la Reseña o de las semanas de prestreno. Se crea un nuevo tipo de *snob*: el que descubre el cine en cada película de Fellini, Antonioni y Lester, cree que el cine es el séptimo arte, que nació ayer en Europa y que puede reducirse a dos o tres nombres. Se crea un nuevo tipo de joven intelectual: el que cuenta al cine entre sus raíces culturales y lo reconoce como una vivencia definitiva. Se crea un nuevo tipo de detractor acérrimo: el periodista mediocre que al sentirse agredido acusa a los críticos "cultos", de "pedantes", de "enemigos gratuitos del cine mexicano" y de "repetidores de *Cahiers du cinéma*" (como si la famosa revista francesa presentara un criterio uniforme e imitable), o bien aprovecha la coincidencia de que Colina, García Ascot, García Riera y Pina son refugiados españoles, o hijos de refugiados españoles para atacar a los miembros del grupo de "extranjeros indeseables", "ratoncitos tramposos que muerden la mano que les da de comer".

Después de siete números de publicación irregular y azarosa (uno de ellos doble, dedicado a Buñuel; excelente), la revista desaparece. El grupo empieza a disgregarse, a dispersarse, a disolverse. Sus redactores crecen, evolucionan, cambian de actividad artística, aceptan becas para estudiar cine en el extranjero, emigran, se arrepienten de haber gustado alguna vez del cine de Resnais. Algunos sobreviven como francotiradores o se absorben a un medio menos sucio. Surge el boletín filmográfico *La semana en el cine*, editado por García Riera y Ramírez: es el rescoldo del Nuevo Cine.

Pero la influencia del grupo permanece, fermenta, cataliza múltiples procesos. Su espíritu, para bien y a veces para mal (al generalizarse, sus opiniones se degradan, se convierten en clisés, en antintelectualismo para semianalfabetos, en neocursilería culta, en filosofema de lujo o en vaguedad seudosignificativa), se deja sentir hasta el momento presente, aunque superado. Algo es seguro: quedaron fincadas las bases de un tipo de crítica que enlaza la especulación estética bien documentada con el ensayo sociológico, que puede asimilar las nuevas posiciones críticas del extranjero y que es capaz de normar el criterio de los jóvenes cinéfilos y cineastas por medio de la discusión.

Otras cosas han quedado también, aparte de la irónica añoranza minimizadora que García Riera publicó en el número 5 de la *Revista de Bellas Artes* ("¿Whatever happened with Nuevo Cine?"). El desfase entre teoría y práctica, entre pensamiento estético y producción, que provocó dentro de los más diversos ambientes del cine mexicano es la energía motriz que ha propiciado y ha contribuido a los numerosos avances que se observan en el medio: la reivindicación del cine de géneros, el respeto al crítico de cine, el reconocimiento del director y sus colaboradores, la distinción entre tema y argumento, el escrúpulo de los intelectuales para hablar de un arte tan esotérico como los demás, la consolidación y la programación coherente de los cine-clubes, el agudo conflicto de generaciones dentro de la industria cinematográfica, el interés de las editoriales por los libros sobre cine, las exigencias de un público alerta, la formación del Centro Universitario de Estudios Cinematográficos, el cambio de actitud de las autoridades gubernamentales frente al cine y su censura. ¿Por qué no ver en los concursos de cine experimental y en los concursos oficiales de guiones y argumentos los resultados a largo plazo de una misma reacción en cadena? Errado en sus procedimientos, demasiado romántico para ser duradero, ignorante en cine mexicano, alimentador de sus propios lugares comunes, reducido casi exclusivamente a la esfera del pensamiento, el grupo Nuevo Cine es el origen del renacimiento.

La subjetividad poética

A dos miembros del grupo Nuevo Cine, José Miguel García Ascot (director y guionista) y Emilio García Riera (coguionista y asistente de director), se debe la realización de la primera película mexicana experimental de largo metraje con resultados que superan el *amateurismo* y las buenas intenciones frustradas: *En el balcón vacío*. (En el mismo orden, pero dentro del corto metraje, debemos añadir *El despojo*, el áspero cuento rural de los camarógrafos Antonio Reynoso y Rafael Corkidi sobre un guión improvisado de Juan Rulfo.)

Terminados sus estudios en la Facultad de Filosofía y Letras de la Universidad Nacional y después de publicar una tesis llamada "Baude-

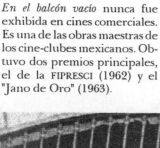

En el balcón vacío nunca fue exhibida en cines comerciales. Es una de las obras maestras de los cine-clubes mexicanos. Obtuvo dos premios principales, el de la FIPRESCI (1962) y el "Jano de Oro" (1963).

laire, poeta existencial", Jomi García Ascot se forma como cineasta dentro del equipo de Manuel Barbachano Ponce que elabora los noticieros *Cine Verdad*, documentales de divulgación científica y cultural; participa además en la concepción de la película *Raíces* de Benito Alazraki. Luego, escribe una inteligente crítica mensual en la *Revista de la Universidad*. Su carrera como director de cine comienza en 1959 cuando realiza *Un día de trabajo* y *Los novios*, dos episodios de *Cuba '58*, una de las primeras producciones de la Cuba Socialista. En 1961, colaborando entusiastamente con García Riera, funde en un solo cinedrama varios relatos breves de su esposa María Luisa Elío, recuerdos de infancia durante la Guerra Civil española.

Con un presupuesto bajísimo, menor a cincuenta mil pesos, da principio el rodaje ese mismo año: fotografía José María Torre, un camarógrafo de filmes publicitarios, emplean una cámara Pathé-Webbo de 16 mm y de cuerda, utilizan actores no profesionales y amigos, trabajan durante las mañanas de ochenta domingos, el único tiempo libre con que cuentan. El filme-manifiesto del grupo Nuevo Cine, hecho para demostrar que se puede hacer buen cine a un costo mínimo, queda terminado a mediados de 1962.

Realizada al margen de los sindicatos de la producción, con un tiempo de proyección suicida (64 minutos), sobreexpuesta en varias secuencias, defectuosa en sus enlaces, ininteligible en ocasiones por las deficiencias de la banda sonora, *En el balcón vacío* nunca fue exhibida en cines comerciales. Es una de las obras maestras de los cine-clubes mexicanos. Obtuvo dos premios principales en festivales de cine: el premio de la FIPRESCI en Locarno, 1962, y el "Jano de Oro" en Sestri Levante, 1963.

La acción se sitúa en una ciudad de Navarra y describe los trastornos que sufre la sensibilidad de Gabriela (Nuri Pereña), una niña de nueve años, ante la cercanía de la Guerra Civil española. Una tarde, desde su balcón, la niña ve a un hombre que trata de huir por las

paredes de la casa de enfrente, observa cómo lo delata una vecina y cómo lo apresan los guardias franquistas. La guerra ha llegado a su casa. Hombres con aspecto de fascinerosos que hablan en voz baja con su madre también llegan. Se ha perdido el paradero del padre.

Un desconocido interroga a Gabriela en el parque público y luego la amenaza. El entendimiento infantil no alcanza a comprender la magnitud de la tragedia que conturba los actos de los demás. Una noche la prudencia de la madre interrumpe el sueño de la niña; junto con su hermana mayor, las tres mujeres abandonan la ciudad. Los reciben unos parientes que viven en Valencia. Gabriela hace largas colas para comprar comestibles. En un rincón de su nueva morada, la niña escucha los bombardeos nocturnos. Finalmente la familia se dispone a cruzar la frontera. ("Y entonces me llevé un tapón.") En el camino, mediante consigna verbal, unos soldados republicanos las guían. Las emigrantes tienen una breve estancia en París como refugiadas, al lado de extranjeros que hablan un idioma incomprensible. Después viajan a México y el tiempo pasa sin que nadie lo advierta.

Gabriela es ya una mujer adulta (María Luisa Elío). Una mañana como cualquier otra, de improviso, la exiliada siente que su pasado, abriéndose paso entre la rutina cotidiana, resucita en la forma de un malestar angustioso. Imaginariamente regresa a España. Visita su casa natal. Al subir la vieja escalera de madera se cruza varias veces con la ágil niña sonriente que fue: Gabriela ya no se reconoce. En un departamento abstractamente vacío, sentada en el suelo de su antigua recámara, la mujer mide el paso de un tiempo que hace confuso su sentido de identidad. ("¿Por qué tengo las piernas tan largas si sólo tengo nueve años?") El movimiento introspectivo sondea un abismo de tiempo irrecuperable. ("Mamá, ¿dónde estás, adónde se han ido todos?") La queja lastimosa, la histeria y el llanto desfiguran los pronunciados ángulos de su rostro.

A cinco años de distancia, *En el balcón vacío* sintetiza muy bien las actitudes estéticas del grupo Nuevo Cine. La admiración por la nueva ola francesa, modelo siempre horizonte, determina la forma y la temática del filme. El sobrenombre de "Pamplona, mon amour" con que un *public private joke* calificó la cinta, resulta tan ingenioso como explícito. A semejanza del primer largo metraje de Alain Resnais (*Hiroshima, mi amor*), García Ascot evoca una catástrofe colectiva a través de una memoria individual, de una conciencia que no puede olvidar. Sólo que el realizador hispanoamericano no incluye la irrupción del recuerdo como elemento narrativo; refiere los hechos cronológicamente, dándole al presente los tonos íntimos y silenciosos del recuerdo.

El cine de García Ascot es fundamentalmente un cine de la subjetividad. El director quiere expresar lo inexpresable: convierte su película en una meditación estremecida.

La guerra española nunca será, pues, el incentivo de una reconstrucción o de una interpretación histórica sino que será el trasfondo dramático, la causa eficiente de ese desgarramiento interior de Gabriela que la edad agrava. Esta solución al problema del contexto no obedece únicamente a la imposibilidad de presentar otras escenas de la guerra que no sean las visiones conservadas en los *stock-shots* y a lo precario de los medios económicos: es una opción estética, una necesidad de estilo. *En el balcón vacío* es lo contrario de una película de acción. Unas cuantas imágenes de la evacuación de Barcelona en 1939 bastan para volver sensible la tragedia colectiva, de la misma manera que los *travellings* del museo atómico hacían tangible el genocidio de Hiroshima.

El cine de García Ascot es fundamentalmente un cine de la subjetividad. El director justifica su posición inconformista no tanto por la agresividad del relato como por la textura del lenguaje y la delicadeza de sus inflexiones. Quiere expresar lo inexpresable; convierte su película en una meditación estremecida sobre la nostalgia de la infancia, el padecimiento informulable, el flujo irreversible del tiempo interior, el crecimiento en el exilio y la dialéctica del olvido. Considerar *En el balcón vacío* como película social sería reducirse a develar una sola de sus capas. La guerra se presenta de un modo indirecto para que, además de dar concreción al drama, sea, ante todo, el acontecimiento que cercena la infancia de Gabriela y motiva la impotencia de los esfuerzos racionales de la mujer. Más que de un relato se trata de un drama espiritual que se traduce mediante la suma de sus momentos significativos, imborrablemente significativos.

En rigor, no se trata de hacer un catálogo de los terrores de una víctima inocente sino de comprobar que la sensibilidad infantil es más vulnerable ante la injusticia, la violencia y el

miedo. Un leve contacto es suficiente para derribar el muro de indiferencia que opone la curiosidad. Todo el impacto emocional de la cinta, del que nunca logrará liberarse Gabriela, puede resumirse en unas cuantas secuencias en las que, pese a que ningún agente físico la afecta corporalmente, el interior de la niña se modifica: son las escenas en que, simplemente, con atención y perplejidad, la niña observa.

Desvía la mirada hacia el marco de la ventana para no traicionar con sus ojos al fugitivo. Levanta la vista de su plato al intuir que la llegada del forastero altera la tranquilidad familiar. Mientras los flancos de su capa escolar vuelan al viento, la mirada de la niña establece secreta comunicación con el prisionero comunista que se asoma a la ventana superior de un edificio. Acostada en la cama extraña de una casa ajena, la niña se desvela mirando las franjas de luz que abren angostos caminos en la oscuridad. En el fondo de un corredor desierto, el cuerpo diminuto y distante de la niña se hace pequeñito pequeñito para que no lo toquen las balas. La cámara sustituye a la niña cuando el bosque patrio se va quedando atrás y entre el follaje resuena el eco de una canción republicana ("Ay Carmela, ay Carmela"). Son acentos de una rebeldía ahogada, subyacente, transferida.

Por supuesto que todos los instantes mencionados pertenecen a la infancia de Gabriela, a la primera parte del drama. Porque la película decae en su segunda parte, cuando García Ascot reencuentra a su personaje en la edad adulta y narra en un tiempo imaginario los padecimientos de la nostalgia y del exilio. Al querer presentar un México insólito, el director vuelve amorfa la ciudad; la caminata mal encuadrada impide la profundidad antonionesca; la protagonista adulta se sobreactúa; la narración en *off* bordea la cursilería, y el intelectualismo

En rigor, no se trata de hacer un catálogo de los terrores de una víctima inocente sino comprobar que la sensibilidad infantil es más vulnerable ante la injusticia, la violencia y el miedo.

se anticipa a la exégesis. Es evidente que la frágil, atildada y contenida sensibilidad de García Ascot se adecua mejor al drama de la niña, al grado de haber conseguido objetivar percepciones internas que seguramente ignoraba su pequeña actriz no profesional.

A pesar de todo, la falta de unidad, debida al desbalanceo entre sus partes, no hunde por completo al filme. La finura del toque y el impresionismo de las imágenes de García Ascot hacen que *En el balcón vacío* siga siendo, todavía hoy, la más valiosa incursión del cine mexicano en el terreno de las sensaciones puras, de la subjetividad poética.

Después de constatar la imposibilidad de exhibir comercialmente su película, García Ascot retorna a su primera vocación poética. Publica dos libros de poemas: *Un otoño en el aire* (ERA, 1964) y *Estar aquí* (UNAM, 1966).

Sale de su retiro cinematográfico, no obstante, en 1966. Dirige un documental a colores, *Remedios Varo*, que obtiene el primer premio "Sombrero de Oro" en el Segundo Festival Internacional de Corto Metraje de Guadalajara. Suaves, lentísimos *travellings* laterales o hacia atrás recorren las telas de la pintora española recientemente desaparecida. Apreciamos una colección de bellas imágenes muy bien unidas, extraordinariamente fotografiadas, que hacen resaltar de manera envolvente las cualidades pictóricas de las obras.

Pero en este corto de arte el director no ha puesto nada personal. Ninguna interpretación subjetiva se ofrece del mundo fantástico de Remedios Varo. Es un cine impecable y reticente que se complace en excluir la óptica de su realizador. El trabajo creativo se reduce al buen gusto, al cuidado técnico y a la selección de cinco o seis frases de autores como Plotino y Bécquer. Jomi García Ascot parece haber renunciado a la expresión cinematográfica.

Después de constatar la imposibilidad de exhibir comercialmente su película, García Ascot retorna a su primera vocación poética. Publica dos libros de poemas. Sale de su retiro cinematográfico y en 1966 dirige un documental a colores, *Remedios Varo*.

La alienación

Un monopolista, absurdo y perjudicial sistema de producción convierte al cine mexicano en el elaborador de un producto que sólo las capas analfabetas consumen.

La prolongada crisis del cine mexicano es un fenómeno con repercusiones cuantitativas y cualitativas. El número de filmes producidos por la industria nacional descendió de más de cien, en 1951, a menos de cincuenta en 1964. Un monopolista, absurdo y perjudicial sistema de producción (anticipos de las distribuidoras sobre cintas de recuperación inmediata, tabulación de nombres más comerciales como base del financiamiento, preferencia exclusiva a los "valores" reconocidos, política sindical de puertas cerradas) convierte al cine mexicano en el elaborador de un producto que sólo las capas analfabetas y las más incultas de Hispanoamérica pueden consumir. Durante más de quince años, el retraso del cine con respecto al avance de la cultura nacional era notable, deprimente. Las excepciones –Alcoriza, Buñuel, alguna cinta esporádica– no pasaban de dos al año. Un acontecimiento gestado desde el interior de la industria fílmica tuvo la función de anunciar la posibilidad de un cambio, aunque sus consecuencias económicas no sean plausibles.

A fines de 1964 se publicó una convocatoria insólita: la Sección de Técnicos y Manuales del

Sindicato de Trabajadores de la Producción Cinematográfica de la República Mexicana organizaba su Primer Concurso de Cine Experimental de largo metraje. Todos los aspirantes a camarógrafos, argumentistas, actores, músicos y directores que rehusaban entrar en la industria cinematográfica o que habían sido rechazados por ella, se constituyeron en equipos y buscaron financiamiento en sus ahorros, amigos y particulares o en productores independientes. Se recibieron más de treinta inscripciones .

Al concluir el plazo fijado para el concurso fueron entregadas a Técnicos y Manuales doce películas, en el orden siguiente: *El día comenzó ayer* de Ícaro Cisneros, *La tierna infancia* de Felipe Palomino, *Amelia* de Juan Guerrero, *El viento distante* (formada por tres cuentos) de Salomón Láiter, Manuel Michel y Sergio Véjar, *En este pueblo no hay ladrones* de Alberto Isaac, *Mis manos* de Julio Cahero, *Llanto por Juan Indio* de Rogelio González Garza, *El juicio de Arcadio* de Carlos Taboada, *Una próxima luna* de Carlos Nakatani, *La fórmula secreta* de Rubén Gámez, *Los tres farsantes* de Antonio Fernández y *Amor, amor, amor* (formada por cinco episodios) de José Luis Ibáñez, Miguel Barbachano Ponce, Héctor Mendoza, Juan José Gurrola y Juan Ibáñez.

A mediados de 1965, un jurado de trece personas, compuesto por representantes de los diferentes sectores de la industria fílmica, de las más importantes instituciones culturales, y críticos de cine profesionales, empezó a revisar

El tema central de *La fórmula secreta* podría ser la pérdida de identificación del mexicano con su propio ser. Gámez evoca los mitos ancestrales, coloniales hispánicos y modernos.

Rubén Gámez es un perseguidor de lo insólito. Su capacidad para crear imágenes–choque es sorprendente.

el lote de películas presentadas. Este lote puede ser dividido en dos grandes grupos:

1. Las películas realizadas por cineastas de formación universitaria, dedicados hasta entonces a la literatura, al teatro experimental, a la crítica de cine o a otras disciplinas artísticas (Guerrero, Láiter, Michel, Isaac, los dos Ibáñez, Barbachano Ponce, Mendoza, Gurrola).

2. Las películas de los escritores y directores de radio y televisión (González Garza, Taboada, Fernández), de los técnicos profesionales de la industria fílmica (Cisneros, Palomino, Cahero, Gámez) y de los aficionados (Nakatani).

Los premios oficiales se dividían también en dos categorías: cuatro premios principales, otorgados a las mejores películas participantes, y dieciocho premios individuales para elementos artísticos y técnicos. Los cuatro premios principales consistían en un permiso de exhibición comercial sin necesidad de pagar desplazamientos (sueldos y participaciones a cada una de las secciones del STPC), y recayeron casi en su totalidad en las películas realizadas por el primer grupo arriba mencionado. Los filmes del segundo grupo, regresivos, siguiendo los lineamientos del cine comercial o demasiado ambiciosos, carecen de interés (como no sea la

La inacción y la acción, se expresan con toda exactitud en el pensamiento de Gámez, combatiente fílmico cuyo arte no puede ser desvinculado de su nacionalismo defensivo.

ampulosa retórica anarquista de *El juicio de Arcadio*, joya del humorismo verborreico, o el antimilitarismo inofensivo de *Llanto por Juan Indio*). Hay una excepción en esta última afirmación: el primer premio del concurso es recibido por la película de Rubén Gámez.

Las diez o doce secuencias que integran *La fórmula secreta* no narran una anécdota propiamente dicha, su desarrollo no obedece a una lógica estricta. Técnico fotográfico especializado en Los Ángeles, camarógrafo de cine publicitario, realizador de un bello corto plástico (*Magueyes*) y de documentales de viaje por los países socialistas, Rubén Gámez es un perseguidor de lo insólito. Su capacidad para crear imágenes-choque es sorprendente. Construye sus secuencias a la manera de parágrafos poéticos, que, yuxtapuestos, van dando sentido a lo que en algunas ocasiones recuerda a *Perro mundo* de Jacopetti y en otras al mejor cine documental.

Naturalmente que es posible encontrar la huella de numerosos cineastas y escuelas: el surrealismo buñuelesco, Georges Franju, Chris Marker, la vanguardia francesa de 1929, el Eisenstein de *¡Qué viva México!* y, ¿por qué no? el *Pop art*. Un desesperado y rudo texto del novelista Juan Rulfo, leído por el poeta Jaime

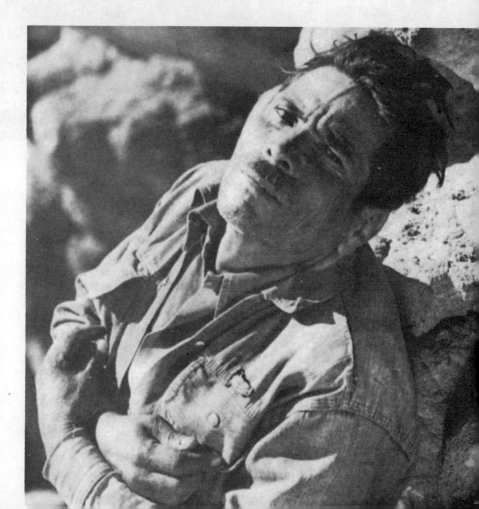

Prisionera de su propio sistema de signos, semeja una pesadilla monstruosa, a menudo insoportable. Las metáforas visuales se imponen de una manera casi fisiológica.

Sabines, una pista sonora al revés, una lección de inglés balbuceada por una voz infantil y órdenes incomprensibles dictadas en otro idioma, además del comentario de Vivaldi, Stravinski y música sacra, sirven como contrapunto a la agresividad de las imágenes.

El tema central de *La fórmula secreta* podría ser la pérdida de identificación del mexicano con su propio ser. Gámez, cineasta explícitamente comprometido, evoca, con cólera y arbitraria obstinación, los mitos ancestrales, coloniales hispánicos y modernos que enajenan la reificada individualidad del mexicano actual. El peso de las figuras paterna y materna, el peso de la servidumbre atávica, el peso de la religión católica impuesta con sangre, el peso de lo sagrado y, por último, la invasión del modo de vida y la economía norteamericanos,

son los incentivos para la diatriba de Gámez. *La fórmula secreta*, prisionera de su propio sistema de signos, semeja una pesadilla monstruosa, a menudo insoportable. Las metáforas visuales se imponen de una manera casi fisiológica. El director (y fotógrafo) desencadena la crueldad: nos conduce en un vértigo incontenible hasta las raíces de nuestro ser nacional, y nos regresa de improviso hasta nuestros días, como si los dos tiempos fuesen uno solo y se prolongaran entre sí.

El rampante revolotear de un ave enloquecida que da vueltas en círculo por la Plaza de la Constitución, una transfusión de sangre con Coca-Cola, la invasión cósmica de una salchicha interminable, el impersonal mundo concentracionario de la industria, un obrero estibado como costal de harina, una res desta-

zada con música celestial que se convierte en el padre-patrón y la madre bendecidora de quien la lleva a cuestas, y la persecución por las calles citadinas de un burócrata por un charro a caballo que lo laza y lo estrella contra el pavimento, son algunas de las escenas que participan en este desfile de imágenes asfixiantes. Y como contrapartida al dinamismo y a la furia de esas imágenes, aparecen los seres humanos, obreros y campesinos, los hombres huecos que habitan esa tierra baldía: figuras inmóviles, pasivas y acusadoras de mestizos que miran hacia la cámara fijamente, rodeados por un campo estéril o por el contorno grotesco de una marca fabril. Mediante el contraste entre los planos fijos y el movimiento, la inacción y la acción, se expresa con toda exactitud el pensamiento de Gámez, combatiente fílmico cuyo arte no puede ser desvinculado de su exaltación nacionalista, de su nacionalismo defensivo.

La fórmula secreta solicita y multiplica las referencias literarias: T. S. Eliot, *La estación violenta* de Octavio Paz, "Avenida Juárez" de Efraín Huerta, por sólo mencionar algunas de ellas. Gámez, sobre un tipo de cine cerrado sobre sí mismo y sin secuela futura posible, ha realizado una obra impulsiva, inspirada por un estridente afán de denuncia ideológicamente vulnerable, una obra que desde el punto de vista formal representa a destiempo una etapa ya superada de la estética cinematográfica, pero una etapa que debía ser atravesada algún día por el cine mexicano: por fortuna ha sido atravesada a un elevado nivel.

Figuras inmóviles, pasivas y acusadoras de mestizos que miran hacia la cámara fijamente, rodeados por un campo estéril.

221

El tedio de la provincia

Las actividades personales que preceden al debut de Alberto Isaac como cineasta son tan numerosas como disímbolas: profesor normalista, campeón olímpico de natación ("La flecha de Colima"), ceramista, pintor, caricaturista, periodista cinematográfico y director de un suplemento diario especializado en cine. En su película de largo metraje *En este pueblo no hay ladrones* ha adaptado, en colaboración con Emilio García Riera, un cuento del escritor colombiano Gabriel García Márquez, localizándolo en un lugar indefinido de Hispanoamérica. El filme, con la desventaja de un solo punto en la votación final, obtiene el segundo lugar del Primer Concurso de Cine Experimental.

En un pequeño poblado vive Dámaso (Julián Pastor), un vago sin oficio, mantenido por Ana (Rocío Sagaón), su mujer, mayor que él y que espera un hijo. Una noche, Dámaso, forzando la puerta, penetra al billar del pueblo y se lleva tres bolas, lo único de valor que encuentra. La culpa recae sobre un forastero albino; pero, pese a estar a salvo, Dámaso se da cuenta de que su acción no sólo ha sido infructuosa sino que sin el juego de billar el tedio del pueblo es menos soportable que antes. Al enterarse de que las bolas no serán repuestas decide devolverlas. Se embriaga, golpea a un agente viajero y a su mujer y, al entrar al billar, es sorprendido por el dueño que piensa vengarse exagerando el robo. Ana espera en vela el regreso de su marido.

Lo primero que sorprende de *En este pueblo no hay ladrones* es la humildad de su lenguaje directo. Una humildad que no deriva de la reticencia sino de la concentración exclusiva en un hecho singular. Una humildad que, lejos de ser falta de pretensiones, es conciencia abierta, narración sintética, conocimiento estricto de la razón de los actos mínimos. Quizá *En este pueblo no hay ladrones*, pese a la vejez de su fotografía y a las deficiencias de su construcción dramática, sea la película mexicana más rigurosa desde

En este pueblo no hay ladrones analiza la transformación progresiva del desprecio instintivo a la circunstancia personal en una violencia irrefrenablemente dirigida contra la sociedad.

TARDE

— 59 —

191. M.S.-PAN.

DAMASO le da las bolas a ANA y —
ésta las envuelve. *pol...t*

ANA:
Ya que se van a hacer las cosas, es mejor hacerlas bien —
hechas.

ANA: *CUESTION*
Es ~~cosa~~ de esperar una buena —
~~ocasión.~~ *OPORTUNIDAD*

|190|191

92

LLUVIA

EXTERIOR PORTAL. ~~TARDE~~. *noche*

192. M.S. — TRAV. (PAN)

Está lloviendo.Vemos llegar corriendo a DAMASO que penetra a —
un portal,donde hay varias perso
nas con aire aburrido.Se sacude —
la lluvia y empieza a pasar en —
tre la gente que mira llover. La
cámara lo sigue hasta el otro ex
tremo del portal donde está ESCO
BOSA arrancando distraídamente —
fragmentos de papel de un cartel
de cine, mientras observa a dos —
muchachos que juegan balero.

DAMASO y ESCOBOSA mientras hablan
contemplan abstraidamente los mo
vimientos de los que juegan bale
ro. Después de hablar siguen mirando con aire aburrido a los ju
gadores de balero.

DAMASO:
¿Qué pasó? Hoy no irás a trabajar, ¿verdad?

ESCOBOSA: (Apuntando a la llu
ya ves que el cielo está lleno de goteras
~~No~~, esta agüita no se quita —
en toda la noche. *3*

DAMASO:
Vamos al billar.

ESCOBOSA:
¿Para qué?

EXT. CINE 10 O

INTERIOR BILLAR, ~~TARDE~~. *NOCHE*

193. M.S.

Dos hombres con aspecto de campe
sinos juegan dominó. Uno de ellos
toma fichas sin encontrar la que
necesita hasta agotarlas.No la —
encuentra y hace un gesto de fas
tidio.

Página del guión de trabajo de
En este pueblo no hay ladrones.

Página del guión de trabajo de
En este pueblo no hay ladrones.

la obra de Fernando de Fuentes; quizá se deba a que de ella ha tomado la serenidad de la visión justa, la autenticidad del detalle. Todo suena verdadero. Las digresiones pintorescas y plásticas son nulas. Isaac es el anti-Indio Fernández.

El director, basándose en el estilo grávido y progresivo de exploración social de García Márquez, identifica el apacible ritmo de su filme con el desesperante acontecer cotidiano de un mísero pueblo en el que, completamente adormecido por un atraso de siglos, no sucede nada. Tomando cervezas en el embarcadero a las horas de trabajo, yendo al cine con su mujer a reírse con las películas de Manolín despertando un buen día con ganas de colocarse como jugador en las ligas mundiales de béisbol, lanzando provocadoramente una colilla a los pies del agente viajero, la abulia de Dámaso tiene características de rebelión. De su antigua actividad de caricaturista, Isaac sólo ha conservado la finura del humor, y con ella describe minuciosa, irónica, solidariamente la vida de Dámaso, al que el actor le presta gestos estudiados y displicentes de un zángano pachuquillo de barriada pueblerina.

El despertar a media mañana, el desfile de emperador romano (envuelto en la sábana) hacia el improvisado baño de regadera en el que las mujeres reafirman afanosamente su servidumbre secular, son los dos ritos preparatorios que culminan en la parsimoniosa ceremonia del peinado ante el espejo, suma de actos que definen sin resabios retóricos el carácter de Dámaso y su muda, inconsciente protesta ante una miseria infrahumana y una vida improductiva de ser marginal. El desperdicio del tiempo es *vivido* con gran intensidad, mientras un burlón tema musical de Nacho Méndez acentúa la mordacidad de la secuencia. Pero enseguida todo cambia.

Gradualmente, como una precipitación insensata pero perfectamente fundada, la evolución de Dámaso se va efectuando hasta que la devolución de las bolas de billar se vuelve inaplazable. Ni la acusación de un inocente (el albino), ni ningún escrúpulo moral tocan al personaje. Los poco duraderos sueños que construye periódicamente para evadirse de su reducidísimo mundo, no logran colmar su tedio. Si riñe con su resignada mujer, puede ser bien acogido por una de las prostitutas del lugar (Graciela Enríquez), que también puede mantenerlo y que le acomoda su pierna sobre la cama cuando se queda dormido perezosamente. Pero todo es lo mismo; poco importa la seguridad. El tedio, intolerable, promueve la violencia. La actitud indolente de Dámaso se convierte en una furia destructora que sólo puede llevarlo a su propia aniquilación.

Lo importante es que Isaac no condena ni defiende ni se complace con su personaje. *En este pueblo no hay ladrones* es una película de inspiración posneorrealista, narrada con un lenguaje de objetividad casi hawksiana, compuesto exclusivamente de planos americanos y de conjunto, pero que conserva siempre una perspectiva bondadosa y crítica que nos recuerda al primer Daves (el de *Éste es nuestro amor, Pride of the Marines*). El director ha resuelto sobriamente el problema del distanciamiento. La película parece reducirse a la descripción del comportamiento de los vagos del pueblo y de su concepción anárquica de la realidad y sin embargo, todas las fuerzas vivas del pueblo y todo el ritmo de la vida provinciana, son capturados por la cámara. *En este pueblo no hay ladrones* analiza la transformación progresiva del desprecio instintivo a la circunstancia personal en una violencia irrefrenablemente dirigida contra la sociedad; he aquí uno de los contenidos más inteligentes que hayan sido expresados en el cine mexicano, acorde con el momento histórico del país. El equipo de Isaac y la actitud del director abren las puertas a uno de los cines con mayor futuro en Latinoamérica.

Quizá *En este pueblo no hay ladrones*, pese a la vejez de su fotografía y a las deficiencias de su construcción dramática, sea la película mexicana más rigurosa desde la obra de Fernando de Fuentes.

La frustración erótica

Juan José Gurrola era ya conocido por su trayectoria teatral. Después de cursar estudios de arquitectura, de disfrutar en Estados Unidos diversas becas para estudiar dirección y tecnología teatrales, inicia en México una brillante carrera como director escénico de vanguardia, bajo los auspicios del Teatro Universitario. Monta obras de William Saroyan, Héctor Azar, Dylan Thomas, Eugene Ionesco, Alfonso Reyes y Arthur Kopit, entre otras. Su heterodoxia teatral lo lleva a incluir en la adaptación escénica de *Los Poseídos* de Dostoievski hecha por Albert Camus un corto metraje fílmico dentro del desasrrollo de la acción: *La confesión de Stavroguin*, que él mismo realiza.

Colaborando muy estrechamente con el novelista Juan García Ponce, realiza su primer largo metraje, *Tajimara*, en el marco del Primer Concurso de Cine Experimental. La película se reúne con otras cuatro —*Las dos Elenas* de José Luis Ibáñez, *Lola de mi vida* de Miguel Barbachano Ponce, *La sunamita* de Héctor Mendoza y *Un alma pura* de Juan Ibáñez— y se les denomina colectivamente *Amor, amor, amor*. El conjunto de películas obtiene el tercer lugar del certamen. Luego el filme de Gurrola se incluye junto con *Un alma pura* en una película más breve: *Los bienamados*.

El argumento está tomado de un cuento del propio coguionista, García Ponce, que pertenece a su mejor obra narrativa: *La noche*. Durante un viaje en automóvil con Cecilia (Pilar Pellicer), al pueblo de Tajimara, Roberto (Claudio Obregón) recuerda desordenadamente su relación afectiva con ella: el amor no compartido que sentía por Cecilia desde niños, su reencuentro ya adultos, la discontinua y difícil vida que llevaron durante cierto tiempo y su separación. De los recuerdos de Roberto emerge una pareja de hermanos incestuosos: Julia y Carlos (Pixie Hopkin y Mauricio Davidson). Al llegar a la finca de campo en Tajimara, Cecilia comunica a Roberto su intención de casarse con Guillermo, un antiguo rival infantil, y la

Tajimara es un filme amorosa y dolorosamente consagrado a las mujeres.

fiesta a que concurren resulta ser la despedida de Julia y Carlos de Tajimara, pues Julia también va a casarse. Durante la boda de Julia, Roberto abandona la iglesia totalmente abatido.

Aun cuando no alcance la hora de duración, *Tajimara* puede considerarse como una película de largo metraje, y la complejidad de su estructura lo atestigua. Cerca de seis tiempos narrativos diferentes acuden a la evocación que hace Roberto. El orden de esos tiempos se mezcla, se funde, se confunde, pero el arte del director reside en que cada uno de esos tiempos al pasar al siguiente se continúa y se explica a través de él, en una construcción no lógica sino musical, sinfónica. Cada instante cinematográfico vale por sí mismo; su contenido, explícito o no, posee una fuerza visual innegable, es un elemento más que se añade a la tragedia. Una sensación de mundo cerrado sin remedio nos envuelve. Tal como sucedía en *La cortina carmesí* de Astruc y en *Ocho y medio* de Fellini, que parecen ser los modelos o al menos las referecias de *Tajimara*, la capacidad de absorción de

las imágenes, más bien oníricas que reales, corresponde a los movimientos dramáticos de una película ensimismada. Cine subjetivo para ser breves, a imagen y semejanza de su creador y del mundo inmediato que lo rodea. Cine subjetivo, donde, la avidez degradante de la memoria no se atreve a profanar la pasión antinatural.

El mundo de Gurrola y de García Ponce es el mundo de la vida erótica aislada de cualquier contexto sociológico. Y en este universo que se sostiene únicamente por el amor, el delirio sexual y la nostalgia de la experiencia primera, la presencia de las mujeres es obsesiva, excluyente. Ni siquiera es necesario enfatizar que por primera vez aparecen mujeres con vida propia en el cine mexicano. Ni mujeres objeto ni mujeres niñas ni abnegadas madres mexicanas, sino mujeres que se han aproximado a la reapropiación de su individualidad. En el viejo cine mexicano, incluso las actrices infantiles debían presentarse como *La pequeña madrecita* (con Evita Muñoz) para obtener el favor del público. Y, por regla inflexible, las *Divorciadas*

Cine subjetivo, donde la avidez degradante de la memoria no se atreve a profanar la pasión antinatural.

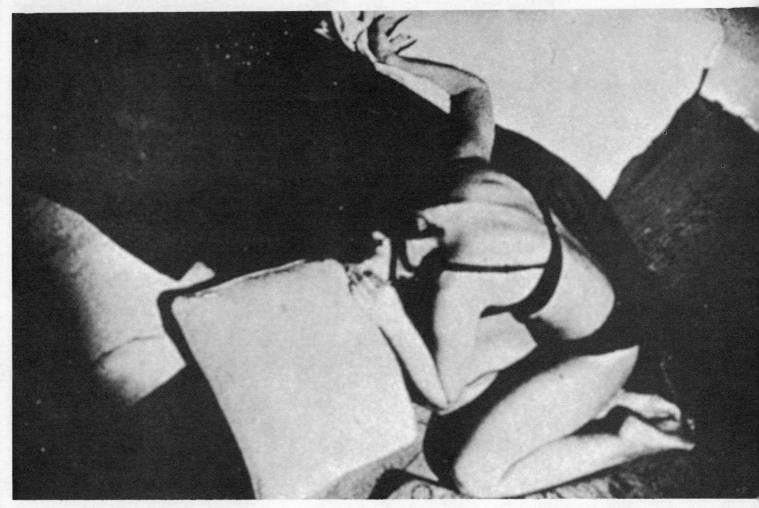

227

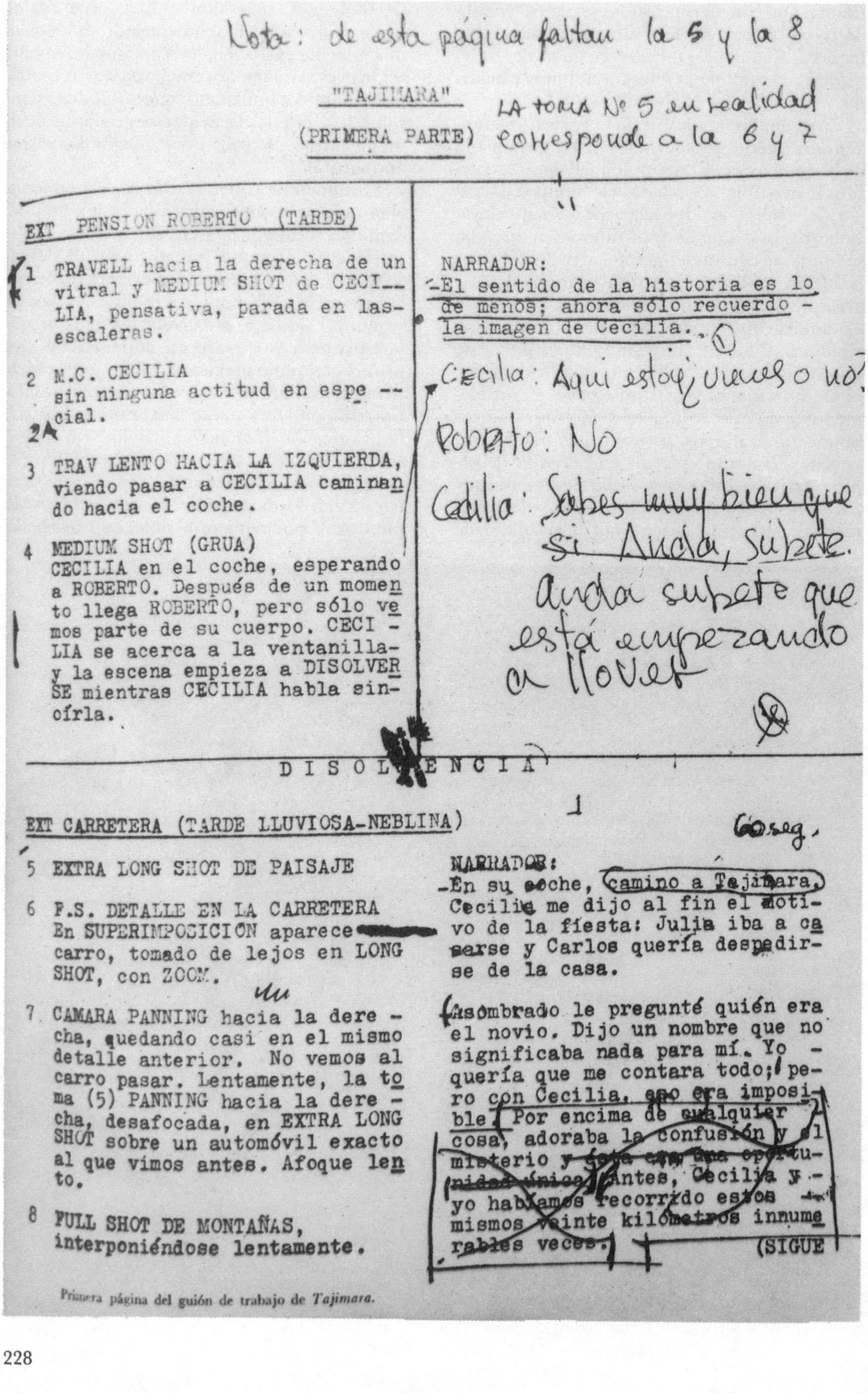

Nota: de esta página faltan la 5 y la 8

"TAJIMARA"

(PRIMERA PARTE)

LA TOMA Nº 5 en realidad corresponde a la 6 y 7

EXT PENSION ROBERTO (TARDE)

1 TRAVELL hacia la derecha de un vitral y MEDIUM SHOT de CECI-LIA, pensativa, parada en las escaleras.

2 M.C. CECILIA sin ninguna actitud en espe--cial.

2A

3 TRAV LENTO HACIA LA IZQUIERDA, viendo pasar a CECILIA caminando hacia el coche.

4 MEDIUM SHOT (GRUA) CECILIA en el coche, esperando a ROBERTO. Después de un momento llega ROBERTO, pero sólo vemos parte de su cuerpo. CECI-LIA se acerca a la ventanilla y la escena empieza a DISOLVERSE mientras CECILIA habla sin oírla.

NARRADOR:
-El sentido de la historia es lo de menos; ahora sólo recuerdo -la imagen de Cecilia. ①

Cecilia: Aquí estoy, ¿vienes o no?

Roberto: No

Cecilia: Sabes muy bien que sí. Anda, súbete.

Anda súbete que está empezando a llover

D I S O L V E N C I A

1   60 seg.

EXT CARRETERA (TARDE LLUVIOSA-NEBLINA)

5 EXTRA LONG SHOT DE PAISAJE

6 P.S. DETALLE EN LA CARRETERA En SUPERIMPOSICION aparece carro, tomado de lejos en LONG SHOT, con ZOOM.

7 CAMARA PANNING hacia la dere-cha, quedando casi en el mismo detalle anterior. No vemos al carro pasar. Lentamente, la toma (5) PANNING hacia la dere-cha, desafocada, en EXTRA LONG SHOT sobre un automóvil exacto al que vimos antes. Afoque lento.

8 FULL SHOT DE MONTAÑAS, interponiéndose lentamente.

NARRADOR:
-En su coche, camino a Tajimara, Cecilia me dijo al fin el moti-vo de la fiesta: Julia iba a ca-sarse y Carlos quería despedir-se de la casa.

Asombrado le pregunté quién era el novio. Dijo un nombre que no significaba nada para mí. Yo -quería que me contara todo; pe-ro con Cecilia, eso era imposi-ble. Por encima de cualquier cosa, adoraba la confusión y el misterio y ésta era una oportu-nidad única. Antes, Cecilia y -yo habíamos recorrido estos -mismos veinte kilómetros innume-rables veces.   (SIGUE

Primera página del guión de trabajo de *Tajimara*.

Primera página del guión de trabajo de *Tajimara*.

y las *Mujeres que trabajan* se consideraban *Mujeres sin mañana*. *Tajimara* es, pues, un filme amorosa y dolorosamente consagrado a las mujeres. Gurrola apenas concede a sus protagonistas masculinos un papel superior al de animales machos. Roberto y Carlos son a lo sumo testigos deslumbrados, víctimas y verdugos a pesar suyo, que apenas consiguen penetrar en el conocimiento amoroso, que apenas logran entrever la intimidad de la mujer.

La figura de Cecilia, su libre expresión sexual, sus crisis histéricas, su angustia durante el acto erótico y sus súbitas reacciones sadomasoquistas, resultan incomprensibles para Roberto, quien sin embargo lucha denodadamente por detener la destrucción de Cecilia. Por su parte, Carlos es una sombra que acompaña a Julia, personaje femenino aún más enigmático que el anterior; Pixie Hopkin aparece siempre como un ser perteneciente a otra dimensión de la realidad, cubierta con un halo que la vuelve irreal, intangible.

Tajimara está habitada por estas dos parejas y por un grupo de amigos que giran a su alrededor como reflejos de ellas: imágenes virtuales que se divierten y se aburren en grupo, beben y bailan "nudo", pero que permanecen ajenos al drama. Gurrola narra dos historias de amor pero no de manera alterna o simultánea. Las dos historias están en pugna constante, luchan por la supremacía, se invaden, declinan y se tratan de imponer en un esfuerzo supremo hasta que claudican. Las dos historias no se hacen, se deshacen: terminan en el vacío, un vacío de figuras ausentes, de pie en el atrio de un templo donde se está celebrando la derrota del amor. En las imágenes finales, una irónica y vehemente música norteamericana ("Anyone who had a heart") acrecienta la impresión de catástrofe. Diríase que los acontecimientos presenciados, imposibles de ser previstos, pero que habían de concluir en un desgarramiento interior definitivo, se han interrumpido de repente, retrocediendo ante la postrera devastación.

Cada instante cinematográfico vale por sí mismo; su contenido, explícito o no, posee una fuerza visual innegable.

229

La consecuencia límite

Hasta entonces director de teatro experimental universitario –premio en Nancy, Francia, por la puesta en escena de *Divinas palabras* de Valle Inclán–, Juan Ibáñez realiza el medio metraje *Un alma pura*, dentro del Primer Concurso de Cine Experimental. La película se incluye primeramente en la cinta colectiva *Amor, amor, amor* (tercer lugar del concurso), y luego en el díptico *Los bienamados*.

El argumento se basa en un cuento homónimo de Carlos Fuentes, quien, como García Ponce en *Tajimara*, y otros autores de su generación, considera el incesto como un tema trascendente, supuestamente revolucionario desde el punto de vista moral. (En el cine mexicano, *La mujer del puerto* de Arcady Boytler, *El ángel negro* de Bustillo Oro, *Murallas de pasión* de Víctor Urruchúa, *Alejandra* de José Benavides, *Cinco rostros de mujer* de Martínez Solares, *Huellas del pasado* de Crevenna y *Cuando levanta la niebla* de Emilio Fernández habían explotado ya algunas posibilidades melodramáticas del tema.)

José Luis (Enrique Rocha), un insatisfecho hijo de familia adinerada, se exilia en Nueva York para huir de las deformaciones a que lo condena el país subdesarrollado en que ha nacido. Se separa de Claudia (Arabella Arbenz), su hermana, a quien lo liga una relación afectiva casi amatoria. Mientras ella permanece en México, llevando una vida triste e inconforme, José Luis labora en las Naciones Unidas y conoce mujeres libres con quienes puede expresar abiertamente sus urgencias sexuales. Pero el recuerdo de la hermana y su nefasta, absorbente influencia epistolar, marcan a distancia la vida del joven: provocan el suicidio de la amante de José Luis y posteriormente la muerte del propio hermano. Claudia recoge en Nueva York los restos fraternos y los hace transportar a México.

El afán de innovar, de narrar en un lenguaje cinematográfico moderno, es el rasgo más notorio de *Un alma pura*. Los dos personajes centrales se dirigen a la cámara para relatar su historia; explican por qué actúan de tal o cual manera, quiénes son las personas que lo acompañan, exponen sus opiniones de sí mismos, rinden cuenta de sus afectos. De este modo se establece un vínculo a distancia entre los dos hermanos proclives al incesto, un vínculo que pesa sobre todos sus actos y que determina sus destinos. Para mayor evidencia, la consumación transferida del incesto se sugiere plásticamente: Arabella Arbenz con el cabello suelto o recogido, interpreta dos papeles diferentes: la hermana y la amante suicida.

Pero el análisis de sentimientos no parece ser el único incentivo de la película. Se trata, ante todo, de una búsqueda formal. Ibáñez y Fuentes desean romper con los métodos tradicionales de la narración cinematográfica. Derivan su nueva retórica del *cinéma-verité* francés, del *living-camera* londinense, del *underground movies* neoyorkino. Trastornan el tiempo, hacen patente el juego de la cámara, insertan *flash-backs* inesperados, filman a modo de composiciones abstractas planos de cuerpos que copulan, encuadran en interiores de manera heterodoxa, anormal.

La búsqueda desproporcionada no es inútil; tiene un sentido, responde a una necesidad históricamente comprensible. *Un alma pura* es una consecuencia límite y desesperada. Quiere ser cabeza de playa quiere saltar de un solo impulso todos los lustros que separan al cine mexicano del cine europeo actual; quiere superar, con un enérgico trazo de *caméra-stylo*, varios siglos de retraso cultural. A escala artística, la originalidad se hermana con el mimetismo. La película irrita. El esnobismo estetizante contamina el legítimo repudio de la narración convencional. El cosmopolitismo, máxima cualidad de la prosa mexicana actual se asume sólo en lo que tiene de apariencia exterior: incluso la película se rueda auténticamente en Nueva York. Sin embargo, Jean-Luc Godard, Alain Resnais y Jean Rouch coexisten

El afán de innovar, de narrar en un lenguaje cinematográfico moderno, es el rasgo más notorio de *Un alma pura*. Los dos personajes centrales se dirigen a la cámara para relatar su historia.

muy mal con una admiración provinciana, no completamente superada, que impide el igualamiento de niveles.

La película resulta una suma extraña, una imbricación demasiado artificial de elementos dispares. Una primera tendencia, el bello y riguroso cuento de Carlos Fuentes, parte hacia lo entrañable, hacia lo introvertido, hacia la sutileza de un pudor titubeante.Una segunda tendencia, la cámara de Figueroa en la mano de su operador, ágil y viva como nunca, devora paisajes urbanos de Manhattan, aeropuertos internacionales, playas acapulqueñas, jardines de rancias familias mexicanas, bares de homosexuales y estrechos departamentos luminosos, con autosuficiencia, con avidez visual insaciable. Una tercera tendencia, la dirección de actores, apunta hacia lo teatral, hacia Enrique Rocha recibiendo una chica tras otra en sus brazos en giro circular que la cámara filma sin corte alguno. Una cuarta tendencia, la banda sonora, mezcla la acotación coloquial, un solemne lenguaje sentimental y diálogos literarios.Una quinta tendencia, lo insólito demencial, nos procura descargas de alto vol-

taje, como en la reunión en que los intelectuales neoyorkinos (Norman Mailer, Jules Feiffer y William Styron a la cabeza) lanzan frases al paso del objetivo, mientras el Kyrie de la Misa Luba nos traslada a un plano de horror bíblico. Una sexta tendencia, el intimismo deliberadamente hipersensible, reencuentra en el colmo de la extroversión las intenciones básicas del relato: la muchacha besa la mano de su amante dormido, antes de recorrer compulsivamente calles y parques públicos, antes de ingerir barbitúricos en la butaca de un cine; la hermana, mimada e histérica, reconoce su vacío irresponsable, antihumano, al hacer los trámites aduanales para el traslado del cadáver.

Todas las tendencias de *Un alma pura* obedecen a un desfase básico. El ritmo se entrecorta, se disocia, cada conclusión de secuencia cae en forma tajante; la película somete y escarnece el talento de sus creadores. Sobrehecha y abigarrada, *Un alma pura* tiene un lugar exclusivo en el cine nacional: es la primera película mexicana que se desarticula por exceso de ambiciones culturales.

231

El mundo infantil

Arquitecto de profesión, director de programas de la televisión universitaria, realizador de un corto metraje publicitario: *El ron*, y después de cursar estudios de cine y televisión en Londres, Salomón Láiter dirige el medio metraje *En el parque hondo* dentro del Primer Concurso de Cine Experimental. Su película inicia la trilogía *El viento distante* que merece el cuarto lugar del concurso.

Como *Tarde de agosto* de Manuel Michel, *En el parque hondo* se basa en un delicado cuento de José Emilio Pacheco. En silenciosa y precaria rebeldía, Arturo (Darío), un niño de nueve años, vive con una tía (Rosa Furman) que concentra toda su ternura de solterona cursi en un gato. Cierto día el animal enferma y Arturo es encargado de llevarlo al veterinario para que lo elimine científicamente. Aconsejado por un condiscípulo (Emir Ángel), el niño decide sacrificarlo él mismo. Pero la víctima logra escapar y se pierde entre los matorrales de un parque público. La larga búsqueda es infructuosa. En la noche, entre los sopores del insomnio, el animal regresa.

Para obtener la difícil correspondencia cinematográfica del torturado universo infantil de José Emilio Pacheco, el director-adaptador delimita primero el ambiente escolar y familiar en que se mueve su pequeño personaje. Una difusa sordidez guía el trazo de las figuras secundarias: el profesor rengo, la cartomanciana y sus clientes. Con leves anotaciones realistas, se crea un clima exterior que contrasta punto por punto con la frágil sensibilidad del niño, remiso al mundo de los adultos. Una austera melancolía prohíja las mínimas rupturas que le son permitidas a la soledad del pequeño Arturo.

El enriquecimiento de la breve anécdota del cuento literario se efectúa a través de un estilo fundamentalmente descriptivo. No obstante, predomina la sensibilidad infantil. La ciudad de México aparece tal como se le presenta a un niño de nueve años. Es un mundo inabarcable, siempre nuevo, resistente a cualquier esfuerzo de definición. El contacto inmediato con esa realidad hace surgir una ciudad vieja, frecuentada de antemano.

La cámara descubre lugares y objetos con la misma actitud amorosa y dolorida con que lo hacía el primer neorrealismo italiano. Una de las cualidades del concurso experimental consistió en abrirse a una serie de corrientes estéticas mal asimiladas hasta entonces por el cine nacional. Los puestos de jícamas y chicharrones, los vetustos corredores de una escuela federal, los niños encerrados a fumar en los baños y los sentimientos enfermizos de una solterona, sitúan a los personajes infantiles en el ámbito múltiple y secreto de su vida diaria.

Luego interviene el tema del vagabundeo. Cuando los niños se asoman a un aparador de aeromodelos, importunan a los transeúntes, se sientan en la banca del parque a intercambiar cromos coleccionables de toreros o planean diversas formas de ejecutar al gato, ahorcándolo con un cinturón o arrojándolo bajo las ruedas de un auto, el espacio urbano empieza a actuar como vehículo de la sensibilidad. Y la sensibilidad que Láiter y Pacheco transfieren a su protagonista es quebradiza; tímida y recelosa. El registro de sus acciones y sus reacciones –la rana en el mingitorio, el falso lavado de dientes, las oraciones junto a la cama– es minucioso. Se evita que cualquier elipsis narrativa pueda volver dinámica la conducta del niño.

Por eso, a pesar de que ese conjunto de hechos generen un inevitable suspenso, nunca se llega a la aventura externa. Tanto la confrontación de los niños entre sí (oposición atrevimiento-pasividad) y del niño con los adultos (pugna sumisión-desobediencia) como del niño consigo mismo (rebeldía irreconocible y remordimiento), tienen como finalidad motivar la secuencia muda con que concluye el relato.

Variando apenas el tono de su película, Láiter pasa a una dimensión expresionista del

En el parque hondo, basado en un delicado cuento de José Emilio Pacheco; dirige Salomón Láiter. Cine de atmósfera, lacónico y monocorde.

drama. La onírica topografía del parque hundido anuncia la amplitud fantasmagórica de la vieja construcción del siglo pasado: escaleras de madera, tragaluces emplomados, juego de penumbras. Ambos decorados actúan como reflejos, traducen en imágenes la opresiva belleza (digna del Franju de *La primera noche*) del acecho irracional, el profundo malestar que acaba por dominar al niño.

La pesadilla vivida del gato que regresa viene a representar el primer contacto con la vulnerabilidad futura, con la ineptitud para hacer el daño, así sea defensivo. En la tensión de las contradicciones de su mala fe incierta, tan indefenso ante los demás como ante su propio miedo, el niño empieza a reconocer en los terrores de la infancia las primeras percepciones de una intimidad abocada al desgarramiento.

Cine de atmósfera, lacónico y monocorde, salvándose siempre del academismo gracias a la sutileza de algún vuelco hacia su interior. *En el parque hondo* revela a un director capaz de sugerir movimientos interiores imperceptibles.

233

El lirismo

Sociólogo del cine y crítico, disidente del grupo Nuevo Cine, con una vasta experiencia en filmes publicitarios y en cortometrajes (*Un millón de niños*, *Presencia de África*, *Feliz Navidad*), autor de tres libros sobre cine: *El cine y el hombre contemporáneo* (Universidad Veracruzana), *El cine francés* y *Al pie de la imagen* (UNAM), Manuel Michel es quizá el más profesional de los realizadores que participan en el Primer Concurso de Cine Experimental. La factura del medio metraje *Tarde de agosto*, que comparte con las películas de Salomón Láiter y Sergio Véjar el cuarto lugar (*El viento distante*), es impecable.

El relato sigue muy de cerca la trama del cuento de José Emilio Pacheco en que se basa. Un niño de catorce años (Rodolfo Magaña), huérfano de padre, divide sus afanes entre el amor inexpresado que siente por su prima mayor (Leticia Ortiz) y el consumo copioso de novelas de hazañas bélicas que lo eleva a una ilusoria imagen heroica de sí mismo. La tarde en que su prima cumple veinte años, se ve obligado a acompañar a ella y a su novio (Juan Félix Guilmáin) en la excursión que emprenden a un convento colonial en las afueras de la ciudad. Después de comprobar la impotencia de su amor, abandonado en el sótano del convento por una broma del novio, el niño siente la humillación del miedo y el derrumbe de sus ilusiones heroicas. A la mañana siguiente quema en el calentador de la azotea su colección de relatos de guerra.

Cineasta fascinado por la belleza calculada de sus imágenes, Manuel Michel consigue crear un clima intensamente lírico. Todos los factores del filme, desde la iluminación anticonvencional del fotógrafo Carrillo hasta las **sutiles elipsis del montaje, han sido orquesta**dos con habilidad e inmejorable buen gusto. Se experimenta a todo lo largo de *Tarde de agosto* la presencia de un estilo seguro y acabado; la continuidad de una frase melódica no admite ninguna nota discordante.

El filme carece de diálogos. El texto original de Pacheco, en segunda persona de singular, con ligeras variantes, se reproduce a la línea en la banda sonora. Pero ese respeto al lenguaje literario no provoca que el lenguaje cinematográfico pierda su autonomía y, aunque a veces el exceso de narración verbal lo dificulte, no deja de transformarse en una parte orgánica del filme, sólo una parte, y pierda su autonomía. Asimismo, la estilización de Michel emplea otros recursos tan heterogéneos como el anterior. Utiliza la retención de la imagen para iniciar el tiempo retrospectivo o para detener el instantáneo gesto erótico del niño al irrumpir en la habitación de su prima mientras ella se viste. Usa, inclusive fragmentándolas, las fotos fijas del rostro de la chica al estilo de los anuncios de magazines norteamericanos, y se detiene en cuidadosos estudios fotogénicos de la fisonomía femenina adolescente.

También suprime una secuencia (la huida del niño al regreso de la excursión) para incluirla como una obsesión nocturna. Pero estos artificios y otros rebuscamientos (como la manzana a medio comer por la prima, que el niño se lleva a la boca en una antológica escena de transferencia fetichista) nunca llegan a perjudicar la progresión de la cinta. Funcionan como evocaciones momentáneas. La poderosa fuerza lírica que emana del filme, y el carácter de meras sugerencias que alcanzan estos artificios, justifican su legitimidad en el conjunto. La unidad de *Tarde de agosto* quizá sería imposible en un largo trabajo, pues procede de la combinación de elementos muy dispares.

Michel demuestra conocer el valor de las formas cinematográficas; su imaginación se abreva en fuentes muy variadas. Cabe descubrir elementos ambientales del cine soviético, sobre todo en lo que respecta al paisaje impresionista, el bosque de pinos, el sol filtrándose entre las copas de los árboles filmados con la cámara en movimiento. Sin embargo, la influencia fundamental se recibe del nuevo cine francés; en especial de *Los cuatrocientos golpes* de

MANUEL MICHEL: *Tarde de agosto*

Manuel Michel consigue crear un clima intensamente lírico. Todos los factores del filme, desde la iluminación anticonvencional hasta las sutiles elipsis del montaje, han sido orquestados con habilidad.

François Truffaut. La infancia idealizada o estupidizada (como en *La tierna infancia* de Palomino, otra de las películas presentadas en el concurso) pertenece al pasado. Los niños son capaces de crueldad, como *En el parque hondo* de Láiter, o son impotentes para expresar sus sentimientos, ceden a la cobardía, sufren y no pueden evadirse de la realidad como en *Tarde de agosto*. El niño que analiza Michel no es un espécimen angelical en estado de gracia, no ha escapado de una película de Serge Bourguignon. Ama a su prima, la sueña, la desea y la cela mezquinamente. Su derrota, la humillación soportada en el decisivo incidente del sótano del convento, contribuye a hacerle consciente la pusilanimidad de su actitud, lo irrisorio de su sentimiento oculto.

La descripción decididamente poética de Michel, a la altura de Pacheco, constituye una acta de denuncia en contra de la inocencia y de su nostalgia complaciente, de la sustancia precaria e inútil de la inocencia. La fugacidad de la belleza que rodea al niño subraya esa impotencia que lo conduce al sufrimiento adulto. Y, sin embargo, lo que hace de *Tarde de agosto* un gran cuento cinematográfico es que su denuncia emocional se identifica con una ternura implícita que se desvanece ante su sola mención.

235

La inconsciencia de la clase media

Arquitecto de profesión (como Salomón Láiter y coordinador del Centro Universitario de Estudios Cinematográficos, Juan Guerrero se inicia en la realización fílmica con exigua experiencia anterior. Produce y dirige *Amelia*, un largo metraje, dentro del Primer Concurso de Cine Experimental. En la votación final no obtiene sino premios secundarios, pero el jurado, en vista de la alta puntuación que alcanza, lo recomienda especialmente para su explotación comercial.

El argumento se basa en otro cuento de García Ponce del mismo libro del que Gurrola tomó el tema de *Tajimara*. Al conocer a Amelia (Lourdes Guerrero) y convertirse en su novio, su amante y por último en su marido, Jorge (Luis Lomelí), un empleado de oficina, debe interrumpir las lánguidas horas de ocio que pasaba en compañía de sus amigos (Claudio Obregón y Alberto Dallal). Por eso, al poco tiempo de vida conyugal, exasperado por una relación amorosa estéril a la que niega cual-

El pequeño mundo, dominado por el tedio, de una pareja de empleados de oficina es enfocado en un tono grave y sincero.

Guerrero es el primer cineasta del cine mexicano que analiza al espécimen citadino de vida sedentaria, con diversiones de rutina y goces nimios.

quier forma de responsabilidad o de compromiso definitivo, e incapaz de revivir su pasado de despreocupación, el joven burócrata empieza a distanciarse de Amelia hasta dejarla caer en completa soledad. Las aclaraciones llegan con violencia, Amelia conoce el desamor, la indiferencia, el ser usada como objeto sexual. Una noche, Jorge regresa a su departamento después de un largo vagabundeo por las calles, y encuentra a Amelia en el suelo de la cocina, asfixiada por el gas doméstico.

Desarrollada en tiempo retrospectivo, la acción del filme progresa en un lenguaje directo, deliberadamente lento, de una lentitud muchas veces funcional, otras abusiva. Pero no sólo la textura narrativa es ajena a la historia del cine mexicano; también lo son el tema de la película, su actualidad, la fotogenia de las calles de la ciudad de México, el trasfondo auténtico de la cotidiana convivencia amorosa. El pequeño mundo, dominado por el tedio, de una pareja de empleados de oficina es enfocado en un tono grave y sincero.

El cuento de García Ponce en que se basa *Amelia* presentaba enormes dificultades de adaptación, su engañosa morosidad sobre todo. El director hubo de escoger modelos europeos. Las influencias de Michelangelo Antonioni (*El eclipse*, sobre todo) y de François Truffaut son evidentes. Pero, modestamente, Juan Guerrero no pretende superarlas. De

acuerdo con los requerimientos de su película, el joven director cree encontrar en ambos cineastas un camino fecundo para delinear comportamientos complejos, una metodología moderna para inducir motivaciones más profundas que las del tradicional cine de sentimientos.

Por supuesto que, apenas nacido, fue transformando en lugar común hacer equivaler el deambular solitario por una ciudad deshabitada (a la Antonioni) con la incomunicabilidad, la dificultad de ser y la soledad irreductible. Pero, al elegir como segundo padrino al Truffaut que culminaría en *La piel suave*, tan opuesto a la nueva retórica de la incomunicación, Guerrero revela su intuición cinematográfica. Ahí su honestidad domina el insistente deseo de querer nacer en su tiempo porque Truffaut no significa para él, como Antonioni, fórmulas de fácil aplicación y lectura. Representa adoptar una actitud sinceramente estremecida ante la subjetividad de sus personajes. Si *Amelia*, a pesar de sus esquematismos, llega a conmovernos es ante todo por sus escenas intimistas, ya que Guerrero se ha propuesto retroceder ante cualquier hipotético conocimiento total de sus creaturas.

La película se limita a exponer las variaciones sentimentales y las "descristalizaciones" que sufre la relación amorosa de la joven pareja. Siempre presente, la ciudad no es simple

237

El cuento de García Ponce en que se basa *Amelia* presentaba enormes dificultades de adaptación. El director hubo de escoger modelos europeos.

telón de fondo. **Es el ámbito moral que determina el curso de la trama.** Si Guerrero y su excelente camarógrafo Armando Carrillo insisten en fotografiar a sus personajes deambulando por las calles céntricas, abordando autobuses panorámicos, frecuentando cines de colonias residenciales, charlando ante mesas de cafés, viendo aparadores desde la penumbra o regresando al departamento conyugal por la misma calle desierta, esa insistencia se debe atribuir a una preocupación por hacerlos típicos de un ambiente social que los disuelve y que define sus costumbres.

Amelia es la crónica de la comodidad, de la molicie de una clase media mexicana ya firmemente consolidada. El estrato urbano a que

pertenecen Jorge y Amelia ya no recuerda su origen provinciano, pierde paulatinamente sus características locales. Impersonal y monótona, semejante a cualquier urbe moderna en su aspecto exterior, la ciudad de *Amelia* se dispone ansiosamente a merecer los placeres del alto consumo. Guerrero es el primer cineasta del cine mexicano que analiza al espécimen citadino de vida sedentaria, con diversiones de rutina y goces nimios, prefijados, con mentalidad cosmopolita en lo que tiene lo amorfo de cosmopolita, con ganas de dramatizar sus nunca consumados deseos de singularizarse, carente de ideales y sin otra preocupación que no sea la de entretener de la mejor manera sus ocios, pero agitándose a veces en el seno de su inconciencia irresponsable como si quisiera salir de ella.

A diferencia de los personajes de *Una familia de tantas*: víctimas de una moral anacrónica con respecto a la ambiental; a diferencia de los personajes de *¡Esquina, bajan!*: dedicados en forma casi exclusiva en la dureza del trabajo, los personajes de *Amelia* tienen visos de libertad individual. Son dueños, por lo menos, de su tiempo, y la moral de clase no los oprime violentamente. Jorge puede pasar cuantas horas desee oyendo diversas grabaciones de una misma obra de *jazz* en el departamento de soltero de algún amigo, o trasnochar hasta la madrugada. Amelia puede entrevistarse con su novio en cualquier sitio y aceptar convertirse en su amante sin otro inconveniente que el de no poder despertar en los brazos del joven. La vida marital de la pareja puede empezar en cuanto lo decidan y pueden sostenerla al margen de apremios económicos. Jorge y Amelia están, sin embargo, atrapados en una red de relaciones íntimas que les resulta insatisfactoria. Indiferentes a su libertad, la relación que establecen no tiene un sentido preciso, no puede tener ninguno.

El nacimiento espontáneo, la consolidación legal y el rompimiento trágico de la joven pareja, derivan únicamente de sus voluntades, o de su falta de voluntad. Cuando se da cuenta de que la compañía de Amelia es insatisfactoria, cuando comprende que el sostenimiento de su relación pertenece más a la costumbre y a la buena conducta que a una verdadera necesidad moral, Jorge se vuelve en contra de Amelia, lucha por aniquilarla, por reducirla a objeto de una vez por todas pero reprochándole que no sea un sujeto; le irrita que se encierre en sí misma y que, aunque como él, no encuentre ningún motivo de peso para seguir viviendo, parezca no darse cuenta de ello. Por su parte, Amelia rehúsa ser aniquilada, y no tiene medios para defenderse.

Guerrero y García Ponce ya no aducen contingencias externas en el desamor: las fuerzas morales (conformadas, deformadas por el ambiente) que medran en el interior de cada personaje, bastan para erosionar y destruir la relación amorosa que los une y, finalmente, liquidar a los propios protagonistas.

El drama avanza enlazando pequeños episodios conyugales: un decepcionante retorno al Acapulco que visitaron en la luna de miel, una sospecha de maternidad; pequeños actos cotidianos de vileza: durante el desayuno, Jorge se niega a conceder frases cariñosas a Amelia tras una noche de copulación; pequeños incidentes que testimonian una lucha indecisa pero dolorosa. Una vez agotado el goce de conquistar a una chica dulce y dispuesta, una vez extinguida la novedad de una experiencia desconocida (el matrimonio, la convivencia estable), Jorge se repliega en su inercia solitaria. Lo aterra la posibilidad de ser padre y de tener que uncirse permanentemente a una relación que no se atreve a concluir. Incapaz de optar una resolución definitiva, obsesionado por no poder recuperar la libertad ilusoria que mantenía durante su soltería, Jorge agrede a Amelia. Sólo conoce la rebelión instintiva, el letargo colérico. De cualquier modo, no importa qué es preferible a una infecunda relación obligatoria.

A pesar de ser observado durante menos tiempo, el drama de la muchacha es el que sentimos más próximo. Su soledad es más patética. La ineptitud de la joven para retener a su marido tiene mucha más fuerza que la irresponsabilidad de Jorge, añorando una homosexualoide relación ideal con amigos. Quizá esto se deba a que la identificación de Lourdes Guerrero con su personaje no requiere esfuerzo alguno, mientras que resulta difícil detectar en un actor tan duro como Luis Lomelí las contradictorias fluctuaciones de una sensibilidad inconforme e inestable.

Tan importante como la desmitificación de la soltería, el personaje de Amelia representa, en la evolución del cine mexicano, una forma superior de la pasividad femenina. El masoquismo, la abnegación, el sacrificio y la renuncia resolvían cualquier problema de las mujeres maternales o las prostitutas del viejo cine. Guerrero concede a su protagonista atisbos de reflexión y autonomía sentimental. El suicidio representa un acto de elección personal que la humaniza. Las imágenes de Amelia comiendo a solas, desapareciendo en la penumbra de un escaparate, o sin vida en un rincón de la cocina, materializan una búsqueda trágica de la autoconciencia. La muerte de Amelia tiene un significado. La película no es otra cosa que la memoria objetiva de un asesino involuntario que se empeña en no reconocer su culpa moral, y sólo extraña el calor de su compañera, algunos gestos, "su mirada después de hacer el amor", pero que en el fondo de su desazón reconoce su crimen. Las imágenes estáticas, la avaricia de los diálogos y las insuficiencias de la realización consiguen trascenderse. El drama nos inquieta y conmociona; parece concernirnos íntimamente. *Amelia* es una decorosa primera obra, rinde un valioso testimonio sobre la juventud que su director seguramente ha conocido.

El ensayo filmado

A mediados de 1965, coincidiendo con los resultados finales del Primer Concurso de Cine Experimental, los directivos del Instituto Nacional de Bellas Artes encargan a Manuel Michel la organización de un programa semanario de televisión con fines culturales. Una buena parte de la nueva generación de artistas, escritores, críticos, bailarines, cantantes de ópera, actores y músicos participan en las quince emisiones que dura "La Hora de Bellas Artes". Impulsor del cine nuevo, el director de *Tarde de agosto* supervisa los primeros trabajos de un grupo de cineastas debutantes, algunos de ellos, como Berta Navarro y Luis Suárez, con mínima experiencia fílmica. En un nivel expresivo bastante elevado se empieza a desarrollar en México una de las modalidades cinematográficas menos extendidas de nuestro cine: el corto metraje sobre arte.

De entre el equipo de nuevos directores sobresale Felipe Cazals, un joven mexicano que había cursado en París estudios de cine y que aún no había conseguido desempeñar ningún trabajo de cine profesional en el país. El conjunto de películas breves que realiza, casi siempre en apremiantes condiciones económicas y con un tiempo de rodaje y edición muy limitado, incluye varios tipos documentales, desde el didáctico y el balance necrológico (un *Alfonso Reyes* escrito por el poeta colombiano Alberto Hoyos) hasta las pequeñas obras maestras originales que son *Mariana Alcoforado*, *Que se callen...* y *Leonora Carrington o el sortilegio irónico*.

Las cintas de Cazals, pese al despreciado género a que pertenecen, no nacieron condenadas al ostracismo. En 1966, dos de ellas obtienen premios internacionales. En el Festival de Mar del Plata, *Que se callen...* recibe el premio al mejor corto metraje; en la Bienal de Sao Paulo, se le concede a *Leonora Carrington o el sortilegio irónico* el premio al mejor corto de televisión de arte.

Son muy diferentes los tres principales cortos de Cazals. *Mariana Alcoforado*, por ejemplo, es un brillante ejercicio de estilo que parece

Mariana Alcoforado, por ejemplo, es un brillante ejercicio de estilo que parece más bien el prólogo o el epílogo de una película larga. El corto ilustra una de las *Cartas de amor de la monja portuguesa*.

más bien el prólogo o el epílogo de una película larga. Este corto ilustra una de las *Cartas de amor de la monja portuguesa*, el famoso recuento epistolar del siglo XVII. El álbum de imágenes da lugar a un documental doble: sobre el convento colonial de Acolman, y sobre Betty Catania, la actriz argentina que presta la lividez de su cuerpo a los inexorables hábitos religiosos de Mariana de Alcoforado.

En el drama de la monja que evoca desde su desesperación solitaria la infamante partida de su amado, juegan un papel de igual importancia la vetusta arquitectura del claustro –largos corredores, celdas desnudas, ventanas, jardines y torreones que dan al campo– como la faz demudada de la joven. Insistentes panorámicas siguen a la monja en su deambular, mientras su voz febril de impotencia (voz de Beatriz Baz) resuena en el último rincón del convento. Pero en la versión de Cazals, la monja no sufre por el resentimiento o por la lejanía de su seductor: perseguida por su sensualidad despierta, vaga en el interior de su cárcel conventual impulsada por el amor a su propia pasión. Por encima de las obligadas citas visuales a Luis Buñuel y a Jerzy Kawalerowicz, hay una imagen lorquiana que resume el sentido de la obra: la monja se asoma a una ventana y descubre en el patio su amor-pasión reencarnado en un potro bramante que da furiosas vueltas en círculo.

Que se callen... es el corto más ambicioso de la serie. Para reflejar la personalidad y el mundo literario del poeta español **León Felipe**,

Gironella reposa sobre una idea, aunque teatral, más hábil. La cámara invade la casa del pintor para destacar en sombrías iluminaciones los muebles-objeto de escarnio y **las** de *assemblage* de Gironella.

exiliado en México, el director y su guionista (Paco Ignacio Taibo) adoptan una posición contraria a la del apunte biográfico o de la hagiografía laica. Tienden hacia el documento vivo. Cazals es un cineasta antiacadémico e inestable que conoce a fondo los recursos del relato cinematográfico, y su desasosiego se manifiesta, en el interior de la película, mediante el choque de dos estilos diferentes e inasimilables.

Por un lado, presenciamos diversas escenas de la vida diaria del anciano escritor, filmadas con la cámara en la mano, empleando muy recientes procedimientos del *cinéma-verité* francés para eludir la textura narrativa del simple reportaje. A esta espina dorsal del filme vienen a insertarse las versiones de seis poemas de *¡Oh, este viejo y roto violín!*, el último libro del autor: y es la propia voz de León Felipe la que dice sus versos, arrastrando las sílabas en un murmullo espasmódico y sentencioso: un poema iracundo sobre las atrocidades antisemitas del nazismo se ilustra con *stock-shots* de campo de concentración y exterminio, un poema que implora la paz en la tierra se ilustra con imágenes fijas de palomas en vuelo y el cadáver flotante de una paloma en un río, etcétera.

Cazals sabe que es imposible reconciliar ambos estilos; que sería inútil buscar un perfecto medio tonal entre el montaje creativo más ortodoxo y el plan secuencia dinámico que se desencuadra voluntariamente. Antes bien, subraya la oposición entre estilos. A las imágenes detenidas en la memoria les da nueva concreción la subjetividad de un poeta que se ha erigido como testigo del pasado y cordero expiatorio del dolor humano en su totalidad. Pero si el valor aislado de los intermedios líricos es muy mediano y nunca consigue ocultar ni la escasez de los medios económicos de la empresa ni la caducidad de su concepto de la poesía, gracias a la diversidad de sus ideas de editor, Cazals los hace funcionar bastante bien como referencias plásticas de la poesía de León Felipe, como ilustraciones instantáneas de esa poesía a la vez luminosa y desorbitada, blasfematoria y confesional, intemporal y teleológica, opuesta a la injusticia acatando un pontifical misticismo español que no se atreve a decir su nombre: la dispersión apenas coherente es la correspondencia literario-cinematográfica exacta. Además, si ese *digest* de la historia universal bienintencionada de la infamia resulta precipitado y retórico, actúa eficientemente como contrapunto.

El cuerpo vertebrado de la película es lo fundamental. En otras palabras el máximo acierto de *Que se callen...* es la figura misma del poeta. Impulsado por su afán de inquisición,

Cazals filma casi irrespetuosamente la vida diaria de León Felipe. Viola su protectora superficie, su intimidad, ese pequeño mundo cotidiano que subsiste y determina cada arranque cósmico de su poesía. Con la rapidez de una ojeada indiscreta que aprovechara su oportunidad única, la cámara repta por las paredes de la estrecha casa en que vive el escritor, penetra en la habitación del anciano, descubre un espejo tapizado por fotografías semiborradas, escudriña los recuerdos intransferibles con su ojo deformante, captura muebles, objetos personales, más fotografías enmarcadas: todo parece cobrar un sentido que se nos resiste.

Cazals sigue al poeta hasta el café Sorrento en que se deja rodear por sus amigos, refugiados como él, compañeros de exilio, de derrota y de vejez. En charla con el guionista Taibo o ante la mesa del café, atenazado o no por la mirada de la cámara y su movilidad, León Felipe permanece impenetrable. Octogenario autista, cansado, parsimonioso, solitario, huraño y cordial a un tiempo; exhibiendo su dentadura carcomida, su barba cuidadosamente recortada, sus manos rugosas, sus ojos agudos, pertinaces, el poeta de *Versos y canciones del caminante* es hoy una figura patética, digna y austera. Cazals consigue su objetivo testimonial sin someterse a ninguna regla de la biografía filmada. La emoción, más allá de lo puramente cinematográfico, que produce *Que se callen...* película admirativa y alevosa, tiene las extrañas características del homenaje, irrepetible, que precede al reposo definitivo de un artista.

Leonora Carrington o el sortilegio irónico es, en comparación con los anteriores, un corto unitario, limado, sin fracturas. Aquí Cazals ya no ilustra literatura ni describe para violar; permanece contemplativo, casi inmóvil. El flujo impresionista de sus imágenes se hace continuo para crear una atmósfera irreal, para generar un clima poético-plástico.

La cámara se encierra en la estilizada e inhabitable casa de la célebre pintora surrealista que da nombre al corto. En ella, el mundo exterior desaparece, apenas aporta datos informes que sirven para conformar asociaciones insólitas. La casa de Leonora Carrington es vista por Cazals como una isla fantástica cercada por obsesiones esotéricas, una campana de cristal en penumbra que deja adivinar los objetos que un azar feérico ha diseminado. No hay contrapunto entre la plástica cinematográfica y la plástica pictórica de la artista sajona. El estudio de Leonora Carrington es también el producto de una visionaria que sueña imágenes concretas; su universo intramuros es

El Instituto Nacional de Bellas Artes / México

presenta

Que se callen...

6 poemas de LEON FELIPE

VIII Festival Cinematográfico
de Mar del Plata / 1966

Que se callen es el corto más ambicioso. Para reflejar la personalidad y el mundo literario del poeta español León Felipe, el director y su guionista adoptan una posición contraria a la del apunte biográfico o de la hagiografía laica.

otra fantasmal creación de la pintora.

Un mismo misterio poético genera cuadros y objetos todo es forma alucinada. Un mismo misterio poético dicta estilos que aman su semejanza. Con tonalidades opacas y grises, música exuberante de Karl Orff y textos que van desde el *Popol Vuh* precolombino hasta Julio Cortázar, pasando por William Blake y Lautréamont, los encantamientos humorísticos de Leonora Carrington brotan como una consecuencia lógica de esa tensión aérea.

Los monstruos familiares, las leves fronteras de la dulzura y el terror, las figuras estáticas y alargadas hasta lo inmaterial, la lenta concentración de viejos barbados, la irrupción de la pesadilla dentro de la tibieza del reposo, la belleza fabulada de los caballos blancos y el apacible lenguaje indescifrable de una sensualidad femenina que teje hilos impalpables para envolver la ironía de la realidad onírica, anteceden a la aparición de Leonora Carrington, cuya silueta delgada, gélida y flotante parece escapar de alguna de sus obras. Siempre de lejos, en fuga perpetua, su sombra, móvil, cruza de espaldas la estancia, se cobija en los umbrales, sube helicoides de fierro, abre nuevos recintos, se desliza entre pinceles y pastas, se inclina a acariciar a sus gatos, se detiene a vigilar desde la azotea el espectro de la ciudad, y luego desaparece con la misma ligereza con que había sido capturada por su mundo. Película hipnótica y flexible, *Leonora Carrington o el sortilegio irónico*, borrosamente, nos permite entrever las visiones de la realidad subconsciente en la complicidad secreta del duermevela.

Como preámbulo a su obra de largo metraje, con sus cortos de arte, Felipe Cazals conquista para el nuevo cine mexicano una forma moderna, inteligente y personal del ensayo literario-cinematográfico.

Paralelamente a los cortometrajes de arte sobre arte de Felipe Cazals, y sin que podamos establecer nexos de ningún tipo entre los dos realizadores, Juan José Gurrola fue encargado por el Departamento de Radio, Televisión y Grabaciones de la Universidad Nacional Autónoma de México, de la filmación de un tríptico cinematográfico acerca de "La creación artística" en la obra de tres pintores: José Luis Cuevas, Alberto Gironella y Vicente Rojo, integrantes destacados de la nueva pintura mexicana, que han venido a revivificar las artes plásticas en nuestro país después del nacionalismo pantagruélico a que las confinaba la célebre Escuela Mural de los años 20 y 30.

Como no es de extrañar en un ámbito cinematográfico en que ninguna ley, incentivo o medida oficial protege la recuperación económica y ni siquiera garantiza la difusión del corto metraje –en México, las salas públicas programan obligatoriamente un número variable de corto metrajes, noticieros o documentales, como complementos de programa, que son meros excipientes de publicidad, por cuya presentación el productor *debe pagar* al exhibidor, aunque la mayor parte de las cadenas de distribución sean estatales–, el realizador de *Tajimara* topó con grandes dificultades y limitaciones de presupuesto para llevar a cabo su tarea. Por esto, la elaboración de los cortos se extendió, tras interrupciones y prolongados aplazamientos, de 1964 a 1967. Además, las películas, de 30 minutos cada una e independientes entre sí, presentan las marcadas características del bastardo material que se destina a propósitos de difusión cultural a través de la televisión, tal como lo demuestran el ajuste obligatorio a una longitud en ocasiones excesiva y los textos, abundantes, didácticos, elementalmente librescos, a base de generalidades, frases huecas que rinden culto al Artista Creador de Mitos o Formas Obsesionantes y aberradas expresiones de termodinámica con pretensiones poéticas. Sin embargo, pese a todo, aun disparejos y titubeantes, como parece corresponder a un cineasta que procede por intuición, probando desconocer postulados básicos de la teoría y la historia del cine, los resultados obtenidos por Gurrola, a nivel de la imagen y de la sonorización musical, son meritorios y, por momentos, francamente sorprendentes.

Cuevas es un corto malogrado. Vemos al genial dibujante atrapado por los receptores de televisión en circuito cerrado de un almacén de autoconsumo, escenificando en vivo los argumentos plasmados en sus cuadros (Cuevas muere arrollado por un tranvía) y, en el viejo manicomio de La Castañeda, posando al lado de los alienados que, vegetativos y taciturnos, pasean en los patios u observan el objetivo de la cámara, mientras se muestra en contrapunto una antología de la obra de Cuevas. El director se ha dejado envolver en un juego de falsas y primarias equivalencias, se pierde en la profusión de arcaicos trucos fotográficos, permanece ajeno al mundo pictórico que intenta reflejar. Nada responde a nada. La monstruosidad "cardinal" de las figuras de Cuevas y los inmóviles asilados del sanatorio neuropsiquiátrico se asimilan y se desvirtúan dentro de una facilidad burda, intelectualoide y efectivista que no se atreve a decir su nombre. Expuesto a un terriblismo de opereta, Gurrola muestra una caricatura involuntaria del pintor.

Gironella reposa sobre una idea, aunque teatral, más hábil. La cámara, manipulada con una elegancia concisa por Julio Pliego, invade la casa del pintor para destacar en sombrías iluminaciones los muebles-objetos de escarnio y las obras de *assemblage* de Gironella. La serie "Transfiguración y muerte de la reina Mariana" es el foco de atención de Gurrola. Encuadres y ambientación dispuesta denotan composiciones alusivas, complementarias con respecto a ella. La aparición fantasmal en estrechos corredores o en una habitación desierta de la reencarnación de la reina Mariana (Beatriz Sheridan), deformada por un vidrio cóncavo-convexo que degrada sañosamente sus facciones, y una reunión de diletantes engullendo un pollo en mole, son los elementos de un microcosmos que ha introyectado una autoritaria, española necesidad de destrucción.

Gurrola contempla la degradación de la reina Mariana retratada por Velázquez al mismo tiempo que descubre significaciones esotéricas en el vértigo de su observación. La realeza decadente engendra espectros que ya son menos que carroña. Visionario y profético, mordido por una voluntad injuriosa y desalentado, Alberto Gironella efectúa el tránsito de la apoteosis a la caída. Sólo los perros se salvan de una desintegración totalizadora que paraliza los miembros y deprava los rostros. Pero, la película, no obstante la fuerza de su primera impresión, destaca demasiado el aspecto meramente anecdótico de los cuadros, volviéndose reiterativa, denigrada. En este desfile siniestro e irrisorio, oscilamos sin opción clara entre la demonología de bazar y el misticismo de la corrupción. El filme carece de grandeza fúnebre.

En cambio, *Vicente Rojo* está muy próxima a la obra maestra. Abre con la vista de una niña que raya en forma ondulatoria el muro callejero donde se encuentra colgado, como decoración inadvertida y común, pero que rompe en imperceptible escándalo la armonía cotidiana, un cuadro del artista de origen español. A partir de entonces, la imagen inicial se vuelve pauta. Por medio de un complejo proceso de correspondencias, análisis y cotejos paralelos, Gurrola hace sensible la obra no figurativa de Vicente Rojo como una presencia viva.

En un solo, interminable y fijo *shot* de cuatro lienzos, colocados diagonalmente sobre el piso por el propio pintor, asistimos al hacerse y deshacerse de sus cuadros. Sus figuras y texturas se modifican a través del montaje oculto. Se estudia, en su acción, el grafismo, la calidad connotativa del trazo, las asociaciones cambiantes, las variaciones y los rasgos de una geometría fantástica, la desnudez de unas lí-

neas que jamás serán apacibles, el ascético apremio de su violencia. Del sincretismo de figuras y lenguajes desmenuzados que, después de Klee y Dubuffet, ha aprendido a hacer caso omiso del patrimonio del Renacimiento, brota un mundo autónomo.

En seguida asistimos a la jornada urbana del pintor. Cruce del anillo periférico, espejo retrovisor que traiciona la impasibilidad del artista al volante, escenas callejeras de una ciudad impersonalizada, ambulante exposición de cuadros. Todo allí parece exterior al arte. Pero, aun así, del portabultos de una bicicleta, del andamio de una arquitectura en construcción, de los barriles alineados que transporta un camión materialista, surgen nuevas ideas plásticas, nuevos *collages* de objetos y obras morigeradas. La irrealidad estalla en el centro de la vida trivial, indiferente. Se oye una melancólica música de *rock*.

La abstracción del arte contemporáneo, filma Gurrola, parte de la deshumanización súbita del mundo circundante. La verosimilitud de la realidad documental se superpone a la preocupación expresiva del artista: sobre la película misma, Rojo ha dibujado trazos originales, casi infantiles, esbozos de dibujos reducidos al mínimo, gérmenes de su mundo pictórico, síncopes repentinos que duran menos que un parpadeo. La sensibilidad moderna de la sociedad de masas se resume en el arte que la inquiere. Se integra, con progresiva familiaridad, una mitología de lo banal urbano, una equivalencia inesperada entre recuerdos de la guerra civil española, signos rígidos, sangrantes estímulos ópticos, bombardeo de negativos raspados y señales icónicas.

La parte final del corto es una descripción simple, depurada, en absoluto, del acto doloroso de creación. Aquí, la unidad de tiempo asegura la densidad dramática de la escena. Durante cinco intensos, insoportables minutos, Vicente Rojo en la soledad de su estudio, iluminado por el contraluz de una ventana, recostado con aparente displicencia, vigilando tras gruesas gafas, observa sin exhibir ningún patetismo ni angustia gestual un lienzo vacío que se le ofrece como reflexión y acicate. Estamos a solas con la ansiedad y el abandono, sentimos el avance de la tensión interior del artista. Parcamente, sin comentarios, Gurrola respeta la personalidad de un pintor que se respeta, su solidez moral sirve como revelador estético. Es todo. Luego, el cuadro empieza misteriosamente a definirse. El artista se levanta y retira su lienzo: *stop motion*. *Vicente Rojo* es la evocación de una cercanía lejana.

La serenidad del destino

El más joven de los directores mexicanos, Arturo Ripstein, tenía 21 años de edad cuando dirigió en 1965 *Tiempo de morir*, dentro del marco del cine industrial. Las razones de un debut tan temprano debemos buscarlas en las contradicciones del cine mexicano actual.

Como un paliativo al grave conflicto de generaciones que se le plantea al cine nacional, productores y directores delegan en las manos (casi siempre ineptas) de sus *juniors* la realización de nuevos estropicios. La impersonalidad destajista de sus antiguos colaboradores, o de ellos mismos, no pone en insuperable desventaja a la falta de oficio de sus descendientes. El círculo vicioso desea cerrarse. El cine mexicano, que desde hace treinta años es realizado por los mismos empresarios que se conforman con mínimos mercados semialfabetas de Latinoamérica, auxiliados por intelectuales que aceptan una forma velada de la prostitución, resuelve perentoriamente su problema de continuidad sin dejar de caracterizarse como subproducto cultural. Los vástagos de Raúl de Anda, de René Cardona (*Las hijas de Elena*), y de otros negociantes cinematográficos, toman las riendas de caballitos y melodramas de ínfima calidad satisfecha.

Pero existen excepciones. Moral y estéticamente más ligado a los animadores teóricos del llamado cine experimental que al adocenado cine que los genera, jóvenes como Arturo Ripstein (hijo del productor Alfredo Ripstein jr.) y Mauricio Wallerstein (hijo del productor Gregorio Wallerstein) mantienen una actitud contraria a la de sus compañeros de generación y clase social. La cultura cinematográfica que los sustenta actúa como vacuna contra el "poquiterismo". Se rodean de algunos de los escritores y técnicos más preparados de México. Dirigen y patrocinan un cine mexicano ambicioso; plantean a un nivel verdaderamente fecundo su problema generacional.

Por una serie de características inesenciales, *Tiempo de morir*, la cinta que abre el fuego en este frente del cine nuevo, ha corrido el riesgo de ser juzgada por lo que no es. Si bien los personajes han sido tejanizados a ultranza y llevan pistolas al cinto, la historia de venganzas personales que narra no origina un *western* latinoamericano propiamente dicho. Nada de coordenadas clásicas. Tanto las bases de sustentación del escritor colombiano Gabriel García Márquez como la óptica de Ripstein se sitúan en otros terrenos. Es mejor así; no hay nada más vergonzoso y difícil que pretender resucitar un género concluido, y dentro de una cinematografía joven. El mimetismo subdesarrollado, sin tradición ni medios, apenas conduce a imposturas infratelevisables como *Fuera de la ley* de Raúl de Anda, jr. En cualquier caso, del *western* no deben tomarse las convenciones pueriles sino constantes estilísticas de mayor peso. A nadie engañe, pues, la indumentaria de los hijos vengativos y del viejo expresidiario de *Tiempo de morir*. Un somero análisis de su trama nos probará que defender el filme como cine épico sería improcedente.

Al salir de la prisión en donde acaba de purgar una larga condena por homicidio, Juan Sáyago (Jorge Martínez de Hoyos) regresa al pueblo en que vivía antes del crimen. El hombre sólo desea reconstruir su casa y acabar sus días trabajando en paz. Visita a Mariana (Marga López), su antigua novia ahora viuda, y a sus amigos que aún viven. Todos le aconsejan que se marche del lugar pues los hermanos Trueba, Pedro (Enrique Rocha) y Julián (Alfredo Leal), los hijos del asesinado, esperan la menor oportunidad para matarlo. Sáyago es testarudo: ni huye ni contesta sus provocaciones. Resiste cuanta agresión se les antoja a los Trueba, incluso se hace amigo de Pedro, el más joven. Julián decide, sin embargo, liquidarlo de una vez en un rápido duelo a muerte, pero es él quien resulta herido de muerte. Pedro presencia la escena y reta también a Sáyago. El viejo no le presta beligerancia. Entonces el muchacho, furioso y consternado, dispara sobre la espalda del expresidiario, que todavía alcanza a dar, con gran firmeza, algunos pasos antes de caer muerto.

Tiempo de morir no es una reflexión sobre la

Tiempo de morir no es una reflexión sobre la violencia y su inutilidad. La delicadeza de Ripstein y la ternura de García Márquez, por muy viriles que sean, son demasiado sensibles para equipararse con el ímpetu de Samuel Fuller o de Ismael Rodríguez.

violencia y su inutilidad. La delicadeza de Ripstein y la ternura de García Márquez, por muy viriles que sean, son demasiado sensibles para equipararse con el ímpetu de Samuel Fuller o de Ismael Rodríguez, por ejemplo. No establecemos jerarquías sino diferencias. Aunque parezca el desarrollo inverso de uno de sus temas, *Tiempo de morir* se opone radicalmente a *Los hermanos del Hierro*. El repudio a la violencia lo da Ripstein como una premisa tácita, ni siquiera aparece ya en el relato. La violencia está implícita, y sus colaterales (hispanoamericanos: la denuncia del machismo; universales: la justicia primitiva y la moral trágica del héroe solitario) se sustituyen por temas como el irracionalismo reinante en los pueblos aislados en espacio e historia, por el peso de conceptos intemporales como la fatalidad y la muerte.

El lenguaje de Ripstein, además, tiende hacia un estilo psicológico moderno y no hacia el clasicismo. Predomina la cámara apenas móvil, pero el director se siente menos reprimido en otros momentos. Usa la cámara en la mano cuando el hermano azota al pequeño en la mitad de la calle y suma violencia a la única escena francamente violenta. Emplea trucos de sonido, como la aceleración del tic-tac del reloj cuando la viuda decide devolverle sus pistolas a Sáyago, o el eco amplificado de las pisadas amenazantes de Alfredo Leal, para volver subjetivo el transcurrir. El director se siente seguro cuando realiza rápidos *travellings* circulares alrededor de un personaje en tensión, cuando siguen con largas panorámicas la jornada apacible de Marga López en su jardín, o cuando efectúa complicados planos secuencia en interiores.

¿Qué es pues *Tiempo de morir*? Técnicamente: una obra incipiente, un valioso ejercicio de estilo, un anticipo de futuras obras acabadas. Literariamente: pese a sus giros de romance castellano y a sus ingenuas réplicas shakesperianas, un magnífico guión. Formalmente: un relato sobrio, titubeante, enérgico y sin concesiones. Dramáticamente: un buen melodrama rural, el entrañable relato de un personaje central, Juan Sáyago (el extraordinario Jorge Martínez de Hoyos).

Tiempo de morir es una obra silenciosa, distendida. Ripstein ha sido fiel al universo de García Márquez, lo cual no es poca cosa. Al lado de personajes secundarios desdibujados, en el filme habitan el viejo lisiado (Carlos Jordán) que juega en soledad a la ruleta rusa dos veces al día, el comisario pacificador (Tito Junco) que dice soñar con alacranes de mal agüero, y la viuda pulcra, encerrada y marchita que no se atreve a rehacer su vida; se vive en las prisiones de cristal, en la miseria y en la desolación de la monotonía sin fin. La cinta podría ser otro

cuento de *Los funerales de la Mamá Grande*: "En este pueblo no hay ladrones" vestido de *western* y proclive al final funesto.

Antipintoresco e intemporal a fuerza de escueto, el pueblo en que sucede la acción podría ser el Macondo de *La Hojarasca* o de *La mala hora*. Un lugar que sintetiza la vida provinciana de Hispanoamérica y donde, como ha escrito Rita Murúa, "el tiempo aparece detenido y para siempre; su estatismo se recrea y conjura a la vez". En esa nebulosa de tiempo fijo, el rencor es lo único que permanece: el boticario advierte en voz en *off* la semejanza de las provocaciones pasadas (la figura del padre que pesa durante toda la película, hasta que Enrique Rocha la pone en tela de juicio como Rozzano Brazzi en *La leyenda de los perdidos* de Henry Hathaway) y presentes (el hermano mayor que va a matar a su enemigo de puro miedo). Esa misma fijeza del tiempo permite que la serenidad ante el destino se manifieste en los movimientos parsimoniosos de Sáyago la noche que pasa en la prisión, se palpe con los ojos presbitas del expresidiario calándose los lentes de aro antes de disparar contra su contrincante, y conduzca las manos rugosas del hombre cuando teje estambre con agujas.

A Ripstein le preocupa que ese sentido del tiempo se traduzca también en términos de espacio: sistematiza el empleo del plano alejado, los encuadres cabales que no mutilan a sus creaturas. El joven director no exalta épica-

mente; *Tiempo de morir*, sin la fiebre de *Los hermanos del Hierro*, parece clausurar una nueva etapa de la violencia. El personaje de Rocha impide el eterno retorno de la venganza.

Pero queda perfectamente claro que el relieve de Sáyago no lo da la grandeza heroica sino la dignidad del hombre indefenso que debe enfrentarse a su destino y a su muerte, una dignidad –mezcla de estoicismo, sabiduría, cansancio, temor y rebelión pasiva– que lo asemeja al coronel que "no tiene quien le escriba". Los hechos agresivos interesan no por su ejecución sino por su trasfondo, porque laceran y humillan. Cuando la vejiga de cerdo se revienta y baña al personaje en fuga, no impresiona la injusticia, sino el desamparo.

Cuando Joel Mc Crea moría al final de *Pistoleros al atardecer* de Sam Peckinpah, admirábamos el crepuscular destello de un mito perecedero; cuando Martínez de Hoyos se desploma en cámara lenta bajo la ventisca de arena, la muerte del "viejo bárbaro" comunica la sensación del ineluctable retorno al polvo original.

En *Tiempo de morir* un joven se interroga sobre la vejez, la serenidad y la muerte, y para ello ha tenido que apoyarse en un mundo literario preexistente. No hay traición de por medio. Recordemos que, durante mucho tiempo, el estilo sobrio y funcional de varios cineastas norteamericanos de primera fila hizo que se les considerara como ilustradores de guiones.

El grado cero de la escritura

Desde el fracaso artístico de su argumento *La cucaracha* (Ismael Rodríguez, 1958), la historia de *La soldadera* obsesionaba al joven José Bolaños. Durante más de cinco años, varios aplazamientos y modificaciones se suceden. Por fin, dirigido por el propio argumentista, el guión definitivo se filma en 1966. La mejor película que hayan producido los Técnicos y Manuales de la industria cinematográfica nacional, es también una empresa descabellada, apasionante, imponderable. Hay algo de locura, de ignorancia, de temeridad, de candidez y de genio en esta película desquiciada y desquiciante, basada en uno de los episodios no filmados de *Que viva México* de Eisenstein.

Nadie podrá ver aquí la epopeya de las valerosas mujeres mexicanas que acompañaron a sus hombres en el sacrificio patriótico: antiheroica y silenciosa, *La soldadera* es la contrapartida de *La cucaracha*. Su trama es mínima. En tiempos de la lucha revolucionaria de 1910, Lázara (Silvia Pinal), una humilde muchacha de pueblo, se casa con Juan (Jaime Fernández), un joven del lugar. Cuando esperan en la estación ferroviaria para partir a su luna de miel, la tropa federal enrola arbitrariamente a Juan como soldado de leva. La recién casada sigue a su hombre en campañas y desplazamientos territoriales, hasta que, en un combate con fuerzas villistas, Juan cae muerto. Lázara sigue entonces a los vencedores. Apenas se mezcla con las otras mujeres. Un general revolucionario (Narciso Busquets) la toma por mujer. Sumisa, Lázara alienta la ilusión de llegar a tener su casa. Pero la vida nómada, nuevas batallas y la zozobra constante se lo impiden. La tropa vuelve a pasar por Bernal, el pueblo de Lázara, que está en ruinas. Otra vez en camino, Lázara tiene un hijo. Penalidades y titubeos de los combatientes al aproximarse el triunfo. Cerca de la capital del país, en un encuentro con carrancistas, el general muere. Lázara vuelve a cambiar de hombre y de bando para continuar indefinidamente su peregrinar.

No sólo la trama es casi inexistente y su hilo conductor imperceptible; *La soldadera* nos lleva al grado cero de la escritura. Ya no hay anécdota, ya no hay siquiera líneas de fuerza bien marcadas. El filme es un desnudo conjunto de superposiciones vivenciales, de momentos dispersos que la cámara encuentra por azar y filma unas veces con emoción desbordada y otras con indiferencia. Bolaños hace tabla rasa; desconoce y reinventa la narración cinematográfica. *La soldadera* es el producto de una intuición químicamente pura.

Diez *travellings* descriptivos de veinte metros, incesantes movimientos de grúa, planos petrificados, una secuencia de ocho minutos sin corte: esos son los heterodoxos y heterogéneos elementos del lenguaje de Bolaños. Después de la pulverización del relato, todo anuncia el suicidio. Sin embargo, los maniáticos movimientos de cámara, los interminables planos secuencia y los agobiantes tiempos muertos, rebasan tanto el nivel de procedimiento anárquico como el de la arbitraria figura de estilo. Antidiscursiva y críptica, *La soldadera* expresa un vacío vital. Lázara es un juguete del destino, una minúscula partícula que se arranca del caos. Los arrebatos de Bolaños, quizá sin saberlo, establecen una inconcebible secuencia lingüística. La penosa existencia de Lázara es un accidente metafísico. La película se identifica, se superpone a la sensibilidad y a la inconsciencia de su protagonista.

Más que de la soledad, de la gracia o del estado de yecto, Bolaños filma otra cosa. Absorbe esos temas y, en el colmo de la desmesura, sigue adelante. Como en *El desierto rojo* de Antonioni, la retórica de la incomunicabilidad lo lleva a una tierra de nadie: la disolución del yo. La conciencia de Lázara queda atrapada en una urdimbre onírica. Inmóvil, hecha un ovillo, a distancia, la mujer observa anonada el cuerpo de su Juan, mientras una polvareda que levantan los caballos, al interponerse entre ella y el cadáver, la empieza a cubrir. Alguien pasa,

Bolaños es el primer director mexicano que desciende a la preconciencia. *La soldadera* es la crónica de una clase social sumergida en una batalla que apenas vislumbra.

S-54

S-37

le da un rifle y ella lo toma. Alguien la desea y la posee. La "bola" revolucionaria la traslada de un lugar a otro, sin que oponga resistencia. Bolaños es el primer director mexicano que desciende a la preconciencia. *La soldadera* es el mundo anterior a la reflexión, a la historia del hombre. Solamente existen los datos inmediatos. El espacio y el tiempo predominan como realidades abstractas. Con la ternura del Fellini de *La calle*, el sentimentalismo del Chaplin de *El inmigrante* y la violencia del mejor Ismael Rodríguez, Bolaños concibe a Lázara en el límite de lo inerme, en los bordes de la animalidad. El tiempo gira alrededor de ella sin tocarla. Apenas se aproxima un esfuerzo del entendimiento, el tiempo retrocede. *La soldadera* se desarrolla en la frontera de lo real y la alucinación. Es un arma secreta de la imaginación de Lázara. Apenas comienza a definirse un plano temporal, la precariedad que revela, la película se contrae y el acogimiento del caos se vuelve imprescindible.

Hemos perdido también la noción del espacio, y la conciencia es incapaz de reorganizarlo, de recrearlo, de restituirlo como categoría fundamental de nuestro sentido de realidad. En cualquier momento podemos regresar al lugar de donde partimos (la estación de Bernal), en cualquier momento deberíamos llegar a México para ganar las tierras a las otras facciones rebeldes, en ningún momento podremos dejar de viajar sin rumbo fijo: inmensidad árida y reseca de los cuatro puntos cardinales que recorre el tren.

Imprevisiblemente, mediante la inserción de acontecimientos clave, la crítica revolucionaria surge, con inusitada virulencia lacerante, de este trastorno narrativo. Se asestan innumerables diálogos sobre la carencia de ideales de lucha: nadie sabe por qué pelea, nadie recuerda por qué empezó a pelear, las disyuntivas de lucha se discuten como si se tratase de preferencias sin significado. Las aspiraciones puramente burguesas de las soldaderas ignorantes se evidencian compulsivamente en el saqueo del pueblo tomado y la vandálica destrucción de una casa opulenta, balaceando candiles, rompiendo espejos a culatazos. ¿Debemos resignarnos a no ver en la confusa etapa revolucionaria que aparece como contexto de *La soldadera* más que los movimientos de un mecanismo ciego que se ignora a sí mismo? Desde *El compadre Mendoza* y *Vámonos con Pancho Villa*, el cine mexicano no había llevado tan lejos su

La soldadera expresa un vacío vital. Lázara es un juguete del destino, una minúscula partícula que se arranca del caos.

crítica histórica. Y el compensador pacifismo de Bolaños resulta desarmante: en el fragor de la lucha sin sentido, llega un día en que, desesperadamente, las armas de las soldaderas tienen que trocarse por víveres con otro grupo de mujeres.

Otra prolongación de *La soldadera* es su sátira de la brutalidad: guarecidos debajo de un vagón de ferrocarril, una soldadera da a chupar una bala a su niño de pecho. Aun aquí, quizá *principalmente* aquí, la sátira se confunde con el descubrimiento inmediato y en bloque del objeto a satirizar. En el viejo cine mexicano, los brutos de Fernández eran nobles en el fondo o perversos hasta el guiñol, los brutos de *Canaima* eran calculadores y sanguinarios, los brutos de *La soldadera* lo son sin matices ni subterfugios. De figura gigantesca, voz de bajo profundo, pesados bigotes, ademanes cortantes, cerrazón mental autosuficiente, y ostentando en el ala frontal de su ancho sombrero dos estampas católicas, el general revolucionario que interpreta Narciso Busquets no puede amar a Lázara sino como una bestia en celo. Inepto para cualquier forma de convivencia o de misericordia, capaz de vaciar el revólver sobre la pantalla de un cine al aire libre, Narciso Busquets es el primer *bruto total* del cine mexicano.

Pero hay un tema poético que se antepone a todas las prolongaciones críticas y satíricas de la cinta. De ingenua, la idea de la *casa* llega ser obsesiva, desalmada a fuerza de reiteración; es la verdadera cohesión del relato. Lázara parte del pueblo con un metate en la espalda y con unas pequeñas botas que piensa lucir dentro de su casa. Tener una casa propia es lo único que

persiste en ella, lo único que la salva de la nada. Busca un hogar, el refugio que la cobije, la protección mineral. Sin embargo, las interferencias de la convulsión revolucionaria la arrastran, la separan cada vez más de su objetivo. Sin poder detener sus sufrimientos o siquiera comprenderlos, solitaria en medio de la bola, Lázara tendrá que errar fatalmente.

En mitad del camino, tendrá que preparar el alimento de su marido bajo un sarape que hace las veces de toldo. Tendrá que hacer el amor con el general en lugares inmundos. Tendrá que esperar de noche, fuera de la cantina, a la intemperie, la salida de su hombre y, cuando este irrumpa tambaleante, caminará tras él como perro faldero. Para que ceda el espacio a los caballos, será sacada a rastras del interior del vagón que había confundido con su casa. Terminará perdiendo toda esperanza de regresar al origen y, entre los restos calcinados de su casa natal, tratará de regalar a no importa quien sus botas inútiles. Y todavía, tendrá que parir sobre el techo de un tren y luego oirá el anuncio del nacimiento de su hijo que una niña pregona a gritos entre la soldadesca que viaja encaramada. Y seguirá guareciéndose a rezar bajo las ruedas del tren junto con las demás mujeres, cada vez que sus hombres partan al encuentro con la muerte. Cenizas y rupturas avivarán su nostalgia prenatal, perpetuarán indefinidamente su deseo de retornar al vientre materno. *La soldadera*, película ahogada en su propio paroxismo, inicia la carrera de un cineasta excepcional: la de un autor completo que filma los límites del hombre con su naturaleza instintiva y primordial.

Película ahogada en su propio paroxismo, *La soldadera* inicia la carrera de un cineasta excepcional: la de un autor que filma los límites del hombre con su naturaleza instintiva y primordial.

255

La acción

El declive del cine norteamericano de géneros ha suscitado un curioso fenómeno de interpretación fílmica a mediados de los años sesenta. Sin otra tradición que la mera costumbre de recibir en altas dosis las películas del oeste, el *western* se empieza a cultivar como *género absoluto y universal* por las más diversas cinematografías nacionales: alemana, española, italiana. A veces gratuito, a menudo sirviendo a un ritual cuyos alcances apenas se presienten, pero siempre desidealizado, antifolclórico e impunemente violento, se intenta una especie de renacimiento mundial del cine por excelencia.

Para no ser menos, aprovechando la proximidad de la televisión norteamericana y cierta predilección secular por todo lo que revele salvajismo, brutalidad, alteración fisiológica, ley del menor esfuerzo y apertura de mercados poco exigentes, el cine mexicano se apresura a intervenir también en este movimiento prohollywoodización de las praderas y de los poblados bárbaros del mundo. En un principio los resultados no fueron ni medianamente satisfactorios. ¿Se desperdiciará esta oportunidad, en reversa, para desligarse de una vez por todas del fatal plasticismo ampuloso en el que Eisens-

En 1966, con presupuesto de hambre y argumento ineptamente plagiario, Alberto Mariscal realiza un buen *western* mexicano que muy vagamente se sitúa en la frontera con los Estados Unidos.

tein y el Indio Fernández confinaron al cine nacional?

Un solo nombre nos incitaría a responder con un no esperanzado a la anterior interrogante: el nombre de Alberto Mariscal, de 41 años, excomediante de ochenta obras teatrales (*La muerte de un viajante, Medio tono, Llega un inspector*), actor de más de treinta y cinco películas (*Ventarrón* y películas genéricas de ínfima calidad en que se le estereotipaba como "el hijo bueno") y, ya como director, especialista en películas de episodios rodadas en los Estudios América (aventuras de narcotraficantes, peripecias de típicas familias de clase media, sátiras de futbolistas fenómeno, dramas rurales bienintencionados).

En 1966, con presupuesto de hambre y argumento ineptamente plagiario, a partir de la nada, este director modesto realiza un buen *western* mexicano que muy vagamente se sitúa en la frontera con los Estados Unidos. Las cualidades dispersas que, a pesar de mil errores técnicos y deficiencias de construcción, podían advertirse en las más ambiciosas de sus películas precedentes, dominan en el balance artístico de *El silencioso*. De esta manera, el terreno más fragoso y vedado a la industria fílmica nacional ya cuenta con un defensor respetable y ortodoxo.

Sin necesidad de salirnos de los nacientes dominios del neo*western* mexicano, podríamos definir a Alberto Mariscal como el complemento y la antítesis de Arturo Ripstein, su antecedente inmediato y compañero. El joven debutante llegaba al *western* con disfraz, desde afuera, al cabo de admonitores razonamientos sobre la forma épica y el ocaso del cine mitológico; Mariscal arriba al *western* con actitud reverencial, moviéndose siempre en el interior de él. Ripstein quería contravenir las convenciones del género, criticarlas y darles un sentido distinto; Mariscal es obligado por contingencias comerciales a servir a esas convenciones, a tratar de restituirles su significado primordial, a asumirlas como matrices lingüísticas.

Las consecuencias de las dos actitudes arrojan resultados opuestos. *Tiempo de morir* es un *western* subjetivo, de poca acción y con el predominio de la voluntad de refinamiento en los trazos psicológicos y en la refutación humanista, desmitificadora de la leyenda del oeste, importada sólo como referencia; *El silencioso* sería el primer *western* objetivo del nuevo cine mexicano. Aquí el tema se desarrolla mediante el escueto juego de circunstancias, por la acción pura, a través de numerosos duelos con pistola, asesinatos, cabalgatas, balaceras y asaltos a ma-

El silencioso sería el primer *western* objetivo del nuevo cine mexicano.

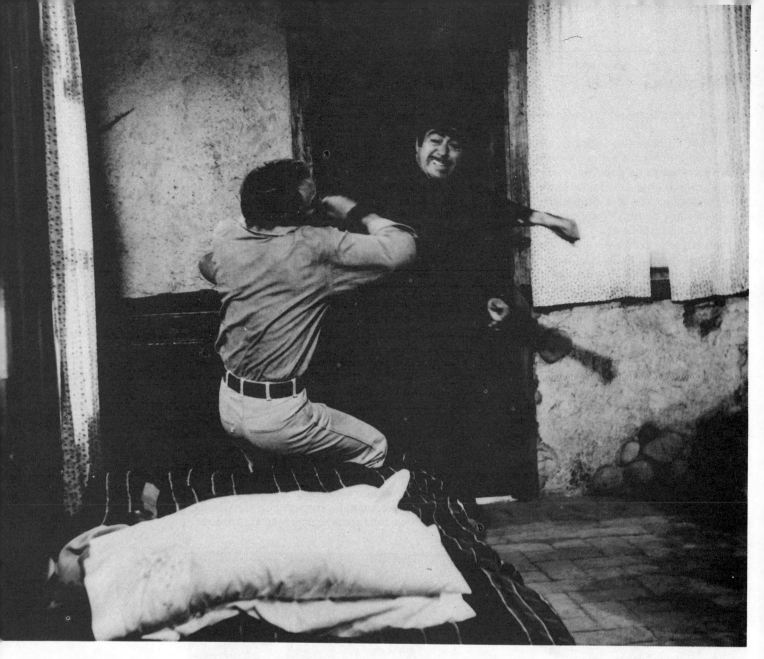

El tema se desarrolla mediante el escueto juego de circunstancias, por la acción pura, a través de numerosos duelos.

no armada. La mitología del oeste va a surgir espontáneamente, como si por vez primera se nombrara.

Derivando sus formas narrativas del clasicismo cinematográfico norteamericano, Mariscal hace que los verdaderos momentos de introspección psicológica sean las escenas de mayor violencia externa, procurando que la tensión de sus creaturas –su violencia interna– repercuta, se exprese privilegiadamente en el comportamiento límite, en la súbita actividad física. La naturaleza significante del personaje central no será su elocuencia verbal (inexistente) ni su histrionismno escénico (de una parquedad avara), sino la rapidez del pistolero vengador para desenfundar su arma de fuego en el *saloon*, tras derribar a uno de sus contendientes con una bofetada.

Como en los viejos precursores poetas de Hollywood (Allan Dwan, Henry Hathaway, Ed-

gard Ludwig), una aparente indiferencia –¿transposición impersonal o austeridad inquietante?, ¿relación frágil entre los personajes y la realización fílmica?– multiplica la fuerza de esta gramática simple.

La idea inicial era hacer una *película refleja* que evocara al líder de los *westerns* académicos: *Shane el desconocido* de George Stevens. Martín (el rejoneador Gastón Santos), con un azadón en las manos, observa sobresaltado cómo una banda de forajidos invade belicosamente el rancho familiar para conseguir cabalgaduras. Un tiro en la nuca lo derriba. Al recobrar el conocimiento, una casa en llamas y los restos de sus padres y hermanos diseminados por el suelo son las primeras imágenes que recibe. Practica pacientemente el empleo de la pistola y, ya diestro, acribilla a uno de los culpables tras perseguirlos de pueblo en pueblo. El deseo de venganza y de justicia lo convierte en pistolero.

Después de este prólogo sumario, la película da comienzo. Ya envilecido e insensible, Martín se cruza en un camino con Amparo (Adriana Roel) y su hija Lina (Mary Carmen González), dos mujeres que se trasladan en una carreta a un pueblo vecino en busca del esposo y padre. Accidentalmente, Martín se inicia como protector de las dos mujeres. Saca a Amparo de una zanja donde ha caído bajo las ruedas de la carreta atascada, le cura improvisadamente, con un cuchillo, la herida. Luego las acompaña al poblado más cercano y en seguida a Santa Rosa, su destino, un lugar hostil en el que todos los habitantes enmudecen cuando se les piden informes sobre el paradero de Quirino Vega, el hombre buscado. Al instalarse en su nueva residencia abandonada, Martín, silencioso, queda al cuidado de las mujeres, que le corresponden con su cariño.

La gente de Emilio Segura (Emilio Fernán-dez), el pistolero en jefe de esa población fuera de la ley, se confabula para echar a los forasteros. Finalmente Quirino (Luis Aguilar) regresa. Ha pasado una temporada en la prisión, traicionado por uno de sus compinches, otro miembro de la banda de Segura. Pero la presencia de sus allegados estimula a Quirino para que abandone la vida bandolera.

Su antiguo jefe decide eliminarlo. Quirino se defiende y huye con su familia a bordo de la carreta. Los bandoleros lo persiguen y lo acosan. Martín interviene decisivamente. Los asesinos son exterminados a tiros, pero Emilio, antes de morir, ha herido gravemente al Silencioso. Mientras la familia de Quirino queda atrás, en un pueblo pacificado, el pistolero agoniza en la serranía sobre su silla de montar.

Por fortuna la similitud con *Shane* se desvanece en las amplias líneas de un argumento clásico que admite cien variaciones diferentes.

Derivando sus formas narrativas del clasicismo cinematográfico norteamericano, Mariscal hace que los verdaderos momentos de introspección psicológica sean las escenas de mayor violencia externa.

Ninguno de los guionistas (el prolífico autor de churros José María Fernández Unsáin y Francisco Cavanillas) ha advertido la tesis intelectualizante que deformaba aquella obra (*western* en segundo grado donde la mitología del género se trataba conscientemente como el tema del filme, decía peyorativamente André Bazin).* El argumento de *El silencioso* es tradicional y sencillísimo; al tomar carne y sangre mediante la realización de Mariscal, y acogerse al tiempo rectilíneo, nunca rebasa los límites del primer grado.

Así, la figura del pistolero del oeste como héroe moderno de caballerías, en busca de un hipotético Santo Grial, no genera una impostura en *El silencioso*. La ausencia de intelectualismo y la miseria de la producción favorecen a la obra mexicana: lo único consciente en la película son la habilidad y la intemperie de sus personajes, lo único deliberado es el peso de los hechos. La elevación al mito no es sujeto de trascendencia preconcebida, sino el resultado de un dificultoso trayecto que avanza apoyándose en la sequedad del ritmo, en la pureza de los gestos y en la sinceridad de las relaciones. Se gana en síntesis y en precisión lo que se ahorra en pretensiones.

Dentro de este orden de formas significantes, el brillante prólogo representa una especie de resumen del *Nevada Smith* de Hathaway. Sirve para motivar al nuevo pistolero, para que deje de ser desde un principio un simple matón; expone el origen de su "oficio", de su desgarramiento íntimo, de su errancia y deshumanización. Sus acciones posteriores, conducidas por el azar, tendrán entonces como objeto el profundizar en su estado de espíritu. La noche que pasa en vela sin atreverse a entrar en la habitación de la mujer, el restañamiento del ala de un pájaro que le solicita la niña que lo admira, su confrontación con la pandilla de asesinos enseñoreada en el lugar (Emilio Fernández, Roberto Cañedo y otros actores anónimos con una crueldad digna del *Canaima* de Bustillo Oro) o el pleito a puñetazos con el marido de su protegida (antes de borrar su propia imagen ensangrentada agitando las aguas del estanque), nos descubrirán el secreto que esconde este émulo del incoloro Alan Ladd, la impasible inexpresividad de su rostro y su silencio.

Conoceremos, en medio del salvaje nihilismo del ambiente, la tristeza de un hombre solo que celebra la impiedad de su revólver pero que es incapaz de amar la sangre que hace correr. Dentro de un realismo enemigo de retorcimientos de estilo, a secuencias de feroz virtuosismo (corte directo al plano en profundidad de campo que describe al mismo tiempo al hombre que dispara y al hombre que cae antes de poder sacar su pistola, la causa y el efecto) suceden escenas en que impera la suavidad del tono, la calma serena de la ternura femenina. La servidumbre del vengador, indemne a las virtudes destructoras del arma de fuego, entra en pugna con el calor de una compañía en los tensos momentos de reposo.

La justicia expeditiva, que volverá libres a los cobardes personajes sin relieve de la colectividad, provoca también la derrota de la frialdad inafectiva y rechazante del pistolero. En la magistral secuencia final, ante el asesino que se escuda detrás de la niña que ha venido a rogarle el cese del fuego, Martín depondrá sus armas y saldrá al descubierto. Su aniquilación tendrá forma de sacrificio. La hermosa imagen concluyente del vengador herido doblándose sobre un caballo blanco que cabalga contra un crepúsculo azul bajo nubes amenazantes, tan bella como la imagen final de *El secreto del jinete* de Boetticher, sintetiza el sentido del filme: la recuperación de la nobleza y de los sentimientos por un hombre violento abocado a la muerte.

Se impone una aclaración. Ceder al entusiasmo sorpresivo de *El silencioso* no equivale a ignorar sus defectos. Evidentemente la película es incompleta, fragmentaria y esquemática; el acecho del puma de *stock-shot*, el trenecito de Cuautla y el ganado con viraje de color mueven a risa; la antipática falsedad de la niña anula uno de los temas stevensianos (la fascinación infantil por la presencia aventurera); la dirección de actores y de comparsas es por instantes increíblemente torpe, etcétera. Pero creemos que lo sobresaliente de este filme es su escritura llana, el brío de su montaje, su equilibrio plástico, el esplendor de sus colores, el ejercicio breve de su crueldad, el lirismo de su violencia y la sencillez de sus datos. El cineasta se prueba frente al obstáculo.

En última instancia, *El silencioso* nos atañe en la misma medida que *Quince balas* de Gordon Douglas, *Hombre o revólver* de Albert C. Gannaway, *Fuerte Laramie* de Jacques Tourneur y *Emboscada salvaje* de Paul Landers, pequeños diamantes desconocidos del *western* serie Z. México ya tiene su Hathaway adolescente, su Budd Boetticher postulante. Alberto Mariscal es la posibilidad de la acción en el cine mexicano.

* En *Cahiers du cinéma*, núm. 74, París, 1957.

La afrenta

La afrenta es el horizonte imprescindible, inevitable de cada acción: afrenta a la propiedad privada, al instrumento de trabajo ajeno, a la solemnidad oficial, a la respetabilidad burguesa y ciudadana, al culto a la muerte.

A mediados del año de 1965 fue dada a conocer la convocatoria del primer concurso nacional de argumentos y guiones cinematográficos, promovido por el Banco Nacional Cinematográfico, la Dirección General de Cinematografía de la Secretaría de Gobernación y la Asociación de Productores de Películas Mexicanas. La participación popular y espontánea, para profesionales del cine y aficionados, no estaba condicionada por ninguna limitación temática o literaria. Se recibieron 229 argumentos y guiones originales.

En septiembre de 1966, un jurado calificador formado por delegados de las tres instituciones promotoras, hizo pública su breve lista de triunfadores:

Primer premio: *Los caifanes*, de Carlos Fuentes y Juan Ibáñez.
Segundo premio: *Ciudad y mundo*, de Mario Martini y Salvador Peniche.
Tercer premio: *Pueblo fantasma*, de Juan Tovar, Ricardo Vinós y Parménides García Saldaña.

Además, el mismo jurado recomendó la filmación de once asuntos participantes en el orden siguiente:

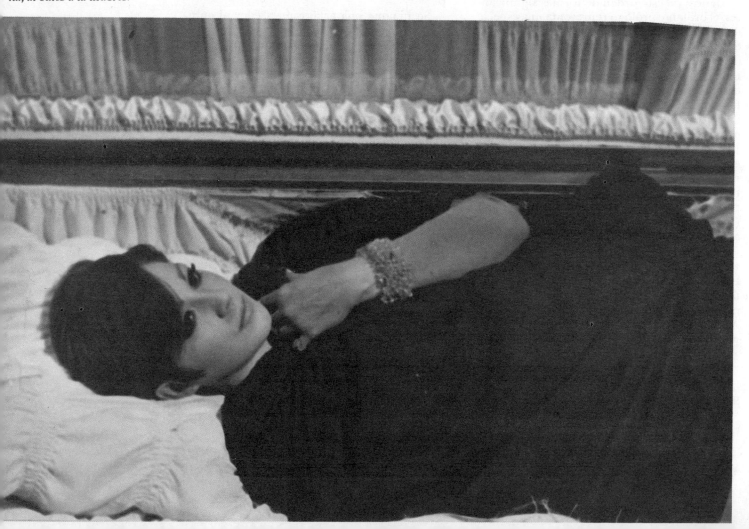

Mariana, de Inés Arredondo y Juan Guerrero.

La fiesta del mulato, de Luis Moreno Nava.

La verdad, de Carlos Lozano y Luciana de Cabarga.

Rodolfo, Fito y Fitito, de Carlos H. Cantú y Cantú.

El sol secreto, de Manuel Michel.

El calacas, de María Teresa Díez Gutiérrez y Juan Ibáñez.

Más lejos, de Nancy Cárdenas y Beatriz Bueno.

A orillas del Papaloapan, de Ángel y Luis Moya Sarmiento.

El negro Mauro, de Gabriel Fernández Ledesma.

El ruido, de José Agustín.

La senda, de ANNDK (seudónimo).

Sin necesidad de especular, el concurso respondía a urgencias muy evidentes. Trataba de encauzar la inquietud despertada entre las nuevas generaciones de escritores y cineastas de realizar su legítimo deseo de expresarse a través del cine; trataba de establecer nuevos nexos entre la industria organizada y los creadores independientes; trataba de fundamentar las exigencias gubernamentales de una elevación del nivel artístico y comercial del cine mexicano; trataba de reconciliar a los descontentos fuera del poder industrial; trataba de patrocinar el surgimiento de un cine nuevo y de verdadera calidad. El Banco Cinematográfico ofreció facilidades económicas especiales para que fueran filmados los argumentos ganadores y recomendados.

La industria volvió a traicionar la crédula confianza del gobierno. Los argumentos premiados, de alta calidad literaria y algunos de enorme atractivo comercial, fueron ignorados o rechazados por la Asociación de Productores, considerados "riesgosos" o de "lenta" recuperación. Hasta el momento de escribir estas líneas sólo dos argumentos de los catorce se han filmado (*Los caifanes*, *Mariana*), y los dos en condiciones que salen fuera de lo que se considera normal dentro de la producción fílmica mexicana.

Juan Guerrero, con capital y avales personales, tuvo que convertirse en su propia casa productora para hacerse merecedor de un amplio anticipo por parte del Banco Cinematográfico, decisiva y habitual fuente de financiamiento en México. Los aplausos a la producción libre, heroica y joven, se ven mitigados, entre la imperceptible sutileza y la inexistencia dramática, entre el misterio que (nunca) resplandece y la puerilidad, por un equivocado concepto de la narración fílmica. Suma de errores: la blandura de la dirección, la ignorante inconsistencia del libreto, la vaguedad metafísica, la ideología prejuarista, el

Con una energía, un desbordamiento de tendencias estéticas, un afán de búsqueda y un sentido del ritmo completamente inusitados en el cine nacional, *Los caifanes* es todo lo contrario de una película realista.

ridículo *miscat* de los actores adultos, la supervivencia del viejo cine psicológico estilo *Crepúsculo* de Bracho, los pretensiosos contrarritmos, Pavese leído por Corín Tellado. *Mariana* es la historia de una conflictiva relación marital que nunca llega a definirse, bosquejada, hueca, coloreada. Todos los defectos de *Amelia* (lentitud, complacencia en lo plano) y sólo en las escenas de infancia algunas de sus cualidades (sinceridad, confesión de inconciencia, impenetrabilidad de la figura femenina, rechazo de *status*). Preferible hubiera sido el franco melodrama y no la intelectualoide parábola de posesión absoluta. El cobarde estatismo de Figueroa acaba con cualquier asomo de vida. En rigor, el camino de Juan Guerrero hacia su estilo personal será más arduo, más largo de lo que esperábamos, de lo que habíamos deseado.

El caso de *Los caifanes* fue todavía más "anormal". Motivo de luchas internas dentro del sistema, objetivo del ataque y del escarnio de campañas de prensa venales, el guión contó para su filmación con el entusiasmo de dos jóvenes productores, Mauricio Wallerstein (hijo de Gregorio Wallerstein, uno de los productores económicamente más poderosos) y Fernando Pérez Gavilán (exhibidor independiente y gerente de los Estudios América), quienes se asociaron con los argumentistas triunfadores y fundaron una nueva casa productora.

Así, con un presupuesto muy bajo y en condiciones apremiantes (como la suspensión del rodaje, apenas iniciado, por dificultades sindicales), la película fue filmada, en colores, dentro de los pequeños Estudios América, construidos para la producción exclusiva de cortometrajes y películas de episodios (de luchadores, de aventuras infantiles, *subwesterns*, etcétera) del Sindicato de Técnicos de la Industria Cinematográfica (STIC), competidor amistoso e involuntario del viciado Sindicato de Trabajadores de la Producción Cinematográfica (STPC). El resultado técnico de *Los caifanes* fue óptimo y su costo considerablemente menor (no llega al millón de pesos) que el de cualquier filme realizado en los Estudios Churubusco, centro de operaciones del STPC.

Como testimonio de su procedencia laboral, *Los caifanes* aparece mostrando en cinco ocasiones curiosos subtítulos sobreimpresos que, camuflage obediente de la componenda legal, le dan un aspecto postizo de película de episodios; diríase un procedimiento tomado de Jean-Luc Godard o de Agnès Varda.

Con una energía, un desbordamiento de tendencias estéticas, un afán de búsqueda y un sentido del ritmo completamente inusitados en el cine nacional, *Los caifanes* fue dirigida por su coguionista Juan Ibáñez y es todo lo contrario de una película realista. Los autores han tomado sus elementos populares como ligeros motivos de estilización, viraje, extravagancia, literatura a ultranza y exotismo. Lo que importa es el desplazamiento, la sensación coherente de emigrar hacia una realidad escénica autosuficiente, barroca, constreñida e impuramente cinematográfica que recupera a la otra realidad, la realidad mexicana actual de la que ha partido, al cabo de un largo recorrido, al final de una "noche brava" que se ha despojado de la viscosa malignidad de Pasolini y Bolognini para sorprenderse y suspenderse en el trance hipnótico de una barraca de feria.

Es posible seguir la trayectoria de esa recuperación en novena o décima instancias de la realidad extracinematográfica. Para hacerlo, hay que desmontar una de las estructuras más destellantes, inaprehensibles y complejas que hayan disfrazado mensaje artístico alguno en el cine mexicano, a riesgo de que la verdad simple de ese mensaje se volatilice.

Fuentes e Ibáñez 1) desconocen o fingen desconocer la realidad miserable de las clases proletarias capitalinas y provincianas proclives a lo *lumpen*; 2) deciden inventar otra realidad, paralela; 3) establecen un flexible esquema intelectual con base en sus experiencias creativas personales, apoyándose en la cultura nacional, la sociología y la filosofía de lo mexicano, abocándose a la burla de los mitos ambientales; 4) hacen un admirativo y parco homenaje al Fellini de los comienzos (*I vitelloni*), al Fellini de la decadencia (*Julieta de los espíritus*) y a la negatividad buñueliana; 5) permiten que se libere el subconsciente fílmico autóctono de su juventud y la película toma consistencia arrasando con el modelo propuesto por Ismael Rodríguez y su pintoresquismo delirante de *Nosotros los pobres*; 6) ponen en actividad el mecanismo sobre los engranajes de un supuesto idiolecto citadino a la vez taquigrafiado, semianacrónico, minado y producto de la autoexcitación; 7) dinamizan el conjunto mediante la pasión por el juego; 8) Ibáñez, mago y *clown*, catrín universitario acaifanado, marionetista y demiurgo, ordena la prioridad del movimiento teatral, del humor populachero y la actuación enfática; 9) el nuevo monstruo empieza a andar con una crispada y sin embargo hipersensible vida propia; 10) en su punto de llegada, las diferencias de clase y la rabia de sus implicaciones emergen a la superficie inesperada y dócilmente.

La trama de la película, aunque entrecortada por numerosas citas culteranas (Octavio

Los caifanes son directores de escena de sí mismos. El laberinto de la soledad es, de hecho, un laberinto de la simulación.

Paz, Jorge Manrique, Santa Teresa de Ávila) y por escapes oníricos, conserva su desarrollo lineal, abarcando los sucedidos de una sola noche. Al salir los invitados de una fiesta *snob* de gente rica en las afueras de la ciudad, Paloma (Julissa) y su novio, el arquitecto Jaime de Landa (Enrique Álvarez Félix), dos muchachos pertenecientes a la alta burguesía, se quedan rezagados. El joven propone a su compañera que aprovechen la oportunidad para hacer el amor ahí mismo; ella se hace del rogar. Salen a la calle y a los pocos minutos se desencadena una tormenta. La pareja se refugia en un automóvil. No tardan en presentarse los dueños del vehículo: cuatro caifanes, el Capitán Gato (Sergio Jiménez), el Estilos (Óscar Chávez), el Azteca (Ernesto G. Cruz) y el Mazacote (Eduardo López Rojas), que los descubren con disgusto. Pero su actitud hostil y fanfarrona pronto se vuelve amistosa y todos juntos, catrines y pelados, deciden irse de juerga.

Pese a la reticencia de Jaime, la diversión en sitios insólitos y en plena calle se sucede, de peripecia en aventura traviesa, durante toda la noche. Al amanecer, tal como se formó, el grupo se disuelve. Pero, después de haber sido cortejada infructuosamente por uno de los caifanes, el Estilos, y de haber sido recriminada en inglés por su novio para censurar su conducta, Paloma parte sola en un taxi.

El ámbito de *Los caifanes* es la ciudad de México, ciudad que el naturalismo fantástico de Ibáñez redescubre con el ímpetu de las películas de Rodríguez y Galindo de hace veinte años. Ciudad de México, ciudad donde se mezclan estratos sociales y económicos a los que incluso el lenguaje sirve para diferenciar, ciudad en que coexisten, ignorándose mutuamente casi por completo, diversos planos de evolución, ciudad monstruosa, inabarcable y odiada que, como en las mejores novelas de Carlos Fuentes: *La región más transparente* y *La muerte de Artemio Cruz*, vuelve a ser la "ciudad a fuego lento, ciudad con el agua al cuello, ciudad del letargo pícaro, ciudad de los nervios negros, ciudad de los tres ombligos, ciudad de la risa gualda, ciudad del hedor torcido..."

La visión panorámica de la ciudad se desprende de las relaciones interpersonales del reducido número de personajes tipificados. Pero, de cualquier manera, esa visión resulta, a fuerza de autoparodia y caricatura, una visión desorbitada y contrahecha. Y, sobre todo, la ciudad de *Los caifanes* es el sitio de la afrenta: la suerte y la muerte son los dos polos entre los que se debate.

Incluso la diversión es, en el filme, sinónimo de afrenta. En el Géminis, cabaret de barrio bajo, su centro de diversión predilecto –vómito de colores, caleidoscopio paradisiaco de la represión indigente, fichadoras enmascaradas con plastas de maquillaje y rimmel, fuga irracional que se consuma en la fealdad delicuescente, pasos acompasados de torpes bailarinas interplanetarias con penachos de pluma y túnicas de polietileno, modulaciones quejumbrosas de un danzón lúbrico–, la violencia física interrumpe la variedad de los juerguistas. La ha provocado el Mazacote al regar el contenido de una botella de brillantina robada sobre la pista, nada más por joder gente.

Al estallar en el encierro del antro, la violencia se resuelve en una confusión de cuerpos oscuros que se trenzan. El corte acelerado subraya la afrenta colectiva de ebrios barbones y mariposillas repelentes, el frenesí que contrapuntea tentativas de la soñada violación en público, el rostro sangrante de un payaso inmolado sobre la mesa, golpes asesinos y una tragedia que destina a la inmovilidad de un grupo de derelictos con la faz borrada que miran hacia la cámara –como los intelectuales de la *New York-party* de *Un alma pura*–, deshechos y aniquilados por una amargura latente que ha logrado vencer a la exuberancia espuria.

En esta ciudad famélica y muerta de medianoche, en su tensa cerrazón espiritual, afrentas son también el monólogo del Capitán Gato observando epistemológicamente las dos caras de una moneda, el robo de la corona luctuosa ante la impotencia del vendedor obeso, la quema de la peluca del Santa Claus alcoholizado (Carlos Monsiváis), el despojo de la guitarra al ciego para cantarle viejas baladas melancólicas a la riquilla que nos honra con su presencia, la correteza burlesca a lo Mack Sennet dentro de la agencia de inhumaciones, el juego de darse un volteón con la huesuda en el interior de los sarcófagos, la ascensión a la estatua de Diana Cazadora para ponerle falda, máscara y sostén, y el abandono de la carroza funeraria en mitad de la Plaza de la Constitución.

La afrenta es el horizonte imprescindible, inevitable de cada acción: afrenta a la propiedad privada, al instrumento de trabajo ajeno, a la solemnidad oficial, a la respetabilidad burguesa y ciudadana, al atávico culto a la muerte. Burla inocente de los caifanes, regocijo trascendente y cerebral de los autores, danza de mitos y estereotipos, gesto vital que sirve para desembarazarse de la cursilería intelectualoide de *Un alma pura*, aquí la intervención de la afrenta en un registro humorístico tiene como finalidad unir a las dos clases sociales confrontadas en un mismo conflicto original que las

Los caifanes padecen todas las deformaciones impugnadas por psicólogos y filósofos al pelado mexicano; tienen todas las lacras intelectuales de prelógica simbólica.

supera: las caretas de un ser nacional que renace por doquiera, como fantasma perseverante, tras cada golpe de la razón.

Pero, a todo esto, ¿quiénes son los caifanes? Son ante todo un conjunto de mugrosos sin nombre: el Mazacote, el Estilos, el Azteca y el Capitán Gato, mecánicos queretanos de farra en la ciudad, cuatro indumentarias que compiten en ridiculez con aquellos habitantes de *Salón México* (sus precursores aviesos), seres anónimos sin fortuna ni gloria. Nunca serán ni vagos ni malvivientes, son pícaros urbanos supercantinflescos e inofensivos que sólo desean pasar una noche dedicados al vacile, a la expansión del ánimo.

Los caifanes son directores de escena de sí mismos. El laberinto de la soledad es, de hecho, un laberinto de la simulación. Si la verdad y el triunfo social están vedados, apuran el sabor de la afrenta por medio del acto gratuito y del albur. Ellos dictan la estética de la película: parafraseando a Godard, podríamos decir que la divisa de Ibáñez es "veinticuatro veces el artificio por segundo". Pero el cine moderno no ha destruido nada; por el contrario, nos ha hecho avalar convenciones ("teatrales", tiempos muertos, mala factura, planos subjetivos, etcétera) que antes nos hubiesen parecido inadmisibles.

El error por superabundancia es una manera indiscutible de crítica interna. Por eso, Ibáñez se siente seguro cuando su relato desemboca en el *show* o en el fellinismo de pariente pobre, sin temor al mal gusto, a lo soez y a la vulgaridad. Lo que en su antecedente Ismael Rodríguez era sinceridad en estado sensiblero y bárbaramente bruto, en el joven universitario es candidez y sentido del espectáculo. La influencia de estilo es como un rictus que se mofara de sí mismo y de su espejo.

La inautenticidad en que los caifanes se han visto obligados a instalarse los convierte en sus propios enemigos y, fortuita, mansa pero irresponsablemente, de los demás. Nadie pretende la subversión; el caos de su inconsciencia y el punzante infantilismo de su burla constituyen la garantía del orden injusto porque el mundo del artificio es inagotable, polivalente, diverso hasta lo flagrante, sentimental hasta lo lánguido, ingenuo hasta la puerilidad.

Por la vía del ingenio y del instinto exacerbados, los caifanes ensartan la cadena de los actos gratuitos de la parranda. No se divierten obedeciendo a una riqueza imaginativa: en un gesto íntimo y efímero, el Azteca cierra los ojos efusivamente al contemplar desde el asiento trasero del cochecito la nuca despejada de Paloma; el Capitán Gato se detiene en un reverencial ademán epifánico junto a la bóveda helada de la cripta y una súbita aparición onírica remueve sus cimientos mentales (allí, más que de un homenaje a Fellini se trata de un tributo al Héctor Azar de la pieza *Olímpica*, montada por Ibáñez alguna vez, y un reto de *pop*-cursilería); al contacto de la mano de Paloma que pretexta buscar su bolso, la canción del Estilos enmudece. Los caifanes padecen todas las deformaciones impugnadas por psicólogos y filósofos al pelado mexicano y al mexicano a secas; tienen todas las lacras intelectuales de prelógica simbólica; están esencializados privilegiadamente con todas las facetas de la enajenación nacional –la seducción de la muerte, la vocación del fracaso y la impotencia ante las instituciones sacralizadas los obseden– y además poseen una sensibilidad frágil y vulnerable bajo su manto de rudeza y rigidez.

Un mundo que se descompone segrega a los caifanes y les da fuerza. Es el poder de la inautenticidad. Una tradición centenaria de lo grotesco y de valores excremenciales, que va de Jonathan Swift a Alfred Jarry y al gran guiñol, los asimila y los transforma en una provocación reiterada al arte y al inconsciente histórico mexicanos. El artificio rinde cuentas de un entretenimiento compulsivo y falseado. La crispación de la afrenta se descubre por todas partes.

Para Jaime, el joven ingeniero, decente, acomodado y angloparlante, los caifanes representan la irrupción de un submundo despreciable que preferiría nihilizar en su conciencia. Le será prácticamente imposible participar del alborozo general ("Usted jale parejo, joven") y, aunque en ocasiones la exaltación general lo ayude a abrirse impulsivamente a una libertad ansiada en el fondo ("Tienes razón, vamos a divertirnos"), querrá desertar de la parranda al concluir cada uno de los episodios. El mundo caifanesco le está prohibido porque para él representa un objeto de escándalo y porque su mentalidad, determinada fatalmente por su educación de clase, se ve agredida por toda una serie de signos y símbolos, de giros de lenguaje, cuyos significados se le escapan y lo excluyen.

Paloma adopta la actitud contraria. No intenta dilucidar el sentido de los actos caifanescos sino que los asume a través de la simpatía y la emoción intensa. Quizá se trata de una afinidad de sometidos, quizá la neurosis de la mujer "liberada" tenga el mismo denominador que la opresión social. Al distraerla del tedio *snob* y del escarceo rutinario que traza tibiamente la caricatura del erotismo matrimonial, los caifanes le facilitan el acceso a una alegría

El ámbito de *Los caifanes* es la ciudad de México, ciudad que el naturalismo fantástico de Juan Ibáñez redescubre con el ímpetu de las películas de Rodríguez y Galindo.

fulminante por completo desconocida. Atisba una posibilidad de contacto con esas sombras extrañas que, sin que lo hubiese advertido nunca, habitan en su misma época y en su misma ciudad, personajes que sin la mediación del azar seguirán siendo exterioridad indiferente.

La sensibilidad y los desahogos emotivos de Paloma vencen el tímido y desafiante hermetismo de los caifanes sin necesidad de descenso social. La chica se deja absorber por los signos que giran a su alrededor ("Vamos a hacer otra jalada"). Un poco como los personajes adolescentes de Hermann Hesse o la protagonista de *Los jóvenes* de Alcoriza, Paloma se abandona a la fascinación del lado oscuro, del reverso vedado de las cosas, de la cara oculta de la realidad, en el ámbito de una derrota que se ignora pero que ha encontrado mil sustitutos que podrían transferírsele.

Sin embargo, Paloma busca únicamente distenderse, expandirse, propagarse. Entre la muchacha bien y los caifanes nunca se establece una verdadera comunicación. El pesimismo de Fuentes e Ibáñez es radical. *Los caifanes* es una meditación sobre la incompatibilidad definitiva de dos mundos. Aun cuando Jaime ataque a los caifanes, los humille en el último estallido de rabia y los amenace con denunciarlos mientras un soldado que inmutable los observa ("¿Y de qué nos vas a acusar, nene de miércoles?"), durante el desayuno de crudos a un lado de la carretera, la violencia entre los juerguistas sigue siendo mero resentimiento justo y verbal. La pugna franca jamás llegará a definirse. Nada lava ni disuelve la afrenta. Aunque se opongan y choquen los dos estratos sociales, ambos respetan estrictamente sus límites de clase.

El afecto a nadie redime. Paloma huye con el Estilos por las calles arrabaleras, pasea en su compañía por vecindades miserables que muestran los residuos de humildes festines, y se deja transportar sobre un caballito de cartón, pero le es imposible aceptar el afecto del muchacho de igual a igual; si despierta su arrojo es para mimetizar la inicial escena de escarceos eróticos con Jaime en la casa opulenta (el catrín propone mansamente el casamiento, el caifán sufre la humillación). Empero, esta mu-

chachita insulsa y frívola, encantadora y delicada, este objeto erótico fluctuante, es quien da sentido ideológico a la cinta.

Los caifanes viene a ser el enfrentamiento de dos formas extremas de la vieja moral. Solamente en Paloma, mientras la ciudad respira su tufo matutino, se esboza un rasgo de ética consciente. Sueño de vida cómoda y respetada para los caifanes, Paloma-Moloch se alimenta con la ternura viril del *Estilos* y su acomplejado enamoramiento, con la pequeña verdad de su afecto. El caifán carita persigue a Paloma para devolverle el caballito de cartón. Corre el pobre diablo burgués a detener un taxi, abre la portezuela. Paloma sube y da un portazo al tiempo que el automóvil arranca y Jaime queda con el brazo extendido. Es el primer acto moral de toda la película, la justificación de ella. La conciencia de Paloma es la zona sagrada donde desemboca una noche de desenfreno irrisorio.

Los caifanes han desaparecido. A ellos les queda su mundo de trabajo mal remunerado, sus abrazos homosexualoides y sus leperadas subyacentes, avergonzadas, en clave, tortuosas y chispeantes: el mundo del albur dará cuerpo a su inestabilidad. El albur serpentea, se incorpora a la conversación como una dimensión suplementaria y mordaz, se erige en vida precaria, bloquea la camaradería viril sublimándola y enturbiándola, da una categoría ceremonial a todos los proferimientos. Fuentes e Ibáñez se complacen en el albur en un triple alarde de erudición, comercialismo y genuino júbilo populista.

La dinámica del albur no se neutraliza en el insulto. Es una afrenta-*boomerang* que se añade, metalenguaje cotidiano, mariposeo semántico, estructura gangrenada de la comunicación; el albur es una corriente alterna. Los caifanes viven aislados haciendo uso de un lenguaje engañoso que quizá sea lo único que les pertenece realmente, una expresión propia que los desgasta, los excita y que agota, en un fuego de artificio miserable, toda su rebeldía ("Mejor nos echamos un sombrerazo popular"). ¿Regresarán al interior del automóvil viejo a rumiar con risotadas su estoico doblegamiento?

El desierto del amor

En los últimos años de la dictadura porfirista, Lisardo (Enrique Lizalde), un joven ingeniero elegantemente vestido a la europea, regresa a su tierra natal acudiendo a los llamados de su tío y tutor don Félix Estrella (Ignacio López Tarso), propietario de una fábrica de textiles en el estado de Veracruz. La llegada del extraño a la casona familiar, casi aislada del exterior, provoca el alborozo de sus parientes. La tía Arminda (Gloria Marín), mujer madura todavía bella, lo acoge maternalmente; Ángela (Daniela Rosen), prima del recién llegado, paralítica desde la infancia, distrae su soledad con la compañía mundana del joven, y Paloma (Pilar Pellicer), la entenada de los tíos, parienta pobre con derechos de dama y obligaciones de sirvienta sin sueldo, lo recibe con ironías e invectivas que mal ocultan la atracción que sobre ella ejerce la presencia masculina.

Lisardo corresponde con afecto y amabilidad las atenciones que se le prodigan, pero es incapaz de adaptarse a la rutina provinciana de la clase acomodada. Además, debe hacer frente a una serie de inexplicables acontecimientos que, por las noches ocurren turbadoramente en la fría y espaciosa mansión. Egas (Angelina Peláez), una pequeña criada indígena, así como el resto de la servidumbre, rumora espantables "visitaciones del diablo". El espíritu racionalista del joven arquitecto le impide creer en supercherías. No obstante, el "diablo" lo acomete mientras duerme, envenena el pastel que ha traído a su prima lisiada al regreso de una fiesta en el casino del pueblo y, con silueta femenina, el "maligno" se le aparece súbita y fugazmente a él mismo, sentado en los jardines domésticos.

Pero si la amenaza sobrenatural permanece irresoluble, Lisardo debe enfrentar, también, anomalías más concretas y explicables. El tío lo utiliza para disculparlo de sus frecuentes infidelidades y alimenta, cada vez menos secretamente, como una buena inversión, el deseo de casarlo con la hermosa tullida; la tía lo hace partícipe de sus desfallecimientos sentimentales; Ángela empieza a depender afectivamente de las caritativas visitas del muchacho, y Paloma, tras agredirlo y provocarlo, termina pasando la noche a su lado.

Ya que el proyecto de colocarse profesionalmente en la región resulta poco satisfactorio, bien pronto la situación de huésped permanente se vuelve demasiado comprometedora. El tío, ejerciendo un severo y solemne chantaje sentimental, obliga al muchacho a prometerle que se casará con Ángela.

Sin embargo, auxiliado por Paloma, Lisardo toma conciencia de su circunstancia. Se entera de algunos secretos familiares y decide abandonar la casa llevándose a su amante. El diablo hace su visitación final: en la noche que antecede a la partida se abalanza sobre Paloma y trata de ahogarla en el estanque. El joven, que vela en su habitación, observa el suceso e interviene a tiempo. Se desentraña el misterio de esa atmósfera opresiva y mórbida. El diablo no es otro que su tía, sonámbula patológica y, a fuerza de represión, en camino a la perversidad sexual. Dejando atrás la humillación de la señora burguesa y de su hija, acompañada por los peores vaticinios de la servidumbre, la pareja enamorada sale para siempre de la casona y, con un dinero que Paloma vengadoramente ha sustraído del escritorio de su padre adoptivo, adquiere sus pasajes de ferrocarril.

Se trata de *Las visitaciones del diablo* de Alberto Isaac (1967). Tres fuertes productores –Antonio Matouk, Alfredo Ripstein, jr., César Santos Galindo– se han reunido para financiar la primera película mexicana que dirige un realizador surgido de las filas del cine experimental y filmada dentro de los lineamientos; del STPC, con todo el equipo de rodaje oneroso y superfluo, con todas las limitaciones industriales y deberes gremiales que tal hecho implica.

El propio Isaac ha redactado la adaptación de la novela homónima del dramaturgo veracruzano Emilio Carballido en que se basa la

270

cinta. Tal como podría preverse desde su inicial incursión experimental, Alberto Isaac posee seguras dotes de narrador y un sentido *sensible* del cine que le han servido, en esta ocasión, para hacerlo superar unos límites que se le imponen por partida triple: por su propia experiencia técnica, por los intereses del cine comercial más presionado del mundo y por los temas de una novela anacronizante que se presenta a sí misma como un "folletín romántico" a la manera del siglo XIX.

Son insoslayables los defectos de la película. La dimensión irreal y la real se yuxtaponen sin integrarse definitiva y necesariamente hasta el tradicional epílogo del relato. A menudo el ritmo interior de una secuencia se pierde y la

técnica narrativa, pese a la sobriedad norteamericana que busca el lenguaje ideal de Isaac, no tiene aún el aplomo que requiere un cine profesional sin fronteras nacionales: en varias ocasiones, después de haber planteado brillantemente el comienzo de una escena (el *establishing-shot* o el *master-shot*), el director no encuentra la mejor manera de continuar su desarrollo en el mismo nivel narrativo y recurre a intercortes –muy cercanos *close-ups*– que empobrecen al filme en su conjunto. O bien se deja ganar por el esteticismo, en detrimento del vigor expresivo.

Pero, en lo fundamental, la película es un acierto. Consigue trascender los límites y errores señalados, gracias a la serena exposición de

Ángela empieza a depender afectivamente de las caritativas visitas del muchacho, y Paloma, tras agredirlo y provocarlo, termina pasando la noche a su lado.

los hechos, una exigente seriedad y un conocimiento respetuoso y apasionado de las estructuras formales del cine hollywoodense en su etapa clásica, la década de los treinta, cuando un lirismo fino y sedoso presidía la añorante mirada de los cineastas que militaban en el estilo MGM, desde Clarence Brown hasta George Cukor. Isaac no traiciona esos principios ni permite que bastardas pretensiones intelectuales descompongan una forma artística que no necesita hacerse explícita para alcanzar la dimensión intelectual que ya por derecho posee.

Sustancialmente, *Las visitaciones del diablo* difiere muy poco de *En este pueblo no hay ladrones*. Se descubren en ambos filmes características comunes. La misma aproximación enternecida y crítica al anacronismo a que se ven confinados los habitantes de la provincia por circunstancias sociales. El mismo empleo sistemático del *medium-shot* y del *full-shot* que no violentan la intimidad de los personajes. La misma repulsa a la actitud del fiscal que adopta invariablemente toda cámara consciente en el cine hispanoamericano. El mismo matiz ideológico, la misma protesta unicéfala que elude optar por alguna específica filiación revolucionaria. El mismo afán por detectar, debajo de irreformables relaciones provincianas, los indicios de pasiones desmesuradas (intensas vidas interiores) a las que, como ocurre en las obras de Miguel de Unamuno, las ataduras del pequeño mundo han asfixiado por completo, hasta volver sus despojos ridículos e inhumanos. Pero, en su segunda película, Isaac añade un elemento que acaba por dominar su voluntad de estilo: el color.

Frente a la dulzura desvaída, la fealdad emética, el estallido arbitrario y el folclorismo chillante con que se han explotado, hasta ahora, las posibilidades cromáticas de la imagen en México, *Las visitaciones del diablo* es una lección valedera, es la película visualmente más armoniosa que se ha filmado en el cine nacional. No creemos que se trate de un mero accidente técnico; el impulso expresivo siempre rige y regula (o invalida) a la técnica. Seguros de que la apariencia formal determina el significado dramático de una cinta, no creemos ocioso efectuar el análisis de la obra de Isaac basándose preferentemente en datos de esa propiedad. Aprovechemos la oportunidad y restituyámosle al color las funciones climáticas y psicológicas para las cuales fue incorporado al cine.

El tío, adúltero y masón, dominante y López Tarso, es el tronco *café oscuro*. Se expresará abiertamente en su biblioteca, una vieja capilla con puertas de clausura y revestida de *madera* que conserva aún los vitrales y las molduras rococó del culto eclesiástico. Sólo ahí se atreverá a hablar sin ambages a su sobrino, para conminarlo a casarse con la prima inválida. Como su guarida, la contextura moral del autoritarismo es esa mezcla archiburguesa de poscristianismo vergonzante y picaresca chabacanería, apta para reprimir "conspiraciones de obreros", para agraviar al cura durante la cena familiar, o para dormir con las sirvientas.

Lisardo es un personaje *incoloro*, un Enrique Lizalde de telecomedia culta, rígido y declamatorio. Su carácter toma el color del decorado que lo contiene. El orden inocente y versallesco, atemorizado y cauto, así como la apostura de su traza, la hiperbólica solemnidad de su dicción y la liberalidad pasiva de su pensamiento, nos informan de un espíritu desubicado, característico de ciertos héroes sin tacha de las originales *ghost stories* (Horace Walpole, Ana W. de Radcliffe, Sir Bulwer Lytton) o de la literatura prerromántica inglesa y su lógica luterana. En uno u otro caso, Lisardo es un personaje opuesto a las ondas femeninas que lo rodean. Desconoce la exaltación del yo propia del romanticismo a que debería pertenecer. Así se explican actitudes tales como su rechazo inicial al misantrópico descaro de Paloma, la ternura enfermiza que lo liga a Ángela, la turbación con que acata las imposiciones matrimoniales de su tío o el gesto de escándalo con que arroja al estanque la novela licenciosa de su prima.

Lisardo aborta las posibilidades galdosiano-galdinescas del filme: a diferencia del Pepe Rey de *Doña Perfecta*, las ideas nuevas de la metrópoli sólo le han enseñado la virtud de la prudencia. Y, apartándolo del clima social que le es ajeno, aun cuando el clima de terror que lo envuelve pudiera provocar en cualquier momento el desorden sexual de la obra de *Monk* Lewis, y en contraste con los policromos paisajes vegetales que se diseminan en torno suyo, el héroe permanece siempre incólume, siempre reticente, estratificado por una tibia placidez, incontaminado, en resguardo permanente de una artificial pureza. Impedido por el goce satánico, también le está negada la melancolía. Más que de un personaje vivo en sentido estricto, representa la conciencia en equilibrio, al mismo tiempo intrusa, espectadora, y agente de un trastorno que comprende mínimamente. El joven ingeniero, deseoso de labrarse un porvenir, alcanza a ser apenas la presunta víctima de unas maquinaciones familiares. Desde su perspectiva, la corrección de la película es poco emocionante: describe la categórica ruptura de un héroe impoluto con el encierro rural y con la corrupción a que parecían destinarlo sus antecedentes. Su rechazo es de fácil acceso.

Basta una noche de amor en los brazos de Paloma y la develación de un enigma puramente doméstico para que el muchacho, de un tirón, pueda zafarse de la pesadilla bucólica a la que los vínculos del parentesco y de la gratitud intentaban recluirlo.

Más interesantes son las figuras femeninas. Paloma, siempre traviesa y mordaz, es una imbricación de *blanco y negro*. Nos será permitido atisbar su verdadero sentir durante la visita que realiza a la fábrica textil en compañía de Lisardo. Ahí, entre las espigas *blancas* del trigal, movidas por el viento, y frente a las miserables casuchas de los operarios, dejará caer su máscara de cinismo y, rencorosa, contará al escamado muchacho, fingiendo alegría, las

humillaciones que el poder de la riqueza causó a su padre, y a ella misma, recogida por la familia Estrella para ser alimentada "generosamente" con media leche, cuando niña, y dotada de privilegios condescendientes, cuando mayor, que sólo sirven para hacer más ominosa la antigua situación de su orfandad protegida. Su sabiduría sexual se liberará, mediante las incitantes caricias del *repos d'amour* y mordiendo la oreja de su amante como despedida, entre las *blancas* sábanas del lecho masculino, antes de enfundarse de nuevo en su tosco vestido *negro* (Isaac matiza poco la carga erótica de Pilar Pellicer: la extrae de *Tajimara* y la considera como si estuviera dada de antemano). De este universo mojigato y reprimido que visita

Las visitaciones del diablo de Alberto Isaac (1967) es la película visualmente más armoniosa que se ha filmado en el cine nacional.

273

La inclinación general de Alberto Isaac es más una moral del sentimiento. Si el diablo es el instinto, el tema central será la represión sexual. La aridez del amor quedará como rastro de las visitaciones del diablo.

intermitentemente el diablo, la única mujer que podrá salvarse es una parásita afrodisiaca, galante y salvaje.

Ángela se ha escapado de una novela *rosa*. Es tan lánguida y autocomplaciente como la protagonista de *Impaciencia en el corazón* de Stefan Sweig. Pero incluso la palidez efectivamente *rosa* de su alcoba de niña no crecida será utilizada por el realizador como un motivo de ironía. Daniela Rosen, extraña presencia desmayada, aparece siempre chupándose el dedo, acometida por crisis histéricas o en turbia complicidad con Juan (Juan Ibáñez), el mozo abestiado y corpulento que la transporta en brazos a todas partes. Desmienten los hechos a la heroína sensiblera: es en el fondo una virgen onanista, aficionada tartufesca a los poemas

místicos españoles, lectora inconfesable de novelas libertinas, coleccionista de estampas cursi-pornográficas; celosa, chantajista y posesiva, puede caminar pero no lo hace por miedo al ridículo. El folletinismo anquilosado busca su otra cara en la profundidad del espejo.

Arminda, la esposa engañada y beata, el personaje lamentable, quisiera seguir siendo el *verde* de los prados que cultiva; es el *amarillo* de la vegetación reseca que bajo el sol encubre su ruina moral. En la plenitud de una segunda belleza, Gloria Marín asoma como la revelación de la película. Lleva el desamor solitario con la misma lucífera dignidad que el personaje de aquella Maigualida Ladera que en *Canaima* vivía amargada por la pena de muerte que pesaba sobre sus pretendientes. Su sensibili-

dad, poblada de fantasmas, se manifestará como hierba en descampado: en la terraza de un casino provinciano, en donde la ha dejado plantada don Félix, quien ha partido con su nueva conquista amorosa, Arminda se sustrae a los fracs, uniformes militares de alta graduación, piochas y encajes franceses para que la película pase de la fantasía satírica a lo Ernst Lubitsch –la fiesta de etiqueta considerada como una torre de Babel de la fatuidad, con gorgoritos operísticos y chirridos musicales de un serrote pulsado con un arco de violín– a la tonalidad mortecina y ophulsiana, al sufrimiento imprevisto y ridículo (y por ello más patético) de la mujer marchita. *Amarillos* serán también los *flashes* con que Lisardo se explica

mentalmente el proceder anormal de su tía, *amarillos* como espectrales fosforescencias de la memoria.

Así pues, cada personaje quedará situado minnellianamente en su ámbito propio. Y para evitar que el acento recaiga sobre la complejidad psicológica, Isaac respeta los datos inmediatos, plástica e introspectivamente inmediatos de sus creaturas, sin añadir un solo comentario. Prefiere fijar su atención sobre la engañosa armonía natural que se establece entre los seres, los decorados que los asedian y las rimas internas a que se someten.

El director efectúa continuas rupturas de ritmo y de acción. Implanta un notable contraste entre las escenas de la vida diaria de la

A Isaac le duele el más mínimo sufrimiento de sus personajes. Estamos ante un cine en que honestidad y sinceridad se consideran como valores estéticos absolutos.

familia Estrella y las escenas "inexplicables", las supuestas visitaciones del diablo, en las que despliega con avaricia toda una parafernalia del cine de horror arduamente reaprendida en el *neoirrealismo* italiano: Margheritti, Bava y Ferroni están presentes cuando un demonio de cuerpo palpitante y lúbrico acomete a Lisardo en su habitación y al levantarse el muchacho descubre cerca de su pecho un rasguño sangrante; o cuando Lisardo trata de hacer brotar el mundo nocturno a la luz del día, buscando en los más recónditos lugares del traspatio, llenos de yerbajos y alimañas, la razón de sus inquietudes; o cuando, durante el espacio de un atisbo, asistimos a la aparición ultraterrena de una lívida mujer rodeada por destellos lunares.

El cine de horror funciona aquí, brevemente, para articular la visión objetiva de la subconciencia. Son leves trazos de un falso suspenso, pretexto de imágenes de poesía fantástica en fuga. Imágenes que trasponen a una dimensión dionisiaca el desorden moral de la condición femenina en un corrupto microcosmos porfiriano, el verdadero tema de la película. Del cine de horror, de la crónica festiva y del melodrama rosa, Isaac pasa a lo que realmente le importa, la interioridad femenina, a través de súbitos e incisivos descensos intimistas. La vigilancia del director necesita del subterfugio del cine genérico para dar un eco afectivo a la estirpe buñueliano-galdosiana de sus retratos.

Entonces, la cinta, más que una novela o un folletín romántico, semeja un cuento largo, un cuento moral como los de Eric Rohmer, aunque tenga vestimenta antigua. La inclinación general de Alberto Isaac es más una moral del sentimiento, fundada en la herida interior y la afectividad piadosa, que una moral de la razón con estructuras lógicamente extendidas. Sólo a partir de realidades humanas subconscientes que llegan a brotar a flor de piel, mitigadas por la quemadura del aire, podremos conocer íntimamente a los personajes. Quizá por esto domine el mundo femenino, atávicamente sometido a los dictados de una sensibilidad desenclavada. Si el diablo es el instinto, el tema central será la represión sexual. La aridez del amor quedará como rastro de las visitaciones del diablo.

Isaac desconfía de la desmesura y por ello contiene las ráfagas de su lirismo. No encontraremos en su obra ninguna exaltación de la sensibilidad ni de la atracción erótica; al contrario, estará penetrada por una especie de pudor en frío, un esmero difuso que se vuelve cada vez más enrarecido, a medida que el objeto de la descripción acelera su envilecimiento

espiritual. Se traba el sentido crítico y se favorece el compromiso directo del creador con sus creaturas. *Las visitaciones del diablo* semeja la caída de una piedra (Lisardo, la presencia masculina) sobre un abismo de aguas estancadas que esperaban ese arribo para cumplir su destino de vía láctea hacia el terror íntimo.

Los momentos fuertes, entonces, no serán tanto las breves alegorías góticas como la claridad de la imagen en evanescencia contemplativa: Paloma, la noche de su experiencia sexual, sentada junto al estanque, semiborrada por la luz inmaterial de la niebla, expandiendo su calculado atractivo en la atmósfera nebulosa y remota del parque en plano general; Arminda, dentro de un carruaje, llorando lágrimas clandestinas y sagradas ante los atónitos ojos de Lisardo; Ángela, en pie por primera vez, desde la baluastrada del corredor, víctima de un arrebato incontrolable, extendiendo vanamente los brazos hacia el hombre que abandona para siempre los dominios de su ternura virgen y suplicante.

A Isaac le duele el más mínimo sufrimiento de sus personajes. Estamos ante un cine en que honestidad y sinceridad se consideran como valores estéticos absolutos. Por eso, aun cuando el afecto no excluya la lucidez, la crítica es débil. Un poco como ha sucedido con François Truffaut (*Fahrenheit 451*) y Agnès Varda en el cine francés, como Robert Wise en el norteamericano o como el Alejandro Galindo de las películas urbanas, Isaac corre el riesgo de dejarse enredar en el juego de las íntimas necesidades y las motivaciones evidentes. La represión y la sublimación autorizan cualquier forma del amor; el dolor y el reconocimiento del fracaso vital justifican todos los actos, incluso los inconscientes y nefastos de sus oscuras protagonistas, iluminadas con una luz de ángeles caídos en el inmerecido exilio de la pasión.

El ataque social se hace imposible. En *Las visitaciones del diablo* el mal no tiene cabida, es apenas una enigmática apariencia de la bondad, sofrenada por las contigencias. Más que de un cuadro costumbrista examinado bajo la óptica de la perversidad, se trata de la huida triunfante del purgatorio. Enamorada sonámbula que asume y racionaliza la atracción que sobre ella ejerce su sobrino, Armida camina tambaleándose de rabia, lleva sobre el camisón algas y lodo, expectora las secreciones de la derrota y se transforma en la perfecta heroína romántica decimonónica: la intensidad de su pasión tardía la dignifica. Ángela es también magnificada por la irradiación del deseo reprimido y el estremecimiento ante el ser amado que se le escapa. Paloma goza del amor y del

El director ha entablado una lucha temerariamente afectiva en contra de la ahistórica temporalidad de la provincia, esclava y cómplice de la historia.

desquite. En cambio, nada concreto sabemos de la ideología de Lisardo, o del destino del capitalista Estrella: quedará en suspenso el problema de la huelga en contra suya, aunque históricamente podamos concluir: pronto la vieja burguesía será zarandeada por la revolución, que generará una nueva clase acaudalada no demasiado diferente de la anterior.

Al partir Lisardo, renunciando por amor a un brillante porvenir, quedará atrás, para decirlo con las palabras del cuentista Juan Vicente Melo, comentador de la novela original, "un paisaje siempre nebuloso en el que sol y primavera vienen a ser estallidos sentimentales y las flores adquieren siempre un matiz tristemente nostálgico". Desde su anacrónico folletín minado interiormente, con voz musitada, con una tersura y una sencillez que podrían pertenecer a algún poeta romántico mexicano colaborador de la perdurable revista *El Renacimiento*, Isaac nos habla de la soledad y de la pesadumbre que, desatendiendo las incitaciones de un paisaje feraz, roen las horas en cámaras desiertas.

Pero, decía Novalis, "todo descenso al yo, toda mirada hacia el interior, es al mismo tiempo ascención, asunción, mirada hacia la verdadera realidad exterior". En sus dos primeras obras, Alberto Isaac ha fincado las bases de una nueva visión de la provincia mexicana. Ni rencor en la censura ni júbilo incondicional, sino una objetividad meditada y omnicomprensiva, un análisis duro y bajo custodia. Los pequeños estímulos ambientales, las vagas esperanzas, el tedio del billar y la taberna que engendraban la torpeza autodestructiva del ladrón Dámaso (*En este pueblo no hay ladrones*) tienen su equivalente en la iniquidad moral de don Félix, recurriendo al ejército para que lo ayude a sofocar los gérmenes de una huelga; tienen su correspondencia en las contrariadas urgencias sexuales de las mujeres que aman a Lisardo, en los consejos de la abuela sirvienta (Ema Roldán), orgullosa de la bajeza de su condición, y en las manifestaciones psicopatológicas del "diablo".

Isaac ha entablado una lucha temerariamente afectiva en contra de la ahistórica temporalidad de la provincia, esclava y cómplice de la historia.

277

El exceso

Con voz altisonante de un anónimo jefe de policía y texto que parece redactado después de ver películas de episodios en cantidades masivas, *Cuatro contra el crimen* principia con una breve introducción en donde se ilustra la hazaña de haber quintaesencializado el cine policiaco "moderno", a ritmo vertiginoso, como un exaltado tributo al viejo cine de aventuras: el cineasta es responsable y soberano de su pastiche, de su delirio. Así llevando al extremo la violencia inverosímil tan privativa del realizador de *Encuentro* (en *El viejo distante*) y *La otra ciudad*, entramos prevenidos al ámbito dramático de la película. *Cuatro contra el crimen* es una exaltación. *Cuatro contra el crimen* es una aventura insensata. *Cuatro contra el crimen* se orienta hacia el punto inicial de nuestra credulidad, de

nuestra condición de cinéfilos, para obligarla a vivir en el instante a través de él, a fascinarse con el espectáculo proyectado en la pantalla.

Los cuatro agentes policiacos, o mejor dicho, el combate de los cuatro héroes de historieta contra la Organización Internacional del Crimen reencarna bajo los rasgos de un grupo de actores de segundo orden que resulta estupendo, y presenciamos uno de los juegos de convenciones más asombrosos, más inteligentemente asombrosos que nos haya sido permitido asistir en el cine nacional. Los actores se funden con sus seres de ultraficción, se confunden con ellos, se desmaterializan en una agilidad que ya no es existencia y elemento plástico, sino elegancia pura, estímulo óptico. Economía de los diálogos, un perpetuo movimiento,

Cuatro contra el crimen es la primera gran película inexacta y desfachatada de Sergio Véjar.

ee-112

una disponibilidad humorística y segura, miradas cómplices, hechos escuetos, un nervio inquieto e insistente: las convenciones no se excluyen de la obra. Se descubren, se acendran, se asumen, se respetan. Se traicionan y se agigantan. El flujo ininterrumpido de la acción las simplifica, las despoja. Las pervierte en un absurdo remolino de posibilidades, las invierte, las aprovecha. Rehúye jerarquizarlas, valorándolas como si acabaran de visualizarse.

El movimiento se impone como meta y golpe de dados, un ejercicio tenaz, un inventivo homenaje que hermana a Sergio Véjar con los excesos de Claude Chabrol, Stanley Donen y *Casino Royale*. No hay exceso original y obligado. Humor hitchcockiano, calidad de la mentira, arabescos reflejados en el espejo, estallido

continuo de los choques visuales, son fenómenos comunes al comercialismo, pero contiguos a la poesía, y el reconocimiento previo de esta dualidad unifica las constantes rupturas del ritmo. Elaborar una teoría del mimetismo al cine de espionaje significa romper la capa mental que obstruye y censura al árbol de imágenes. El cine industrial se vuelve juez y parte, sujeto y objeto de su misma necesidad.

La observación frenética de los cuatro agentes (Guillermo Murray, Blanca Sánchez, Héctor Godoy, Pedro Armendáriz, hijo), casos ideales de heroísmo que sintetizan varios personajes célebres de los *comics*, películas policiacas y series de televisión (mezcla de los *Halcones Negros*, Dick Tracy, Sterling Hayden, James Bond, *Manos de Seda* y *El Santo*), se acompaña

Personajes de cine criminal que en nada recuerdan a los arrabaleros gángsters de David Silva, solicitan la aceptación de un superior estatus social y estético.

279

Los actores se funden con sus seres de ultraficción, se confunden, se desmaterializan en una agilidad que ya no es existencia y elemento plástico, sino elegancia pura, estímulo óptico.

con la reflexión del creador sobre sus propios materiales, sus armas, los atributos que lo doblegan y excitan (quizá en este caso habría que hablar de tres autores: Gabriel García Márquez, que dio la "otra vuelta de tuerca al guión"; Rosalío Solano, que obtuvo composiciones fotográficas de insuperable nobleza lírica, y Sergio Véjar, que supo reducir al mínimo la falsa seriedad de su empresa).

Personajes de cine criminal que en nada recuerdan a los arrabaleros gángsters de David Silva y Víctor Parra, solicitan la aceptación de un superior *status* social y estético, lujoso y archibarroco en accesorios y colores. El acierto de *Cuatro contra el crimen* consiste en volver emocionante aquello que hoy ya no es sino idea gastada, método y mecanismo; comercio, enajenación solapada y embrutecimiento popular;

nostalgia y acervo cultural. El arte de Véjar reside en el retorno al estado naciente, en emprender un viaje a través de la luminosidad de la savia hasta la raíz. La película oscila también entre *El automóvil gris* y *Private Hell 36* de Don Siegel.

Por esto, nada en la ceñida estructura de la cinta se deja a la indiferencia. Estamos en la época actual, en una ciudad contemporánea que puede ser México o cualquier parte fuera de este mundo. Estamos en el asombro y en la participación. Somos superagentes en acto, aventureros que sin advertirlo realizamos nuestro oficio con habilidad inaprehensible. Lo inusitado diversifica. Por esto la lógica expositiva se afecta de un alto coeficiente de rigor calculado. Los asaltos a mano armada y los atentados con objetos explosivos se describen

con minucia, rápidamente, con sequedad. Se incursiona en los terrenos del cine *naif*, de paso, dentro de un refinamiento que es dominio expresivo, que es conciencia de imposibilidad.

Porque Véjar planea con seriedad pero filma en el tumulto del placer. Un asesino sexual dispara desde una ventana a la policía, en una escena matemática, más allá de la reflexión moral. El agente miedoso (Héctor Godoy) efectúa un esfuerzo valeroso, durante una balacera en que pierde la vida, y su muerte se hace digna del cine trágico. Las situaciones se establecen y se derivan a grandes zancadas, siempre imprevisibles en sus recovecos. El escondrijo del chino tiene una difusa atmósfera de pintura flamenca y el rito del oriental extrayendo una larga daga de la manga de su hábito azul parece

una metáfora de poeta maldito (al tiempo que una resonancia de los orígenes de la novela policiaca y una alusión al inolvidable Charlie Chan). La conversión de un agente (Guillermo Murray) en arribista criminal, en vez de la frescura de *Marihuana, el monstruo verde*, culmina en una tea viviente que vuelve confortable la sátira. El erotismo de Libertad Leblanc se exacerba en leves dosis. Los asesinatos se prodigan hasta la abstracción. No se provoca vanamente al espectador: ni el Che Bohr, ni (por supuesto) la oligofrenia de Orol habían llegado a tanto.

Fereydoun Hoveyda, el admirable novelista de *Las cuarentenas* y defensor insobornable de los más pueriles "seriales" de los treinta, ha señalado la correspondencia entre el procedimiento que rige los sueños, según Freud, y el

Cuatro contra el crimen es una aventura insensata, se orienta hacia el punto inicial de nuestra credulidad, de nuestra condición de cinéfilos.

El acierto de *Cuatro contra el crimen* consiste en volver emocionante aquello que hoy ya no es sino idea gastada, comercio, enajenación solapada y embrutecimiento popular.

El fulgor de la parodia consciente se hace imagen, belleza cinematográfica.

estilo subjetivo de John Huston: condensación, sobredeterminación, desplazamiento, dramatización y simbolización. ¿Por qué no aplicar esta misma fórmula al resto de las películas que ama? ¿Por qué no aplicarla a esta que nos ocupa? En efecto, nada menos realista, más irrealista que la forma de Véjar. El sueño vivido por los cuatro agentes policiacos llena el campo visual, el fulgor de la parodia consciente se hace imagen, belleza cinematográfica.

Imágenes evocadoras de la percepción infantil, imágenes de una exterioridad que se expande en asociaciones fantásticas, imágenes de un romanticismo minado y augusto, imágenes sombrías que se persiguen en el universo de las azoteas, imágenes oníricas de un Distrito Federal insólito y fantasmagórico, imágenes de cadáveres desfigurados que ejercen en el espanto, imágenes inestables de una batalla en helicóptero, imágenes etéreas que rinden testimonio del incendio magnífico del humo, imágenes dilatadas de la alucinación consentida. Imágenes hilarantes, imágenes que ceden su contenido latente en simbologías imposibles de encontrar otro código que el cine mismo, imágenes vibrantes del desequilibrio fabuloso.

Cuatro contra el crimen es la primera gran película, inexacta y desfachatada, de Sergio Véjar.

El horror sumergido

¿Sería forzoso lamentar los invisibles incentivos de la Ahuyentatoria que convocó a los presuntos participantes al Concurso y que sólo podía conducir a la deserción en masa, a la filmación de siete escasas y suicidas producciones? ¿Sería indispensable analizar resultados como el infralelouchismo de una telecomedia ñoña y presuntuosa (*El más cruel* de Carlos Lozano), la asimilación de los altisonantes diálogos del más caduco teatro del absurdo a un semidocumental sobre la indiferencia citadina (*La otra ciudad* de Sergio Véjar), la ampulosidad inane de una intelectualoide adaptación de Julio Cortázar (*El ídolo de los orígenes* de Enrique Carreón), el abyecto comercialismo *mass media* (*Cuando se vuelve a Dios* de Carlos Falomir), la deprimente verborrea de un vagabundo "iluminado" que perturba el mal filmado domingo de una pareja (*La excursión* de Carlos Nakatani), o la vileza cretinizante que explota la folclórica miseria yucateca en un seudocine de protesta prearticulado (*El periodista Turner* de Óscar Menéndez)? ¿Sería preciso hablar de las irregularidades de un servil jurado que, elegido con criterio burocrático y asestando un ruin golpe a la dignidad y a la economía del cine experimental, declaró vacantes varios de los ya poco tentadores premios del Concurso? ¿Sería ineludible subrayar algo que salta a la vista: la necesidad de reorganizar este tipo de concursos?

El rango a que pertenece *Juego de mentiras* de Archibaldo Burns (1967), la única película que merece analizarse de las siete presentadas al Segundo Concurso de Cine Experimental organizado por el STPC es el de cintas como *La señorita Julia* y *De repente en el verano*, o el de ciertas escenas de Jean Genet y algunos versos de Thomas Hardy, esas raras obras de la poesía decadente y desesperanzada en las que una irreprimible potencia de destrucción asedia a un pequeño universo previamente corrupto para dinamitarlo, para celebrar el pánico de su desaparición, la lúgubre melancolía de un microcosmos abandonado, sin Dios ni bondad, sólo esperando cerrarse en anillo para excluir de él cualquier aliento de vida.

La soledad de dos mujeres frente a frente será el camino de esa tragedia reducida a su mínima expresión. Luisa (Irene Martínez Cadena), una sirvienta indígena llena de magulladuras y medias palabras, visita a la señora Martita (Natalia Herrera Calles), su paisana de pueblo y expatrona, en la elegante estancia de una mansión capitalina, el día de salida de la servidumbre. La dueña de la casa recibe a la india con la afabilidad de una mujer educada en la provincia, donde las clases sociales son menos oprobiosas que en la burguesía urbana a la que ahora pertenece. No es pues impropio que Luisa tome un baño a instancia de su antigua patrona, acepte la cena que se le ofrece y la casa se llene de recuerdos y de fantasmas familiares. Martita escucha durante horas confidencias, embustes y atrocidades en boca de la sirvienta, se deja ganar poco a poco por el miedo y, antes de la medianoche, muere acuchillada, casi ritualmente, por las manos cobrizas que había temido en el transcurso de la velada.

Es todo, pero no es poco. La historia fue tomada con gran inteligencia de una pieza teatral de Elena Garro y de su transcripción en forma de cuento. Esto quiere decir que Archibaldo Burns –otrora productor de ese ambicioso monumento a la cámara petrificada que fue *La noche de los mayas*, refinado diletante, luego autor de novelas autobiográficas arcaizantes y de una malvada recopilación de viñetas sardónicas titulada *El cuerpo y el delito*, ya director del corto experimental *Perfecto Luna* malogrado en el proceso de laboratorio– ha acertado en el empeño de trasladar al cine el "realismo mágico" de la mejor escritora posrulfiana de la literatura nacional.

Desentendámonos de la especulación erudita sobre las raíces plasticistas de la expresión y entendamos por realismo mágico una especie

Juego de mentiras, de Archibaldo Burns es un enfrentamiento de mentiras de dos clases y de dos razas, sordo combate de conciencias.

de navegar impreciso de los acontecimientos (casi siempre pasionales, de origen romántico o faulkneriano) en las aguas del sueño vivido, en la evanescencia sensorial del lenguaje y en una obsesión muy elaborada poéticamente. Pero las imágenes de Archibaldo Burns y de su excepcional camarógrafo Milosh Trnka no navegan, deciden estancarse, se revuelven, giran en remolino autolimitado y propagan sus ondas aletargantes hacia su propio centro. *Juego de mentiras* juguetea suprarrealmente con las ideas del miedo, el asedio y la insensibilidad eruptiva. Sea al evocar el crimen anterior de la india, celosa de su marido, o la estancia de la misma mujer en la cárcel de mujeres en Ixtapalapa, Burns se ciñe a una rigurosa estructura, a una férrea tensión de imágenes en primera instancia estéticas, huecas, deshabitadas, casi teatrales o antonionescas, pero de las que el cine fantástico va a surgir por el camino más ascético e imprevisible. Elena Garro, empleando procedimientos de prosa poética, llegaba a la magia del espacio mediante la expansión de la metáfora. Archibaldo Burns recorre el mismo trayecto mediante una materialización sagaz y reveladora de la fantasía en el espacio cinematográfico.

Durante la última secuencia del filme, Luisa levanta un cuchillo para hundirlo en la entraña de su nueva víctima. Este momento, climático y previsible, transcurre como un relámpago, angustia menos por su carga dramática (violentísima) que por su duración. Era el punto hacia el que se dirigían los diferentes registros y tonalidades para unificarse, para evaluarse con justeza finalmente. De hecho, la película que habíamos visto desarrollarse en todas sus ramificaciones, sin perder nunca de vista el tronco bien plantado que las anuda, no ha sido otra cosa que una pormenorizada exposición de motivos, un expediente vivo de culpas y justificaciones que tendrán que provocar forzosamente como resultado una culpa mayor o una salvación absurda. Visto así, desde su epílogo, *Juego de mentiras* semeja una reconstrucción de hechos, la resurrección del "cuerpo y el delito" que se rehúsan tercamente a explicitarse, un sangriento crimen aleve que acepta someterse al desmembramiento en todos sus vectores sólo porque se reconoce inevitable. El asesinato de Martita no se discute. A la mano de Luisa le asisten demasiadas razones y Burns nos hace cómplices del acto inhumano de la sirvienta, condenada a obedecer sordamente su designio, su elección.

Por eso, quizá la única manera de desentrañar este complejo filme sería ir dilucidando uno a uno todos los impulsos internos que rigen su juego, el juego homicida de la india.

Existe un impulso de atmósfera. La casa opulenta es algo más que un decorado apto para colmar los sueños de la alta burguesía nacional. Las sedas de sus cortinajes, sus amplias ventanas que dan al Paseo de la Reforma, sus pisos alfombrados, sus limítrofes corredores que la cámara recorre dificultosamente con violatoria y sobrecogida devoción, sus lámparas de pie y sus candiles, el brillo de su cuidadosa limpieza, la opacidad de sus muebles en la penumbra, la lisura de sus paredes, la llama que Martita atiza en el hogar de su chimenea, sus mullidos sillones que parecen ansiosos por ahogar cualesquiera sonidos, quejas y padecimientos, todo ese confort que opera sin cesar como un mundo aparte, autónomo y refrigerado, se llega a desprender como una esfera de vidrio cortado flotante en un espacio denso y nebuloso. Semiasfixiado por los ecos de las fuerzas adversas del mundo exterior, el departamento cobra vida, ahoga, incita a la manifestación del miedo y del temido recuerdo. Entre los frascos de perfume, de los mosaicos del baño, desde atrás del espejo, brotará de repente, en dos ocasiones, el recuerdo material, difuso e inexplicado, de un hombre de gala a quien se admira y debe ayudársele a enlazar la corbata. Con máximo rigor topográfico, y con iluminaciones fuertemente contrastadas por filtros del eslavo Trnka, el lujoso departamento empieza a ejercer su influjo como una morada gótica, como el equivalente en el siglo XX de los castillos clausurados e infranqueables de la literatura inglesa o alemana del siglo romántico. A la manera de Hofmann, la fantasía siniestra puede manifestarse, con vestimenta doméstica y lenguaje coloquial, dentro de un escenario contemporáneo. Capturada en su residencia tranquila, incapaz de conciliar el sueño, sintiendo la presencia caliginosa de la india como una amenaza, Martita parece encerrada en una cripta suntuosa. Su lecho será un féretro acojinado. Y aquí nos acercamos a toda una mitología de los "accidentes del misterio y errores del cálculo celeste" que nos guían hasta la isla creadora de Jean Cocteau, ese gran cineasta incomprendido. Si en sus escenas en tiempo pasado Luisa es desvirgada por el *Malo*, asesina a una guapa mujer que va al mercado y seca un árbol con la carga de sus pecados, o sea, si en sus escenas en tiempo pasado lo rústico se transfigura en maravilloso, *Juego de mentiras* en tiempo presente es una especie de *La bella y la bestia* al revés, terriblemente al revés. Aquí la bestia (Luisa) ha entrado en el frágil mundo de la Bella (Martita) para apresarla. Aquí el barroco abigarrado se ha vuelto ascesis nocturna y

cotidiana. Aquí la alquimia lírica se realiza en un refugio con salidas a la calle. En vez de realidad del irrealismo o de la concreción del ilusionismo, el escape irreal de la realidad. Agazapada, con un acentuado maquillaje que prolonga sus diabólicos ojos hasta la hipocresía maléfica de un gato negro de Allan Poe, cavilosa y en acecho, Luisa se prepara a saltar sobre su presa, cercándola primero con frases que la impactan y desmoronan la barricada de su seguridad.

Existe un impulso volitivo. La estadía de Luisa en la cárcel de mujeres es como la realización de un sueño de claustro materno, como un acto de amor en la negación sublimada. El modo en que se desarrolla la secuencia bastaría para probar el talento del director, la prueba de fuego de Archibaldo Burns, realista y visionario. Con cortos planos nos es descrito el ritmo de la vida en el presidio. Parcos y objetivos planos que eluden reconocer la ignominia como tal. Asistimos al despertar de las reclusas que cantan desde el amanecer, mientras hacen su tosca *toilette*, y al estallido de su alegría matinal, sobre las literas en que reposan con irónica dulzura sonajas y juguetes de bebé. Presenciamos la deshumanizada disciplina de la prisión, el desfile de las celadoras abriendo puertas de acero, marchando con agresividad marcial para mezclar el ilusionismo del cuento de hadas con una ternura sofocante, enfermiza, que se pierde dentro de las celdas. Luego viene la hora del deporte, el softbol jugado por regordetas muchachas humildes en uniforme, mientras Luisa acaricia las perlas del collar de la directora del penal, vasta mujer protectora y activamente lésbica, refugio y madre, sustituto sexual y retorno. En seguida, ya con absoluta impasibilidad documental, da la hora de la visita semanal: rostros mestizos, niños, ancianos, estoicismo con rebozo, lágrimas feraces, goces indemostrables, animación sofocada, escarnio de la privación de libertad, crónica de los hospitales de ultramar, miseria. Luisa se ha quedado sola y tras los barrotes de un puesto de observación vigila a la única reclusa rezagada que deambula aún en el locutorio: ella misma, conciencia desdoblada viéndose a distancia, sujeto y objeto de sí misma, piedra de toque y desnudez de la percepción. Burns nos acaba de descubrir la infinita, soberbia miseria del paraíso perdido de Luisa. "Me dijeron: toma tu libertad, Luisa, pero yo no quería agarrarla". La tierra prometida era un infierno inmóvil y encantado. Luisa matará a Martita para recuperar ese paraíso, la imagen ideal de un limbo en que impera la ley de la comunión en la ignominia. "Allá estaban mis com-

pañeras; todas éramos iguales y nos reconocíamos en el pecado". Un sitio aparte, fuera del mal impiadoso y la agresión súbita, perpetua.

Existe un impulso sexual. La condición odiosa y extraña de lo masculino es otra de las dominantes de este *Juego de mentiras*. Los hombres que participan en él sólo aparecen en la memoria, sometidos a sus dictados y deformaciones. Se idealizan y se depredan a un tiempo. Son bellos hasta parecer andróginos, como el marido celado por Luisa (Juan Carvajal). Son exquisitamente pulcros y exhiben el gesto mundano de quien asume el dominio secular de su sexo, como el amante de Martita (José Luis González de León), envidiado por Luisa. Son entes abstractos, como el *Malo* (Michel Clemente Jacques), representación del demonio, profana y religiosa por igual, feérica imagen rural de una deidad negativa, mostachuda y feminoide, sensual y juguetona, apareciendo y desapareciendo, dando saltos de montaje, de un muro a otro, azotando sonriente con un chicote a la pueblerina en delantal que se resiste a entregarse entre los yerbajos de una casa en ruinas bordeada de púas, imagen producida por una mente infantil fanáticamente virginal, objetivación de una inocencia que identifica el mal con la animalidad y la extravagancia. Son los ladrones sin compasión ya convertidos en temores irracionales, como aquel que desvalija a la reclusa recién liberada en la desoladora escena del cementerio de automóviles chocados. Antes, Luisa fulminaba con su mirada la calle desierta desde la soledad de su recámara de soltera. Luego, Luisa estuvo recostada en la cama al lado de su pequeño hijo, con indiferencia, sin ser capaz de sentir nada hacia ese pedazo de carne palpitante, sin intentar siquiera tocarlo. Los hombres para Luisa son enemigos, seres ajenos, comparsas, simples machos, miembros de un mundo apolíneo e inalcanzable o de un mundo dionisiaco y pernicioso. "Cuando el hombre es bueno, le toca mujer perra", sentencia Martita con desdén. "Julián me pegaba, es malo, muy malo", chilla con rabia Luisa, ladinamente, a sabiendas de que sus palabras no la disculpan ni convencerán a nadie. *Juego de mentiras*, película lésbica y torturada en que la pasión homosexual es la añoranza de un resguardo, expulsa el mundo masculino de las hermosas apariencias y la seducción de sus valores. Luisa desea regresar por cualquier medio al mundo exclusivamente femenino de la prisión, a los tiempos felices, a la caverna enrejada que crucifica y ampara.

Existe un impulso de eternidad. La manera en que Burns utiliza el retorno al pasado tiene como fin unir los tiempos, trazar el círculo de

El director juguetea suprarrealmente con las ideas de miedo, el asedio y la insensibilidad eruptiva.

Película lésbica y torturada en que la pasión homosexual es la añoranza de un resguardo, expulsa el mundo masculino de las hermosas apariencias y la seducción de valores.

la duración perfecta, desplazar la acción hacia un eterno presente polimorfo que sea similar a la recurrencia de los propósitos de Luisa. Verdad y mentira, fantasía y realidad, cultura e infranaturaleza, subjetividad y evidencia objetiva, decadencia y acceso sagrado, las parejas de entidades contrarias se alternan sin cesar en el relato de la indígena. Con los recuerdos que elige evocar, el conjuro de su voz indolente distribuye sobre el espacio visual un orden secreto de circunstancias ambientales, accidentes de tiempo, tránsitos dramáticos, coyunturas imprevistas: sobre un espacio vacío se permutan las imágenes silenciosas, con una mudez que es acusación y reconocimiento de falta. Burns va más allá del simple truco de contrapuntear imagen y sonido. Si lo que narra Luisa se niega, se ahonda o se opone a la imagen objetivada del recuerdo, es que la india como en la imagen del locutorio se sigue viendo desde afuera, intemporal, como proyecto de vida, como su propio espectáculo. ¿Cómo explicar de otro modo la súplica de la mujer en la iglesia para que la Virgen le dé fuerzas para matar a su rival, o toda esa historia clave del árbol que se ha secado cuando la expresidiaria lo abrazó para echarle encima sus pecados, en la misma forma en que los pecados de la muerta se la han "sentado en el estómago" y de la misma manera en que ahora se los está echando encima a su interlocutora? En este relato donde el presente se ha detenido –¿sólo el miedo a la muerte provocó la parálisis plástica y metafísica?– el pasado reina, invade y envenena la realidad, gobierna con decretos de Alf Sjöberg y Joseph L. Mankiewickz. Al esteta

sueco habría que atribuirle esa impensable fluidez gracias a la cual, con un simple movimiento de cámara, los tiempos se confunden (*La señorita Julia*). Al cineasta intelectual con mayor capacidad de insólito en el cine norteamericano habría que asignarle esas escenas febriles de los niños trepando la alambrada del campo deportivo y que persiguen a la asesina que da gracias en un altar de caminantes como si se tratase de un *sabbat* ritualizado (escena cuyo voltaje dramático tiene un valor semejante al del linchamiento del degenerado en *De repente en el verano*). En este filme en que el nihilismo es un cruel juego infantil y el tiempo gira pero no circula, Luisa debe secar también al árbol humano (Martita) sobre el que ha depositado sus confidencias para que la ley eterna se cumpla. La transferencia de culpa, ese tema hitchcockiano por excelencia, ha sido alcanzado dentro de una aberración de lógica tomista y guadalupana.

Existe un impulso ético. Pero los personajes de Archibaldo Burns otean por encima de las "bellas imágenes" de la opulencia, o de sus contrapartidas implícitas y presentes: la lucha de clases y la miseria. El esclavo que asesina al amo, la justa venganza social, sería una interpretación trunca de la fábula. La ética de *Juego de mentiras* es, sobre ello, un combate de atavismos. A Martita –leves gestos de asco, repulsión física– la mueve la vieja repugnancia criolla hacia lo indígena. Lo que la sostiene en pie es también su culpa, debe purgarla; no sólo es culpable por transferencia. El trasmundo tiene sus bases en el racismo. La conquista española, al invertirse, se resuelve de nuevo en sangre.

Cuando los inconscientes se hallan a flor de piel, el rencor es una forma de la lucidez. Martita no recibe en su casa a la antigua sir-vienta, llena de moretones en las piernas, sino a la antiquísima india errante, maldita por su raza, que vaga en las narraciones de espantos de la tradición oral. Porque, destructora e in-misericorde, el cerebralismo de Luisa, domina-do por supercherías, actúa incitado por el ancestral rencor indígena. Dos temas antitéti-cos y, por ello, dialécticamente complementa-rios, se entrelazan en el personaje activo de la película. La india encarna el satanismo y la ingenuidad, el satanismo ingenuo. En *Juego de mentiras* lo sobrenatural se ha insertado en el comportamiento. Como si de tanto azotar al demonio pintado con tiza sobre las paredes de la cárcel Luisa se hubiera contagiado, impreg-nado de maldad indomeñable sin perder el aura angélica que la baña de luz negra. Para la inmunda sabiduría popular, el alma *negra* es un asunto de color, un reflejo de la carne. Burns juega en un tablero de fichas insidiosamente regresivas, para llegar a cuestionar la propia idea del juego. La concepción del prejuicio hispánico revive en este descarnado juego de sistemas irreductibles de significación: la mira-da intocada por la culpa y la lubricidad cobriza. En el sopor de la india solitaria cenando en la cocina, mientras su ama ingiere los alimentos en el comedor, comprenderemos la naturaleza de la humillación: el montaje subraya un cam-po-contracampo inexistente, pasa por encima de las distancias como si las dos mujeres estu-

visen sentadas en la *misma mesa*. Oscilamos entre la dignidad del héroe de la tragedia y la bestialización del personaje fantástico. Luisa representa una "subespecie" humana y una sacerdotisa primitiva: niña, demente, mujer en absoluto desamparo, sin amor ni "centavos", posesa medieval. (Irene Martínez Cadena es la figura más perturbadora que haya ofrecido el cine mexicano.) La ética del juego y sus men-tiras es demoledora, suprahumana, de tabla rasa. Luisa, sentada en una banca pública con su propósito bien meditado, esperaba en las imágenes de los créditos que su expatrona quedase a solas para visitarla. Su mueca facial, odio reconcentrado e iluminación, era inquie-tante desde un principio porque era indescifra-ble: sabíamos que iba a alguna parte, los asombros que provocaba en la cordial señoro-na burguesa eran resultado de un choque amo-ral; sabíamos que la negatividad de su universo interior la convertía en una figura fraternal.

Luisa hunde su cuchillo en el vientre de su víctima. "Ahora sí ya puede descansar, Marti-ta". Voz pausada, suave. Y la india se cobija a la sombra del cuerpo que acaba de inmolar con el recogimiento de un holocausto bíblico.

En *Juego de mentiras*, película fantástica que rehúsa someterse a los dictados del cine de géneros, primera obra maestra del nuevo cine mexicano, el horror se intelectualiza, se exo-nera, se acendra y se difunde. Un horror que ni siquiera se manifiesta como tal, sumergido en un mar de impresiones inmediatas, dimana en la superficie como una tristeza elegiaca.

Conclusión

Dentro de la codificación esquemática a que obliga toda conclusión, podríamos definir cuatro tendencias bien marcadas dentro del nuevo cine mexicano que, en forma descendente de valor cinematográfico, serían las siguientes:

1. La tendencia hacia un cine de poesía subjetiva.

Es un cine genuina y radicalmente angustiado, un cine que en el sobrecogido descenso al yo íntimo recupera en segunda o tercera instancia una realidad más verdadera, comunicable y armónica que la propia realidad objetiva. Es un cine en que el realizador se debate dentro de su obra, un cine de hogueras interiores que consiguen hacer arder el vasto mundo circundante, un cine para el que toda obra admirada es más un incentivo que una influencia, un cine que alcanzará el nivel internacional sin proponérselo como meta, un cine de poética abierta.
Plano único: un cine de fiebre y de éxtasis material (como el de Glauber Rocha y Leonardo Favio).

Precursor:
En el balcón vacío de Jomi García Ascot.
Representantes:

Tajimara de Juan José Gurrola. Testimonio del malestar profundo de una generación semiconformista, semirrebelde que encuentra su propio anonadamiento dentro de una exclusiva búsqueda lucha contra la sociedad enferma y sus tabúes.

La soldadera de José Bolaños. Crónica de una clase social inerme, sumergida en una batalla que apenas vislumbra como reivindicadora, yendo al remolque de la historia, debatiéndose entre el caos y el polvo.

Juego de mentiras de Archibaldo Burns. Enfrentamiento de dos clases sociales y de dos razas, sordo combate de conciencias, páramo infestado de atavismos y rencores ancestrales.

2. La tendencia hacia un cine europeizante.

Es un cine que se sabe subdesarrollado y que se avergüenza de ello, un cine que quisiera salir de su condición al primer salto, un cine hecho por cineastas que desprecian arduamente su realidad cultural, un cine culto *a priori*, un cine que busca su salida en el camino personal de celebérrimos cineastas europeos (Buñuel, Resnais, Fellini, Rouch, Truffaut), un cine deseoso de modificar las condiciones sociales, un cine abruptamente comprometido, un cine que juega el doble juego de provocar y solicitar la ausencia de las masas.
Límite superior: un cine denonado, enfático, agresivo, un cine con desbordante impulso lírico y conciencia artística, un cine que bajo su desorbitada construcción protege su pequeña y prístina verdad íntima.

Precursor:
Los grandes cineastas universales.
Representantes:
La fórmula secreta de Rubén Gámez.
Tarde de agosto de Manuel Michel.
Los caifanes de Juan Ibáñez.

Límite inferior: un cine mimético, vulgarmente pretencioso y cosmopolita, que confunde su pequeña neurosis con el dolor del mundo.

Precursor: La más reciente Reseña Mundial de Acapulco.
Representantes:
Un alma pura de Juan Ibáñez.
El mes más cruel de Carlos Lozano.

3. La tendencia hacia un cine digno y aseado.

Es un cine esterilizado por voluntad propia, de pretensiones artesanales, desvinculado del devenir histórico, preocupado por el buen oficio y la corrección técnica, desvelado por la idea de quedar bien con todo mundo: con el público, con los amigos y con el productor que ha-hecho-el-favor-de-encomendarme-una-película.

Es un cine respetuoso, contemplativo, tibiamente naturalista, alejado de los conflictos de sus personajes, orgulloso de sus tomas en *full-shot*.

Límite superior: un cine honesto, limpio y sincero, secuela del neorrealismo de la última etapa (Castellani y demás), a veces miserabilista, buen observador de ambientes, costumbres y personajes, oscilante entre lo inmediato afectivo y el disgusto de sí mismo.

Precursor:
Los jóvenes, Tlayucan y *Tiburoneros* de Luis Alcoriza.
Representantes:
En este pueblo no hay ladrones y *Las visitaciones del diablo* de Alberto Isaac.
Tiempo de morir de Arturo Ripstein.
En el parque hondo de Salomón Láiter.
Amelia de Juan Guerrero.

Límite inferior: un cine que rehúsa dar la cara, cobarde, impersonal, que parece realizado por un asistente de director o por un funcionario oficial, escudado en prestigios literarios y de taquilla.

Precursor:
Todas las películas de Roberto Gavaldón.
Representantes:
Pedro Páramo de Carlos Velo.
Domingo salvaje de Francisco del Villar.
Mariana de Juan Guerrero.

4. La tendencia hacia un cine instintivo.

Es el cine de las "bestias" del cine, de los realizadores formados dentro de la industria que sin poner por delante su bagaje cultural son capaces de pensar en términos de cine y animar hechos cinematográficos. Es el cine en que se descubre una auténtica simpatía por el público y por los gustos del pueblo, con todo lo ambivalente que pueda resultar esta actitud. Es el cine sometido a las urgencias industriales, a la oferta y a la demanda, a las convenciones fílmicas (muchas veces genéricas), pero que sobrenadan gracias al entusiasmo y el sentido de la narración. Es el cine que elude recrearse en la búsqueda estética, un cine de la imagen necesaria, el cine para quien el ejemplo hollywoodense es menos un prototipo perseguido que una vivencia preconsciente.

Límite superior: un cine espontáneo, ingenuo, tradicional y con un notable dominio técnico.
Precursor:
Todos los filmes de Alejandro Galindo.

Representantes:
Crisol y *El silencioso* de Alberto Mariscal.
Encuentro, La otra ciudad y *Cuatro contra el crimen* de Sergio Véjar.
Hasta el viento tiene miedo de Carlos Enrique Taboada.

Límite inferior: un cine analfabeto, efectista, nacionalista, un cine moralmente inadmisible, un cine retrógrado que elogia las taras más lamentables de la realidad mexicana, pero un cine que posee una fuerza expresiva de la que desgraciadamente carece buena parte de los cineastas de las otras tendencias.

Precursores:
Las peores películas de Emilio Fernández e Ismael Rodríguez.
Representantes:
Yanco, Los mediocres y *Viento negro* de Servando González.
Los adolescentes de Abel Salazar.

Para ser más explícitos, podríamos poner punto final en tres diferentes tonos:
-Un tono especialista: el cine vivo, de vanguardia, el único cine que nos importa y que puede contar es un cine de expresión personal, un cine de autor consciente y plenamente ubicado en su situación.
-Un tono melodramático: el deber de un cineasta es romperse la cara contra su película, el deber del crítico es recoger los pedazos y descubrir su significado.
-Un tono ideológico: el cine válido, el único que merece obtener el reconocimiento del público y de la crítica, es un cine comprometido con su propia realidad de obra; el mejor cine mexicano será aquel que proponga un sentido más extenso a la idea del arraigo.

Apéndice:
Clave teórica

Si los primeros teóricos lo llamaron la música de la luz y le asignaron un papel de promotor del sueño, el cine escapa por la vertical, avanza con sus propios pasos, desborda las previsiones, los casilleros, los juicios elementales. El cine ya ha dejado de ser un "arte", o la supuesta síntesis de todas las artes, para ser él mismo, como lo pedía Jean Vigo, un objeto impuro, una dinámica que se rige por leyes específicas, un lenguaje que ha declarado la independencia de sus visiones y se vuelve enjambre de mitos y crea el origen privilegiado de una cultura autónoma. Por eso el cine se burla de quienes lo abordan con la óptica de las artes del siglo XIX y le exigen una poesía no mediatizada. El cine moderno, escritura más que lenguaje, es un medio de comunicación que, aun deshaciéndose y desdramatizándose, incluso martirizándose y desmaterializándose, sigue persiguiendo el ideal narrativo, siempre recuperable en cualquier nivel, siempre horizonte, de Hollywood Babilonia. Después de desviar el rumbo de todas las artes del siglo XX, el cine se alimenta, voraz, flagrante, de todas las ciencias humanas vivas de hoy –sociología, lingüística, antropología, psicología, ciencias de la información– sólo para mejor propagarlas, exasperarlas, sublimarlas, trascenderlas en una evidencia que, desplazada la espontaneidad del recién llegado, exige el rigor del especialista, la ingenuidad amañada del cinéfilo. El cine, fanático de la vivencia, artificio punzante, postula su propia responsabilidad de la forma: asiste con mirada de fascinación a la decadencia de una civilización prehistórica que nunca fue completamente nuestra, y asiste al surgimiento de un hombre nuevo, lúcido y disponible, que jamás seremos. El cine es el lugar en que se inmola la disidencia.

Septiembre de 1965/ Junio de 1968

El contenido en una ojeada

a. Actores fenómeno

Acosta, Rodolfo, 116
Aguilar, Luis, 55, 57, 64, 70, 259
Aguirre, Elsa, 118, 127
Aldama, Julio, 90, 202
Alemán, Julio, 132, 138, 141
Álvarez, Sofía, 38, 112, 125
Álvarez Félix, Enrique, 127, 266
Armendáriz, Pedro, 29, 36, 64, 94, 115, 128, 130, 133, 148
Arozamena, Eduardo, 30, 73, 172
Busquets, Narciso, 180, 252, 255
Corona, Isabela, 117, 125, 148
De Córdova, Arturo, 129, 195, 197, 199
Del Diestro, Alfredo, 43, 54
Del Llano, Amanda, 81, 125, 176, 204
Del Río, Dolores, 29, 36, 112, 115, 127, 187, 190
Derba, Mimí, 30, 116
Domínguez, Columba, 74, 125, 132, 135
Félix, María, 51, 72, 112, 128, 150, 183
Fernández, Esther, 54, 112, 187
Fernández, Jaime, 151, 252
Ferriz, Miguel Ángel, 30, 34, 45, 112
Frausto, Antonio R., 22, 24, 26, 40, 60
García, Sara, 43, 51, 53, 59
González, Dacia, 202, 205
Guízar, Tito, 54, 57
Inclán, Miguel, 99, 101, 115, 120
Infante, Pedro, 51, 57, 61, 63, 67, 83-85, 99, 101, 124, 132, 135, 150
Jurado, Kathy, 99, 102, 171
Junco, Tito, 119, 250
López Moctezuma, Carlos, 73, 176, 184, 186
López, Marga, 57, 62, 113, 115, 116, 124, 246, 250
López Tarso, Ignacio, 132, 138, 150, 270, 272,
Marín, Gloria, 112, 125, 128, 270, 274
Martínez de Hoyos, Jorge, 91, 126, 150, 246, 250, 251
Mendoza, Víctor Manuel, 60, 133

Mijares, Martha, 106, 125
Montes Tongolele, Yolanda, 114
Munoz Chachita, Evita, 99, 227
Negrete, Jorge, 42, 55, 57, 64, 67, 129, 184
Palma, Andrea, 38, 94, 95, 110, 111, 119, 122, 128, 129
Pardavé, Joaquín, 37, 39, 40, 54, 93, 158
Parra, Víctor, 70, 176
Pavón, Blanca Estela, 62, 99, 113
Peluffo, Ana Luisa, 125
Pellicer, Pilar, 226, 270, 273
Pinal, Silvia, 125, 199, 252
Pons, María Antonieta, 112, 118
Prado, Lilia, 103, 118, 124
Procuna, Luis, 191-194
Reyes, Lucha, 57
Roel, Adriana, 139, 141, 259
Roldán, Emma, 20
Roth, Martha, 47, 52, 53
Salazar, Abel, 61, 148, 156, 164
Sevilla, Ninón, 51, 118, 119, 122, 123
Silva, David, 47, 52, 102, 133, 175
Soler, Andres, 64, 90, 123
Soler, Domingo, 24, 74, 95, 110, 123, 180
Soler, Fernando, 37, 39, 41, 43, 45, 47, 51, 80, 83, 123, 127
Velázquez, Teresa, 126, 139, 141
Vélez, Lupe, 54, 112, 125

b. Cómicos

Cantinflas, 93, 158, 168, 169
Clavillazo, 93, 168
Chaflán, 93, 95, 96
Chicote, 168
Manolín, 168
Mantequilla, 62, 102, 168, 175
Medel, Manuel, 169, 173
Piporro, 168
Resortes, 93, 103, 168
Tin-Tán, 93, 103, 168, 174

c. Directores

Aguilar, Rolando, 95, 158
Alazraki, Benito, 126, 137, 142, 149, 160, 212
Alcoriza, Luis, 88-91, 138-142, 144, 150, 151, 154, 155, 193, 196, 197, 199, 200-203, 205, 292
Bolaños, José, 29, 252, 254, 255, 292
Boytler, Arcady, 16, 109, 111, 230
Bracho, Julio, 26, 38, 93, 94, 115, 124, 183, 187, 264
Buñuel, Luis, 89, 199, 200, 211, 241
Burns, Archibaldo, 284, 286, 288, 290, 292
Bustillo Oro, Juan, 16, 17, 27, 37-39, 43-45, 55, 93, 105, 158, 183, 185, 186, 230, 261
Cazals, Felipe, 240-244
Contreras Torres, Miguel, 17, 42, 55, 168, 169, 172, 174
De Anda, Raúl, 246
De Fuentes, Fernando, 17, 19, 21-27, 42, 43, 51, 54, 93, 127, 129, 158, 161, 162, 163, 183, 225
Fernández, Emilio Indio, 17, 23, 29, 31, 34-35, 49, 72, 74, 76, 79, 86, 116, 124, 128-130, 132, 146, 148, 149, 152, 209, 230, 255, 257, 259, 261
Galindo, Alejandro, 46, 48-50, 52, 53, 69-71, 82, 93, 95, 96, 102-105, 127, 129, 137, 138, 142, 175, 177, 178, 189, 203, 266
Gámez, Rubén, 76, 217, 218-221, 292
García Ascot, Jomi, 212-214, 292
Gavaldón, Roberto, 115, 130-150, 180
González, Rogelio A., 55, 58, 84, 125, 141, 195-197, 199
González, Servando, 77, 127, 130, 150, 292
Gout, Alberto, 114, 122, 123, 125, 128
Guerrero, Juan, 217, 218, 236-239, 263, 264, 292
Gurrola, Juan José, 217, 218, 226, 227, 229, 244, 245, 292

Ibáñez, Juan, 127, 217, 218, 226, 230, 262-264, 266, 269, 274, 292
Isaac, Alberto, 217, 218, 222, 225, 270- 273, 275, 277, 292
Láiter, Salomón, 217, 218, 232, 234, 235, 292
Mariscal, Alberto, 257, 261, 292
Martínez Solares, Gilberto, 95, 174, 183, 230
Méndez, Fernando, 58, 156, 161, 163-165
Michel, Manuel, 217, 218, 232, 234, 235, 292
Moreno, Antonio, 108, 109
Navarro, Carlos, 16, 145
Orol, Juan, 114, 117, 118, 129
Ripstein, Arturo, 199, 246, 250, 257, 292
Rodríguez, Ismael, 23, 50, 51, 57, 63, 66, 68, 80, 82, 84, 86, 96, 98-100, 104, 106, 124, 132, 134, 135, 139, 150, 250, 251, 264, 266, 268
Sevilla, Raphael J., 16, 109, 111, 112, 115
Soler, Julián, 106, 127, 158, 169
Urueta, Chano, 16, 23, 42, 114, 148, 158, 160
Véjar, Sergio, 217, 234, 279-281, 283, 284, 292,
Velo, Carlos, 191-193, 292

d. Películas

Águilas frente al sol, 109
Allá en el Rancho Grande, 54
Amantes, Los, 126, 137
Amelia, 217, 236-239, 264, 293
Ánimas Trujano, 150
Aventurera en Río, 122
Aventurera, 119, 121-123
Azahares para tu boda, 44, 46, 51
Barraca, La, 180-182
Bienamados, Los, 230
Caifanes, Los, 262, 264, 266, 269, 292
Campeón sin corona, 50, 52, 70, 93, 95, 103, 129, 138, 175, 177-179, 188, 194
Canaima, 44, 183-186, 255, 261, 274
Carne de Cabaret, 112
Casa de Mujeres, 127
Casa de vecindad, 105
Compadre Mendoza, El, 17, 19, 21, 22, 254
Cuando los hijos se van, 43, 51
Cuando los padres se quedan solos, 44-46, 51
Cuatro contra el crimen, 278, 280, 283, 293
Cuatro contra el mundo, 103, 105, 129
Cuevas, 244
Devoradora, La, 112
Distinto amanecer, 38, 50, 93, 94, 115
Divertimiento, 199, 200
Doña Bárbara, 112, 113, 183, 185
Doña Perfecta, 187, 189, 272
Dos tipos de cuidado, 58, 65-68, 82
Edad de la tentación, La, 137, 138
Ellas también son rebeldes, 137, 138
En el balcón vacío, 212
En este pueblo no hay ladrones, 217, 222, 251, 272, 277, 293
En el parque hondo, 232, 233, 235, 293
En tiempos de Don Porfirio, 37, 39-41, 44, 51
Esqueleto de la señora Morales, El, 141, 195-199
¡Esquina, bajan!, 52, 96, 102-104, 137, 289
Familia Dressel, La, 43
Fantasma del convento, El, 158, 161-163
Flor de fango, 112
Flos Silvestre, 23, 29, 31-35, 72, 115, 128
Fórmula secreta, La, 76, 217, 219-221, 292
Gironella, 244
Hay lugar para... dos, 50, 96, 102
Hermanos del Hierro, Los, 132-135, 250, 251
Janitzio, 16, 145
Jóvenes, Los, 138-142, 151, 203, 269, 293
Juegos de mentiras, 284-288, 291, 292
Juego peligroso, 199
Macario, 150
Maldita ciudad, 106, 139
María Candelaria, 72, 115, 128, 148, 150
Mariana Alcoforado, 240
Muchacho alegre, El, 69-71, 82
Mujer del puerto, La, 16, 109-112, 230
Noche de los mayas, La, 148
Nosotros los pobres, 50, 62, 84, 96-102, 104, 106, 115, 132, 133, 264
Oveja negra, La, 62, 80, 82, 84, 86, 133, 135
Que se callen..., 240-242
Raíces, 149, 195, 212
Rebelión de los colgados, La, 130, 131
Río Escondido, 72, 75, 76, 78, 79, 128, 149
Rosauro Castro, 130, 131
Salón México, 72, 115, 117, 268
Santa, 108, 112
Sensualidad, 51, 123
Señor Alcalde, El, 95
Silencioso, El, 257, 261, 293
Soldadera, La, 29, 252-255, 292
Tajimara, 226-230, 236, 244, 273, 292
Tarahumara, 91, 150-155, 199
Tarde de agosto, 232, 234, 235, 240, 292
Tiburoneros, 91, 151, 202-205, 293
Tiempo de morir, 246-251, 257, 293
Tizoc, 150
Tlayucan, 88-91, 151, 199, 203, 205, 293
Torero, 191, 193, 194
Toro negro, El, 126, 141
Tres García, Los, 55, 58, 59, 61, 65, 135
Un alma pura, 127, 226, 230, 231, 266, 292
Una familia de tantas, 46, 48, 50-53, 70, 137, 188, 189, 239
Ustedes los ricos, 62, 96, 106
Vámonos con Pancho Villa, 17, 21-28, 254
Vámpiro, El, 156, 161, 163, 165
Vicente Rojo, 245
Vida inútil de Pito Pérez, La, 168, 171, 173, 174
Viento distante, El, 217
Viento negro, 77, 127, 131, 132, 150, 293
Vino el remolino y nos alevanto, 23-24, 44
Virgen morena, La, 148
Visitaciones del diablo, Las, 270, 272, 276, 293
Yanco, 131, 150, 293

Esta obra se terminó de imprimir
en el mes de septiembre de 1993
en Lito Arte, S.A.
San Andrés Atoto 21-A, Edo. de México
El tiraje fue de 4,000 ejemplares